城市·空间·行为·规划丛书 | 柴彦威主编

广州国际移民区的社会空间景观

李志刚　等编著

东南大学出版社
SOUTHEAST UNIVERSITY PRESS
南京·2016

内容提要

本书是一本全面展现当代广州国际移民区社会空间景观的科学专著，通过采用城市学、地理学、社会学、经济学、人类学、语言学等领域的多种研究方法，对珠三角地区的全球化地方响应和政府管治以及其间出现的中非社区互动与关联等各方面问题进行了全面解析，系统呈现了广州国际移民区丰富多彩的社会空间景观。

本书可作为城市地理学、城乡规划学、出入境管理、社会学、人类学等领域的科技工作者、管理者的参考读物。

图书在版编目（CIP）数据

广州国际移民区的社会空间景观 / 李志刚等编著
—南京：东南大学出版社，2016.10
（城市·空间·行为·规划丛书 / 柴彦威主编）
ISBN 978-7-5641-6778-3

Ⅰ.①广… Ⅱ.①李… Ⅲ.①移民—研究—广州 Ⅳ.① D632.4

中国版本图书馆CIP数据核字（2016）第237077号

书　　名：广州国际移民区的社会空间景观
编 著 者：李志刚　等
责任编辑：徐步政　孙惠玉　邮箱：894456253@qq.com　文字编辑：咸玉芳
出版发行：东南大学出版社　　社址：南京市四牌楼2号（210096）
网　　址：http://www.seupress.com
出 版 人：江建中

印　　刷：虎彩印艺股份有限公司　　排版：南京新洲制版有限公司
开　　本：787mm×1092mm　1/16　印张：16.5　字数：342千
版　　次：2016年10月第1版　2016年10月第1次印刷
书　　号：ISBN 978-7-5641-6778-3　定价：49.00元

经　　销：全国各地新华书店　　发行热线：025-83790519　83791830

* 版权所有，侵权必究
* 本社图书若有印装质量问题，请直接与营销部联系。电话：025-83791830

献给我们的朋友
Michal Lyons

编写委员

Tabea Bork-Huffer	新加坡国立大学，亚洲研究院
Birte Rafflenbeul	德国科隆大学，地理系
Frauke Kraas	德国科隆大学，地理系
Kelly Liang	加拿大英属哥伦比亚大学，地理系
Adams Bodomo	维也纳大学，非洲研究系
Michal Lyons	英国伦敦南岸大学，人文学院
Alison Brown	英国卡迪夫大学，规划与地理学院
Heidi Østbø Haugen	挪威奥斯陆大学，地理学院
Mathews Gordon	香港中文大学，人类学系
妮可·杨玚	香港中文大学，人类学系
韩华梅	加拿大西蒙菲莎大学，教育学院
金鑫	荷兰乌特勒支大学，地理系
杜枫	中国城市规划设计研究院
邹逸杰	中国中山大学，社会与人类学院
周阳	德国科隆大学，社会文化人类学系
李志刚	中国武汉大学，城市设计学院
许涛	中国浙江师范大学，社会学系
牛冬	中国中山大学，社会学与人类学学院
薛德升	中国中山大学，地理科学与规划学院

目录

总序
前言

上篇　非洲移民的社会、经济、贸易、网络　001

1　全球化、跨国商贸主义与中国的非裔社会空间生产　002
1.1　引言　002
1.2　"跨国商贸主义"下的城市新社会空间生产　003
1.3　研究设计　004
1.4　研究发现　006
1.5　结论　012

2　龙潭虎穴之境：广州非洲商人的江湖　014
2.1　引言　014
2.2　对非洲移民进行界定　015
2.3　研究方法和研究内容　017
2.4　研究发现　020
2.5　结论　026

3　中国广州非洲商人的路径、收益及原因　032
3.1　引言　032
3.2　理论解析：自下而上的全球化　033
3.3　他们是谁？他们来自哪里？　035
3.4　市场　037
3.5　中国的非洲企业家精神　039
3.6　结论　042

中篇　中国珠三角的地方响应与移民管治　045

4　广州的非洲人和中国人之间的地缘政治分析　046
4.1　引言　046
4.2　"中国在非洲"文献中的非洲移民　047

4.3	理论批判	048
4.4	文献评述	049
4.5	研究方法	050
4.6	"巧克力城"	052
4.7	机遇、心理与道德	057
4.8	结论	062

5 "巧克力城"的地理意象与日常生活　　070
- 5.1 引言　　070
- 5.2 内生的种族思想　　070
- 5.3 种族还是阶级？　　073
- 5.4 种族主义与物质生活　　074
- 5.5 性别、意识形态与宗教　　076
- 5.6 在混乱之地淘金　　078
- 5.7 黑人、"三非"和违法　　079

6 广州非洲城的草根多语主义：国家在全球化中扮演的角色　　085
- 6.1 引言　　085
- 6.2 研究背景　　086
- 6.3 草根多语主义与同时性　　088
- 6.4 民族志研究和主观性　　089
- 6.5 非洲城里的草根多语主义　　090
- 6.6 草根多语主义、国家和全球化　　097

7 尼日利亚人在中国：第二次固定　　103
- 7.1 引言　　104
- 7.2 流动性和固定性　　104
- 7.3 研究方法　　106
- 7.4 尼日利亚人在广州　　107
- 7.5 尼日利亚的固定性与入境中国　　109
- 7.6 第二次固定　　111
- 7.7 逃离第二次固定性状态　　113
- 7.8 结论　　114

8 全球化、国家、城市与国际移民：广佛地区的非洲移民　　119
- 8.1 引言　　119

8.2	1949年以来中国出入境管制体系的演变	120
8.3	中国和珠江三角洲的发展	121
8.4	广州和佛山的非洲移民	123
8.5	定居佛山的非洲移民	124
8.6	全球变化背景下非洲移民和国家发展	129
8.7	结论	130

9 广州非洲人消费文化的"污名化" 135
    9.1 引言 135
    9.2 非洲籍人士在穗"被污名化"的符号维度 138
    9.3 对于消费问题污名符号的回应 139
    9.4 基于材料的分析与思考 148
    9.5 结论 153

10 困境之民：中国"新移民法"影响下的广州非洲人 156
    10.1 引言 156
    10.2 国家、法律和流动性 157
    10.3 研究方法 158
    10.4 "新移民法"对非洲人的影响 160
    10.5 非洲人成为困境之民的深层原因 162
    10.6 结论 164

下篇　中非之间的社区、互动、关系 168

11 基于流动性视角的中国非洲"族裔郊区"社会空间——以广佛地区为例 169
    11.1 引言 169
    11.2 案例、概念与研究方法 170
    11.3 研究方法 172
    11.4 佛山族裔郊区的特征 172
    11.5 结论 181

12 "低端全球化"：香港和中国内地的非洲人 184
    12.1 引言 184
    12.2 经由香港往来中国内地和非洲的客商 185
    12.3 重庆大厦的文化全景 188
    12.4 前往中国内地的客商 191

12.5 结论　194

13　香港、广州加纳社区的兴起　198
　13.1 引言　198
　13.2 香港的加纳人社区　199
　13.3 广州的加纳人社区　204
　13.4 理解在中国的非洲人：对加纳人社区的见解　209
　13.5 结论　210

14　广州中非跨国婚恋中的社会认同研究　213
　14.1 引言　213
　14.2 跨国婚恋与社会认同　214
　14.3 研究设计　217
　14.4 广州中非婚姻中的社会认同　219
　14.5 结论　229

15　非洲商人迁移广州的行为特征分析　235
　15.1 引言　235
　15.2 迁移前期特征　236
　15.3 迁移的过程特征　239
　15.4 迁移后的社会适应特征　241
　15.5 结论　245

图片来源　248
表格来源　249

总序

进入21世纪，地理流动性越来越成为塑造人—地关系的核心要素，物流、能量流、人流、资金流和信息流形成的流动性网络正在改变着我们生活的世界。当信息化、全球化、机动化逐渐成为城镇化与城市发展的重要推力时，"变化的星球与变化的城市"就越来越成为科学界的共识与焦点。地理学长期关注不断变化的地球表层以及人类与环境之间的相互关系，因此，地理学日益成为当今科学和社会的核心内容，一个地理学家的时代正在到来。

经过20世纪的几个重要转向，人文化和社会化已然成为当今地理学科学发展的重要特征之一，人文地理学的研究重点正在从人—地关系研究转向人—社会关系研究。解释人文地理现象的视角从自然因素、经济因素等转向社会因素、文化因素、个人因素等，研究的总趋势是从宏观描述性研究走向微观解释性研究以及模拟与评估研究。与此同时，地理学研究的哲学基础从经验主义和实证主义转向行为主义、结构主义、人本主义及后现代主义等。可见，在以人为本及后现代思潮的大背景下，人与社会的实际问题越来越受到关注。

在学科发展整体转向的大背景下，城市空间研究也经历了深刻的转型。基于时空间行为的个体研究正在成为理解城镇化与城市发展、城市空间社会现象的关键所在。分析挖掘时空间行为本身的规律与特点及其对城市环境和决策制定的影响已成为当下城市空间研究的重要视角和热点问题。有关时空间行为决策与时空资源配置、日常活动空间、城市移动性、生活方式与生活质量、环境暴露与健康、社会交往与社会网络、社会空间分异、移动信息行为等新的城市研究思路，正指向一个更加人本化、社会化、微观化以及时空整合的城市研究范式。可以说，基于个体时空间行为的城市空间研究范式蔚然成风，并向地理信息科学、城市交通规划、城市社会学、健康与福利地理学、女性主义等领域跨界延伸，在交叉融合中不断拓展学科的研究边界与张力，在兼收并蓄中不断充实城市空间与规划研究的学科基础与理论建构。

以时间地理学和行为地理学等为核心的时空间行为研究，注重现实物质性的本体论认识，突出对"区域与城市中的人"的理解，强调制约与决策的互动影响，通过时空间框架下的人类空间行为研究，深化了"人、时间与空间"的认识，建构了以地理学为基础的城市研究与规划应用的时空哲学和方法论。随着时空间行为数据采集、计算挖掘、三维可视化与时空模拟等理论与技术的不断革新，时空间行为研究在研究数据与方法、理论与应用等多个方面展现出新的转向与可能性。

改革开放以来，中国城市经历了社会、经济、空间等的深刻变革。伴随着全球化和信息化的影响，中国城市空间正处在不断重构的过程中。城市空间的拓展与重组、郊区的形成与重构、社会空间的显现与极化、行为空间的扩展与隔离、信息空间的形成与异化等成为近几十年来中国城市空间研究的热点。单位制度解体与快速城镇化等促进了城市生活方式的多样化和个性化，移动性大大增强并呈现多元化和复杂化的趋势，交通拥堵、长距离通勤、生活空间隔离、高碳排放、空气污染、公共设施分配不平衡等城市病已经成为政府部门和学术界亟须解决的重大问题，也成为影响城市居民生活质量的关键因素。因此，如何科学地把握居民各种空间行为的特征与趋势，引导居民进行合理、健康、可持续的日常行为，建立重视居民个人生活质量的现代城市生活方式，已经成为中国城市研究与规划实践的当务之急。

中国正在打造经济社会发展的升级版，转变社会经济发展方式、推动人的城镇化与城市社会的建设、加大公共服务和民生保障力度、遏制环境污染等已成为发展的重点所在。城市发展逐步从大尺度的宏观叙事转向小尺度的空间调整，从扩张性的增量规划转为政策性的存量规划，对城市规划的公共性、政策性与社会性提出了新的发展要求。面对转变城镇建设方式、促进社会和谐公正、提高居民生活质量和保护生态环境等目标，城市研究与规划工作者应在考虑土地利用、设施布局、交通规划等物质性要素的基础上，更加重视居民时空间行为的数据采集与挖掘，探索城市居民时空间行为规律与决策机制，提供实时性、定制化、个性化的信息服务与决策支持，加强城市规划方案与居民行为响应的模拟评估。通过基于人的、动态的、精细化的时间政策与空间政策的调整，减缓居民时空间行为的制约，提高时空可达性，促进社会公正。通过城市时空间组织与日常生活，从而回归到以人为本的核心价值表述。

2005年以来，由城市地理学、城市交通学、城市社会学等学科为主的学者组成了一个跨学科的"空间行为与规划"研究会，聚焦于人的行为的正面研究，企图建构基于行为的中国城市研究与规划范式。该研究会每年举行一次研讨会，聚集了一批同领域敢于创新的年轻学者，陆续发表了一些领先性的学术成果，成为行为论方法研讨的重要学术平台。

本丛书是时空间行为研究及其城市规划与管理应用的又一重要支撑平台，力求反映国内外时空间行为研究与规划应用的前沿成果，通过系列出版形成该领域的强有力支撑。在时空间行为研究的新框架下，将城市、空间、行为与规划等完美衔接与统合，城市是研究领域，空间是核心视角，行为是分析方法，规划是应用出口。

本丛书将是中国城市时空间行为研究与规划的集大成，由时空间行为的理论与方法、城市行为空间研究和城市行为空间规划等三大核心部分组成，集中体现中国城市时空间研究与规划应用的最新进展和发展水平，为以人为本的城市规划与行为规划提供科学支撑。其理论目标在于创建中国城市研究的行为学派，其实践目标在于创立中国城市的行为规划。

柴彦威
2013年秋于北京大学燕园

前言

20世纪90年代以来，全球化、信息化和新自由主义背景赋予跨国实践新的内涵，贸易关系的新型结构与创业机遇不断涌现，新的跨国移民群体开始浮出地表，区别于传统意义上的流亡者、谋求生计者，新的跨国移民包括金融、贸易和开发领域的精英阶层、百万富翁等。全球城市理论认为，纽约、伦敦、东京等"全球城市"作为跨国经济网络的重要节点，不仅吸引了跨国精英阶层——所谓"跨国阶级"，还包括从事低收入工作的难民、流亡者，但却忽略了大量创造新经济机会、同样活跃在世界市场舞台上的流动载体——跨国群体尤其是跨越国境的"族裔"群体、商人群体。

据统计，全球跨国移民从1965年的7700万增长到1990年的1.11亿[①]。《2010世界移民报告》指出，全球跨国移民总数已经达到2.14亿人。报告预计，按照目前的移民速度，到2050年，全世界将有4.5亿跨国移民。而亚洲、非洲以及拉丁美洲的新兴经济体正逐渐成为各方趋之若鹜的移民选择[②]。"南南合作"正由新的跨国移民群体的跨境实践推动，并以史无前例的巨大规模向前推进，其中以东亚尤其是中国这样的新兴经济体为主要移民目的地。随着国际移民潮的到来，中国改革开放之后的大国崛起，南南经贸的互动不断加强，似乎亚当·斯密所预言的"全球市场社会"正如期而至。

改革开放以来，中国市场的开放带来连续30多年国内生产总值年均近10%的急速增长，2010年中国超越日本，正式成为全球第二大经济体，经济增长成就斐然，被视为"中国奇迹"，对"中国模式"的讨论一度流行。与此同时，工业化、城市化、现代化、全球化的复合力量正不断重塑和改造中国的城乡空间，带来"马赛克"式的社会空间景观。2011年中国国内流动人口达2.21亿[③]，造就了各地特别是东部大城市大量的"移民村""城中村"。尤为重要的是，外国移民也逐步成为中国城市空间"碎片化"发展中不可忽略的重要人群。2009年，在华常住外国人达49.3万人，入境人口达2193.7万人，其中以日本（15.12%）、韩国（14.58%）、俄罗斯（7.95%）为主。据公安部出入境管理局统计，2010年全国出入境边防检查机关共检查出入境人员3.82亿人次，其中外国人5211.2万人次，约占13.64%，同比增长19.2%。外国人来华人数居前十位的国家是韩国、日本、俄罗斯、美国、马来西亚、新加坡、越南、菲律宾、蒙古、加拿大。来华外国人中，观光休闲1238.2万人次，访问460.7万人次，服务员工246.3万人次，会议商务159.0万人次，就业80.7万人次，学习19.0万人次，其他入境目的408.8万人次[④]。

曾经作为移民淘金天堂的美国，似乎正逐渐被中国替代，"追逐中国梦"正推动当代国际"移民潮"的大转向[⑤]。这些跨国移民直接成为连接中国与世界的桥梁，构建中国的"跨国移民社会空间"。尽管中华人民共和国历来不是一个移民国家，因而这里使用"移民"概念稍显牵强，但大量外国居民（短期、长期）在中国特别是部分大城市、特大城市局部地区的规模化聚居，已经是各地居民日常生活中可以感受到的明显事实。同时，这也是"改革开放"这一国家战略的应有之义。例如，在北京主要有望京新城的韩国人聚集区，长富宫和发展大厦附近形成的日本人聚集区，以燕莎友谊商城、凯宾斯基饭店为中心的德国人聚集区[6]，朝阳区也有麦子店的国际社区等；在上海，有古北仙霞地区的韩国人社区、浦东花木欧美高级白领聚集的碧云国际社区，除此之外还有卢湾的海华海丽、闵行的锦绣江南社区等；在广州，有小北路、广园西路一带的非洲人聚集区，中信广场的日本人聚集区，二沙岛的跨国白领区等。此外，浙江义乌有大量中亚移民聚集的"中东街"，山东青岛城阳区、沈阳西塔街和长春桂林路等地都形成了韩国人聚集区。

  在全国各地兴起的外来移民聚集区的浪潮中，作为改革开放的先行地区以及一直具有"世界工厂"地位的珠三角地区，在吸引着发达国家的资本的同时，也接纳来自发达国家的白领阶层移民与第三世界国家特别是非洲国家的移民，延长了全球化生产、消费与贸易链。珠江三角洲（珠三角）是西江、北江和东江入海时冲积沉淀而成的一个三角洲，面积约6万平方千米，位于广东省中南部、珠江流域下游，毗邻港澳，与东南亚地区隔海相望，海陆交通便利，被称为中国的"南大门"。珠江三角洲地区包括广州、深圳、佛山、东莞、中山、珠海、惠州、江门、肇庆共9个城市。另有"大珠三角"的地域概念，指的是广东省、香港特别行政区、澳门特别行政区三地构成的区域，面积约18万平方千米。珠江三角洲历来是广东文化、经济最为发达的地区。两宋时期其开发已初具规模。到了明代，珠三角成为当时岭南著名的粮食和多种经济作物的生产基地，顺德、南海、中山、番禺等地的基塘农业驰名于世。依托广州这一当时南半球最为重要的贸易节点，其农副产品和手工业产品市场广阔、产销活跃。明代后期，珠江三角洲的农业生产商品化倾向日渐明显，成为岭南最活跃、最具商品意识的地区。广东近代工业也主要从19世纪末的珠江三角洲一带兴起。

  作为珠三角的中心城市，广州自秦汉至明清的两千多年间一直是中国对外贸易的重要港口城市，对外贸易源远流长，自秦汉开始就已是海上贸易中心。同时，创办于1957年的中国进出口商品交易会（俗称广交会），于1984年曾获"国际墨丘利金奖"，1985年获西班牙"国际贸易奖"，在国际上得到认可，具有很高的知名度，也为广州提供了一个绝佳的对外贸易平台，吸引世界各地商贸者来淘金[7]。

  引人注目的是，20世纪90年代特别是1997年东南亚金融危机后，由东南亚迁至珠三角，辗转于广州、深圳、东莞和佛山等城市进行商业贸易的非洲客商开始聚居广州，进而在近年引起国内外媒体、社会各界和各级政府的广泛关注。在这样的背景下，本书聚焦于珠三角地区的非洲人群体，通过以下几个方面展现这些非洲人在中国的生活、经济、情感状况：（1）珠三角地区的非洲群体发展、演化的基本状况，其社会、经济、贸易与网络特征;(2)因非洲社区的兴起,中国地方的响应及地方管治状况;(3)广州、香港、佛山等珠三角城市的非洲社区的互动关系。

具体而言,本书的上篇包括3章,主要是围绕广州非洲人社会网络与经济贸易网络关系特征进行探讨。李志刚等人分析了广州非洲商人的类型与空间分布,并对其经济网络和社会网络方面进行了研究,认为"跨国商贸主义"下新社会空间的出现,标志着中国"深度全球化"时代的到来。英国伦敦南岸大学的 Michal Lyons 等人调查了广州的非洲商人所采取的商贸策略以及他们的"移民"行为、社区以及对广州的看法,分析了广非贸易的价值链,发现广州的非洲贸易移民聚集地不再是一个文化的"桥梁",更多的是一个"飞地",成为非洲商人的前哨站。妮可·杨玚通过民族志的方法对广州的非洲商人贸易活动的路径、收益以及原因进行了分析。

本书中篇包括7章,主要是从非洲人对当地的社会文化影响,地方政府对非洲人的管治以及造成的结果等方面进行剖析。英属哥伦比亚大学的 Kelly Liang 聚焦基层民众日常生活层面,从中非商人的商务合作方式、种族、性别、地理想象等方面入手,对广州的非洲人和中国人之间的地缘政治进行初步分析。加拿大西蒙菲莎大学的韩华梅从语言学角度探索了全球化所带来的在广州的非洲社区里所产生的草根多语主义现象的产生过程,揭示了国家在其中所扮演的角色;通过对非洲人与当地的中国人之间错综复杂的互动关系的分析和关涉种族、性别、想象等方面的探讨,展现了非洲人的特异性被再生产和调整这一现象。在地方管治方面,挪威奥斯陆大学的 Heidi 通过对广州尼日利亚群体流动性的分析,揭示了尼日利亚群体在广州政府的管治中陷入"第二次固定性状态"的困境。新加坡国立大学的 Tabea Bork-Huffer 等从全球、国家以及地方维度探讨了非洲人从广州迁移至佛山的原因,反映出政府角色以及地方管治在移民流动中所起到的至关重要的作用。中山大学的牛冬就中国"新移民法"的实施对广州非洲人产生的影响及产生这种影响的深层原因进行了讨论,希望能够给在中国的外国人管理与服务领域的立法、执法工作带来启发。在地方影响方面,中山大学的邹逸杰从污名符号的发生学出发,对非洲群体在广州所受的污名状况进行了分类分析,通过分析这一污名现象产生的原因及过程揭示了全球化的地方性回应的问题。

本书的下篇包括5章,它们将广州、香港、佛山等珠三角或大珠三角城市的非洲社区研究纳入进来,从而全面展现出珠三角非洲社区与这些周边城市中的非洲社区之间的互动、关系、格局,内容涉及香港的加纳社区、广佛交界地区(主体是佛山南海)的非裔郊区的兴起、广州的中非家庭及其社会认同问题等,展现了中非群体在摩擦、交融与适应过程中的曲曲折折。

通过这些研究,我们可以看到,中国尤其是珠三角地区已经成为当代非洲部落的"淘金"之地,成为寻梦者追逐"中国梦"的天堂。随着非洲群体越来越多地在中国聚居,中非之间的经济联系越来越紧密,中国的全球化时代已全然到来。2013年以来,随着中央政府提出"一带一路"国家战略构想,"丝绸之路经济带"和"21

世纪海上丝绸之路"的合作发展理念逐步成型，未来中国将与有关国家特别是非洲国家不断深化双多边机制，借助既有的、行之有效的区域合作平台，借用古代"丝绸之路"的历史符号，积极主动地发展与沿线国家的经济合作伙伴关系，共同打造政治互信、经济融合、文化包容的利益共同体、命运共同体和责任共同体。未来中国的全球化融入以及"南南合作"必将进入更加深入的快车道。

因此，关注"非洲移民"在中国的社会文化中的生存状况，探索他们与当地经济社会、当地文化习俗以及当地规定等方面的磨合问题，在全球化时代中不仅对中国的发展，对非洲乃至全球经济、社会的发展也是至关重要的。正是由于这些海外移民的到来，成为中国城市全球化的重要力量，成就了国际化的中国城市。而这些移民社区也正是全球各地丰富多彩的种族、文化、语言、生活等各方面要素的映射，是中国城市文明不可多得的珍贵遗产。

最后，感谢我的学生金鑫、黎晓玲、吴利辉、李欣怡、孙海玲、邹雪瓶、邱婴芝、张琳、刘义、吴蓉在成书过程中的奉献和帮忙。感谢东南大学出版社徐步政老师和其他编辑的辛勤付出。

武汉大学城市设计学院教授：李志刚

注释

① 乔治·弗提奥·塔皮诺斯. 全球化、区域融合、跨国移民 [J]. 国际社会科学杂志（中文版），2001(3):48.
② 全球跨国移民总数已达 2.14 亿，美国仍是移民首选 [EB/OL]. 中国新闻网，2010-11-30.
   http://www.chinanews.com/hr/2010/11-30/2689086.shtml.
③ 中国流动人口已达 2.21 亿　户籍管理应强化归属感 [N/OL]. 人民日报，2011-03-09.
   http://www.chinanews.com/gn/2011/03-09/2892414.shtml.
④ 国家公安部出入境管理局数据，http://www.mps.gov.cn/n16/n84147/n84196/2666368.html.
⑤ 《华盛顿邮报》：外国移民追逐中国梦 [EB/OL]. 新华网，（2007-10-23）[2011-07-10].
   http://news.xinhuanet.com/world/2007/10/23/content_6928049.htm.
⑥ 望京：韩国城的融合之路 [N]. 中国新闻周刊，2009-08-17.
⑦ 广州市地方志编纂委员会. 广州市志（卷七）[M]. 广州：广州出版社，1998：3-18.

上篇　非洲移民的社会、经济、贸易、网络

1 全球化、跨国商贸主义与中国的非裔社会空间生产

李志刚　杜　枫

1.1 引言

进入新世纪，伴随全球化进程的深入推进，跨国社会、经济与文化交流正以史无前例的速度推进。特别是自20世纪90年代以来，国际贸易关系的新型结构以及创业机遇涌现，一个所谓的"跨国阶级"浮出地表（Smith，2001），分为移居移民、劳工移民和商贸移民等三类（Esman，2009）。改革开放以来，中国经过连续30多年飞速发展，成为全球第二大经济体。与此同时，中国正成为"跨国阶级"的新目标，一个"中国梦"正取代"美国梦"[1]。在许多大城市，中国式的"跨国移民区"正大量出现：北京望京新城已成为著名的韩国人聚集区，长富宫和发展大厦附近形成日本人聚集区，燕莎友谊商城、凯宾斯基饭店周边发展为德国人聚集区，以及朝阳区麦子店的国际社区等等[2]；上海有古北仙霞地区的韩国人社区、日本人社区，浦东花木的碧云国际社区，卢湾的海华海丽，闵行的锦绣江南社区等国际社区；浙江义乌、山东青岛城阳区、沈阳西塔街和长春桂林路等地也都形成了外国人聚集区。全球化下的新社会空间已经进入中国城市研究者的视野。

本章采用第一手调研资料，通过长期实地调研，揭示过去20多年来"跨国商

贸主义"下广州非洲人族裔经济区的生产机制。研究表明，跨国非裔商人的商业迁移链经由非洲到欧洲、北美、中亚、东南亚而后转入中国；随着广州小北、三元里等地非洲人族裔经济区的成熟发展，其生产链逐步成型，主要包括非裔坐贾和非裔行商两大群体；广州非洲人族裔经济区已具有成型的社会网络结构，分为三个圈层：核心层为非裔商人圈，第二层为非裔社团组织圈，第三层为非裔商人与本地中国居民所组成的外圈层。我们认为，"跨国商贸主义"下新社会空间的出现，标志着中国"深度全球化"时代的到来，城市面临前所未有的机遇与挑战。

1.2 "跨国商贸主义"下的城市新社会空间生产

作为中国城市"新城市主义"的组成部分，多元、异质和"陌生人社会"的城市格局正在出现（Wu，2007），一种"跨国商贸主义"正重塑中国城市社会空间结构（李志刚，2011）。所谓"跨国商贸主义"，指的是跨国商贸者跨越国界创造和维持商贸活动，并以聚居区族裔经济为基础，以跨国流动的族裔群体及其所在地方空间为载体，推动地方重构的进程。"中国制造"及其"世界工厂"的出现，使得这一力量成为生产城市空间的重要力量。此外，对"跨国商贸主义"的研究，亦是对"全球化"的微观实证。

波特斯（Portes）在研究迈阿密的古巴聚居区时，发现社会多样性、阶级异质性与持续不断的移民潮是其经济兴盛主因，凸显族裔社会网络对族裔经济发展的重要作用（Portes，1987；Portes，et al，2002）。越来越多的商贸者成为全球化的流动实体，族裔社会网络使得他们所移居的地方空间发挥着"全球化载体"的作用。研究表明，移民商贸者多集中于特定行业：洛杉矶韩裔移民集中在零售和服务业（Light，et al，1988），澳大利亚希腊移民集中在鱼店、快餐、牛奶店，意大利移民在水果与蔬菜商店，中东移民在维修行业，越南移民在服装零售业，等等（Panayiotopoulos，2006；Waldinger，et al，1990）。"跨国商贸主义"的存在为移民群体提供发展机遇，进而创造了充满活力的新社会空间（周敏，1995）。

中国的"跨国商贸主义"是其世界影响力不断提升的体现。如同"全球化"并非全新事物，"跨国商贸主义"在中国亦由来已久，典型的如"丝绸之路"。但是，当代中国"跨国商贸主义"以其生产强度和规模而显得史无前例。以上海为例，2009年上海外国人常住人口已达15.2万人，而历史上租界的鼎盛时期外籍居民人口不过8.6万（1942年）（周敏，1995）。吴缚龙认为，全球化背景下的中国城市具有4种新空间：全球化空间（Space of Globalization）、消费空间（Space of Consumption）、非正规空间（Space of Informal Space）和分异空间（Space of Differentiation）（Wu，2007）。"跨国商贸主义"下的新社会空间兼具此4种特征：它既是一种典型的全球化空间，亦是各类人群尤其是"跨国阶级"消费自身文化、历史及分享信息的重要场所；同时，因其"底层全球化"特征（相对于跨国公司及其经理人、白领阶层的"正规化"），此类社会空间的生产常常具有非正规性，尤其在发展中国家的"跨国阶级"中体现得最为明显，如缺乏稳定性、随机性强、效率低，等等。

城市学、地理学、社会学、人类学等不同学科已开始关注中国的跨国社会空间，将视野投向其中的文化冲击与摩擦（马晓燕，2008）、居民生活方式（刘云刚，等，2010）乃至跨国影响（Bodomo，2010）或地方响应（李志刚，等，2008；李志刚，等，2009）。面对新社会空间的兴起，如何对其进行管理管制，如何引导其发展，已成为摆在城市管理者、规划师面前的一大难题。例如，2006年，沈阳开始打造"外国人集中聚居区"，期望以此为其城市核心地带增加一笔亮色[③]；北京的"中粮祥云"定位为"北京首座全球人国际生活区"；成都的"天府国际社区"亦计划"专供外国人住"[④]。"跨国阶级"有其特定生活方式、行为模式与社会空间机制，对这些问题的深入研究是进行管理或空间营造的前提。那么，作为影响中国城市空间结构的一股新力量，跨国商贸将带来何种影响？作为改革开放的先行地区，珠三角已成为名副其实的"世界工厂"，资本吸入的同时亦接纳全球生产、消费、贸易链与跨国人群，尤以非洲人及其聚居空间最为突出——广州似乎已成为非洲人的"淘金"之都[⑤]。广州的非裔经济区是如何出现的？其社会空间生产机制如何？本章将围绕这些问题展开实证。

1.3 研究设计

实地调研表明，广州（佛山）非裔居民主要集中于5个片区：小北、三元里、番禺、东圃以及佛山的黄岐镇。小北片区以天秀大厦为核心，其方圆几千米范围均属典型非裔经济区，同时也是广州最早的非裔聚居区；三元里片区主要由沿广园西路两侧的商贸楼组成；番禺片区属近郊，主要集中分布于丽江花园和祈福新村；东圃片区主要集中在天河广场附近，以居住为主；黄岐片区主要包括黄岐步行街、河畔花园、大沙村、江滨大厦等，也以居住为主（表1-1）。

表1-1 非裔商人的主要分布点

集中片区	主要街道	主要商场	主要居住点
小北	小北路，环市中路，淘金路，童心南路，建设六马路，下塘西路，恒安路，宝汉直街	天秀大厦，越洋商贸城，金山象商贸城，泓汇国际商贸中心，国龙大厦，秀山楼（中非商贸城），陶瓷大厦，恒生大厦	天秀大厦，登峰宾馆，越洋商贸楼，登峰村，童心路，下塘西路
三元里	广园西路，三元里大道	唐旗外贸服装城，迦南外贸服装批发城，通通商贸城，柏乐商贸城，天恩服装城，宇航大厦（旧天恩），国展服装城，御龙服装市场，秀山楼，88外贸服装批发，万通大厦（三元里旁）	韶关大厦，龙安酒店，汇源酒店等

续表

集中片区	主要街道	主要商场	主要居住点
番禺	丽江花园，祈福新村	丽江花园，祈福新村	丽江花园，祈福新村
东圃	天河广场	天河广场	天河广场
黄岐（佛山）	黄岐步行街	黄岐步行街	河畔花园，大沙村，泌冲村，江滨大厦等

由于缺乏官方数据，对广州非裔居民的规模一直存在争论："人数可能以十万计"⑥，或者"至2008年初，广州约有8万非洲裔居民"⑦，或是"采纳'10万'这个数字给读者以非洲人在广州人数很多的概念"⑧。据广州市公安局出入境管理处通报，2006年在穗常住外国居民约为1.8万，其中非洲籍人士仅占6%⑨。2014年，对广州非洲居民规模的争论几乎达到白热化的程度。广州大学广州发展研究院发布的《广州外籍流动人口管理现状分析与对策研究》认为，广州已成为亚洲最大的非洲人聚集地，非裔占广州外籍流动人口的一半。中央电视台CCTV News也持有类似观点，认为广州已经是全亚洲最为瞩目的非洲人聚居区。2014年10月，广州市政府领导专门召开新闻发布会，广州市副市长谢晓丹称，截至10月25日，广州市居住外国人士11.8万人，常住6个月以上有4.7万人，临时来穗7.1万人。其中非洲国家占14%左右，约1.6万人，主要集中在登峰街、建设街、白云新市等地，从而否定了部分媒体的30万非洲人的说法。另外，根据第六次全国人口普查数据，常住我国的外籍人员593832人，其中广东有316138人，居全国之首。2010年从广州各口岸出入境的外国人418万人次，在穗临时居住的外国人达192万人次，常住的外国人达2.8万人。事实上，对广州非洲居民规模的界定，取决于如何界定所谓"广州黑人"等相关概念。如果这里所指的是流动的非洲商人，那么其规模无疑是巨大的，2013年广州市统计年鉴的数据为50万人次。但如果指的是常住广州的非洲居民，那么其规模应该是接近市政府所公布的数据，也就是2万人左右。作为旁证，根据广州市公安局2014年8月底发布的数据，2014年1—8月，经广州出入境的非洲裔人士共37万人，其中在广州常住登记的约1.5万人（不得不承认的是，也存在一部分不登记的情况，但在日渐严控的管理体制之下，对其规模的高估明显不合理）；2014年10月28日，广州市埃博拉疫情防控工作会议公布数据，2014年1月至10月，从广州出入境的非洲籍人士总计43.8万人次，其中在广州居住的实有非洲人约有15570人，常住人口4096人左右。对比两个数据，2014年9月和10月的出入境非裔规模是6.8万人次，这样全年大约是68万人次（如果我们综合考虑广交会和月份波动的影响），也是比较符合统计年鉴数据特征的（2013年50万人次，2014年会继续增长）。

就空间而言，小北片区和三元里片区属典型族裔经济区，黄岐为近期发展片区，属于广州非裔社区的外衍，因此本研究选取小北、三元里、黄岐三地为研究对象，采用定量与定性方法结合，运用问卷调查、深度访谈、田野调查等综合方法进行实证。调研组在近年（2008—2014）多次进入三地，以参与观察的方式，见证非裔经济的发展与变化，考察非裔商人与中国人之间的互动，深入到其中商店、餐厅和出租屋。研究采用的问卷资料为2010年4月完成，包括英语版与法语版，主要包括6个部分：受访者来源地及经商经历、在华工作情况、居住状况、健康状况、社会网络等，派发问卷300份，最终有效问卷269份。同时，采用结构访问法，以偶遇抽样的形式，在2009年4月份进行为期3周的半结构性访谈，共访谈了95名非裔商人和50名中国商人。此外，研究所采用的其他资料还有地方志、专业文献、新闻报道以及年鉴等统计数据。

1.4 研究发现

1.4.1 非裔居民的商业迁移链

非洲国家大多缺乏工业，物资匮乏，使得跨地区、跨国界的商贸活动成为常态。例如，受访非裔商人中68.5%曾去其他国家经商贸易，14.1%的人去过4个及4个以上的国家（除中国），18.4%去过3个国家，15.7%去过2个国家，21.3%去过1个国家，所去的地方遍布各大洲，共81个国家。其中非洲大陆作为非裔商人母国所在的大陆，接近70%的人都曾在非洲各国经商，以加纳（10.4%）、南非（10.4%）、多哥（8.2%）为最；其次，亚洲是第二大经商区域，52.4%的商人去过包括迪拜（9.7%）、马来西亚（7.8%）、泰国（6.67%）、印度（6.0%）等20个国家或地区；此外，到过欧洲的非裔商人占28.61%，其贸易范围覆盖近14个国家。

非裔商人商贸区域的路径变化可以归结为一条覆盖全球的"商业迁移链"：从本国出发，非洲客商最先围绕非洲大陆国家进行资本累积，随后转向欧美如法国、德国、英国和美国等进行商品贸易。20世纪80年代后，亚洲成为全球产业转移的主要区域，尤其是东亚、东南亚崛起，非裔商人的贸易区域随之转战亚洲，最先进入迪拜、马来西亚、泰国、印度等地，另一部分到日本，如喀麦隆商人在日本购买汽车零件、二手车等。1997年亚洲金融危机成为贸易转移的新契机，东南亚各国经济严重受挫，中国的强势崛起以及深度开放使得沿海发达地区如珠三角等地迅速成为世界生产与外贸的核心地带，"中国制造"的产品占据非洲市场相当份额，使得广州成为非裔商人贸易转移的首选区域。

1997年东南亚金融危机后，非裔商人开始大量在广州小北与三元里一带集聚。2004年以前，非裔商人在广州的主要商业形式是以行商为主，个人或受公司委托做广非贸易的中间人，来往于广州与非洲之间，赚取中间利润的差额。为数不多的公司设立驻广州商业代理点，极少数直接开商铺。这时期的批发市场除了站西服装城之外，三元里的壹心大厦、蒙福外贸商品城和迦南外贸服装城（2003年开业），小北的天秀大厦（1994年开业）、登峰大旅店（1980年开业）、国龙大厦（1998年开业），东圃的天河广场等纷纷开业，非裔商人辗转于广州各大批发市场，逐渐形成以小北为中心的商贸片区。

1.4.2 非裔经济区的生产链

随着非裔客商剧增，三元里一带的批发市场迅速崛起。"金龙盘"于2004年2月开业，"御龙服装批发市场"于2005年5月开业、"旧天恩"于2005年8月开业，"唐旗"于2006年7月开业，"新天恩"2006年12月开业，小北登峰宾馆重新开张，越洋商贸楼、陶瓷大厦、秀山楼等成立，非洲人开始进驻各批发市场。2007年是非洲人经济区发展的鼎盛时期，非裔商贸区成型。迦南外贸服装城经理称，迦南2007年的贸易总额达7000万元以上。此外，以非洲人经济区为源头，广园西路周边形成了一条特殊的服务链，发展了各色服务业，如酒店、餐饮、机票代理、长途电话等。广园西路全长仅1750米，沿路两边却分布有酒店25家，平均每70米就有一家，还有餐饮28家，家庭小百货店30家，同时还有服务于批发市场的广告设计和打印店13家，机票代理12处，等等。这一时期，以非裔坐贾和非裔行商为主体的非裔人群开始成为这一地区的主体。

1）非裔坐贾

非裔坐贾即在广州拥有商铺或办公室的商人，是非洲人族裔经济区的构成主体之一，分为两大类：一是广非贸易中间人，以非洲行商者、非洲客户为主要的销售对象，包括批发商店、物流公司等；二是以在广州的非裔商人为主要服务对象，包括理发店、光碟店等。这两类都具有"中间人"特征，成为商品贸易的中间人。

（1）批发商店

非裔商人经营的批发商店主要集中在三元里片区，包括唐旗、新天恩、柏乐等，小北片区的越洋商贸城与金山象商贸城也有小部分非裔商铺。批发商店通常扮演着双重角色，店主在自己国家也有店面，通过在广州开店与中国商家建立联系进货，同时熟悉整个流程，可以为其他非裔行商牵线。

> 有个中国女人在尼日利亚跟我叔叔做生意，2007年我叔叔打电话让我来广州，这家店就是我和那个女人一起开的。之所以选择在这里（新天恩）开店，是因为一个月的租金2400元（人民币），对于我来说是便宜的；因为我们要经常（在广州和尼日利亚间）飞来飞去，在这里很方便；而且在这里开店比较容易拿到订单。（访谈资料：一位尼日利亚商人，2009-04-03）。

广州店面是其中国商贸的"前哨"，通过这个"前哨"联系中国工厂，建立起商贸网络。而在非洲，他们也一般拥有一个或多个商贸据点，兼具行商和中间商的角色，为家族企业或其他非裔商人提供货源。

（2）物流公司

物流公司集中在小北天秀大厦第4层以上的办公室，恒生大厦、宇航大厦，新天恩、唐旗、越洋等商贸城也有部分此类公司。物流公司一般同时雇佣中国和非洲员工：中国员工利用语言与地缘优势，建立和加强与中国工厂的商贸联系；非洲员工一般面向非裔行商服务，减少非裔行商的商贸障碍。与批发商店相比，物流公司是真正的中间商人，负责联络中国供货商与非洲商人，连接中非贸易网。

我现在主要做的是物流，在加纳有一家公司，广州有一个办公室。经营的商品什么都有，但主要是建筑材料，每月可以交易10000吨。我们主要为客人找货源，扮演着中间商的角色。客人找我们，一般有两种方式，一是我们为他提供工厂的联系方式，然后帮忙运送货物，这一方面利润不多于2000元（人民币）；二是直接为他办置货物，从中获取更多利润。我们每月可以有15—30宗生意。（访谈资料：非裔物流公司老板，2010-04-17）

物流公司运作流程大致可分两种（图1-1）：一种是非裔商人（到广州）联系在中国的物流公司，确定商品要求之后，物流公司根据自身的商业网络为其寻找提供相应产品的中国供货商，确定后将其联系方式告知非裔商人，三方再进行磋商，

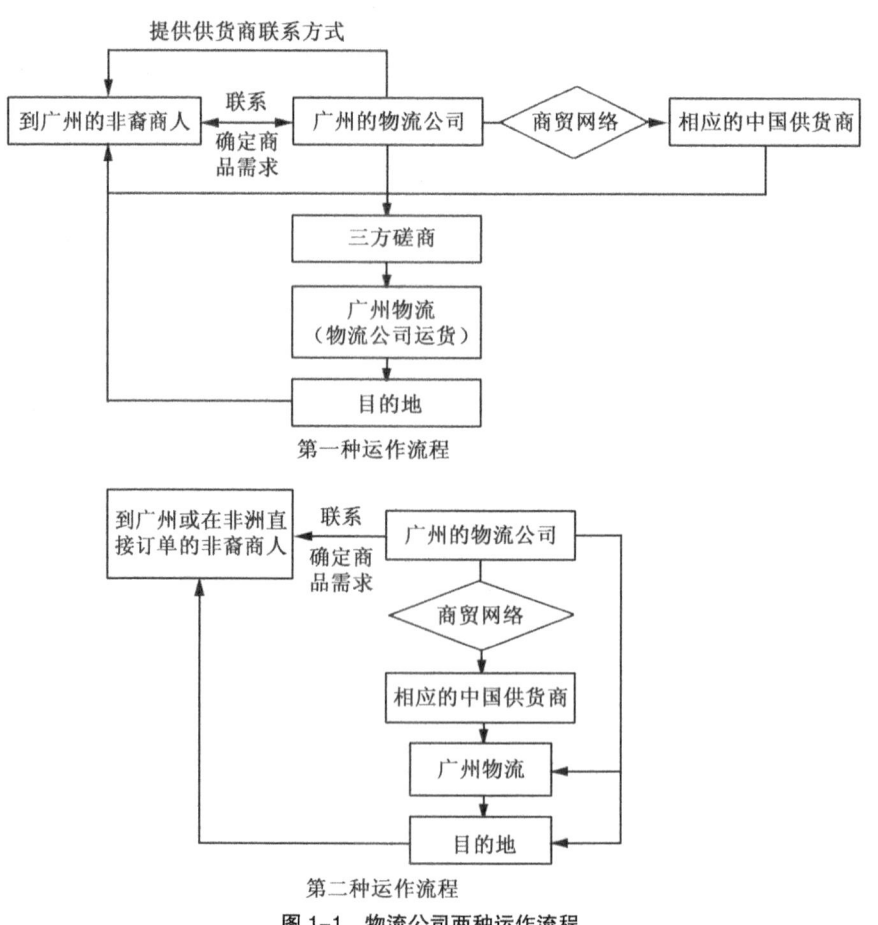

图1-1 物流公司两种运作流程

最终由物流公司负责货运;另一种是非裔商人(到广州的或在非洲通过网上、电话联系)联系物流公司,并将采购、货运都交给物流公司全权负责,物流公司通过商业网络寻找中国供货商,包办所有贸易流程。第二种方式比第一种方式自由灵活度更高,因此物流公司获利较多。

(3)服务商店

服务商店一般在各大商贸城都有,未出现明显集聚,如天秀大厦高层的餐馆、金山象、天恩的理发店、越洋商贸城的理发店与按摩店等。服务商店与批发商店一样,部分店主或雇员既在服务商店上班,又通过各种渠道成为中间商人。随着非裔商人在广州的聚集,族裔群体内部逐渐形成不同行业分类,服务商店因而成型。例如,有些非洲人发型复杂,需要专门人员编辫子。无论批发商店、物流公司还是服务商店,广州的非裔坐贾都具备"中间人少数族裔"的特征(周敏,1995):他们通过暂居广州,建立商贸据点,持续往来于中非,终于形成一条商业"回路",撑起整个非裔经济区,为非裔行商提供流动、贸易的场所,同时为族裔经济区的社会网络的产生提供了一种基于地缘、业缘的集聚。一些新来的或没有固定工作的非裔商人经常聚集在各大批发市场门口,通过聊天结识朋友,得到帮助,了解广州市场信息,或直接为新来者做向导以赚取利润、扩展生意,发挥信息传播、加强异国心理安全感、建立商业关系的作用。

2)非裔行商

行商者可分为公司代表和个人经营两种类型,48位访谈的行商者中,44%为个人经营,公司代表仅占21%,其中只有1人既是公司代表又是个人经营。出口包括电脑及电脑配件、电子及电子配件、衣服及鞋类、手机及电池、DVD播放器等商品,21%的行商者购买两种或两种以上的商品。大多数一年来广州2—4次,每次停留约1个月时间,每次购买的商品价值约2万—3万美元。

与坐贾相比,行商与中国的接触更为广泛,不局限于广州,包括珠三角各城市(深圳、东莞、佛山等)和内地其他城市(北京、义乌等)。行商依赖于坐贾所形成的族裔网络,广州是其到中国的必来之地,最终成为非裔商人(包括行商和坐贾)的据点,成为"巧克力城"[⑩]。他们行走大半个中国,与中国企业或工厂建立良好的商贸关系。重要的是,族裔网络构建了一个充满活力的经济区,行商者就算不与中国人接触也能获得经济利益。访谈发现,行商中有37位的供货对象是非洲人,占77%;由中国人直接供货的只占17%。由于族裔网络的存在,行商只需位于贸易链的一端即可与中国对话,降低了进入门槛。另一方面,行商者成为支撑经济区发展的重要力量,不断促进经济区的发展。同时,67%的受访非裔商人因工作或经商目的到过中国其他城市,其中除广州外,到过1个城市的占23%、2个城市的占17%、3个城市的占13%,13%的人到过4—8个城市,2%的人到过10个以上的城市贸易,其中所涉及的城市覆盖全国20个省份、4个直辖市和2个特别行政区,总计超过45个城市。非裔商人在中国贸易的网络示意如图1-2,覆盖了我国主要的经

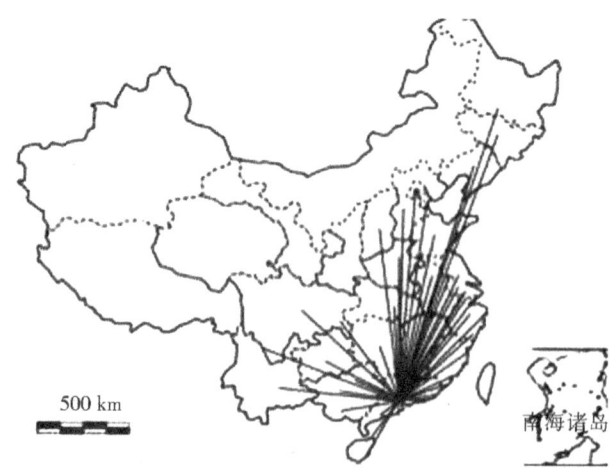

图 1-2 非裔商人的中国商贸网络示意

济发达地区。

1.4.3 非裔经济区的社会网络

调研表明，广州非裔经济区的社会网络可分 3 个层次（图 1-3），由核心向外分别是非裔商人之间（非洲朋友、亲戚、商业伙伴等），社团组织（经济、社会、文化及其他），非裔商人与中国人（朋友、婚姻）等 3 个圈层。

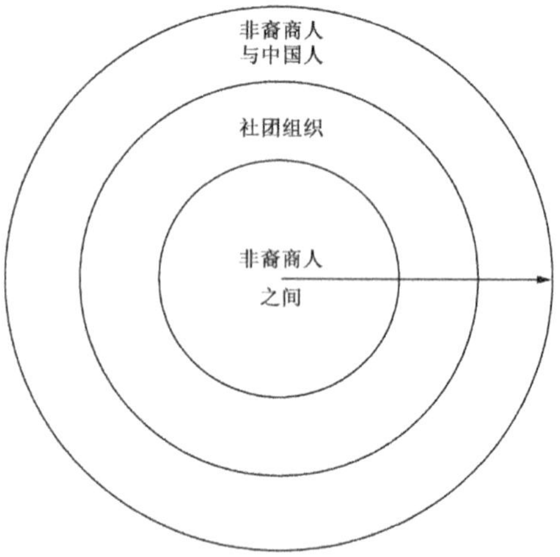

1）内环：非裔商人

"这个商贸城（新天恩）里都是我们国家的人，我们称呼彼此为'兄弟'，不管认不认识，我们都会握手、打招呼。"（访谈资料：非裔客商，2009-04-13）

图 1-3 广州族裔经济区的社会网络结构

非裔商人在中国寻梦，面对着异质社会、异质文化，族裔内部逐渐形成族裔依赖，相互帮助、分享信息、保障心理安全，基于地缘的、相对松散的族裔网络开始呈现。例如，非裔坐贾在广州获取办公室或店面，除 14% 的样本直接到非裔商人聚集的商场办公室之外，占最大比例（13%）的是通过非洲朋友，其次是中国朋友，占 9%，非裔中介占 6%。总体而言，非裔坐贾更依赖其族裔网络。但是，除市场信息，他们对广州一无所知，向外扩展能力弱。因此，内环的主要功能是信息传播和加强心理安全感，同时也限制了地方认知，进而形成其主动集聚与隔离。

2）中环：非裔社团组织

迄今为止，广州的非裔商人间还没有出现为所有非洲人共同认可的普遍性非洲人团体，这主要因为团体成员最为关心的是经济事务（他们主要是商人）（Bodomo，2010）。实际存在的非裔社团组织多以国别划分，如尼日利亚社团、加纳社团、喀麦隆社团等等。此外还可按社团组织的性质分为经济团体、社会团体、文化休闲团体和其他团体。经济团体是指贸易组织、商会或财务支持团体等类型；社会团体如上学儿童的家庭教育组织、小孩看护组织或社会支持团体等；文化休闲团体如教会、体育团体、音乐团体等；其他团体如来源国相关组织、政治组织；等等。实际上，各种团体的参与程度并不高。23%的人参加了1个经济团体，仅1%的人参加了2个经济团体，包括尼日利亚社团、利比里亚社团、加纳社团和其他贸易团体、财务支持团体等；仅有9%的人参加了社会团体，极少数参加了2—3个（1%），如小孩看护组织、家庭教育组织和其他一些社会支持团体，一部分人也将加纳、利比里亚、布基纳法索、贝宁等社团当成社会团体；参加文化休闲团体的人较多，有36%的人参加1个，3%的人参加2个，参加3个的仅有0.4%，包括教会、穆斯林、嘻哈舞、篮球、足球、音乐等类型。

3）外环：非裔商人与中国居民

非裔商人并非孤立存在，非洲人族裔经济区更不是一个封闭的族裔区，它根植于广州，商贸足迹遍布中国各省市自治区，同中国人特别是中国商人缔结经济或社会关系，成为非裔商人社会网络的重要组成部分。

在商业贸易方面，超过一半（52%）的非裔商人认为与中国商人的贸易合作很融洽，仅有10%表示不是很好，7%认为与中国商人合作是一项挑战。在社会交往方面，仅有16%表示自己没有中国朋友，20%表示没有中国同事，19%没有中国的邻居，剩下的大部分已与中国人建立朋友、同事、邻居等不同关系，中国人融入了其朋友圈、商业圈。非裔商人与中国商人在彼此感情、利害关系及价值的交流中根据自身的主体性选择，产生了两种不同的经济和社会关系，一是基于商业利益的关系，称为"经济融合"，即一般的商业关系；二是基于情感、文化认同的关系，称为"社会适应"，包括朋友、婚姻等。经济融合可以分成不同的方式，如商业合作关系、雇佣关系和服务关系等，使非裔商人到广州后能很快找到经济立足点。

以2009年在天恩（包括新旧天恩）访谈的非裔坐贾为例，当时新旧天恩共500多个摊位，25%的店面由非裔商人直接租用，另外75%是以中国人的名义登记（天恩管理处访谈，2009-04-22）。但是，其中实际大约85%的摊位由非裔商人经营，因此60%的摊位是中非商人合作的结果。合作方式包括3种类型：一是中非商人合作开店；二是中国商人受非裔商人所托作为商场和非裔商人之间的中间人进行登记，从中得到利润，而非裔商人也免去记录在案的手续；三是中国人租赁店面之后，再二手转租给非裔商人，赚取差额利润。无论哪种方式，非裔商人都得到了发展经济的机会。

1.5 结论

2008年以来，在全球经济危机、大事件下的签证管控（2008年北京奥运会、2010年广州亚运会）、人民币升值所带来的利润锐减以及非洲日益增多的中国经销商等因素影响下，广州非裔经济区已走过快速膨胀阶段，进入一个平稳发展期。非裔客商对广州的经济贡献也许无法与本地经济的巨额数字相提并论，但其存在与非洲各国人民生活息息相关，国际影响巨大（Osnos，2009）。在建设国际化大都市的背景之下，非裔经济区的存在是一种"实际存在的国际化"。而当真的"狼来了"的时候，各地政府迫切需要认真思考应当如何超越"属地化管理"思维，积极管控、引导和规划此类新社会空间。本章研究表明：第一，作为一个流动群体，非裔商人的流动性极大，因而对其管理无法套用原有外来人口管理体制，须进行体制创新，尤其需要各部门协作管理。第二，对跨国移民进行"围"、"堵"的旧思路已在各国实践中被证明行不通，因势利导才是出路。例如，与非裔社团合作，把握准确信息，推动高效管理。第三，北美"唐人街"的发展历程说明，此类族裔聚居区完全可以打造为旅游目的地，进而成为城市新的人文名片。第四，在目前中央高层不断到访非洲各国、中非联系的历史意义愈来愈突出的大背景下，充分利用地方空间，将非裔经济区发展营造为连接中非友谊的重要"桥梁"或示范区，将别具战略意义。总之，"跨国商贸主义"下新社会空间的出现，标志着中国"深度全球化"时代的到来，地方政府所面临的机遇与挑战并存。

注释

① 《华盛顿邮报》：外国移民追逐中国梦 [EB/OL]. 新华网，（2007-10-23）[2011-07-10]. http://news.xinhuanet.com/world/2007-10/23/content_6928049.htm.
② 望京：韩国城的融合之路 [N]. 中国新闻周刊，2009-08-17.
③ 房延彦. 沈阳为吸引外商投资将设立外国人集中居住区 [N/OL]. 华商晨报，（2006-08-08）[2011-09-10].http://gb.cri.cn/8606/2006/08/08/106@1165702.htm.
④ 缪琴. 成都建160亩高档社区专供外国人住容纳5000人 [EB/OL]. 四川新闻网，（2010-01-28）[2011-09-10]. http://news.sohu.com/20100128/n269876763.shtml.
⑤ 广州非洲人"部落"全记录 [N]. 广州日报，2007-12-13.
⑥ "巧克力城"——非洲人寻梦中国 [N]. 南方周末，2008-01-23.
⑦ 非洲人在广州 [N]. 南方都市报，2009-05-23.
⑧ 十万非洲人寻梦广州大量移民进入宜疏不宜堵 [EB/OL]. 中国广播网，[2010-08-05]. http://news.163.com/1010805/09/6DAHOJF3000/46BC.html.
⑨ 广州警方重点加强在穗外国人的管理 [EB/OL]. 香港中国新闻，（2006-12-14）[2011-09-05].http://www.hkcna.hk/doc/2006/2006-12-14/3809.shtml.
⑩ "巧克力城"——非洲人寻梦中国 [N]. 南方周末，2008-01-23.

参考文献

戴春.2007. 社会融入：上海国际化社区建构 [M]. 北京：中国电力出版社.

李志刚, 顾朝林.2011. 中国城市社会空间结构转型 [M]. 南京：东南大学出版社.

李志刚, 薛德升, 杜枫, 等.2009. 全球化下"跨国移民社会空间"的地方响应——以广州小北黑人区为例 [J]. 地理研究,28(4): 920–931.

李志刚, 薛德升, Lyons M, 等.2008. 广州小北路非洲人聚居区社会空间分析 [J]. 地理学报,63(2):207–218.

刘云刚, 谭宇文, 周雯婷.2010. 广州日本移民的生活活动与生活空间 [J]. 地理学报,65(10): 1173–1186.

马晓燕.2008. 移民社区的多元文化冲突与和谐——北京市望京"韩国城"研究 [J]. 中国农业大学学报：社会科学版,25(4): 118–126.

周敏.1995. 唐人街——深具社会经济潜质的华人社区 [M]. 北京：商务印书馆.

Bodomo A. 2010.The African Trading Community in Guangzhou:An Emerging Bridge for Africa-China[J]. The China Quarterly,203: 693–707.

Esman M J. 2009.Diasporas in the Contemporary World[M].Malden, Mass：Polity Press.

Light I H，Bonacich E.1988. Immigrant Entrepreneurs: Koreans in Los Angeles, 1965–1982[M]. Berkeley, California:Berkeley University of California Press.

Osnos E. 2009.The Promised Land[J]. The New Yorker，85（1）：50–55.

Panayiotopoulos P I. 2006.Immigrant Enterprise in Europe and the USA[M]. London；New York：Routledge.

Portes A. 1987.The Social Origins of the Cuban Enclave Economy of Miami[J]. Sociological Perspectives,30: 340–372.

Portes A, Guarnizo L, et al. 2002. Transnational Entrepreneurs: an Alternative Form of Immigrant Economic Adaptation[J].American Sociological Review,67: 278–298.

Smith P. 2001.Transnational Urbanism[M]. New Jersey：Blackwell Publishing.

Waldinger R D, Aldrich H, et al. 1990. Ethnic Entrepreneurs:Immigrant Business in Industrial Societies[M]. London :Sage.

Wu Fulong. 2007. China's Emerging Cities: The Making of New Urbanism[M]. London；New York：Routledge.

2　龙潭虎穴之境：广州非洲商人的江湖

Michal Lyons，Alison Brown，李志刚

2.1　引言

越来越多的文献开始关注在非洲的中国商人，其研究内容包括洲际制成品的进口和分销、他们的经济和社会策略以及他们与非洲城市生活和政治生活的相互作用。与此相反，尽管非洲私营商人到中国经商的这股逆流在非洲经济和社会中产生了重要的作用，同时其在中国的城市中也同样产生了新的相互作用，但这方面的系统研究成果仍然较少。伴随改革开放政策的实施，中国加入 WTO 以来，中非双边贸易近年也在快速崛起，非洲商人所从事的跨国贸易不仅已经经历了繁荣的国际贸易时期，也经历了"能源危机"和 2008 年的世界"金融危机"。本章探究在中国主要出口中心城市广州的非洲商人及其商业活动。基于笔者在 2005 年所进行的系统调查工作，我们对广非贸易在过去数十年里的发展情况、价值链以及这些身处广州的非洲客商所采取的生存策略，他们的移民行为、移民社区以及对所在城市的看法，以及这些要素在过去一段历史中间的变化情况进行调查和呈现。此外，我们基于跨国主义基本理论，对所得实证信息进行了进一步的理论化。

随着由越来越多的跨国精英和数以百万计的农民工进城所带来的快速变化

（Wu，2007），现今对中国城市的分析重新唤起了萨森建构的全球城市极化模型（1991）。少数的特殊城市越来越符合哈姆尼特的沙漏模型（1994）。以深圳为例，2007年深圳市只有不到20%的人口拥有深圳户口，同时，从事服务行业的外来专业人员数量的快速增长反映了城市对高端服务业的需求。

然而，两个模型都忽略了全球化中的主要参与者。新的经济机会已经出现，同时众多的中产阶级私营商，即既不特别穷也并非特别富有的人抓住了这个机会。同样的，国际移民对全球市场的形成以及他们移民所到的国家具有意义深远的影响。后者被视作全球经济形成的重要组成部分（Kotkin，1992）。移民网络是继世界组织和国家关系之后的区域间联系的第三层级（Karim，1998）。

这个全球化的第三层级联系已经被描述为"基层的跨国主义"，"发生在基于周期性的以及要求参与者对时间的定期承诺的跨国活动"（Portes，1999），例如移民到美国的商人比例正不断增长。Vertovec强调，这一趋势与移民观念、社会文化认同和政治认同概念的重要变革以及和制度性的变革都有关系，例如财政部门、援助和小额贷款（2004）。跨国主义原本被认为是一种文化现象（Bourne，1916），但是最近越来越多的研究表明，基层的跨国主义包括了政治、文化、社会以及经济等多方面所关注的事件。

在美国，跨国主义体现移民者和他们家乡的联系，其力量来自于移民者在该地方建立的地位，也可能受益于已经建立的促进相互支持、相互交换信息和经济机会的专业化及早已形成的飞地的存在（Portes，2003；Portes，et al，2004）。这个历史背景提出了一个重要的问题：相似的支持系统在一个由大多数暂住人口和游客组成的新建立的移民地能起到作用吗？本章探究了与基层经济跨国主义相关联的近期移民，这些移民都是来自非洲的企业家和商人，即那些逗留在我国东南部地区并参与中国—非洲出口贸易的商人。

本章主要解决四个重要的问题：广州的非洲移民现象会维持多久；广州—非洲出口贸易的价值链是如何的；贸易商之间发展怎样的联系和人际关系；他们以及他们所到的国家对于这些关系和他们促进贸易潜力的看法。

2.2 对非洲移民进行界定

自从2001年中国加入世界贸易组织以来，过去十年里非洲团体在中国东南部迅速成长，中非贸易得到显著的发展。一些关于中国非洲移民的适应情况、势力和文化影响的讨论纷纷出现。例如，Bertoncelo和Bredeloup对在香港重庆大厦和广州小北路的非洲籍人员进行研究，认为这两个地方的非洲商人代表着移民潮流的前沿（Bertoncelo，et al，2007）。他们将小北路描述为更多地关注与非洲联系和更少关注中国环境的前哨站。

与此相反，Bodomo（2009）强调了在广州的中非贸易联系，将非洲移民定义为国家间社会和文化的桥梁，并将此与我们先前的研究工作所描述的"飞地"进行了对比（Li, et al, 2007; Lyons, et al, 2008）。尽管 Bodomo 没有解释这些概念的异同，但他的文章认为最重要的事情是这两种文化是否会相互影响。事实上，Bodomo（2009）专注于中国商人对非洲商业的行为（讨价还价）、语言（英语学习）以及饮食爱好（提供非洲食物）的适应研究。

然而，上述研究提供了较少的证据来说明非洲商人对中国商业方式的适应情况。实际上，Lyons 等（2008）记录了非洲商人团体的内向型特征，包括居住集聚、对中国食物的反感、对学习中文的抗拒、对非洲作为长期投资的强烈倾向、抚养子女以及安家的方式，并分析中国市场经理和商人对非洲商业惯例的不满。尽管 Lyons 等不会去使用"桥梁"这个词语，但他们的文章暗示了两者之间的桥梁关系。

2.2.1 非洲移民的宗族飞地

关于移民者在经济、社会和文化中角色的学术讨论大多集中在移民者希望定居的国家。在这样的背景下，一些移民者在他们的经济活动中变成了"主流"，而其他人则通过购买产品、商品或服务在联系着移民者和其他人以及在他们自己的国家的族裔经济或宗族飞地中承担着自己的角色（Portes, 1998; Wilson, et al, 1980; Zhou, 2004）。典型的族裔经济在贸易、生产和服务中拥有了一大批的企业家阶层。特别是在开始的时候，族裔商业需要去接近一个能提供消费者、供应者、原材料以及劳动力的支援地，这个地方租金便宜，但能得益于共同的文化规范、可实施的相互作用以及接近于能负担得起的适合的服务（Zhou, 2004）。这个问题的几个方面引起了关于广州的非洲移民贸易联系的有趣探讨。

在广州，跨国活动是非洲移民者存在的动力，而不是它附带产生的结果。此外，对当地劳动力市场嵌入几乎完全缺乏机会，则意味着企业家精神是这个移民聚集地的基础，并在长时间内仍然是一个很明显的特征。此外，居留签证的获取困难，意味着许多在广州的非洲移民是一种短暂停留。

2.2.2 价值链

对非洲的非洲商人而言，社会财富是其成功的决定性因素。弱关系提供了进入社会体系（Brown, et al, 2010; Lyon, et al, 2009）和空间（Brown, 2006）的机会，强关系减少交易成本（Fafchamps, et al, 2004）、促进节约（Gugerty, 2005）以及控制竞争（Lyons, et al, 2005）。特定的社会流动模式在不断变化。但是，关系是随时间的变迁而不断地被修改的，特别是在移民当中（Kumar, et al, 2004）。社会资产在中非贸易的非洲端是非常重要的（Brown, et al, 2010; Lyons, et al, 2010）。

社会资本有助于决定经济交换的制度结构，同时影响着个人和团体的机会。Ben-Porath（1980）表示某些交易模式只有在家庭成员之间才有可能发生。对移民团体而言，社会网络可能会变成一个经济的必需品，例如在阿姆斯特丹的国际移民就是如此（Kloosterman, et al, 1998）；种族飞地可以发展成新的延伸的社会资本网络——其特征有时被归纳为有界限的团结和可实施的信任（Portes, et al, 1992）。

社会资本是如何转化成一个不断变化的贸易社会的呢？关于移民欧洲的西非族人的研究表明，如塞内加尔的兄弟会一样，庞大和强大的社会网络已经适应了当地的结构和规范，以促进移民者向上提升（Riccio, 2004）。相反，对在曼谷的私营非洲商人的研究表明，所建立的是贸易商短途探访的移民地的关系较浅的社会网络（Amponsem, 1996）。

2.3 研究方法和研究内容

价值链最初是为了进行经济研究中定义企业层面的战略而发明的一个概念（Gereffi, 1994；Porter, 1985），后来演变为解释发展中国家全球贸易影响的框架（Kaplinsky, 2000；Kaplinsky, et al, 2006），它主要基于这样一个想法：产品从工厂到消费者这个过程取决于信任网络。这个过程被定义为通过一系列的节点和联系发生的，每一个节点和联系都会被价值链中的每个有着社会联系的角色所促进（Gereffi, 1994）。

从非洲到中国的移民创造或改变着他们在中非产品出口价值链中的位置，这使他们与中国商人在大规模分销出口上的竞争成为可能（Dobler, 2008, 2009；Haugen, et al, 2005），甚至在一个竞争过度激烈的市场环境下也是如此（Lyons, et al, 2010）。

2.3.1 现场调查设计

我们在2006年的1月和5月确定了广州重要的贸易地点。在一个当地报纸的调查中，调查助理于广州东站周边地区向非洲商人派发问卷，获取非洲商人贸易和居住的场所信息。调查回收了43份问卷。在广州中心城区以北的小北路几乎被所有的受访者认为是一个重要场所。而在广州东站以北的旧城区即三元里被认为是非洲商人贸易和居住的重要场所。同时，这两个地方包围着城市的主要火车站，使其成为沿着环市路的广州非洲移民的集聚地（Li, et al, 2007）。

位于小北路上邻近于怀圣寺的天秀大厦，有36层楼，其中4层被用作批发商店，其他的都被用作公寓住宅和小型的办公室。这里是讲法语商人的活动中心，他们大多数都是来自西非，中间只有极少数人使用英语，但是，在这里中国商人却极少讲法语。然而，正如其中一个商人所说，几乎每个非洲商人都会来这里，在这栋大厦里你可以找到非洲53个国家的人。

在更接近车站的地方，在八车道的环市路两侧的三栋大厦里，是一个主要经营着中非加工消费品的大型综合商场。加纳大厦、天恩服装城、88外贸服装批发城这三座大厦为尼日利亚人和其他以英语为母语的商人提供了一个集聚场所。以英语为母语的很多商人工作在此，居住在这附近，他们每个星期天会在圣心石室大教堂集会，也会举行周末足球比赛。

下面陈述的结论来自于在这些关键贸易区的两个研究，这两个研究是分别在2007年3月和2008年10月进行的。研究用英语或法语分别对这两个地方的非洲商人进行详细的问卷访谈。这个访谈目标是了解他们的生活轨迹、移民路线、业务类型和经商历史、在价值链的位置、在中国的经历以及社会资本联系。在2008年的访谈中，对北京奥林匹克运动会和全球能源危机的影响也同样进行了调查。

研究对在非洲贸易中的中国批发商也进行了访谈，目的是为了探讨贸易趋势及其对非洲顾客在贸易中的角色和中非商人之间的关系的影响。研究是用国语或粤语进行的，由掌握这两种语言的研究生对调查者进行访谈。研究运用了简化的访谈提纲对中国代理商（"秘书"）进行了访谈，去确定他们的背景、与非洲商人的联系和经历。

对非洲商人的抽样调查并不是基于国籍和语言群体进行的。在天秀大厦，访谈对象是随机抽取的，在完成对上一个人访谈后进入大厦的第四个或第五个商人就被选作为访谈对象。在迦南大厦，用同样的方法在两个入口位置进行了随机调查，并对更多的非洲店主进行了访谈。同样的抽样方式也被运用到两个地方去选择中国商人被访者。通过这种多样化的抽样方式，几乎能涵盖所有国籍、不同性别以及在中非贸易中处于不同职业阶段的商人。

总的来说，本章的结论是基于2007年3月的55个访谈（其中45个被访者是非洲商人，10个是中国商人），以及2008年10月的55个访谈（其中29个被访者是非洲商人，26个是中国商人），也包括17个与社区管理者、行政人员和市场经理的关键信息访谈。表2-1归纳了两个调查地点被访的非洲商人部分的关键特质。

表2-1 被访谈的广州非洲商人的基本情况（2007—2008）*

	2007		2008	
	$N=45$	百分比/%	$N=29$	百分比/%
基本情况*				
男	36	80.0	18	62.1
平均年龄	38.6		35.1	
年龄范围	23—50		23—48	
已婚	22	48.9	16	64
拥有孩子	21	46.7	15	51.7
中国居住*				
在广州居住	28	62.2	4	13.8
拒绝回答	—		11	37.9
在广州居住超过一年	26	57.8	2	6.9
职业是批发商	2	4.4	2	50.0
采购开发、代理商或发货人	6	21.4	4	100
游客*				
全部	17	37.8	14	31.1

续表

每年超过两次到访广州	10	58.8	7	50.0
第一次游览是在两年前	8	47.1	4	28.6
在欧洲或北美居住	3	17.6	1	7.1
分销情况*				
零售和批发兼具	27	60.0	25	86.2
在非洲	27	60.0	29	100.0
只在自己的国家销售	23	51.1	14	48.3
来源地*				
西非	36	80.0	18	62.1
东非	6	13.3	10	34.5
其他地区	3	6.7	1	3.4
语言**				
英语	18	40.0	18	62.1
法语	25	55.6	10	34.5
葡萄牙语	2	4.4	1	3.4

* 每一排代表一个单独的问题，因此每一列加起来不等于100。

** 指国际语言。

2.3.2 广非贸易

20世纪下半期以来，香港的商人直接投资以及中小企业共同促进珠江三角洲开放的制造业市场形成，特别是服装和小型家电产业，这两个行业都从中获得了收益。持续增长的中非贸易的影响是非常复杂的，但仍然有少量的关于中非关系中的中国或非洲社区微观层面的研究。

广州（Canton）是中国唯一一个拥有两百年历史的国际口岸，优越的区位优势使其得益于20世纪70年代以来的对外开放政策（Lyons，et al，2008）。受广交会的推动作用，广州市的GDP在1992—2005年期间以每年20.3%的增长速度提升，远远高于中国城市的经济平均增速。

图2-1表明了广州出口的所有主要的生产生活消费品稳定的增长情况，特别是服装、纺织品、鞋子以及辅料。在2007年之前，生活消费品占据了所有贸易商品的三分之二。Broadman（2007）注意到他们也同样占据了中国出口到非洲的80%。他指出，与贸易总体增长的情况一致，生活消费品从广州出口到非洲所占的比例在过去的10年里呈现出稳步增长的态势。

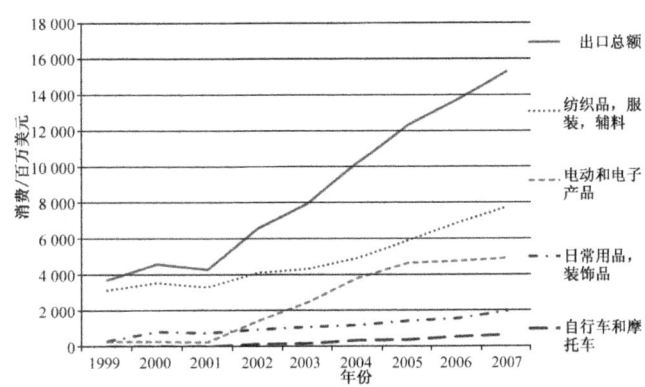

图2-1 按行业分和按年度分的广州出口额（百万美元）

从非洲进口到广州（也包括到中国的其他地方）的制成品仍然保持在一个极低的水平。有商人抱怨称，中国的法律条例阻止他们进口非洲的食品和制成品。

2.4 研究发现

2.4.1 基本状况

广州市官方公布的人口数据显示，在 1978—2005 年，广州市人口显著增长，从五百万人增长到七百万人，不包括没有登记在册的大量的国内移民（Wu，2001）。其中外国游客大多是商务游客，数量也在快速增长，游客中的 20% 是非洲人。广东省统计的数据显示，非洲人的人口数量从 2000 年的 6000 人增长到 2005 年的 20000 人，年均增长率为 33%——增长速度远远快于其他国籍人口增长速度。因此，广州的确正在成为非裔人的集聚地（重要访谈，广东省政府）。

伴随日益显著的社会分层，社会空间分异现象显著地表现在居住市场（Hu，et al，2001；Li，et al，2007；Nyamwama，2004）。因此，国外的精英都集聚在城市新的 CBD——沙面和番禺（Li，et al，2007）。非洲人集聚在刚刚被提到的两个地方，它们有到港口、机场和生产中心方便的交通，并提供较为便宜住宿的公寓楼、招待所和酒店。

在 2008 年 10 月被访的 29 个非洲商人中，大多数非洲商人（18 个，62%）都是来自西非（包括尼日利亚、加纳、马里、几内亚、几内亚比绍、布基纳法索、安哥拉），剩余的（10 个，34%）来自东非和非洲之角（肯尼亚、索马里、坦桑尼亚、赞比亚、乌干达），一个突尼斯人也接受了我们的采访。采访对象属于三个有明显区别的国际语言团体，其中英语占支配地位（18 个，62%），然后是法语（9 个，31%）和葡萄牙语（2 个，7%）。这个比例反映了在西非混杂着以英语为母语的人和以法语为母语的人，同时在 18 个西非访问者中有 10 个尼日利亚人和加纳人，所占比例为 55%。

在 2007 年，45 个被访者中超过一半的非洲商人（62%）是半长期和长期居住在广州（表 2-1 中的被访者），而大部分的被访者（90%）在广州的居住时间超过一年。在 2008 年被访的商人中，只有 4 位公开承认长期居住在广州。随着被访地点监管力度的加强，11 位拒绝回答该问题的被访者也可被认为是居住在广州的，使总比例达到了 52%。因此，尽管在任何时候广州的非洲人数量与过去的一段时间相比是增长的，但这些数据表明，他们逗留的时间变短，周转率加快。

2007 年（80.0%）和 2008 年（62.1%）的数据显示更多的非洲受访者是男性，这反映了这样一个事实：较少数的女性商人逗留在广州以及女性的逗留时间较短。例如，女性会较少可能等到商品被装上船才离开广州，而男性商人更倾向于在他们离开的时候带上货品（2007 年来自喀麦隆的 Fatima 和 2008 年来自肯尼亚的 Mary

的访谈）。

2.4.2 广非贸易中的价值链

产品到达非洲市场的价值链可以被概念化为多个阶段，包括：批发出口和从广州和阿联酋的船舶运输；在非洲港口和其他入境地点的批发零售分销；以及更进一步的远离主要入境地点和机场的非洲国家和地区的批发零售活动。

这个复杂的链条在每个阶段都有多个节点和联系，图 2-2 尝试去表示出由 Kaplinsky 和 Morris（2001）所使用的方法。在图 2-2 中，椭圆表示在价值链中的相互作用的节点，在图表下方的方框说明了相互联系的所在地，而图表上方的方框代表了他们发生的监管环境。占据了图 2-2 最左端节点的在中国的非洲贸易者是研究的重点。

个体商人占据了这条价值链的不同节点，并不断地努力去提升他们的位置。内在的社会资本和外在的当地移民聚集在这种灵活多变的策略中担任着重要的角色。居住在广州的被访商人（节点 22）参与了各种各样的活动，包括出口商品到他们自己的批发零售商业（节点 33 和 42），出口商品到其他有联系的地方（节点 60），为来华参观的非洲商人提供代理、运输和中介的服务（节点 13）。

居住在非洲其他 30 个城市的第二个团体（"游客"）——图 2-2 突出了洛美等地——来广州为他们的商业寻求商品（节点 23）。小部分的被访者实际上是到了美国或欧洲的移民者，他们在非洲从事进口生意，同时，也寻找货物到他们的居住地或有亲戚做分销商的美国或欧洲分销（图 2-2 没有展示出来）。这些商人通

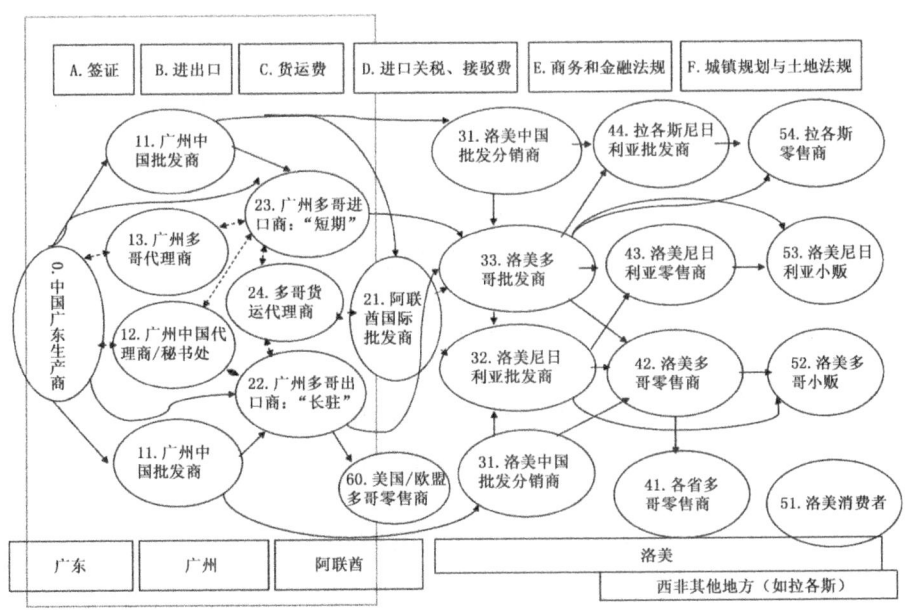

图 2-2　广州—非洲出口：制成品的价值链

过各种方式寻求货物，直接从厂商购买或者从广州的批发市场购买（节点 0、11、13）；通过他们的账户购买，或者为那些已经离开的但已经下订单的商人购买——然后支付出行的费用；他们在一定的价格和质量范围内利用广州作为货物的主要来源，同时也从广东或中国的其他地方进货，甚至从国外进货，特别是在阿拉伯联合酋长国，以获取更高质量和价格的产品。

分销渠道也非常多样。事实上，所有的被访者都充当着批发商和零售商；同时，很多都已经着手通过尽可能多的网络去分销，这些网络一般是建立在家庭、国家或种族的基础上。分销网络的多样性能促进生产的多样性。以 Moussa 为例，一个 28 岁的居住在塞内加尔达喀尔的来自 Alayen 兄弟会的商人，于 2007 年接受访谈。2002 年第一次到达广州，在 2007 年，他一年在广州停留了 4—6 次（图 2-2 的节点 23），每次逗留 5—7 个星期去寻找他的货物以及监督发货、交付和运输，并由集装箱进行运输（货物合并装运）。他将女装衣服邮寄给在达喀尔中心图巴 Sandaga 市场的叔叔，他的商店经营零售批发（节点 33），并将货物分销给市场里或如 Marche HLM（节点 41、52）的其他达喀尔的市场的货摊和叫卖小贩。同时，Moussa 为在西班牙（巴塞罗那）和意大利（佛罗伦萨）拥有家具商店的"叔叔"购买卧室套装用品，并监督其质量和运输过程（节点 60）。实际上，Moussa 可以说是在两个不同的价值链上占据了节点 23，一个是家具，另一个是服装，分别基于不同的社会资本。

和 Moussa 一样，Issa 是一个来自布基纳法索的"游客"，每年大约来 4—6 次，每次逗留 2 个星期。他从中国进口商品到他的商店所在地瓦加杜古以及他兄弟居住的美国。每一次到访，他都会装满两个小的集装箱，直接从广州口岸和临近的深圳口岸进口。在瓦加杜古的商店（瓦加杜古相当于图 2-2 中节点 33 的角色），商品销售给当地的顾客（节点 5）、当地的零售商（节点 42），或者一些来自其他省份的零售商（节点 41）。

2.4.3　采购策略

价值链中的商人们运用各自的经商策略，以使得自己的利润最大化，每个策略都必须依赖于对平等关系的培养。

采购点的改变（0 或 11）：许多被访者在广州定居以前是从其他国家进货的。Monde，是其丈夫四个老婆中的第一个，20 年来，她从喀麦隆到达其他地方，为自己和其丈夫的另外三个妻子的商店进货。最初，她到非洲国家，如尼日利亚和多哥，后来开始前往迪拜，再后来就去曼谷，而在最近的五年，她只去广州。她每隔八个星期就会到广州一次，每次逗留两个星期，在她选择和购买商品之前做大量的对比工作，货比三家。她不会选择水运的运输方式，而是会带着她的商品乘坐飞机。在社会网络的另一端，已经通过同国人关系网络在法国、德国和意大利联系好出口商的 Kaorane，曾在多个国家"定居"。"我在泰国做了好几年的贸易生意，但是后来衰落了；我搬到了香港，但后来那里的经营费用变得昂贵了。不管怎样，所有的生产活动都在广州这个地方，所以我现在搬到了广州并在此开设了一家公司。"

进口和生产的多样化：来自尼日利亚哈科特港的 Emmanuel 已经经商一段时间了。"我拥有一家生产运动服装的工厂，但我 10 年前开始选择到广州来购买产品。我频繁地到这里，一般逗留 30 天左右……我们的服装在质量上难以与中国竞争，因为我们没有工业缝纫机器。因此，在我的国家，我将进口的货物作为 A 级货品出售，并在工厂里生产仿制品，仿制品的质量相对比较差，因此其在销售货物中属于 B 级货，购买者一般是较为贫穷的顾客。"

上游的流动性：年轻的单身汉带着少量的钱到达广州，来寻找"廉价商品"，并和一些喜欢携带货物回非洲的正式的"旅游"商人一起将货物运送回家。正如来自马里的 James 的解释："我们非洲人，不像一些带有大量现金来这里的人，我们没有任何东西。我们必须立刻开始挣钱。"同样来自马里的 Toure 补充说："你需要私人资金来经商，但是如果你小规模一点一点地开始，你就可以获得利润。"一旦利润积累了，商人便可以重新大量地投资在高质量的商品上，最终，运输方式将由开始的与人分享集装箱到最后自己的货物便可装满单独的集装箱。在努力发展商业的同时，年轻的商人运用他们在当地获得的知识，为新的商人提供代理服务（图 2-2 节点 13）。

因此，通过国家或家庭的联系，或者通过在天秀大厦或非洲人经常居住的酒店的相遇，或者甚至通过在火车站或机场闲逛的方式，他们将自己介绍给新到者，为他们提供联系厂家、秘书服务、托运服务等，也同样包括接送到酒店、饭馆、市场、清真寺或教堂的服务。除了现金流入之外，这样的联系可能导致分销网络的改善或者获得长期代理商的佣金。然而，关键被访者表示，经商失败的年轻人的数量在逐渐增加。这些年轻人的收入仅能勉强维持生计，依靠由成功商人提供的零散工作生存。作为贸易工作的补充，一些年轻的非洲人在中国也从事其他工作。以 Laura（肯尼亚）为例，她在广州有一份固定的英语教师工作，周末会到广州的批发中心进行社交活动，但她也会定期和朋友到天秀大厦购买少量的商品并将其运送回家，而在内罗毕的亲戚负责销售。

从游客到居民：从"游客"到"居民"的改变，为的就是对货物进行质量的把关和减少经商费用。Abu Moussa，一个来自东非的工程师，在家乡拥有一家电脑商店，到广州核查货源的质量。对于较为贫穷的年轻男人来说，尽管"广州"是一个消费高昂的地方，其消费水平是居住在阿克拉（James，加纳）的两倍，但在他们看来，居住在广州仍然是一个相对便宜的选择："在广州居住会比经常出行要便宜。"（Amadou，塞内加尔）签证的问题限制了这种策略的实施，但一些商人已经寻找到续签签证的非正式方式，或者是选择非法逗留在广州。

从居民到游客：由于签证问题以及其他原因，非洲商人在广州建立一个家庭是非常困难的。因此，在年轻人当中，他们的目标是存有足够的钱回到自己的家乡去经商、建房子和结婚。在这一点上，他们计划是以一个"游客"的身份去获得商品（尽管在这个巨大的单身社区里，混血儿童是非常常见的）。

离开价值链条：最后，一些人渴望并计划完全离开这条价值链。一些在广州长期居住的商人，将利润进行储蓄，计划退休时回到非洲，或者转换职业。65岁的Ali，早已对他的退休生活进行规划，已经寄了足够的钱回马里去购买土地，并努力工作去买牲畜和机器。

2.4.4 应对不断改变环境的关系：非洲人的观点

上述提到的多样的策略是为应对一系列的不利趋势和影响所制定出来的，以维系贸易额的增长，这些不利趋势和影响有中国进口商品在非洲市场的日趋饱和、全球经济危机以及2008年中国的奥林匹克运动会。

非洲日趋饱和的市场，再加上有限的购买力，已经导致了在各个层级供货商的日趋激烈的竞争，并伴随着少量商品的改革和多样化。在过去的5年里，批发和零售的价格都在明显地下滑（Lyons, et al, 2010）。同时，中国工业生产成本和批发价格均已上升。

经济危机加剧了其脆弱性。2008年全球的燃料危机已经对广州非洲商人的资金可进入性产生了重要的影响。在2008年访谈的商人中，大多数（29个中的16个）表示所获利润下降，只有一个表示他的商业比较稳定。"外汇汇率波动造成了一个重要的问题，如货币币值会在商品到达和下单之间下降……我必须把钱转换成美金再转换成人民币，每次转换都会产生损失。"（John，肯尼亚）

对于非洲"居民"和"游客"（也包括中国供应商）而言，逗留在广州的结果就是，利润大大降低。被访者各自表示，若干年前，利润率超过10%。"现在有3%的利润已经很幸运了！"（重要被访者和社会管理人员的采访，2008）Mohammed（几内亚）表示，欧元汇率的下降意味着利润的下降，相当于从1200万法郎收入变为700万法郎。许多小型的商业很难进入，而拥有者则选择亏损中继续经营，希望能有所改善，因为他们没有办法退出（Mamadou，塞内加尔；Jededia，加纳）。

在2008年奥林匹克运动会之前，中国收紧了签证条例。官员们非常注重失效的签证，对在有效期之后仍逗留的人员收取每天500元人民币（接近51美元，2010年）的罚款，并对那些不能付罚款的人进行不定期的拘留。这个政策对那些希望延长签证或者没有办法回到自己国家的贫穷移民来说产生了新的问题。非洲商人贸易和居住地的管制增加了警察和贫穷的非洲移民之间的矛盾（Zatt, 2007；商人和重要被访者）。

在2008年10月的调查中发现，被访者最关心的事是签证困难的问题，然而在2007年3月，45个被访者中只有5个提到签证问题。其中有一个表示，为了不被驱逐出境，他曾到香港去申请续签，而另一个更是申请一个长期的居留，并表示其"居民"签证时间已经从2年削减到1年。

在2008年之前，居留签证最多为1年。重新申请而获得批准的确定性是未知的，如果不批准，商人必须在短期内离开。旅游签证一般只有1—2个月，意味着商人必须去香港重申。在23个表示在2008年与中国贸易存在问题的商人中，8个表示签证限制是他们首要关心的问题。其他五个拒绝谈论他们的签证状态，意味着他们逗留的时间已经超过他们签证的期限。实际上，警察在一天前才刚对其中一个被访者的公寓进行检查。部分非洲人被关进监狱，大多数都是因为签证过期的问题（重要被访者；Zatt，2007）。

一些学者（Bodomo，2009；Humes，2008）表示有相当一部分的官员在谈到非洲移民者时会感到不安。在一篇发表在非营利性新闻媒体网站"danwei"的文章中提到，在为《参考消息文摘》将一篇关于广州非洲社区文章从英文翻译成中文时，部分内容被删减了。Humes（2008）发现被取消的引用使得非洲商人在广州经商的困难更加显著，同时非洲人积极作用的引证也被删掉。

在2007年，许多被访者表示，作为非洲人在中国经商有较大的优势。部分商人高度赞扬了中国的多元化环境和国际经商旅游的令人兴奋的氛围。一些人喜欢与在非洲的中国商人竞争的机会。其中两个想去学习粤语。对于其他人，把中国作为贸易合作伙伴的积极观点，更重要的是作为一个做生意的地方，与对欧洲的看法是分不开的："我喜欢这个地方，因为这个地方给了我自由。在欧洲，人们最先看到非洲人就认为我们是贫穷的，是到处去寻求帮助的，直到他们认识了你。在这里，人们给予多于你所期盼的，他们认为你是来购物的，而且没有任何偏见。"（Jimmy，加纳）

在2008年10月之前，对29个商人和4个重要被访者进行采访时，情况有很大差别。在12个被问到"你有中国的朋友吗？"的受访者中，只有两个对中国表示积极友好的态度，其中一个表示了一种四海之内犹如一家的感觉，其他人给出了更概括性的说法——"我发现这里一切都好"。然而，其中10个人表示中国有一种怀有敌意的氛围。一些人说中国人不喜欢外国人（11个被访者）："我喜欢这里的产品价格，但是讨厌怀有敌意的中国人"（Michael，加纳）；"尽管我认为非洲人是中国最大的客户之一，但中国人不喜欢他们，对待他们不友好"（Osy，尼日利亚）；"我喜欢到中国做生意，但讨厌中国人——讨厌他们的思想。我不理解这些人。我曾与他们发生过不少的冲突，而且他们不喜欢外国人"（John，肯尼亚）。其他8个人注意到这种紧张的业务往来："一些中国人是非常固执的——很难与他们做交易。"来自肯尼亚的Kenneth抱怨道："在中国所有事情都必须谈到钱。我从没见过像中国人那样渴望钱的人。"非洲人对中国人的态度最好的概括应该是由Muhamed（马里）所说的："我不喜欢，但我并不是来享受的……我到这里工作最后是为了要回到自己的家乡。"

2.4.5 不断变化着的关系：中国人的观点

每一个在 2008 年接受采访的中国商人均表示已经出现了利润下降和顾客减少的现象。其中一些人担心政府的政策会破坏贸易的进行。例如，"由于奥运会，许多顾客逗留的时间变短了，顾客的数量也减少了"。同时另外一些人推测，考虑到针对外国人的管制政策，事情很有可能会变得更糟。其中两个提到了由于汇率上升对客户所造成的影响。

一些人考虑到他们在价值链中的位置会发生变化。其中 18 个商人是有固定联系的厂商，因此不会改变供应商。为了缩短价值链，其中两个商人与非洲有直接的联系，仅有两个商人在价值链中是通过其他商店与其他商品目的地产生联系的。10个商人提到接近非洲贸易是天秀大厦和迦南大厦的优点。尽管如此，两个大厦都制定了相应的优惠政策。在迦南大厦，市场监督管理处表示非洲人所开的商店已经成为了社会中心，吸引了许多过往的商业（Zatt，2007）。

然而，当被问到在贸易中遇到的问题时，有 6 个人特别强调了在与非洲人进行贸易时文化上的问题。事实上，所有的被访中国商人（26 个）表示，非洲顾客在讨价还价中变得非常地强硬。其中 3 个人表示顾客会以大量订单为借口来降低货品的单价，然后在小订单上仍坚持较低的价格。另外 4 个人表示他们会以赊账的方式来提取货物，但最后并没有还账。

在加纳经商的中国商人表示，他们在交易的经历中，起码有超过一半是不愉快的经历：有 2 个被访者曾目击过顾客和商人或商人之间的打斗，4 个曾受到粗鲁的对待或遇到款项的问题，同时有 3 个表示与非洲商人进行贸易存在积极意义的一面，例如与新文化的接触。在 2007 年的访谈中，大多数的中国被访者认同与非洲人交流中存在着文化和社会的激励。但是，到了 2008 年，22 个被访者强调他们绝对不会在市场外与非洲人有社会来往。

2.5 结论

为了理解和定义在广州的非洲移民，本章对以下四个问题进行了研究：广州非洲移民的规模和特征；广州—非洲出口贸易中的价值链；商人之间的联系和他们之间的人际关系；以及他们及其集聚地对于这些关系的看法。利用 2007 年 3 月和 2008 年 10 月的研究，本章尝试去辨析在过去一段时间内，非洲商人态度和策略的改变情况及其变化趋势。

2.5.1 变化中的商贸和策略

由于无法从国际货币基金组织或广州城市统计年鉴中获取 2008 年或之前的广州市贸易水平数据，因此全球低迷时期和经济危机时期广非贸易的任何变化都无法从数据上得到反映。然而，在全球范围内，对中国商品的需求已经出现下降的情况，而这个趋势将会延伸到非洲。本章的研究表明，中非贸易量已经受到经济形势的影响，这加速了日益激烈的竞争。贸易上的增长压力已经影响到中国和非洲居民的生计以及他们对待对方和贸易的态度。与 2007 年年初进行的访谈相反，在 2008 年年末进行的访谈显示，中国和非洲商人的压力和不安全感日益增加，他们的乐观情绪和相互信任感在日益下降。

为了应对非洲市场的饱和，在佛得角的中国商人（Huagen, et al, 2005）和自己创造出或继承了大量资金的在坦桑尼亚和西非的非洲商人（Lyons, et al, 2010; Lyons, et al, 2010）会经常地被迫去冒险改变他们在价值链中的位置，尽管存在着未知的持续性损失。有趣的是，这些研究表明，中国批发商也同样坚持着他们的采购和分销活动。占有价值链中其他位置的人，如"秘书"或者翻译，也同样是专业化和稳定的。

与此相反，在我们文章中归纳的访谈表明，在广州的非洲商人已经采用了各种方式应对家乡市场的饱和问题和如金融危机等全球事件，包括时常审查自己在价值链中的位置并尝试变革和改善：改变或扩大生产线，为产品寻求更多的分销地，缩短有关价值链的联系。价值链中接纳的每一个改变都需要对所有情况进行重新的定位，这个定位要求通过朋友、家庭或同胞们的帮助，对社会资本进行重新的审查和适应。因此，当 John（乌干达）计划在他的邻国扩展他的事业时，他的兄弟花了一年的时间去考察在该地区可能的批发和零售地。当 Youssouf（塞内加尔）决定出口商品到非洲和欧洲时，他联系那个自从移民后就和他断绝联系的叔叔，以确保产品线和产品销路。

2.5.2 桥梁、前哨还是飞地？

Bodomo 在 2009 年所提出的"桥梁"概念，强调的是包括基层人们的相互学习和适应。我们已经强调了对商业惯例的学习、战胜语言障碍的努力、企业家对待当局的态度，以及在食物和音乐问题上观点的转变甚至于家庭的结构。然而，本章研究表明，管理上和经济上的压力造成了中非商人之间的分裂，损坏了 Bodomo（2009）所提到的"桥梁"的建立。2008 年的访谈表明，尽管 Bertoncelo 和 Bredeloup（2007）对"前沿"的假定被本地官员日益增强的敌意所摧毁，但她们所提到的居住在广州的非洲人是非洲导向的前哨的情况比现在更加明显。然而，由广州的非洲社区所代表的"变化中"的跨国主义特征与所谓"飞地"十分相似，包括一个支持性和紧密联系的社区，以及若干个已经固定下来的"飞地"。

对弱者的支持：非洲移民社区会对拥有有薪工作但签证已过期的逗留者提供帮助和支持，如帮忙运送货物和解决文件问题，这是移民社区照料自我的一个例子。与美国的情况十分相似，在经济不景气期间，中国社区通过社区对个人予以支持和保护。

与当地居民的竞争：在广州的非洲进口商可能直接与在非洲的中国批发商产生竞争，但是没有对中国生产的出口商带来任何威胁。在广州拥有批发商店和运输代理商的少数非洲人与中国批发商和运输者产生竞争。然而，这些都没有在与中国和非洲商人的采访中被提到，这表明这些竞争并不被两个群体所看重。与下面的争论相似，在美国的移民商人可能缓冲了与本地居民的竞争（Zhou，2004）。一些人也争论道，种族的企业家精神会为企业家和他们的雇员比在主流经济的职业中挣得更多（Light，et al，2000）。无疑地，在本案中，正式工作几乎已经消失了，但非洲人在中国主流经济中的就业是极不可能的，这个观点在众多观点中也是被最多非洲采访者所认可的。

空间：广州非洲商人集聚地存在着与已有模式相违背的有趣现象。第一，如许多欧洲城市一样，他们占据的空间并不是被当地人"遗弃"的（Noussia，et al，2009），而是吸引了许多中国人到那里工作和贸易的地方，实际上，这提供了一个和移民商人的接触地。在这里，许多中国人会与这些移民群体积极接洽。第二，非洲商人在工作或闲暇活动上可自由活动的范围（Armstrong，2004；Valenzuela，2003）被国家大大缩小了。对签证和公共行为的监管确保了非洲商人在空间使用和行为方式上对中国社会产生最小的影响。

文化适应：在广州的社会中，与非洲商人进行贸易活动的这一职业给许多普通的中国商人的生活在文化和社会方面带来了各种变化。直到最近，非洲商人才被许多中国商人认为是"新中国"不可避免的面孔，并受到了欢迎。在此之前，这种变化一直被官员们认为是会对有序社会产生威胁，并且不受中国商人的欢迎。这表明，非洲社区的出现使得中国社会去探索解决改革开放政策所必定带来的文化和社会矛盾问题。与其并行的是，非洲商人在中国有一种"他者"的感觉，这种感觉来自于与中国商人讨价还价的经历以及可活动范围的缩小。

总的来说，我们发现在广州的非洲贸易移民聚集地不再是一个文化的"桥梁"，而更多的是一个"飞地"，原因是政府和经济的压力。尽管非洲移民聚集地角色不断变化，它仍提供着"飞地"的功能，包括各种服务和经济功能。随着压力的不断增大，它将逐渐变为一个"前哨站"——一个商人们拥有着回到家乡的强烈愿望的前哨站。只有政府管制限制和经济限制的移除，如签证办理的简化、外汇汇率的缓和或从非洲进口到中国的贸易壁垒的移除，才更有可能使得两者的关系重焕光彩。

参考文献

Amponsem G.1996. Global Trading and Business Networks among Ghanaians: An Interface of the Local and the Global[D]. Bielefeld: Bielefeld University.

Armstrong H .2004. Making the unfamiliar familiar: research journeys towards understanding migration and place[J].Journal of Landscape Research, 29(3): 237–260.

Ben-Porath Y. 1980. The F-connection: families, friends, and firms and the organization of exchange[J]. Population and Development Review, 6(1): 130.

Bertoncelo B, Bredeloup S. 2007. The emergence of new African "trading posts" in Hong Kong and Guangzhou[J].China Perspectives, 1: 94-105.

Bodomo A. 2009. The African trading community in Guangzhou: an emerging bridge for Africa-China relations[J]. China Quarterly, 203: 693-707.

Bourne R S. 1916. Trans-national America[J]. The Atlantic Monthly, 118: 86-97.

Broadman H. 2007. Africa's Silk Road: China and India's New Economic Frontier[M]. Washington DC:World Bank Publications.

Brown A.2006. Contested Space: Street Trading, Public Space and Livelihoods in Developing Cities[M]. Rugby: ITDG Publishing.

Brown A, Lyons M, Dankoco I. 2010. Street-traders and the emerging spaces for urban citizenship and voice in African cities[J]. Urban Studies, 47(3): 666-683.

Dobler G. 2008. From Scotch whisky to Chinese sneakers: international commodity flows and new trade networks in Oshikango, Namibia, Africa[J]. Journal of the International African Institute, 78(3): 410-432.

Dobler G. 2009. Chinese shops and the formation of a Chinese expatriate community in Namibia[J]. China Quarterly, 199: 707-727.

Fafchamps M, Gabre-Madhin E, Minten B. 2004. Increasing returns and market efficiency in agricultural trade[J]. Journal of Development Economics, 78(2): 406-442.

Gereffi G. 1994. The organization of buyer-driven global commodity chains: how US retailers shape overseas production networks[M]//Gereffi G,Korzeniewicz M. Commodity Chains and Global Capitalism. Westport: Praeger.

Gugerty M K .2005. You Can't Save Alone[D]. Seattle: University of Washington.

Hamnett C .1994. Social polarization in global cities: theory and evidence[J]. Urban Studies, 31(3):401-424.

Haugen H O, Carling J .2005. On the edge of the Chinese diaspora: the surge of baihuo business in an African city[J]. Ethnic and Racial Studies, 28(4): 639-662.

Hu X H, Kaplan D .2001. The emergence of affluence in Beijing: residential social stratification in China's capital city[J].Urban Geography, 22(1): 54-77.

Humes B. 2008. Little Africa in Downtown Guangzhou[EB/OL].(2007-01-18).www.danwei.org/newspapers/little_africa_in_downtown_guan.php.

Karim K H. 1998. From Ethnic Media to Global Media: Transnational Communication Networks among Diasporic Communities[M]. Oxford: University of Oxford.

Kaplinsky R. 2000. Globalisation and unequalisation: what can be learned from value chain analysis? [J]. Journal of Development Studies, 37(2): 117-146.

Kaplinsky R, McCormick D, Morris M. 2006. The Impact of China on Sub-Saharan Africa[R]. London: Department for International Development.

Kaplinsky R, Morris M. 2001. A Handbook for Value-Chain Research[R]. Ottawa: International Development Research Centre.

Kloosterman R, Van der Leun J, Rath J. 1998. Across the border: immigrants' economic opportunities, social capital and informal business activities[J]. Journal of Ethnic and Migration Studies, 24(2): 249–268.

Kotkin J. 1992. Tribes: How Race, Religion, and Identity Determine Success in the New Global Economy[M]. New York: Random House.

Kumar K B, Matsusaka J G. 2004. Village Versus Market Social Capital: An Approach to Development[R]. Los Angeles: University of Southern California.

Li Z, Xue D, Lyons M, et al. 2007. Ethnic enclaves of transnational migrants in Guangzhou: a case study of Xiaobei[J]. Acta Geographica Sinica, 63(2): 208–218.

Light I, Gold S. 2000. Ethnic Economies[M]. San Diego; London: Academic Press.

Lyon F, Porter G. 2009. Market institutions, trust and norms: exploring moral economies in Nigerian food systems[J]. Cambridge Journal of Economics, 33(5): 903–920.

Lyons M, Brown A. 2010. Has mercantilism reduced urban poverty in SSA? Boom and bust in the markets of Lome and Bamako[J]. World Development, 38(5): 771–782.

Lyons M, Msoka C. 2010. The World Bank and the Street: (How) Do "Doing Business" Reforms Affect Tanzania's Micro-traders?[J]. Urban Studies, 47(5): 1079–1097.

Lyons M, Snoxell S. 2005. Sustainable urban livelihoods and market-place social capital: a comparative study of West African traders[J]. Urban Studies, 42(8): 1301–1320.

Lyons M, Brown A, Li Z. 2008. The "third tier" of globalization reconsidered: African traders in Guangzhou[J]. City, 12(2): 196–206.

Noussia A, Lyons M. 2009. Inhabiting spaces of liminality: migrants in Omonia, Athens[J]. Journal of Ethnic and Migration Studies, 35(4): 601–624.

Nyamwana D. 2004. Cross-cultural adaptation African students in China[J]. IFE Psychologia, 12(2): 116.

Porter M E. 1985. Competitive Advantage[M]. New York: Free Press.

Portes A. 1998. Social capital: its origins and applications in modern sociology[J]. Annual Review of Sociology, 24: 124.

Portes A. 1999. Conclusion: Towards a new world: the origins and effects of transnational activities[J]. Ethnic and Racial Studies, 22(2): 463–477.

Portes A. 2003. Conclusion: theoretical convergencies and empirical evidence in the study of immigrant transnationalism[J]. International Migration Review, 37(3): 874–892.

Portes A, DeWind J. 2004. A cross-Atlantic dialogue: the progress of research and theory in the study of international migration[J]. International Migration Review, 38(3): 828–851.

Portes A, Zhou M. 1992. Gaining the upper hand: economic mobility among immigrants and domestic minorities[J]. Ethnic and Racial Studies, 15(4): 491–522.

Riccio B. 2004. Transnational Mouridism and the Afro-Muslim critique of Italy[J]. Journal of

Ethnic and Migration Studies, 30(5): 929–944.

Valenzuela A. 2003. Day labor work[J]. Annual Review of Sociology, 29: 307–333.

Vertovec S. 2004. Migrant transnationalism and modes of transformation[J]. International Migration Review, 38(3): 970–1001.

Wilson K, Portes A. 1980. Immigrant enclaves: an analysis of the labor market experiences of Cubans in Miami[J]. American Journal of Sociology, 86(2): 295–319.

Wu W P. 2001. Temporary migrants in Shanghai: housing and settlement patterns[M]// Logan J. The New Chinese City: Globalization and Market Reform. Oxford: Blackwell.

Wu F. 2007. China's Emerging Cities: The Making of New Urbanism[M]. London: Routledge.

Zatt B. 2007. Trade rhythms[N]. South China Morning Post, 2007-01-03.

Zhou M. 2004. Revisiting ethnic entrepreneurship: convergencies, controversies, and conceptual advancements[J]. International Migration Review, 38(3): 1040–1074.

3 中国广州非洲商人的路径、收益及原因

妮可·杨玚

3.1 引言

2009年7月中旬,一百多名非洲抗议者(主要是尼日利亚人)"围攻"了广州矿泉街派出所,起因在于一位没有合法签证的非洲人在非法金钱交易中遇到了警察的突袭检查,他从二楼窗户跳出逃走,结果受了重伤。广州的非裔社区对于针对他们的频繁的签证、居住证突袭检查十分愤怒,他们聚集着走上街头,表达他们的愤怒并且要求司法公正。这一事件引来世界媒体对于中国南方存在大量非洲居民的关注。他们生活在法律的边缘,在中国与非洲之间进行贸易。

在过去几十年中,成千上万的非洲商人到达广州这一"世界工厂"的中心。据估计,2009年有大约20000位非洲人长期居住在广州,几千人定期来广州(SCMP,2009)。他们聚集在广州火车站附近的几个主要批发市场周围,批量购买"中国制造"商品,之后贩运回非洲。部分非裔商人成功开办了自己的商店,成为这种有利可图的全球化生意的中间商。由于大量非洲人口的聚居,三元里与小北这样的地区已经成为著名的"巧克力城","小非洲",以及"广州的哈莱姆"。不过,这些贸易者贩运的大部分商品在其原籍国都是非法、半非法的,同时还存在如伪造、走私

以及地下钱庄等非正规经济。事实上，在这一经济结构中，对于商品及金钱的可靠的、平稳的操纵只能通过私人网络进行。正因如此，他们也经常会面临破产等窘境。基于笔者在广州的实地调研，本章尝试通过个人故事来探讨中国南方的非洲贸易者的路径、收益以及原因。笔者主要讨论市场组织以及个人的经济活动，将其视为"自下而上的全球化"：拥有相对较少资本的商人们通过站在巨人肩膀上向上流动；或者更直接地说，通过商业巨头售出大量的凉鞋，就是一种对全球化时代的基础设施进步的充分利用，诸如快速的国际间交通、方便的物流、大量的产品制造、品牌认知等等，并以此获得短期利益。

3.2 理论解析：自下而上的全球化

非洲人在广州的贸易活动呈现出一种经济上的"下层社会"，不仅令海关和调查协会难以捉摸，而且正在整个发展中世界中快速增长。尽管在非洲国家已经发表了很多关于中国投资和收益的文章（Alden, 2007; Mohan, et al, 2009; Prah, 2007; Rotberg, 2008; Tull, 2006; Waldron, 2008），但是在中国发表的关于非洲人的研究却很有限。中山大学的李志刚等（2009）通过对非洲商人们的调查来收集信息，认为一个种族聚落已经在广州形成，它导致了种族斗争和社会不稳定。他们的论文旨在描述一个跨国空间地图，在这幅地图中非洲人在广州呈隔离状态，它也展示了这种贸易对当地社区的社会经济影响。

有几本专著探讨了从事非正规经济工作的非洲离散群体的社区。MacGaffey 和 Bazenguissa-Ganga（2000）探讨了在法国的刚果商人的故事。书中过半的非洲受访者都是刚果精于穿着的潮人，他们经常穿着昂贵的、怪异的服装来表明他们的社会地位，通过满足本区域非洲移民的需要来进行交易。这些商人大体可以分为三类：无正式文件的移民，没有通过学业的学生，早期的政府雇员。他们获得更好生活的机会被家乡的社会所阻碍。笔者认为，这些商人的活动呈现出一种"第二经济"，它在法律上、空间上和制度上被边缘化，这种社区的无序本质上是一种生活方式，是对于剥夺的一种反抗（MacGaffey, et al, 2000）。Stoller（2002）探讨了西非的摊贩，他们大多是来自塞内加尔、马里、尼日尔以及冈比亚的穆斯林，通过卖非洲的面具、鼓、花纹布以及非洲录音带在哈莱姆地区维持生计。他描述了美国的西非型市场再现以及尽管许多商人支持他们的亲人回家，依旧必须面对的社会经济问题。

本章与这些研究类似，但集中于中国的非正规经济。中国在世界体系中的位置是比较模糊的，尽管是世界上第二大经济体，它仍然是一个发展中国家；除此之外，中国在移民政策方面是相对封闭的。利用 Appadurai's scapes（2006）的说法，中国的种群景观大部分都是同质的，严格的移民政策对外国人来说是一个很大的障碍，尤其是那些来自发展中国家的外国人想要获得中国移民身份非常困难。在媒体方面，中国的大众传播媒体是由政府控制的，并且中国本地人很少讲英语。笔者听到了许多关于由简单的语言障碍引起的欺诈的叙述。在金融方面，因为复杂的交易条款，几乎每一个非洲商人都避免使用中国的官方银行。相反，他们会冒着被警察抓到的风险，去寻找地下钱庄。尽管如此，中国仍旧吸引了无数的西非商人，原因是他们只想在中国赚钱，很少人想要住在中国，这是非洲商人们共同公开承认的一种观点。

本章关注全球化的大环境，尤其聚焦于处于社会经济基层人的生活以及他们在全球化的世界中扮演的角色。Scholte（2005）认为全球化有四种政策途径（每一种都呈现一种意识形态）：新自由主义、拒绝主义、改良主义、进化论。

首先，新自由主义鼓励市场导向的环境以及跨境交流的开放（Scholte，2005）。广州的非洲市场在某种程度上与自由放任主义是相似的，对于产业链与销售链的政府管制比较少，但是这主要是由于政府控制不了。然而，也有一些因素使得它不能完全类似于新自由主义：许多没有签证的非洲商人需要躲避警察；商人们付钱给当地人租房，一些非法摊贩进行金钱交易；当他们走私货品回国时也要向西非的海关人员交钱。并且，自由化的市场和边境已经导致了撒哈拉以南非洲国家的产业空洞化，他们脆弱的未成熟的产业在国内市场开放后受到了严重伤害（Alden，2007；Carmody，1998；Chakraborty, et al, 2008；Zafar, 2007）。

第二，拒绝主义与新自由主义相反——它阻止跨国贸易，拒绝全球化（Scholte，2005）。Bello（2002）提倡"去全球化"，意思就是生产应该在当地社区进行，跨国公司应该被排除出去。尼日利亚在2002年完全禁止纺织品和其他一些产品的进口来对抗国外公司的竞争，就是一种典型的拒绝主义（BBC，2002）。当中国和非洲的小规模企业家们通过海运空运带来衣服和鞋类的时候，非洲的拒绝主义行为明显失败了。在21世纪将国际交往阻挡在一个社区或国家之外是不可能的（Aronowitz, et al, 2003；Micklethwait, et al, 2003；Scholte, 2005）。

改良主义和进化论反对新自由主义和拒绝主义的极端。改良主义提出，为了形成更好的全球化管理应该有一个全球管治来调节国家间的交易与政策（Scholte，2005）。进化论寻求在传统政府与主流党派之外建立新的体制，并且支持被压迫者，例如工人、农民、少数民族等等（Scholte，2005）。这两种途径正在被普遍地应用于今天全球化的背景中，因为我们越来越不能逃脱这种命运，国家间的联系将会增多，而贸易障碍和国家边界则会减少（Aggarwal，1985）。通过"第三种方式"的解决方案，超越"旧式社会民主"（政府很少有条件关心市民）、新自由主义、调和的市场和政府，人类将能为全球化找到一个更好的未来（Giddens，1998；Kapstein，2001）。

改良主义对于笔者的研究尤其有用，因为非洲商人们一定程度上处于一个边缘化的地位，他们中的大多数人持有无效签证，从事政府和企业都反对的非正规经济。并且，他们买卖的假冒商品经常受到产权维护者和经济学者的控诉（Choate，2005；Engardio，2007；Midler，2009）。问题是，在一个区分成功者和失败者以及"赢者通吃"的时代，那些失败的人该去哪里呢（Micklethwait, et al, 2003）？这些社会底层（摊贩、小企业家、分包商等）开始塑造一个可以替代常规系统的方式，一种新的生产模式，一种后现代经济（Burbach, et al, 1997）。这是一种"从底层开始的全球化"，在这个过程中，社会下层的人尝试参与世界经济并从中获利（Falk, 1999; Li, et al, 2009; Mathews, 2007）。非洲商人以及广州当地的生意合作伙伴是一种动员力量，他们不仅自己获利，并且是一种象征性的底层全球化。

在研究广州的非洲商人所涉及的利益团体中可以发现全部四种全球化方式：商人和中国小工厂厂主明显更喜欢最少政府干预以及税收政策的新自由主义；撒哈拉以南国家更愿意用拒绝主义来阻挡走私；然而改良主义认为伪造和灰色市场正在向弱者让步（Burbach, et al, 1997; Zhong, 2009）。联系先前的文献，笔者的研究旨在从主体角度在更大的中非贸易地图中以及非正规经济与全球化的相关性方面来对中国的非洲人研究作出贡献。

通过描述中国的非洲商人们的生活，本章寻求深入了解一般的当代非洲离散群体尤其是涉及中国非正规经济中的非洲离散群体社区。在经济开放的背景下，管制政策上对国外商人却是封闭的。通过分析非洲大陆与中国货物人口的流动，我们可以进一步理解全球化对于小型企业家的意义。

3.3 他们是谁？他们来自哪里？

中非贸易关系在中华人民共和国成立的时候就已建立。从1949年到1977年，中国援助非洲食品、金钱、生活必需品以及军事训练来抵御殖民主义和霸权主义，进而建立了很深的政治关系（Li, 2008）。在1978年改革开放之后，这一关系更加强调经济合作：中国希望获得非洲国家的原材料，例如原油、铁矿、棉花、钻石；非洲从中国进口电气制品、纺织品、机械、化学药品等等（Ampiah, et al, 2008; Li, 2008）。改革之后的中国经济也更加开放，制造业更加私有化，控制减少。广东成为著名的"世界工厂"，中国南方的私人制造商活跃，通过低劳动力成本生产各种便宜货物。同时，西非人口稠密地区的市场需求也在快速扩张。例如，尼日利亚市场严重依赖进口，使得尼日利亚有了"货运经济"的名声——"装满集装箱的货船在尼日利亚港口停靠，然后空空地返回它们来的地方，因为尼日利亚没有很多东西要出口"（Ogunsano, 2008）。这样的一个状况就使得当地市场依赖于国外进口货物，尤其是来自中国的。

在20世纪80年代和90年代，非洲商人蜂拥而至。广州一年两次的广交会开始于1957年，自此之后成为中国最大的国际贸易展览会。作为中国最重要的展览会之一，中国制造的货物被展览，被世界各地的到来者所订购。非洲市场在这里发现了它们的"东方金矿"，它们的需求通过这种便宜的方式得到满足。在20世纪90年代后期，许多更加个体化的商人们从撒哈拉以南地区来到广州，在有组织的展览会之外订购货物。

贸易者们主要来自尼日利亚、加纳、马里、喀麦隆、塞内加尔、肯尼亚和坦桑尼亚。大多数人被视为尼日利亚的伊博人，他们主要是来自尼日利亚东部区域的基督徒。与其他非洲同伴相比，这些伊博人在中国待的时间往往更长，有些在中国开办连锁商店，赢得了"擅长经商"的称号。笔者的伊博朋友说，他们必须要擅长经商来生存，"如果你想要了解伊博人，你就需要了解比夫拉战争的历史"：这是发生在20世纪60年代后期的尼日利亚种族战争，导致了伊博财富与资产的大量流失。"我们成为最贫穷的种族，我们不能获得好的工作，因为受到歧视。所以伊博人必须依靠自己的力量站起来，尽可能利用一切方式来获利。"这是一个在广州的商人所说的。下边是另一个商人的故事：

艾瑞克在广州和拉各斯拥有两家服装店，他是在中国白手起家的非洲商人之一。当他还是尼日利亚国际海事组织的一个15岁少年时，他的家庭接触到当地一个服装商店。他们同意让艾瑞克成为店里的一名学徒。随后，艾瑞克作为店员在店里工作了9年，同时了解了纺织品市场和销售技术。作为学徒，他只负责管理食物、住宿以及零用钱方面的事情，但是在他学徒期要结束的时候，店主给了他一大笔钱，使他能够开办自己的生意。那个时候艾瑞克就已经听说过中国的淘金热，所以他买了一张到北京的机票，在北京他遇到了许多非洲商人，他们告诉艾瑞克在中国南方，也就是广州有更好的机会。带着店主给的钱，他成功地从中国当地的工厂购买衣物卖给在广州的其他非洲商人以及他在拉各斯的尼日利亚顾客。

在那些在非洲有过经商经验的商人中，艾瑞克是幸运者之一。他们中的一些人来自中产阶级家庭，在自己的国家上过大学。笔者知道一些商人具有学士学位，例如商业管理、电子工程、生物化学甚至哲学。通常像其他的大学毕业者一样，他们发现书本上的知识在实际的贸易实践中是没用的，他们必须在广州寻找咨询顾问。艾瑞克向他刚到中国的同行提供咨询服务。他告诉笔者，即使这样，一些商人也不愿意再回到中国，因为他们期望更好的职业。艾瑞克嘲笑这些人道："非洲的就业市场是很糟糕的，在中国才有更好的赚钱机会。"

也有很多商人来自于地位相对较低的家庭，他们不得不更加努力地寻找他们在中国的生存之路，杰夫的故事就很典型：

杰夫在13岁的时候被送到一个服装店当学徒。在店里工作了9年后，店主给了他一笔足够他来到中国的钱，并允许他离开店里。3年前他买了一张到香港的单程票，之后过关到了广州。当时他还缺乏足够的钱来开店或是买很多存货，所以他同一些像他一样的人交谈，发现了可以在加纳人的物流店里打工，他成了店里的一名工人，运送货物。两年后，加上原来的积蓄，他用积攒起来的钱开了一家店。他现在已经和当地一位中国妇女结婚，两人都在店里工作，卖衣服以及向一些短期访问的非洲商人提供咨询服务。

也有一些不那么幸运的商人最终赔掉了他们所有的钱，笔者估计有一半来到中国的非洲商人赔掉了亲戚们投资给他们的钱。一些绝望的商人有时会在赔掉一大笔钱之后在市场上大吵大闹。跟艾瑞克同在一个楼层的他的尼日利亚新邻居开始时曾经跟他竞争，事实表明，那个人不懂如何经营服装生意，两个月就没顾客了，最终破产；他责怪周围的商店"偷走了他的顾客"。这是一种无效的策略，因为自那之后就没有非洲人再跟他交谈了。一个月后，他的商店就倒闭了。有人说，他和他来自中国河北的妻子不得不离开，去了尼日利亚。

经济效益是商人们来中国的首要原因。每一个商人都希望变得富有以便能有更好的生活。笔者知道的大多数非洲人都想拿钱在他们自己的家乡开店。也有一些人有雄心抱负，想投资非洲的政治运动，希望成为政客，这样能使他们更快地提高自己的地位。有几个商人曾经是尼日利亚的足球运动员，他们参加广州和东莞的足球比赛，希望被美国或欧洲的一些著名的教练注意到。同时，他们也经商来为自己和亲人积累资本。然而，几乎没有非洲人会把中国看作他们的家。"中国不是我的地方，我来这里只是为了挣钱，没有别的目的，一旦我挣到想要的钱，就会离开"。

3.4 市场

在广州及其周围，笔者进行了3个月的田野调查，主要集中在三元里、小北和佛山。

3.4.1 区位

广东省大部分的非洲人口都居住在这三个地区，它们有着明显的区别。笔者花费大部分的时间在三元里社区调查，它是一个基于尼日利亚和加纳的市场，这里有许多长期在此居住的非洲中间人，他们卖货物给来自西非的贸易者。小北主要是穆斯林人，它是一个比较昂贵的市场，这里大多是一些来自非洲和中东穆斯林地区的贸易者，例如马里、塞内加尔、几内亚、北部的尼日利亚、也门以及约旦。佛山是与广州相邻的城市，但是它便宜的租金以及它与前面两个地区方便的交通联系使其成为一个主要的非洲人居住地，尤其是对那些不能支付旅馆费用或没有有效签证的贸易者来说。

在广州，非洲商人主要去两种市场："非洲市场"里大部分都是非洲人经营的商店，中国的零售市场里的商店都是由当地的中国人经营的。前者是一个受欢迎的贸易目的地，尤其是对于那些从非洲来的短期的贸易者，因为他们可以很容易地找到商业资讯以及说流利的伊博语、法语或是阿拉伯语的店员。这些市场有许多非正规的代理商，为非洲贸易者们提供金融以及居住方面的需求。另一方面，后一种市场主要供应中国客户，很少供应非洲商人。这些市场的语言主要是汉语，对于只使用美元（从非洲带出来的本位货币）的商人们而言，它们缺乏金钱的流通渠道。来这些中国市场的非洲人通常都是那些能够请得起中国翻译的大客户或者已经在中国待了很长时间的人，或是"本地化的非洲人"。

三元里有将近 20% 的商店由非洲人管理，是广州的一个典型的"非洲市场"。这里有几栋商业建筑里边有许多卖不同种类产品的小店，如表 3-1 所示。

表 3-1　三元里的贸易建筑和商品

建筑 / 中心	贸易品
唐旗，迦南，天恩，新天恩，柏乐	服装、手袋、鞋、电子产品
美博	化妆品、香水
梓元岗	皮革制品、背包、手袋

就外观而言，这些非洲商店与中国商店没有什么不同。服装店里堆积满了衬衫，高与腰平。在商店前面，人们在天花板上粘上钢丝来悬挂五颜六色的衬衫进行展览。展览的衣服每天都在变化，随着样式变化来适应顾客的需求，人们总是能感受到市场这双"看不见的手"。在唐旗楼里，那些非洲商店主和店员往往占用公共休息区和走廊，用以堆积部分货物。

3.4.2　三元里的非洲商店

非洲商店和中国商店的差异是：许多中国人从行政部门直接租房，非洲人则总是转租。这可以很容易地从他们墙上的营业执照上看出来。为了找到一个商店来开始生意，一些非洲商人发现了本地网络，一些人与房地产代理商签订合约或者仅仅是从街边广告来寻找。中国人也用转租房，但是对于非洲人来说这则是必要的选择，除非他们有一个中国妻子或者商业伙伴。这是因为，对他们来说，最好避免用到护照做正式登记，这样就能避免麻烦。除了"我爱你"之外，"麻烦"可能是在中国的非洲人中最流行的普通话词语。在一个商人的观念中："他们（警察）要求所有的事情都要用我的护照来登记，当我找一个房子来居住时，他们需要我的护照。当我租一个店铺时，他们需要我的护照。你们中国人就是麻烦。在尼日利亚也有许多中国人，我们从来就不找他们麻烦。"登记的麻烦就意味着他们的信息很容易被中国警察跟踪，一旦他们的签证到期，就很难再返回中国。

作为结果之一，地下银行出现了。这些非法的金钱交易点正常由中国人经营，他们谨慎地与商业界打交道。在小北，警察的控制更加严格，金钱交易服务是通过电话完成，通常是在饭店和咖啡馆进行，在这里遭警察突袭的可能性小。另一方面，在三元里，金钱交易的提供者们利用服装店做伪装，混迹于市场中。尽管如此，也很容易从真实的服装店中区分出他们，这些点几乎从来就不卖衣服。三元里的一个典型地下银行常常看起来像一个要歇业的服装店：只有一些夹克和衬衫挂在墙上，店里也没有存货。内部空间被一个带门的比较薄的墙分成两部分。在墙的前面有一个写字桌，店主坐在那里喝茶。来到这里的非洲商人直接进入后边的房间，在那里没人能看到他们的交易。

中国政府禁止任何合法银行之外的货币流通，但国外的贸易者们仍旧会去地下银行，以便于他们不用经历呈递护照的过程。新来者可能会很好奇这些地下钱庄的可信度，因为这里没有保安守门，也没有保证来证明大量的人民币票据的真实性。但是很奇怪的是，笔者调查的非洲人从来没听说过金钱交易中的欺诈。一个商人这样解释："他们不需要欺诈。如果他们欺诈，就再也没生意了。这是不值得的。"除了对于签证过期居留者的突袭检查，这个市场还是一个相对平静的、安全的平台。

另一方面，转账服务是由非洲后勤公司提供，而不是中国的地下钱庄。这些公司也提供"海关放行"服务，这涉及为西非的进口货清除海关障碍。物流公司运送钱、货物、样品，有时还有给非洲客户的礼物。因为他们掌握着大量的现金和货物穿越国家边界，所以每个物流公司要值得足够相信，要有多样化的空运和船运产业网。他们与许多飞行人员也有联系，这些飞行人员在每次空运中提供给他们私人行李配额，利用这些行李配额在两个大洲之间运送货物和金钱。货物是以一个固定的比率按千克要价。在运送货物到尼日利亚的这些物流公司的传单中，千克比率通常有几个价格区间：对于容器的、对于空运货物的、对于违禁品的。最后一个价格区间包括从免费一直到付清尼日利亚港口的海关关税。

3.5 中国的非洲企业家精神

在非洲市场上交易最频繁的服装是由棉花制造的，这些棉花来自中国的北部省份。长三角和珠三角的服装工厂购买布匹，应用各种流行的设计；然后这些服装通过代理商卖向批发市场。来自中国各地和西非国家的零售者们来到批发市场大量购买各种不同设计的服装。这些非洲人在广州有自己的店，和三元里市场上的那些例子一样。商人们把他们购买的货物通过海运或空运运回家乡，在那儿他们通过自己家庭经营的商店或是其他的非洲当地零售者来卖掉货物。

"在这儿是金钱优先。"一个商人告诉笔者，"你得足够聪明，了解那些接近你的人，他们总是想要从你那里得到什么。你也要确定你能从他们那里得到什么。"为了成为一个成功的企业家，一个非洲商人在中国做生意必须要学会如何熟悉当地的民情。

当参与到这个行业中的时候，非洲商人必须要明白三件事情。

首先，一件服装从它在工厂里生产出来到在零售店里售卖，其间存在巨大的边际利润。每一个市场参与者都试图通过挤进产业链的某一个位置来赚取一杯羹。很明显，服装商是从买进和卖出纺织品货物中来赚取利润，但是有许多附属产业依赖于他们，例如地下钱庄和物流产业，这些都加入到服装的最终成本中。有这么多利益组团可以从这个过程中获利，甚至一位翻译者也会增加产品的成本。当笔者陪受访者到一个批发市场帮他翻译时，许多批发商都会问笔者："你要收佣金吗？"可见一个英语翻译者向他们要钱是很普遍的，他们一般收 0.5% 的佣金。翻译很大程度上决定了批发商与非洲商人之间交流的进行程度，例如翻译可以通过增加更多正面的形容词来影响购买者的决定。

第二，任何产业链的价格波动都会带来很大影响，这样的波动与当前正在进行的政治和社会问题密切相关。在2010年，原材料棉花的价格急剧上升，达到了过去15年的最高价格。据报道，在中秋期间棉花价格上升了20%[①]。在2008年非洲商人可以付25元人民币来购买一件普通衬衣，但是现在大部分的衬衫每件要花费30元人民币。对商人们来说，当他们购买一万件衬衫时，这样的损失是巨大的。一个商人告诉笔者，因为他只有大约两万元人民币，根据他一年前的经验，他购买的比他预期的更少。他说："我必须要为每件衬衫付更多的钱。你知道那对我来说意味什么吗？我将以更高的价格卖出，人们就不一定再从我这里购买。他们将去那些提供更低价格的商店，这些店有更加便宜的存货或者与工厂有联系。可能某些地方种植棉花的农民决定不再种植棉花而是进城工作，但是这对我以及我的顾客来说是有害的。现在甚至人民币也在升值，我的钱很快就会没有的。我需要做些什么？我必须要找到更加便宜的来源，或者去比较便宜的国家，例如印度。"

第三，关于流行的问题。对一个贸易者来说，短期内购买大量服装是很冒险的，因为当非洲的流行变化后，他们可能会失去购买者。与电子产品和电话相比，服装生意在样式方面更加多变。三元里服装市场的流行每周都会变化，甚至更快。我们可以通过简单地记录服装店前面所展览的服装的不同布置来理解遥远的撒哈拉以南市场的流行变化。从中国卖出的服装与非洲当地的流行趋势是相互影响的。一位非洲商人说道："我问我尼日利亚的兄弟那里现在流行的样式是什么。但是，有时当每一个商人都从这里卖出某种服装，它就会在尼日利亚形成一种趋势。"在这种情况下，相对于他们的中国竞争者，非洲店主就处于更加有利的位置，这不只是因为他们与非洲顾客有共同语言，也是因为他们更好地了解家乡的流行趋势。

非洲商人在中国的故事往往涉及中国和非洲的法律。像上面所提到的，为了能够争取更多的时间在中国做生意，许多商人往往面临签证过期问题。为了避免把他们的护照出示给相关部门，他们选择去广州的地下钱庄。在尼日利亚，把中国制造的服装带到他们国家是被禁止的，但是大多数的伊博人都从事这种生意，几乎每一个人都找到了他们自己的方式将货物走私回尼日利亚。在非洲市场，每个人都很清楚他们这种行动的半合法性，他们需要寻找其他的方式来构建形象，同时尽可能多地获得利润。

第一个成功的关键是网络化。商业通常依赖于信用网络和可靠的雇员。通过认识一个适当的人，一个商人可以知道到哪里找到某一种产品，联系哪个工厂，怎样找到最便宜的货运服务，与谁共用一个集装箱，等等。许多第一次来中国的非洲商人与朋友一起，这些朋友之前有过在中国做生意的经验；或者至少他们与这样的人交谈过。克雷夫曾经是尼日利亚的一个足球运动员，他告诉笔者他是怎样通过网络找到自己的方式而成为一名商人的：

> 克雷夫热衷于踢足球，他在尼日利亚伊莫州的一家俱乐部踢球。这份工作的报酬不高，他和他的同伴想要去欧洲或北美继续踢球。一些俱乐部的朋友告

诉了他在中国挣钱的故事，但是他认为中国太远了。之后他的足球队去了新加坡踢球，他在那里住了几个月。克雷夫作为一个业余工人在港口工作，在那儿他再次看到了中国制造的货物的集装箱，然后他认为去中国对他来说会是一件好事。他与那些去过中国好多次的海员和朋友进行了交谈，建立了一些联系；然后他去了香港，在那里他遇到了更多的朋友，然后跟他们一起去了广州。他晚上居住在一个朋友家里，白天在一个尼日利亚物流店工作。两年后，利用他在集装箱公司和港口的关系，他开了一家自己的货运公司。现在克雷夫为他的店雇佣了新的工人，他在尼日利亚也开了一家大商店，他的家人在那里卖商品。

精于社交的商人故事往往和克雷夫类似，但是也有一些其他情况。对于在中国的非洲人来说，最常见的社会活动地区是教堂和志愿足球俱乐部。在小北，穆斯林商人经常去小东营清真寺，天主教徒去石室教堂。广州的穆斯林和天主教堂通常是由当地的政府批准的，足球队则是根据球员的国家组成的，足球"世界杯"定期地在广州和东莞举行，来自尼日利亚、加纳、喀麦隆、巴西、日本、韩国以及法国的侨民队参加比赛。教堂有时在周末也会举办一些友谊赛。通过参加这些宗教/运动活动，商人们增加了他们在同伴中的可信性，他们发生联系的可能性也大幅度地增加了。

这些网络也可以通过咨询公司来购买，非洲店主名片上也常常登有广告。艾瑞克是在中国的许多咨询顾问之一，他为新来者提供咨询服务。夏天是贸易季节，这时有很多短期访问的商人来到中国，艾瑞克常常忙于在机场和火车站接他的"朋友"，引领他们在广州购物。他提供来源信息，如果他的客人需要在货物准备好之前离开，他会帮助进行质量检查和装货。艾瑞克说，夏天的工作是他收入的主要来源。"我从这种服务以及中国工厂中争取费用。他们很清楚该付给我一笔佣金。如果他们不给，我下次就不会再带生意给他们。毕竟，竞争是很激烈的。"

对于企业家来说，利用技巧和避免被骗是很重要的。"我更愿意把它称作商业管理。"一位商人说，"我在商业学校进行过学习。许多大公司通过逃税、克扣工资或者夸大利润价值进行欺诈。我们用一些类似的方式。"他们用一种很现实的方式"管理商业"：不付公共汽车费；在海关把货物报成其他东西；在讨价还价的时候假装缺钱，推迟提货，利用供应厂作为暂时的存货点。然而，这些伎俩毕竟是不成规模的，还不会危害到经济和社会秩序。

另一方面的问题是伪造问题。对于一个非洲人来说，通过物流公司运送一个原始样品到广州是很普遍的，在广州当地的工厂会制造出几千个复制品。对于商人来说，从网上下载服装花样，或者到香港购买几件品牌衬衫，然后在广州大量生产，这些都是很常见的。不难发现，中国的作坊几乎可以复制每一样东西，从眼镜框到发电机。

对于许多商人来说，将大量复制品带回非洲的道德问题是很复杂的。走在三元里或小北，每个人都知道货品问题，他们很清楚他们正在利用大公司投资几十亿的技术和设计。他们接受了这样的事实，中国制造产品的流入可能会伤害非洲当地的制造业，但是依旧很多人声称："我做的对非洲是有好处的。"一个商人说："在我的国家没有很多人能够买得起欧洲和美国生产的原始产品。我们没办法像中国这样便宜地在尼日利亚进行生产。我们来到中国的原因就是因为它比其他任何地方都便宜。由于我带回去的货物，非洲人能够以更低的价格买到更多种类的商品。有很长一段时间，我们只能买到二手货——'从欧洲废弃的商品'，我们很讨厌那些东西。我们想要更好的东西，而我就正在将更好的东西带回非洲。"

中国的角色有点尴尬，严重的赝品问题破坏了打造发达城市和全球城市形象的努力。在 2008 年北京奥运会和 2010 年广州亚运会期间，警察对非洲市场以及商人们的居住地进行频繁的突袭检查。从那之后，非洲商人们不得不在处理与中国警察的关系时更加谨慎。在突袭严重的情况下，商人们付钱给保安，他们会泄露警察突袭的时间，每个人都会迅速关掉他们的店或隐藏起来。每个人都必须了解从每个市场逃跑的最佳路径以及最好的藏身地。每个非洲人都知道，要通过社会网络来保护自己，表现得"更加聪明"，而不是与保安和警察对抗。

3.6　结论

2010 年广州亚运会以来，许多非洲商人返回自己的国家或者去了其他的贸易目的地。艾瑞克和杰夫以及许多其他的店主都正在考虑关掉他们在广州的生意到其他的城市或国家去，因为"中国只是用来做生意的，对于生活并不好"。尽管如此，对于便宜产品的可获得性而言，广州是其他地区不能比拟的。随着中国的劳动力成本继续上升，这些商人可能会移民到东南亚去寻找更加便宜的制造商，但是在那之前，商人们享受着带可购买的"非二手货"的产品回非洲所带来的好处。

这是从下层开始的全球化，使得不发达区域的市场与发展中甚至是发达世界产生相关联系。这些个体商人不同于广交会的商人或者是来自于国际公司的商人，在某种程度上他们不拥有或代表任何他们国家的公司，也没有大笔资金来处理大宗订单。相比参加官方在展览厅举办的商品交易会，这些商人更愿意聚集在火车站周围，这里的商店被转租给中国人以及非洲移民，他们更可能会售卖赝品以及参与到非法的活动中去。没有拿到留在中国三个月的官方邀请信，这些商人找到从中国供应者手中买邀请信的方式，他们甚至不知道（如果他们需要的话）是否逗留超过签证的限度。生意方面，这些商人可能除了一个口头承诺或者是一个黑市的手写收据就什么都没有了。在广州"世界工厂"的中心，这些非洲商人可以被看作一种个人力量，他们利用可利用的一切渠道来获取利润：快速的跨国交通、方便的交流、大量的制造业以及名牌的广告。这些商人们展示了来自于世界上不发达经济地区同时创业资金很少的商人是如何潜在地穿越大洲构建创业型企业的。这并不是说这些非洲商人的生意以及生活很容易——相反，其发展趋势是很艰难的——但是，至少通过这些跨国实践的成功,这些商人梦想的实现是可能的。

注释
① 2010 年的中秋期间是从 9 月 22 日到 9 月 24 日。这个数据是 2010 年 10 月 9 日从中国棉花信息网上得到的:http://www.cottonchina.org/news/pubzmb.php?articleid=104164&newstime=2010-10-09。

参考文献
钟殿舟. 2009. 有一种模式叫山寨[M]. 武汉:武汉大学出版社.
Aggarwal, Vinod. 1985. Liberal Protectionism: The International Politics of Organized Textile Trade[M]. Berkeley: University of California Press.
Alden, Chris. 2007. China in Africa[M]. London; New York: Zed Books.
Ampiah K, S Naidu, et al. 2008. Introduction: Africa and China in the Post-Cold-War Era[M]// Ampiah K, S Naidu, et al. Crouching Tiger, Hidden Dragon? Africa and China. Scottsville: University of KwaZulu-Natal Press.
Appadurai, Arjun. 2006. Disjuncture and Difference in the Global Cultural Economy[M]// Paul Erickson, Liam Murphy. Readings for a History of Anthropological Theory. Peterborough CA: Broadview.
Aronowitz, Stanley, Heather Gautney. 2003. The Debate about Globalization: An Introduction[M]// Stanly Aronowitz, Heather Gautney, Clyde Barrow. Implicating Empire: Globalization and Resistance in the 21st Century World Order. New York: Basic Books.
British Broadcasting Corporation (BBC). 2002. Nigeria Bans Textile imports[EB/OL]. http://news.bbc.co.uk/2/hi/business/2296025.stm
Bello, Walden. 2002. Deglobalization: Ideas for a New World Economy[M]. London; New York: Zed Books.
Burbach, Roger, Orlando Núñez, et al. 1997. Globalization and Its Discontents: The Rise of Postmodern Socialisms[M]. London; Chicago: Pluto Press.
Carmody, Padraig. 1998. Neoclassical Practice and the Collapse of Industry in Zimbabwe: The Cases of Textiles, Clothing, and Footwear[J]. Economic Geography, 74(4): 319-343.
Chakraborty, Debashis, Amir Ullah Khan. 2008. The WTO Deadlocked: Understanding the Dynamics of International Trade[M]. New Delhi; Thousand Oaks, CA.: SAGE.
Choate, Pat. 2005. Hot Property: The Stealing of Ideas in an Age of Globalization[M]. New York: Random House.
Engardio, Pete. 2007. Chindia: How China and India Are Revolutionizing Global Business[M]. New York: McGraw-Hill.
Falk, Richard. 1999. Predatory Globalization: A Critique[M]. Cambridge: Polity Press; Blackwell.

Giddens, Anthony. 1998. The Third Way: The Renewal of Social Democracy[M]. Cambridge; Malden, MA: Polity Press.

Kapstein, Ethan. 2001. The Third Way and the International Order[M]// Anthony Giddens. The Global Third Way Debate. Malden, MA.: Blackwell Publishers.

Li Anshan. 2008. China's New Policy toward Africa[M]// Robert Rotberg. China into Africa: Trade, Aid, and Influence. Washington D.C.: Brookings Institution Press.

Li Zhigang, Laurence Ma, Desheng Xue. 2009. An African Enclave in China: The Making of a New Transnational Urban Space[J].Eurasian Geography and Economics ,50 (6):699–719.

MacGaffey, Janet, Rémy Bazenguissa-Ganga. 2000. Congo-Paris: Transnational Traders on the Margins of the Law[M]. Bloomington: Indiana University Press.

Mathews, Gordon. 2007. Chungking Mansions: A Center of 'Low-End Globalization' [J].Ethnology, 46(2):169–183.

Micklethwait, John , Adrian Wooldridge. 2003. A Future Perfect: The Challenge and Hidden Promise of Globalization[M]. New York: Crown Business.

Midler, Paul. 2009. Poorly Made in China: An Insider's Account of the Tactics behind China's Production Game[M]. Hoboken, N.J.: Wiley.

Mohan, Giles, Marcus Power. 2009. Africa, China and the 'New' Economic Geography of Development[J]. Singapore Journal of Tropical Geography, 30: 24–28.

Ogunsano, Alaba. 2008. A Tale of Two Giants: Nigeria and China[M]// Ampiah K , S Naidu,et al. Crouching Tiger, Hidden Dragon? Africa and China. Scottsville: University of KwaZulu-Natal Press.

Prah, Kweisi Kwaa. 2007. China and Africa: Defining a Relationship[J]. Development ,50(3): 69–75.

Rotberg Robert. 2008. China into Africa: Trade, Aid, and Influence[M]. Washington, D.C.: Brookings Institution Press.

Scholte, Jan Aart. 2005. Globalization: A Critical Introduction[M]. Basingstoke, Hampshire; New York: Palgrave Macmillan.

South China Morning Post (SCMP). 2009. Guangzhou's African Bind[R].

Stroller, Paul. 2002. Money Has No Smell: The Africanization of New York City[M]. Chicago and London: The University of Chicago Press.

Tull, Denis. 2006. China's Engagement in Africa: Scope, Significance and Consequences[J]. Modern African Studies ,44(3): 459–479.

Waldron, Arthur. 2008. China in Africa[J]. Washington, D.C.: Jamestown Foundation.

Zafar, Ali. 2007. The Growing Relationship Between China and Sub-Saharan Africa: Macroeconomic, Trade, Investment, and Aid Links[J]. The World Bank Research Observer ,22(1):103.

中篇　中国珠三角的地方响应与移民管治

4 广州的非洲人和中国人之间的地缘政治分析

Kelly Liang

4.1 引言

中国与非洲国家的交流在近十年中引起了巨大的学术兴趣。这些文献资料大多聚焦在中国的国际地位诉求、能源安全，以及在非洲的市场潜力这几方面，但是对于非洲国家的组织机构和国民缺乏关注。有大量的研究围绕在非洲国家创业的中国移民展开，与之截然相反，从非洲到中国的迁移流还未受到充分的重视。本章对广州黑人社区进行体验和观察，其范围集中于所谓的"巧克力城"区域内。笔者关注的问题是，遵循注重实用的东方观念是如何通过平淡无奇的日常交往行为来强化或重塑对他者的想象的？以及如何通过摩擦，即跨越了巨大的社会经济和文化差异的、亲密的、不稳定、有时还有些许尴尬窘迫的联系，共同成为全球化的血肉组成部分的。本研究的目的是聚焦在基层民众日常生活层面，对广州的非洲人和中国人之间的地缘政治进行初步分析。

第一部分对"中国在非洲"这一日渐增多的文献做了简短的综述，笔者将非洲移民置于这一广阔背景下，批判性地探讨了中非关系。第二部分说明了本章的研究方法。第三部分以学术资料、媒体报道、口述资料相结合的方式，介绍了非洲移民社群在广州的缘起和发展趋势。第四部分探索中非商人进行商务合作的方式，强调其交织着隐形的地域知识与具有争议的经济往来的背景。

4.2 "中国在非洲"文献中的非洲移民

虽然中非关系的起始可以追溯到20世纪50年代，但是进入21世纪后，中非交流才被"重新发现"（Tull，2006；Sautman，et al，2007；Strauss，2009）。中非贸易以每年45%的增长率从1950年的1200万美元迅速增长到2010年的1150亿美元。尽管人们普遍认为21世纪初是双边贸易的一个转折点，但是在2001年到2006年间，中国对非进出口贸易额仍保持有35%—40%的增长率，略高于1950—2010年间的平均水平。由于中非贸易额的增长远远高于全球范围内贸易额和商品价格的增长水平，中非经贸关系成为时下的热点。这一贸易扩张状况一方面可以归因于中国为了维持经济的蓬勃发展而不断增加的能源和原材料需求，另一方面则是由于新兴的非洲市场的重要性（Alden，2007；Broadman，2008；Obi，2008；Ajakaiye，et al，2009）。这也表明了中非交往已经从意识形态主导驱动的时期发展到了更加务实的阶段（Li，2008；He，2008；Marysse，et al，2009）。

除了深化经济合作之外，中国已经成为非洲国家发展援助的主要提供者（Rotberg，2008；Davies，2008；Bräutigam，2010；Kjøllesdal，et al，2010；Dent，2010；Dubosse，2010）。据彭博新闻社报道（Swann，et al，2006），中国进出口银行和国家开发银行自2006年起就取代世界银行，成为非洲最大的贷款机构。在非洲保持垄断影响长达几十年之久的西方机构，其地位正受到挑战，如世界银行、国际货币基金（IMF）、经济合作与发展组织（OECD）、发展援助委员会（DAC）。同样，蓬勃发展的中非政治经济联系也引起了众多学术兴趣。这些都越来越成为"中国在非洲"话题所关注的典型，在学术界和决策层都引起了激烈的论辩和批判性的反思（Wang，2004；Tull，2006；Shinn，2007；Holslag，2008；Taylor，2008；Spiegel，et al，2009）。

已经有"过多"的大众评论和书籍评估过中国对非洲既是机遇也是威胁（Naidu，2010）。英国前外交大臣John Straw指责中国打破了"不殖民"许诺，"今天中国在非洲所做的大部分的事情正如我们在150年前做过的一样"（Stevenson，2006）。最近，一份泄露的美国外交电报公之于众，维基解密显示，中国在非洲所扮演的角色日益受到关注（The Guardian，2010）。

而在另一极，中国被描绘成一位好心的合作伙伴，与非洲的关系仅仅基于"平等相待，互惠互利，共同发展的原则"。中非合作论坛（FOCAC）的官方文件遵循和沿用了同一准则，中非关系一直以周恩来的和平共处五项原则为指导，不涉及帝国主义动机和殖民剥削（Taylor，2011；Li，2008；Agnew，2010）。Dambisa Moyo（2010）在判断中国在非洲的外国直接投资（FDI）的影响时则更为务实，她并不质疑中国投资带来的在地理分布和社会分配方面的问题，她认为，非洲现在变得"更好"，消费品的选择更加广泛实惠，同时政治稳定性更具保障。

4.3 理论批判

东方主义和非洲悲观主义活跃在近年来中非交往的话题中。基于一个庞大的恶龙潜伏在静谧的非洲丛林中这一想象，Emma Mawdsley（2008）述说了一个惯常的认知图像，即"积贫积弱的非洲、西方托管统治、受中国的冷酷对待"（Mohan, et al, 2008）。"非洲争夺战"的展开，唤起了西方受众们的混杂情感，交织着殖民罪恶感和保护非洲免遭毒害的责任感（Klare, et al, 2006; The Economist, 2006; Financial Times, 2010; Sowore, 2011）。这一表述实质上与"永久托管"以及"给非洲混乱景象带来秩序"这一西方的长期愿望相一致（Thomas, 2000; Wainwright, 2008）。被物化了的非洲及其人民，作为被驯化、干预和拯救的对象的观点就此延续下来（Mbembé, 2001）。换句话说，这意味着应是西方担负"道义上的责任"。然而，现实情况与非洲悲观主义观念是矛盾的：非洲精英"寻找一个非西方的选项/支撑"的举措是目前中非经贸往来不断深化的重要因素。

而中国对非政策的捍卫者们则用"中国中心论"来反击西方对中非交往的歪曲和谬误（Li, 2009; Zhang, 2007; Song, 2010; Li, 2010）。但在主张中国是一个例外的同时，则难免会把中国理想化和均质化。西方主义使得中国将自我想象为一个在历史上、本质上，以及道德观念上与欧美截然不同的实体（Power, et al, 2010）。这种简单化的思维方式不仅局限于中国学者。像"华盛顿共识"与"北京共识"的对应，这种成对的表述在"中国在非洲"的英语文献资料中十分普遍，表明中国往往是被单列出来的修辞对象或政治经济活动中的"他者"（Spiegel, et al, 2009; Mawdsley, 2008; Esteban, 2009）。

虽然大多数人已经认可了中非交流的特殊性和必要性，但若是把中国奉若神明，将之作为一种替代性的发展模式、作为用以打破美国主导的单极全球秩序的一剂解药，这种主张也需要慎之再慎。John Agnew（2010）揭示了西式民族主义和中国古典世界秩序观念的现代诠释之间的特殊结合，虽然具有活力，但依赖于当前全球力量分布和世界政治的"脚本"。许多人采用 David Harvey（2005）的"中国式新自由主义"概念，质疑中国的发展轨迹是否独特鲜明，质疑它是否能移植到非洲语境中（Mohan, et al, 2008; Power, et al, 2010; Dijk, 2010）。南南合作的新颖之处也同样有待商榷，因为跟欧美国家相比，中国对非洲的经贸合作并无太大的不同（Sautman, et al, 2007; Obiorah, 2008; Farooki, 2010）。持续依赖少量的资源，即便不会造成非洲国家的世界经济地位降低，也不会有所提升，同时还会造成贸易条件恶化的后果（Sheppard, 2002; Sheppard, et al, 2009）。

另一个主要的批评是针对文献中普遍提到的资本中心主义。绝大多数以"China

in Africa"为标题的文献都关注中非交往的宏观经济层面。对一国进行的具体案例研究对经济方面会更加侧重（Campos, et al, 2007; Obi, 2008; Esteban, 2009; Enne, et al, 2010）。Kaplinsky 等（2007）提醒道，目前的研究动向对许多重要的、有吸引力的议题缺乏检视：

> 首先，一个缺陷是我们聚焦于那些已有解部分信息的问题上，而因为找不到相关信息就忽视另一些问题。这或许是因为这些问题虽然重要、真实，但相关信息尚未收集起来；或许是因为问题正迅速萌芽，但尚未清楚展现。第二个重要的缺陷是，倾向于研究可测量的现象（例如，商品数据），而忽略难以测量的问题。

其中，人际关系和日常生活方面的研究非常不充分。政治经济精英在其中的角色无疑是必要的，这是由于中非关系是在新现实主义框架下建构和发展的（Suzuki, 2010）。"无论是中国企业还是中国政府"，Ravi Palat（2009）说道，"都没有做任何有益于非洲工会和社会公正进程的事情"。这种精英取向，在一定程度上解释了有关中非关系的讽刺漫画。但它掩盖了社会力量的多元性和中非国民活动参与的多样性，以及"嵌入这一关系中的阶级矛盾和扩大化不平等"（Naidu, 2010）。虽然对于非精英的、非资本中心主义的主题有了越来越多的学术兴趣，但由于在中国和非洲这样不熟悉的领域内开展研究所带来的种种障碍，所取得的进展有限。

4.4 文献评述

已有部分研究探讨了诸如迁移、流行的地缘政治，以及中非交流的地理想象这些主题。Li（2000），Mohan 和 Kale（2007），Ma（2008a），Ma（2008b），Park（2009）都开创性地将视线聚焦在中国到非洲的移民上。据估计，2008 年至少有 58 万至 80 万中国人在非洲，散布在各个经济部门中（Park, 2009）。南非无疑具有最长的接收中国移民的历史和最大的中国移民群体，其中最早的人口迁移可以远溯至英国统治的巅峰时期，因此，案例研究中国移民和当地社区之间的复杂关系，以及不同批次和地域背景的移民之间的张力（Accone, et al, 2008）。以公共话语分析和田野调查相结合的方式，Ndjio（2009）探讨了喀麦隆人如何通过与在 Douala 的中国性工作者（所谓"上海美人"）进行交易过程中建构对中国的想象。其他人也试图从其他方面了解非洲人对中国的感知，如中国货（Liu, 2010; Esteban, 2009）、就业机会（Lyons, et al, 2010; Obiorah, et al, 2008），和中国公司承建的场所（Alden, et al, 2010; Bräutigam, et al, 2011）；这些研究既运用了定量方法（Fioramonti, et al, 2011），也采用定性方法（Liu, 2010）。

相比之下，在中国的非洲移民研究鲜有进展。如前所述，这样的研究趋势可以归因于这样一个事实，即非洲的参与、应变、革新的能力仍旧被忽视（Parker, et al, 2007）。非洲悲观主义者、东方学者想象中的非洲本身也难与中国人产生共鸣。深入分析中文网上论坛的帖子,发现中国和西方的互联网用户对非洲人、非洲环境、非洲文化的通俗意象有很多相似之处。Zheng(2010),Strauss(2009)指出,北京方面的和平共处、共享文化的价值观和共同反对帝国主义的历史这些修辞,不仅旨在使国际受众确信中国例外的观念,同时也在安抚国内民众。非洲移民在中国是一个小群体,近年来慢慢成长壮大。虽然非洲移民的早期文献中,从文化、地缘政治和种族维度,为日常空间中的中非关系的概念构建提供了开创性的方法(Sullivan, 1994;Sautman, 1994),但是最近的研究往往纠缠于经济(Li, et al, 2009;Le Bail, 2009;Yang, 2011;Bodomo, 2008;Bodomo, 2010;Bodomo, et al, 2010)。然而,非洲客商们并非是生活只围绕经济打转的稻草人,他们同时是需要每天与本地人共事的社会中介,他们的业务开展方式深深地牵连着社会、宗教、种族和性别方面实质存在或可感知到的差异。

4.5　研究方法

本研究主要基于半结构式访谈,访谈对象是造访或长住广州的非洲人,以及与前者有规律性接触的中国人。田野调查是在2011年2月23日到2011年3月10日之间进行的,恰好在中国的新年假期之后。表4-1列出了被调查者和访谈的分类明细情况。大部分受访者都是在非洲移民活动密集的区域内随机募集的(图4-1)。其他的受访者是通过介绍认识的,或通过互联网取得他们的联系方式。访谈具有不同的长度、深度和主题。对于来自非洲的大多数受访者,访谈往往更加详尽彻底,并且更专注于他们作为另一个族群在广州的生活故事和经历。另一方面,中国的受访者对自己的个人情况就不那么坦率了,他们更愿意参与讨论抽象的话题,比如非洲国家的移民法和不安定的政治环境等类似的话题。图4-2显示了参与本研究的非洲受访者的国籍,还有一些笔者结识了但是由于种种原因未能进行访谈的未受访者。其中浮现出一个有趣的地理格局:除了马里、乌干达和卢旺达之外,所有的移民输出国都位于沿海,并至少有一个完善的海港。20名中国受访者之中有9个认为自己是广州本地人,不过许多人的祖先居住地址距离广州历史中心城区有近千里之遥。

表4-1　访谈明细

	非洲人	中国人	总计
受访者	16	20	36
访谈总数	19	16	35
短访谈*	7	8	15
长访谈*	12	8	20

*以大于30分钟长度的访谈为长访谈;小于30分钟长度的访谈为短访谈

笔者将受访者分类为三组:非洲企业家、广州的普通中国人和政府官员。然而,

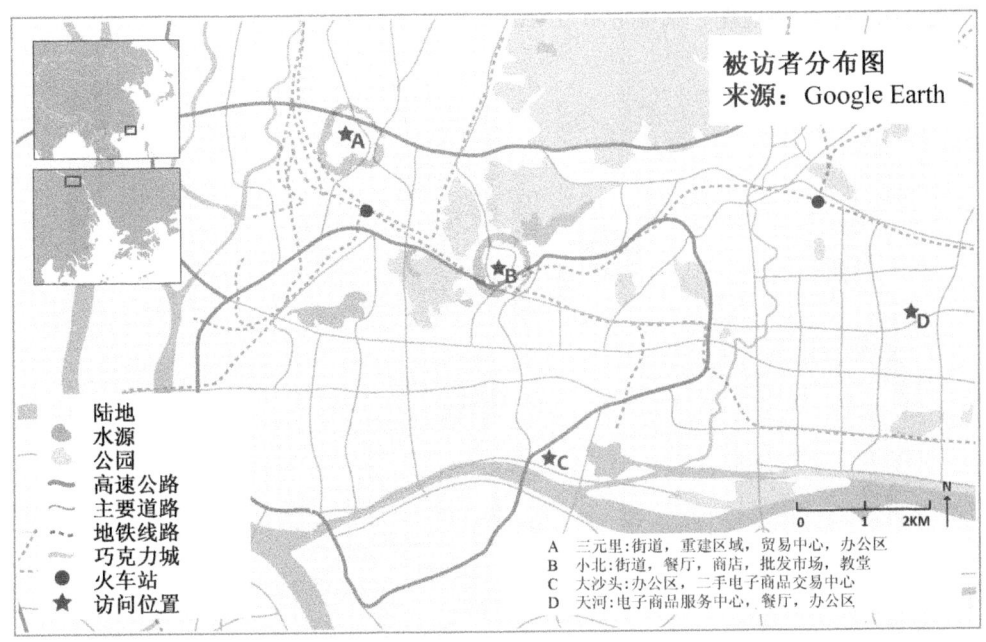

图 4-1 被访者分布图

由于种种困难，笔者对市政府和区政府工作人员的访问受限。对中国政治系统的熟悉程度决定了任何国籍的学者所能取得的研究成果。熟悉程度的内涵也包括关系——根据与他人的联系所组成的关系网络，能够让人一帆风顺地在中国社会"把事办好"。第二个障碍是社会的冷漠，如果这并非是不信任研究人员和记者的话。特别是自从 2009 年以来，在政府层面上，非洲人在这个城市里已经成为一个有争议的问题。中国的政治精英对言语十分谨慎。笔者曾联系过的几次访谈都被取消了，一个是埃塞俄比亚领事馆，一个是区政府官员，原因是此类谈话负有政治责任。第三个挑战来源于"两会"，即每年一度的全国人民代表大会和中国人民政治协商会议，许多官员都忙于准备和参加"两会"。

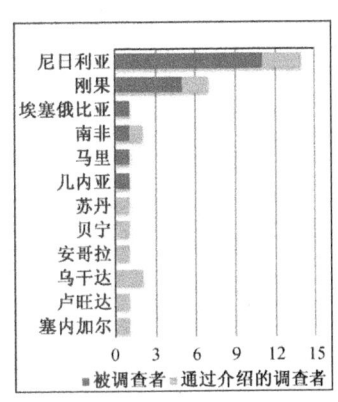

图 4-2 被访者来源

语言障碍，虽不算一个限制，但也大大地歪曲了研究成果。在本研究中来自法语国家的非洲移民的代表性不足，虽然他们在广州的居住历史比来自英语国家的非洲移民更悠久（Tang, 2008; Watanabe, et al, 2010; Xuan, et al, 2009; Li, et al, 2009）。但不精通法语同样减小了与法属非洲而来的女性移民交流的可能。这一人群具有独特的肖像：讲法语，对英语和法语都不甚精通，信奉伊斯兰教，更加坚持传统的劳动性别分工。可以说，这些妇女在公共场所非常引人注目，因此在中国本地人对非洲的地理想象中也不可或缺（图 4-3）。

图 4-3 在"巧克力城"的非洲女人
左图：广州窗。（http://www.gznet.com/gzcity/shxz/ztbd/20080918_759358_1.htm）
右上图：南都周刊，2009-08-14。
右下图：凤凰论坛（Phoenix BBS）。（http://bbs.ifeng.com/viewthread.php?tid=2480953）

本研究还涉及一些报纸和杂志的文章。文本来源主要是南方报业的《南方都市报》《南都周刊》和《羊城晚报》。南方报业传媒集团和羊城晚报社都是私有企业。虽然他们可能被认为是采用国际标准的中立媒体，但其新闻内容要受到国家审查。除了《南方都市报》和《羊城晚报》之外，一小部分新闻报道检索自《广州日报》，即广州当局所有的宣传报纸。这三家新闻机构占有 80% 以上的广州纸媒消费量。由于没有集中的地方报纸杂志检索数据库，笔者使用的是这些新闻机构的网站上的查询引擎，检索的时间跨度为 2004 年至 2011 年。搜索词包括广州、非洲、非洲人、巧克力城、三元里和小北路——"巧克力城"的街道名称，以及非洲国家名称，如尼日利亚和刚果民主共和国。笔者主要分析的是内容、图片、陈述和文章，以及半结构访谈的参与者们所表达的经历和感受。

4.6 "巧克力城"

2008 年左右，在著名的天秀大厦周边，一个 10 平方千米左右的区域开始受到广大民众的关注，人称"巧克力城"（图 4-4），这一名称来自于一份在当地颇具影响的杂志《南都周刊》（Pan, et al, 2008；Yangcheng Evening News, 2008）在一

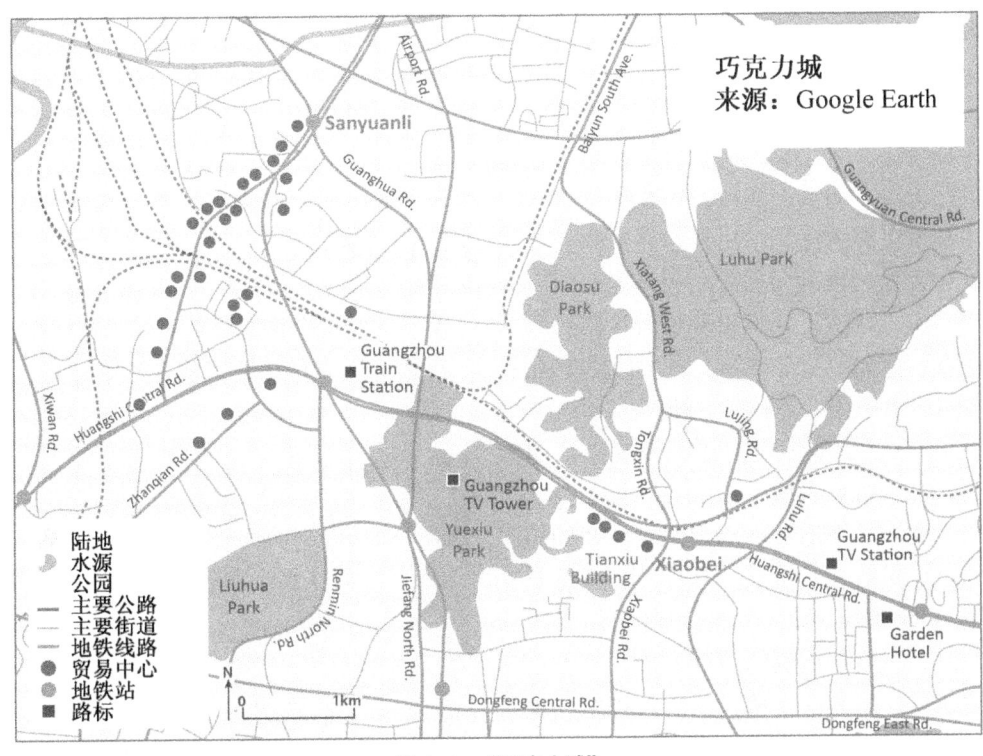

图 4-4 "巧克力城"

篇有关非洲移民的撰文中使用了这个朗朗上口的称呼。因为高速公路和地铁站的缘故，这里也通常被称为"小北"。随着"巧克力城"的说法流行开来，其概念涉及的范围已经扩大，广州火车站以北、广园西路也包括在内，当地人称为三元里。据估计，目前广州大约有 10 万非洲人，绝大多数生活在"巧克力城"范围内[①]。该地区虽然被冠以许多别名，例如"亚洲布鲁克林"（Watanabe, et al, 2010）和"迷你联合国"（Zeng, et al, 2008），但"巧克力城"是最著名的。除了非洲企业家之外，这一"跨国族裔飞地"也住着中东客商（Li, et al, 2009；Chen, 2009；Xuan, et al, 2009）。"巧克力城"本质上是非洲家乡生活环境的翻版，提供任何非洲移民可能需要的商品服务，如服装、电器、建材类的大宗货物批发市场，把中国产品运送到非洲的物流商铺、销售非洲人惯用的产品的超市，还有非洲移民自己经营的发廊，英语教学环境的幼儿园，长于治疗非洲常见病的私家门诊，以及政府管理的清真寺和教堂（Pan, et al, 2008；Zeng, et al, 2008；Li, et al, 2009；Xuan, et al, 2009；Bodomo, 2010）。

4.6.1 从地方到全球

部分城市空间的非洲化，其实是广州的新现象。二十多年前，外国移民还不曾迁移至巧克力城的时候，小北和三元里都不为人所知。改革开放初期，城市的发展涉及广州城市历史核心区以北的几个村落（Rong, 2010; Zeng, Luo, 2008）。现已搬迁的广州白云机场和广州火车站，（在当初建设时）策略性地置于这一半边缘区。20世纪80年代末，随着城市化迅速发展，城市打破了原有的边界，蔓延到城乡结合部，取代了传统水田作业和渔业活动，这些农村也就发展成了中等密度的住宅区（Dai, et al, 2010; McGee, 1987）。被划入城市的村落常被称为城中村，或"都市里的乡村"，并成为一个学术热点。城中村"容纳了大量农村移民，而由于社会普及程度和负担能力的有限，难以获得政府的资源和援助"（Zhang, et al, 2003）。像登峰、三元里和瑶台这样的城中村，鉴于它们地理位置靠近机场、火车站，还有各种大型交易市场，自然而然地就吸引了许多内陆省份的移民前来从事服装、皮革或电子产品等贸易活动。

20世纪90年代初在该地区首次出现高楼。"巧克力城"的中心和标志——天秀大厦，是当地发展成为富有活力的跨国社会空间的一个缩影。天秀大厦落成于20世纪80年代后期，香港和澳门的投资商关注到房地产市场的蓬勃发展，于是在当地购买住房和写字楼，然后转租给外地来的打工者。从高层到城中村，有多种住房选择提供给外来务工者，特别是那些从甘肃、青海、新疆等偏远地区到小北来的人

图4-5　Moke café，广州的第一间非洲人商店

们。20世纪90年代中期开始，中东和西非国家的商家顺着中国穆斯林商人所建立的贸易网络也来到了广州。一位物流老板，从事海运中国货品到非洲的业务，回忆起广州第一家非洲人的店面开设的情况（图4-5）：

起初，他们大多来自西非，也就是马里、塞内加尔和几内亚等几个国家。第一家非洲人开的店铺是街对面的摩卡咖啡，在著名的天秀大厦第一层。老板是个马里人。随后，非洲其他地方的人慢慢开始在广州聚集。他们喜欢跟同胞们聚在一起。小北这儿是他们的最佳选择：离火车站近，机场也不远。有那么多交易市场，非洲人想买什么都能买到。别的地方去哪儿找呢？

如果我们称20世纪90年代来广州的西非移民为第一次非洲移民潮的话，那么21世纪初期开始的是第二次浪潮，此时中国在国际舞台上初露峥嵘。一位来自刚果金沙萨的受访者在20世纪80年代末来到中国，自1996年起一直生活在广州。据他讲，第二批移民有两类不同的故事发展情节。第一类发生在小北。由于第一批非洲穆斯林客商绝大部分都说法语，随后从刚果民主共和国（刚果金）、刚果共和国（刚果布）、科特迪瓦、加蓬、喀麦隆，以及更晚到来的安哥拉的移民倾向于选择住在前辈客商们生活之处，从而使后来者可以利用前辈们建立的贸易网络和设施。大约在同一时间，非洲英语国家的移民也开始进军广州，其中大部分来自尼日利亚：

在1997年和1999年间尼日利亚人开始大批来到广州。不得不说，就连广州的非洲人对他们都没有好印象……他们来广州后决定住在三元里，而不是小北。尼日利亚人只愿意跟尼日利亚人做邻居。（个人阐述，刚果商人）

因此，广州火车站附近形成了两个跨国空间，不仅在空间上相区别，同时在语言上的辨识度也很强（Yang，2011）。然而，两者的关系在现实层面上并非独立而是彼此依赖——在小北和三元里之间，商品、服务、人员不断流动。虽然大多数生活在小北的非洲人来自法语区，在三元里的主要来自英语区，多为尼日利亚人，但是这两个区域共同塑造了功能完善、繁华热闹的"巧克力城"。

在一定程度上，小北和三元里在广州普通居民的眼里，都与非洲人成群地走在大街上的画面是分不开的。当叙述非洲移民给广州火车站周边带来的变化时，一位专门给外国人办理居住许可业务的法律顾问表示，由于非洲人口的大量集中，这些地方都被公众所知悉：

大约20年前，没有人知道小北——最近小北被称为"巧克力城"。同样20世纪90年代人们也没有三元里这个地域概念。实际上，两个电视塔之间的区域我们以前称为花果山②。差不多21世纪初非洲人大规模来广州的时候，广州本地人才开始注意到这里体现的独特民族特征。小北和三元里的得名也正是由于非洲移民的持续存在。这样说来，黑人朋友们一开始就是我们这个社区的一部分。

到了2006年，媒体上才开始出现小北和三元里非洲客商的身影。对非洲社区的报道很大程度上都集中在较为消极的方面，包括非法移民（Guangzhou Daily Information Times，2006；Chen，2009；Zheng，et al，2009）、毒品走私（Chen，et al，2007；Yu，et al，2008；Chen，et al，2010；Southern Metropolis Weekend，2011）、贩卖假货（Pan，et al，2008；Xuan，et al，2009；Luo，et al，2011；Liu，2011）、欺诈（Li，2006；Li，2011）及违反当地的文化规范（Hu，2008）。例如，有位专栏作家对非洲人入侵广州带来的城市变化表达了不满：

但如今当你向北走约100米到200米，从军事驻地到黄石路，你立马就能发现行人肤色的特殊变化。那么多黑人漫步在中国人中，这感觉太突兀了。肥胖的妇女包着巨大的头巾，身上穿着明晃晃的服装，在人流车海中穿行而过。还有用我们不懂的文字写成的标记和广告牌(Rong，2010)。

然而，非洲移民数量并不像上述引文中说的那么夸张。事实上，非洲社区的规模随季节变化。首先，一般广州的非洲商人在冬季比较少，尤其是在中国农历新年假期的时候，几乎所有的工厂都关了，农民工回到家乡与家人团聚。随着春季到来，商家们又开始进入"巧克力城"相聚。广州的非洲人口的高峰期通常在广交会期间。参加博览会的大多是短期移民，来广州购买需要的商品、安排好航运事宜就飞回本国去了。持续逗留时间加起来最多用不了一个月。广交会还吸引了许多数量很少、在本地贸易链不完善的企业家。Tan（2008）曾指出，至少500名对当地不太熟悉的肯尼亚人来广州参与广交会。

意料之外的事件也影响着"巧克力城"的非洲人口规模。2008年全球金融危机严重破坏了非洲社区。全球对原材料的需求减少，商品价格的泡沫破裂，撒哈拉以南的非洲国家的经济增长率下降了4.8%，这是自2002年以来首次发生的现象（Dullien, et al, 2010）。此外，美元和中国人民币（元）之间的汇率波动加剧，未来的非洲商人的生计更加不确定。因此，正由于制造业产品需求减少、中非贸易网络的流动性降低，非洲有限的购买力持续影响了非洲商人在中国的商贸活动。2009年以来，非洲移民在小北街、三元里和其他商贸市场更少见了——其中一部分由于业务停滞不前，已经离开了广州（Li, 2009; Li, et al, 2009）。除了全球信贷紧缩，如奥运会等国际事件也对"巧克力城"的人口有影响。三元里的一个巡警抱怨2010年广州亚运会之后黑人数量反弹："我们做了那么多努力来促进（小北、三元里）风气和安全……什么时候我们才能最终把他们全部驱逐出去？"

4.6.2　未来趋势

大多数生活在巧克力城的居民认为，非洲移民的全盛期已经不再（Xuan, et al, 2009; Li, 2009; Li, et al, 2009）。2009年7月爆发的一场冲突中，数百名尼日利亚人聚集在当地派出所前抗议警方粗暴对待一名非法移民。事件的导火索是一个尼日利亚青年在躲避警察追捕时从高层跳窗而出，并因此死亡（Branigan, 2009; Bodomo, 2010）。不同于中国香港和西方的英文媒体中的骇人标题，国家管控下的《广州日报》（2009年）巧妙地避开了民众抗议或示威之类的文字，把事件表述成"外国人引起的交通堵塞"。虽然把事件掩饰成简单化的"外国人"示威，尼日利亚移民作为一个整体的声誉得以保全，但这种不曾预料到的事情仍然让广州市政府和区政府大吃一惊：非洲人需要受到法律约束，并且应抑制其非法活动来维持全市未来的政治稳定。因此，警察搜查的频率和"巧克力城"街道上的巡警数量自2009年以来大幅上升。

在金融危机和移民法规收紧的影响下，非洲人口已经有所减少。后者的目的是在入境前筛选出倾向于逾期逗留的移民，同时增加非洲社区中的警察搜查频率。不仅一些非洲企业家回国了，许多长期居民也迁出了传统街区。富裕的商人更愿意搬到中产阶级郊区，如番禺、东圃；而不够富有的人，如那些逾期居留者，也纷纷离开了小北和三元里，搬到像黄岐、大沥和佛山之类的地方（图4-6）。然而，认为"巧克力城"已经逝去就有些草率了。即使一些非洲人已经搬出广州，但他们的谋生之道仍然依靠火车站附近的批发市场。事实上，在非洲企业家群体聚集的地方，可以发现，通过主要的街道和公共交通路线能够很方便地到达巧克力城。

然而，鉴于小北的几个主要市场永久关闭的事实，巧克力城的未来发展难以确定。最著名的是中非商贸中心或称陶瓷大厦（Luo, et al, 2011）。虽然现实情况是，在这些危机重重的交易市场中销售大量的仿制品，但仿冒品行业却已经被容忍

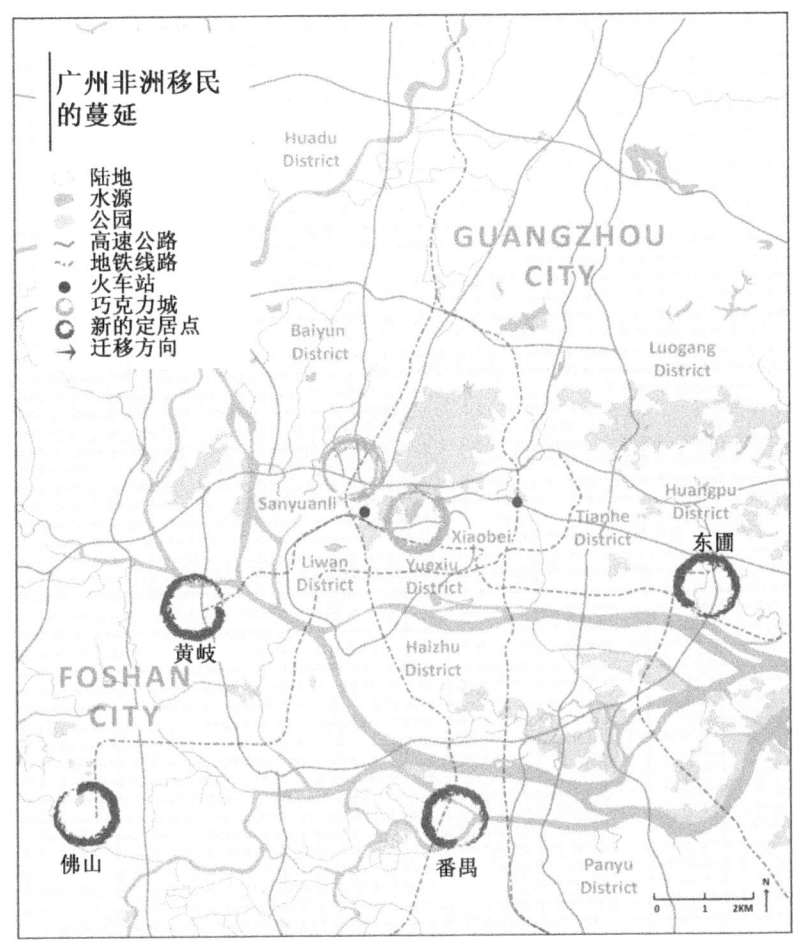

图 4-6　广州非洲移民的蔓延

了三十多年。中央政府最近下达了打击和取缔假冒伪劣产品的命令，从表面上看似乎有些偏重对"巧克力城"的检查，但是在广州中心商务区内也有同样举措。很不幸，检查的结果使得"巧克力城"内居住的非洲移民进一步蒙羞。随着其经济内核受到打击，"巧克力城"和非洲移民们的发展前景晦暗不明。

4.7　机遇、心理与道德

不同于发达国家，非洲移民往往意味着低收入个体或者政治、经济、种族、自然灾害的受害者，广州的大多数非洲人将自己描述为企业家（Li, et al, 2009；Le Bail, 2009；Bodomo, 2010；Lin, 2010；Liang, 2011）。众多比喻如"飞地"、"空间流"（Li, et al, 2009）、"文化桥梁"（Bodomo, 2010）和"黑道"（Yang, 2011）等都试图捕捉到"巧克力城"的特质。在这一部分，笔者进一步深化对广州的中非人们日常互动的学术研究,探讨非洲移民在中非贸易中不可替代的作用。在本节,笔者将讨论非洲移民的主要作用,以及非洲商人、中国商户、地方政府之间的错综复杂的关联。

4.7.1 流动的文化翻译者

首先,要避免夸大非洲移民对中非经济交流的影响。事实上,在中国的非洲人的数量远远比不上在非洲的中国人数量。大多数中国移民以销售中国制造的商品谋生。很多方面非洲国家的中国商人与广州的非洲商人是商业对手,在产品供应、分销线路,还有最关键的市场上形成竞争关系。例如,在尼日利亚有大约10万中国人(Park, 2009)。表4-2来自于Li等(2009),表中表明,短期非洲游客的增长速度是世界其他国家游客增长速度的3倍以上。在尼日利亚的拉各斯、阿布贾、卡诺和克里斯河州都有唐人街,中国人经营了无数家商铺,连尼日利亚的偏远地区都能买到中国进口的价格低廉的商品。

表4-2 外籍游客在广州过夜数量(以千为单位)

年份	非洲	亚洲	欧洲	美国	大洋洲	其他	总计
2000	6.3	337.4	27.2	97.1	20.5	495.6	984.1
2001	8.6	380.8	126.0	112.0	30.6	445.5	1103.5
2002	16.1	510.4	142.1	134.0	28.1	457.6	1288.3
2003	14.6	409.9	103.8	99.8	22.0	366.7	1016.8
2004	20.1	578.7	168.3	130.0	33.7	458.7	1389.5
2005	31.7	630.4	223.9	159.0	42.3	679.2	1766.5
2006	46.2	771.2	264.9	182.7	56.3	813.1	2134.4
2007	60.4	721.0	279.8	167.4	53.9	949.1	2231.6
年增长率	38%	11%	12%	8%	15%	10%	11%

此外,尼日利亚以深圳为蓝本建立了两个经济特区,分别在莱基和奥贡州,吸引中国投资者设立纺织品和轻工业工厂来生产产品供当地消费。相比之下,在尼日利亚有一个主要移民派遣目的地,而广州无疑拥有更大的移民社群(Xuan, et al, 2009; Liu, 2009; Watanabe, et al, 2010)。对于在"巧克力城"有大量移民的其他非洲国家,其情况也是类似。人们不禁想知道"巧克力城"是如何维持其竞争力的。

首先,由于语言和文化差异,中国企业家都很难很好地融入非洲当地社会(Mohan, et al, 2007; Ma, 2008)。因此,这些移民在本地的贸易网络的融入能力有限,在非正规经济部门更是如此。Lyons和Brown(2009)的一项调查表明,中国制造的产品到多哥之前,洛姆和巴马科的街头小贩们完全依靠在广州的几个多哥的贸易商进货。其次,笔者同意Yang Yang(2010)所说的"时尚问题"。虽然一些在广州的中国商人断言,中国投资者们(主要来自浙江省和江苏省)在非洲都拥有自己的服装厂,了解当地的品位。然而,许多非洲受访者却认为,他们对于不同非洲城市的时尚潮流的认识是肤浅的。经营着几家裁缝店的一名来自刚果金萨沙的商人认为，仅靠近市场还远远不够："在非洲的中国人的确可以每天都去逛当地的市场，对不同的设计拍照，但是却仍然不明白那些图案、面料和剪裁背后的文化价值。他们也就只能复制那些外观样貌。"因此，非洲移民作为翻译者而存在，他们能够更好地解读对中国产品的文化多元性需求。

尽管"非洲飞地"这一比喻隐含着隔离和静止不动的意味，但"巧克力城"是人流和物流塑造而成的：既有非洲到周围国家的流动，也有当地内部的流动（Li, et al, 2009）。巧克力城的许多居民在当地和区域内的流动性很大，以寻找购买产品的最佳选择。要做到这一点，需要很好地把握广州以及中国其他地方的经济地理。广州是一个历史悠久的贸易区，自古以来就坐拥中国重要的海外贸易动脉，对珠江流域这一商业城市和工业市镇富集的区域的发展至关重要（Yusuf, 2007）。得益于把香港和深圳打造成亚太地区金融中心的决议，以及中国领先的城市信息技术的发展，广州在珠三角这一技术密集型产业相对缺乏的区域成为事实上的中心，不论是生产环节还是运输环节都当之无愧。一个南非的贸易顾问阐明了地理知识的重要性，这是"巧克力城"取得成功的先决条件：

> 我所做的生意，业内人士管它叫"运输公司"。你也可以类比成咨询公司。在上海、义乌、天津、青岛等地还有几个分支机构。我们招待客户，为他们提供翻译和运输服务，来帮他们买到想买的东西。他们可以在小北和三元里找到便宜的和优质服装、鞋子、包、IT 相关的产品去天河。在大沙头出售很多二手数码相机。如果他们想买陶瓷产品，可以去邻近的佛山市，离广州只有几个小时的路程，非常便利。如果他们对照明工具感兴趣，要去东莞③。当然，也有些东西，客户在广东买不到。例如，如果他们想要珠宝首饰，像项链、耳环和戒指，我们会转送他们去义乌④。我不认为第一次从非洲到广州来就能知道购物该从何着手。这就是为什么他们需要我们。我们为他们提供隐性知识——你要是愿意也可以说是"精通文化"，我们需要用它来尽可能花好每一分钱。

其他在广州的非洲商人的意见也与这种说法相呼应，尤其是那些生活更加稳定、在新来的同胞和中国商人之间牵线的，更是如此。然而，精通文化并不一定意味着能说流利的中文。在 16 个非洲受访者中只有 4 个能够流畅地说普通话，没有一个会说广州当地方言粤语。据某律师事务所称，尽管已经在这座城市待了十多年，但广州的非洲人中只有不到 10% 的精通中文。正如一位受访者所说的那样："你只需要很基本的英语和一个计算器就能交流了。没有多少中国人愿意谈论生意之外的事情。"

4.7.2 "懂得非洲人心理的专家"

正如许多有志于在广州打拼的非洲客商不会为了拓展业务而学习汉语，许多每天跟非洲人打交道的本地人也没有意识到他们自身与客户之间存在的巨大的种族和文化差异。除了在交通和物流领域工作的人之外，大多数中国受访者对非洲国家名字的了解仅仅限于尼日利亚和刚果。"我不知道他们来自哪里。他们都是黑皮肤。"这是当地人的一个典型的回答。麦当劳是非洲人最喜爱的餐厅之一，在三元里麦当劳店的一位保安甚至毫不犹豫地说："肤色较深的来自南非，其他的来自新西兰。"

当笔者问起中国人对非洲的了解程度时，一位来自刚果的长期移民笑了，他说："他们可能对我们的文化有最粗糙的想法。"他有些苦涩地继续道："但是广州商人都是通晓非洲式思维的专家，知道大多数非洲人做生意的方式。"他举了一个实例来说明这个观点。2005 年，一位安哥拉商人来到广州，在一家大型批发门店求购空调。当时安哥拉商人的贸易网络还不像今天这样完善，所以此行他只能依靠自己。他在一家批发门店订购了半个集装箱的空调。在全额付款之后，安哥拉商人在签证限期内回了国。当集装箱抵达罗安达港，商人惊呆了，一台空调都没有，只有装空调的空盒子。安格拉商人意识到自己被骗了，于是试着联系那家广州商铺。正如所有成功的骗局一样，店主像是从人间蒸发了，供货厂家的地址也不存在了。

故事的讲述者将这种盛行的欺诈行为的一部分归因于中国企业家的商业道德败坏，一部分则是非洲人自己不够谨慎老练的缘故。尽管有少量非洲受访者有在中东国家从事贸易往来的经历，但他们大部分要么是贸易的初学者，要么就只有在非洲国家之间行商的经验。对于后者而言，中国是一片充满机遇的热土，入境标准相比欧洲、北美、日本更低。然而，中国却存在着无数的文化和社会障碍，想要在"巧克力城"掘金的话，这是他们必须要跨越的。正如刚果受访者所说的那样，"那些非洲同胞们来到这儿，期望自己的贸易伙伴能够像欧洲人一样，有很多东西要学。但这里是中国。非洲人不会像小孩子似的被人娇惯着"。

有趣的是，当地的商人也抱有类似的不信任感。三元里的一个家具店的销售人员称，跟在广州的非洲人打交道的时候一定要格外小心。除了缺乏诚信，非洲人还很不上进，缺乏远见，"经济贫穷"。据小北的一家物流店的代理商人表示，"有不少非洲人来到中国，发现东西便宜，就花钱超支了，最后连运输的钱都拿不出来"。有的商家有些非洲友人，因此在商业之外能够更加靠近其文化环境，对于 2008 年世界经济衰退对非洲移民所产生的影响，往往会有更多的同情和认识。

4.7.3 双向往来

中国制造的产品在非洲既受到赞美也受到批判。人们普遍认为，这些中国进口的经济实惠的产品使得非洲人有权使用它们。尽管发达国家认为这是理所当然的，但是大多数非洲人在几年之前还不敢梦想着能够买得起。但是，批评家们指出，中国进口产品涌入产生了一些负面影响，即新重商主义贸易关系，以及挤压地方工业的生存空间（Kaplinsky, et al, 2007; Alden, 2007）。此外，令非洲消费者越来越不满的是，中国的商品质量问题。在尼日利亚的实证研究显示，大部分尼日利亚人认为中国制造的商品为"次品"（Spring, et al, 2008）。

面对中国货品或同质化的"中国商人"群体倾销劣质和假冒伪劣产品问题,当地政府展开了严厉打击。在广州,"尾货"即剩余的产品或不符合质量标准的产品,以及部分非法仿冒品,往往会销往非洲并受到非洲商家追捧,这已成了一个公开的秘密(Tang,2008)。有很多大型批发市场专门从事这种在法律上界定模糊的业务。最近警方开展了几轮严打侵犯知识产权的行动,发现大量非法仿冒西方品牌的商品,许多大型交易市场可能永久关闭(Luo, et al, 2011; Liu, 2010)。政府检查造成了大规模的损失,这表明,富有法律争议的经济活动的确在广州的中非交易中普遍存在。

一些中国商人解释道,商业欺诈行为的出现,主要是由于非洲消费者在全球消费领域的参与太有限了。当地的一篇杂志文章引述了一位驻非洲的美国记者的话:"只要鞋子有阿迪达斯的标记就够好了。最关键的是,它必须得便宜。"(Pan, et al, 2008)其他人描述了非洲人有限的购买力与小康生活的愿望之间不匹配。据天河电脑城的一位打印机批发商透露,跟"那些小气的非洲人"做生意时,有几个小把戏是每个懂行的人都会用的:

> 第一,你要知道,打印机最关键的高科技零部件不是中国制造的。如果一台三星打印机的价格是1200元,那么我没办法把它以1000元的价格卖给非洲人。但是,非洲人只知道"在中国一切都很便宜"。因此他们不管什么都要讨价还价,很让人无奈……所以,最后我们把内存、墨盒、电池替换成中国制造的仿品。这是个双赢的局面。我能多赚几百元人民币,客户们也能以一个让他们觉得可以接受的价格买到想要的东西。当那些不合格零部件损坏的时候,这些非洲商人早就继续开展其他业务了。

虽然商品不达标、侵犯知识产权、颇具争议的商业行为是中非经济交往的一些特征,但是它们只反映出现实的一部分。广州有大量的供货商,都在法律允许范围内运行,并提供持久、安全、可负担得起的产品。许多老板在对非贸易的主要交易市场中开店,他们并不是向欧洲、北美、澳洲和日本出口的广州"主流经济"的组成部分。正如一位受访者所说,"我已经习惯了与非洲人做生意。能赚到钱就让我很高兴了"。

在洛姆进行的一项研究中,Nina Sylvanus(2007)预测,中国未来必须面对的最大挑战在于日益增加的中国恐惧症式的愤恨不满。鉴于数量庞大的中国商品涌入非洲,极大地影响了处于萌芽期的非洲制造业,并且其质量堪忧,也难怪中国恐惧症在非洲声势渐成。针对这一状况的良方,据埃塞俄比亚代理商称,在于中国政府需要贯彻落实控制最低质量标准的政策:

> 中国需要对制造业实施某种通用的质量控制。一些非洲人开始称质量差的东西为"中国制造"。即使在日本、意大利和德国人的货物都有预期可靠性而有了订单。质量控制对于中非关系,从长远来看是有益的。至少人们不会认为中国是一个只生产次品和仿制品的国家……如果中国政府不对质量控制采取措

施的话，将会对中非两国良好的贸易关系有所损害。

在"巧克力城"，商业道德有了逐步改善的趋向。政府已透露其征兆，不再容许假冒伪劣产品的存在。随后，许多非洲贸易商至今仍在积极寻求替代的方式使得"业务照常运作"。以一名刚果学生为例，他的父亲在四年前送他来中国学习汉语，以便协助打理生意，他目前正在思考不涉及违法行为的中非贸易新形式："了解了所有这些诈骗和肮脏的把戏，我要自己创业。我不会成为不法奸商的一员。"

4.8 结论

"共同的人性理念、共享的人道主义观，长期带来西方观念问题，现在仍是如此。"非洲人民和奴隶制的历史可以追溯到中世纪，阿拉伯商人开始经常带着非洲仆从在中国沿海地区露面。西方对中国种族话语入侵在19世纪开始。在日本和欧洲接受教育的中国知识分子把达尔文的环境决定论和西方殖民话语引进中国，对于肤色比中国人黑的种族，则进一步加剧了刻板印象。尽管在新中国成立初期，种族被阶级和政治意识形态所掩盖，非洲文化、社会和智能低下的陈述却得以留存，并在独立后的非洲学生和外交官员中产生影响。

对广州黑人的种族对立源于两类种族化的表述：传统以中国为中心的有关野蛮人的论述，以及西方式的种族等级划分。在实践中，通过物质生活经验的重复，非洲移民被呈现为一个种族他者。通过视觉、嗅觉和味觉的接触和性生活等接触，非洲人的特异性被再生产和调整，同时中国民族性得到凝聚和强化。通过与非洲人的上述日常实际接触，一些当地人相信非洲是一个机遇与混乱、荒诞和苦难相混杂的地方，所有在非洲投资的努力，由于政治环境的不确定性和民族低劣的天性而蒸发不见。中非交流的官方背景是南南合作，南南合作假定中非关系是一种新的国际关系的蓝本，基于双赢、不干涉别国内政、彼此尊重的原则，但是广州的中非日常地缘政治偏离了这一官方立场。

如果由此我们认为中国的法律系统对非洲人的歧视是结构性的，那就过于夸张了。然而，广州执法力量进行的行动造成了非洲移民的污名化，加剧了种族间的紧张关系。歧视性种族评判、警方暴力搜查、任意收取罚金和知识产权检查，均时有发生，而且在"巧克力城"中发生的频率比其他地域要高。在某种程度上，非洲人社区已成为市政当局展现其权威和力量的一个渠道。虽然警方的忧虑有理有据，但许多受访者认为，给非洲社区定罪是毫无理由的恐外心态的体现，因为许多非法活动需要中非双方参与才能完成。

本章初步探索了中非关系在社区层面的进展。笔者认为，普通非洲人并非失声而被动。相反，他们积极主动地扩大和深化中国和非洲国家间的经济纽带。笔者的调查仅仅是基础性的，未来还有巨大的研究空间。另外，笔者对想象地理的处理过于简短概括，而且有些肤浅。进一步的研究可以分析更多的初级文献和次级文献，集中探讨非洲对中国的想象是如何建构起来的。此外，为客居中国的非洲人提供援助的基层组织，不论其创始人是本地人还是非洲人，都是具有吸引力的研究对象，因为这些基层组织能够进一步说明种族、阶级、性别、宗教之间的交织。有关中国移民政策及其实施状况的政策文件也可以集中讨论，因为随着全球化程度的加深，中国境内外国人口的比例会逐步上升。对比研究会颇具意趣，分析在非洲国家的中国移民、在中国的非洲移民两者的规则差异，以及本土种族化模式是如何维持、如何影响外来移民的。研究重点也可以放在非洲商人的"发源地"上，探究这些跨国企业家的经历在何种程度上形塑了对中国的通俗想象。事实上，本章只是一个宏大的研究项目的起始，希望可以起到抛砖引玉的作用。

注释

① 关于在广州生活的非洲人数目，各方意见不一致，从20000至200000不等。虽然在《非洲》杂志的一篇文章中（Zhu，et al，2009）称，约有10万非洲移民，但也有人估计超过20万，20万人里只有2万人持有有效签证(Watanabe, Takahashi, 2010)。更早些，发表在著名的《南都周刊》的文章报道，广州有10万非洲人，其中1万人是长期居民（Pan，et al，2008，英文翻译见Tang，2008）。

② 花果山直译为充满鲜花和水果的山峦。这个地名意指在神话中，黄皮肤的统治者，中国汉族人的共同祖先，定居在一个鲜花盛开、果实累累的地方。在中国有许多自然资源丰富的地方，都从这个故事中得名。

③ 注，应是中山（译注）。

④ 近年广州已出现成规模的珠宝首饰市场（译注）。

参考文献

Accone, Darryl, Karen Harris. 2008. A Century of Not Belonging – the Chinese in South Africa[M]// Kuah-Pearce Khun , Andrew P David. At home in the Chinese diaspora: memories, identities and belongings. Basingstoke Hampshire;New York: Palgrave Macmillan.

Agnew, John. 2010. Emerging China and Critical Geopolitics: Between World Politics and Chinese Particularity[J]. Eurasian Geography and Economics ,51 (5): 569–582.

Ajakaiye, Olusanya, Raphael Kaplinsky. 2009. China in Africa: A Relationship in Transition[J]. European Journal of Development Research, 21 (4): 479–484.

Alden, Chris. 2007. China in Africa[M]. London: Zed Books.

Alden, Chris, Anna Ying Chen. 2010. Chinese development co-operation and Africa the case of Tembisa's Friendship Town[M]// Christopher M Dent .China and Africa Development Relations. New York: Taylor & Francis.

Bodomo A B. 2008. An Emerging African-Chinese Community in Hong Kong: The Case of

TsimShaTsui's Chungking Mansions[M]//The African Diaspora in Asia, Explorations on a Less Known Fact. Bangalore: Jana Jagrati Prakashana.

Bodomo A. 2010. The African Trading Community in Guangzhou: An Emerging Bridge for Africa?China Relations[J]. The China Quarterly, 203: 693–707.

Bodomo A, Grace Ma. 2010. Africans in Yiwu, China's largest commodities city – Buziness Africa magazine[EB/OL]. http://buzinessafrica.com/index.php?option=com_content&view=article&id=333%3Aafricans-in-yiwu-chinas-largest-commodities-city&catid=8%3Achina&Itemid=11&lang=fr&showall=1.

Branigan, Tania. 2009. Africans protest in China after Nigerian dies in immigration raid[N].The Guardian, 2009-07-16.

Bräutigam, Deborah. 2010. China, Africa and the International Aid Architecture[R]. African Development Bank Group.

Broadman, Harry G. 2008. Chinese-African trade and Investment: The Vanguard of South-South Commerce in the Twenty-First Century[M]// Rotberg Robert. China into Africa: Trade, Aid, and Influence. Washington, D.C. :Brookings Institution Press.

Campos Indira, Alex Vines. 2007. Angola and China: A Pragmatic Partnership[C] .Washington D. C.

Chen Xiang. 2009. Guangzhou yancha feifa rujing feifa juliu feifa jiuye (Guangzhou tightening check on illegal immigrants) [N]. Guangzhou Ribao (Guangzhou Daily), 2009-05-21.

Chen Xiang, He Wang, Jingwen Liao. 2007. Waiguoren zai sui fanzui cheng zengjia qushi (Increasing crimes by foreigners in Guangzhou) [N]. Guangzhou Ribao (Guangzhou Daily), 2007-06-25.

Chen Zhijia, Zhanyi Wang, Chaohui Huang, et al. 2010. 80 hou biyesheng bei pan sixing (A recent university graduate sentenced to death penalty) [N]. Guangzhou Ribao (Guangzhou Daily), 2010-06-16.

Junliang Dai, Kaiyong Wang, Xiaolu Gao. 2010. Spatial structure and land use control in Extended Metropolitan Region of Zhujiang River Delta, China[J]. Chinese Geographical Science, 20 (4): 298–308.

Davies M,et al. 2008. How China delivers development assistance to Africa[R]. Stellenbosch: Centre for Chinese Studies, University of Stellenbosch.

Dent, Christopher M. 2010a.China and Africa Development Relations[M]. London:Taylor & Francis.

Dijk M P V. 2010. The New Presence of China in Africa[M]. Amsterdam :Amsterdam University Press.

Dubosse, Nancy. 2010. Chinese development assistance to Africa: aid, trade and debt[M]// Axel Harneit-Sievers, Stephen Marks, Sanusha Naidu. Chinese and African Perspectives on China in Africa. Cape Town: Pambazuka Press.

Dullien Sebastian, Detlef J Kotte, Alejandro Marquez,et al. 2010.The Financial and Economic

Crisis of 2008–2009 and Developing Countries[C]. New York and Geneva: UNCTAD.

Enne Erica, Giacomo Galanello, Eliana Marino. 2010. Drivers of Change in the Democratic Republic of Congo: The Role of China in Re-Shaping the Country[J]. Transition Studies Review, 17 (2): 297–310.

Esteban Mario. 2009. The Chinese Amigo: Implications for the Development of Equatorial Guinea[J]. The China Quarterly, 199: 667–685.

Farooki Marcus. 2010. China's structural demand and commodity prices[M]// Christopher M Dent. China and Africa Development Relations. New York: Taylor & Francis.

Financial Times. 2010. China's new scramble for Africa[N/OL]. Financial Times, 2010-08-25. http://cachef.ft.com/cms/s/0/d23c0066-b08a-11df-8c04-00144feabdc0.html#axzz1IoPPmrhd.

Fioramonti Lorenzo, Patrick Kimunguyi. 2011. Public and Elite Views on Europe vs. China in Africa[J]. The International Spectator: Italian Journal of International Affairs, 46 (1): 69.

Guangzhou Daily Information Times. 2006. Yi wan waiguoren zai guangdong feifa juliu (10,000 illegal immigrants in Guangdong) [N]. Guangzhou Ribao Xinxi Shibao (Guangzhou Daily Information Times), 2006-10-25.

Harvey David. 2005. A brief history of neoliberalism[M]. Oxford; New York: Oxford University Press.

He Wenping. 2008. Cong zhongfei guanxi kan wo guo zai fazhan zhong guojia de liyi yu zhanlue (Understanding China's interests and strategies in the developing world based on China-Africa relations) [J]. Yafeizongheng (Across Asia and Africa), (3): 26–31.

Holslag Jonathan. 2008. China's Diplomatic Manoeuvring on the Question of Darfur[J]. Journal of Contemporary China, 17 (54): 71.

Kaplinsky Raphael, D McCormick, Mike Morris. 2007. The impact of China on sub-Saharan Africa[J]. University of Nairobi, 119(35):37–59.

Kjøllesdal, Kristian Aamelfot, Anne Welle-Strand. 2010. Foreign Aid Strategies: China Taking Over[J]. Asian Social Science, 6 (10): 3–13.

Klare Michael, Daniel Volman. 2006. America, China & the Scramble for Africa's Oil[J]. Review of African Political Economy, 33 (108): 297–309.

Le Bail Helene. 2009. Foreign Migration to China's City Markets: the Case of African Merchants[R]. IFRI Centre Asie.

Li Ansan. 2008. China's New Policy toward Africa[M]//Rotberg Robert. China into Africa: Trade, Aid, and Influence. Washington, D.C.: Brookings Institution Press.

Li Anshan. 2000. Feizhou huaqiao huaren shi (A History of Chinese Overseas in Africa) [M]. Beijing: Chinese Overseas Publishing House.

Li Anshan. 2008. In Defense of China: China's African Strategy and State Image[J]. World Economics and Politics, (4):6–15.

Li Dong. 2011. Xiangmei bei pian cai pian se (African male deceives Hunan girl) [N]. Guangzhou Ribao (Guangzhou Daily), 2011-04-07.

Li Fengke. 2009. Feizhou zhongdong ke ai zhu pifa shichang pang (Visitors from Africa and the Middle East like living close to the wholesale markets) [N]. Guangzhou Ribao (Guangzhou Daily), 2009-02-23.

Li Langtao.2006.Heiren qiangjian nv baoxian tuixiao yuan? (Black rape female insurance sales person) [N]. Guangzhou Ribao (Guangzhou Daily), 2006-07-25.

Li Ruogu. 2009. Xifang dui zhongfei hezuo de waiqu ji qi zheng wei (Western misrepresentations and false theories of China-Africa cooperation) [J]. Shijie Zhengji (World Politics) , (4): 16-25.

Li Zhigang, Laurence Ma, De shengXue. 2009. An African Enclave in China: The Making of a New Transnational Urban Space[J]. Eurasian Geography and Economics, 50 (6): 699-719.

Liang Yitao. 2011. "Laowai" xin yimin: women dou ai ZhuJiang meijing ("Foreigners" new immigrants: we all love the Pearl River paranoma) [N]. Yangcheng Wanbao (Yangcheng Evening News), 2011-01-02.

Lin Qingqing. 2010. Xiaobei lushang de shijiedatong youlechang (Global peace theme park on Xiaobei Rd.) [N]. Yangcheng Wanbao (Yangcheng Evening News), 2010-02-05.

Liu JingJing. 2010. Contact and identity: The experience of 'China goods' in a Ghanaian marketplace[J]. Journal of Community & Applied Social Psychology, 20 (3): 184-201.

Luo Zhimian, Xiaohui Wang. 2011. Yin shou jia yanzhong zhongfei shangmaocheng huo guanbi (Due to serious involvement in counterfeit goods trade China-Africa may face closure) [N]. Yangcheng Wanbao (Yangcheng Evening News), 2011-02-28.

Lyons Michal, Alison Brown. 2010. Has Mercantilism Reduced Urban Poverty in SSA? Perception of Boom, Bust, and the China-Africa Trade in Lomé and Bamako[J]. World Development,38(5):771-782.

Ma Emmanuel Mung Kuang. 2008. Chinese Migration and China's Foreign Policy in Africa[J]. Journal of chinese Overseas, 4 (1): 91-109.

Marysse Stefaan, Sara Geenen. 2009. Win-Win or Unequal Exchange? The Case of the Sino-Congolese Cooperation Agreements[J].The Journal of Modern African Studies, 47 (3): 371-396.

Mbembé J A. 2001. On the postcolony[M]. Berkeley: University of California Press.

McGee Terry. 1987. Urbanisasi or Kotadesasi? The Emergence of New Regions of Economic Interaction in Asia[C]. Honolulu: EWCEAPI.

Mohan Giles, Dinar Kale. 2007. The invisible hand of South-South globalisation: Chinese migrants in Africa[R]. The Rockefeller Foundation.

Mohan Giles, Marcus Power. 2008. New African Choices? The Politics of Chinese Engagement[J]. Review of African Political Economy, 35(115):23.

Moyo Dambisa. 2010. Dead Aid: Why Aid Is Not Working and How There Is a Better Way for Africa[M]. Farrar: Farrar, Straus and Giroux.

Naidu Sanusha. 2010. China in Africa: a maturing of the engagement[M]// Axel Harneit-Sievers, Stephen Marks, Sanusha Naidu .Chinese and African Perspectives on China in Africa. Cape Town: Pambazuka Press.

Nanfangzhoumo (Southern Metropolis Weekend). 2011. Gaoqiang li de "laowai" (Foreigners behind bars) [N]. Nanfang Zhoumo (Southern Metropolis Weekend), 2011-02-24.

Obi Cyril I. 2008. Enter the Dragon? Chinese Oil Companies & Resistance in the Niger Delta[J]. Review of African Political Economy, 35 (117): 417.

Obiorah Ndubisi, Darren Kew, Yusuf Tanko. 2008. "Peaceful Rise" and Human Rights: China's Expanding Relations[M]// Robert I Rotberg. China into Africa: Trade, Aid, and Influence. Washington, D. C.: Brookings Institution Press.

Pan Xiaoling, Chen Chen, Dazheng Yang. 2008. "Qiaokeli cheng" feizhouren xun meng ZhongGuo ("The Chocolate City": Africans seek their dreams in China) [N]. Southern Metropolis Weekly, 2008-01-23.

Park Yoon Jung. 2009. Chinese Migration in Africa[EB/OL]. South African Institute of International Affairs (SAIIA). http://www.africaportal.org/documents/2011/03/01/chinese-migration-africa.

Parker John, Richard Rathbone. 2007. African History: A Very Short Introduction[M]. Oxford; New York: Oxford University Prints.

Power Marcus, Giles Mohan. 2010. China and the geo-political imagination of African "development" [M]// Christopher M Dent. China and Africa Development Relations. New York: Taylor & Francis.

Rong Shaohui. 2010. Xiaobei zaji (Notes on Xiaobei) [N]. Yangcheng Wanbao (Yangcheng Evening News), 2010-10-14.

Rotberg Robert I. 2008. China into Africa: Trade, Aid, and Influence[M]. Washington, D. C.: Brookings Institution Press.

Sautman Barry. 1994. Anti-Black Racism in Post-Mao China[J]. The China Quarterly, (138): 413-437.

Sautman Barry, Hairong Yan. 2007. Friends and Interests: China's Distinctive Links with Africa[J]. African Studies Review, 50 (3): 75.

Sheppard Eric. 2002. The Spaces and Times of Globalization: Place, Scale, Networks, and Positionality[J]. Economic Geography, 78 (3): 307-330.

Sheppard Phd Eric, Philip W Porter, David R Faust, et al. 2009. A World of Difference, Second Edition: Encountering and Contesting Development[M]. 2nd ed. New York: The Guilford Press.

Shinn David H. 2007. Africa, China, the United States, and Oil[C]. CSIS Africa Policy Forum.

Song Xiuju. 2010. Guowai zhongfei guanxi zonghe zongshu (A review of non-Chinese discourses of China-Africa relations) [J]. Xiya Feizhou (West Asia and Africa), (7): 61-67.

Sowore Omoyele. 2011. The new scramble for Africa[EB/OL]. The Guardian, 2011-03-17. http://www.guardian.co.uk/commentisfree/cifamerica/2011/mar/17/nigeria-southafrica.

Spiegel Samuel J, Philippe Le Billon. 2009. China's weapons trade: from ships of shame to the ethics of global resistance[J]. International Affairs, 85 (2): 323-346.

Spring Anita, Yang Jiao. 2008. China in Africa: African Views of Chinese Entrepreneurship[C].

The 9th International Conference,The University of Florida, Gainesville, Florida,

Stevenson Tom. 2006. Chinese moves spawn a new order[EB/OL]. The Daily Telegraph,2006-08-23. http://www.telegraph.co.uk/finance/2945957/Chinese-moves-spawn-a-new-order.html.

Strauss Julia C. 2009. The Past in the Present: Historical and Rhetorical Lineages in China's Relations with Africa[J]. The China Quarterly, 199: 777-795.

Sullivan Michael J. 1994. The 1988-89 Nanjing Anti-African Protests: Racial Nationalism or National Racism? [J]. The China Quarterly, (138): 438-457.

Suzuki Shogo. 2010. Chinese soft power, insecurity studies, myopia and fantasy[M]// Christopher M Dent. China and Africa Development Relations. New York: Taylor & Francis.

Swann Christopher, William McQuillen. 2006. China to Surpass World Bank as Top Lender to Africa[N]. Bloomberg News,2006-11-03.

Sylvanus Nina. 2007. "Chinese Devils?" Perceptions of the chinese in Lome's Central Market[R]. Los Angeles: Globalization Research Centre - Africa.

Tan Debo. 2008. "Chang wai GuangJiaoHui" renqi dawang (Booming business for the 'Canto Fair outside the exhibition hall') [N]. Guangzhou Ribao (Guangzhou Daily), 2008-10-24.

Tang Buxi. 2008. "Chocolate City" - Africans seek their dreams in China[EB/OL].2008-07-14. http://blog.foolsmountain.com/2008/06/14/chocolate-city-africans-seek-their-dreams-in-china/.

Taylor Ian. 2008. Sino-African Relations and the Problem of Human Rights[J]. African Affairs, 107 (426): 63-87.

Taylor Ian. 2011. The Forum on China-Africa Cooperation (FOCAC) [M]. New York:Taylor & Francis.

The Economist. 2006. China in Africa: Never too late to scramble[N/OL]. The Economist,2006-10-26. http://www.economist.com/node/8089719?Story_ID=E1_RDRJSTJ.

Thomas Chantal. 2000. Critical Race Theory and Postcolonial Development Theory: Observations on Methodology[J]. Villanova Law Review, 45: 1195.

Tsing Anna Lowenhaupt. 2004. Friction: An Ethnography of Global Connection[M]. New Jersey: Princeton University Press.

Tull Denis M. 2006. China's Engagement in Africa: Scope, Significance and Consequences[J]. The Journal of Modern African Studies,44(3):459-479.

Wainwright Joel. 2008. Decolonizing Development: Colonial Power and the Maya[M]. Malden MA:Wiley-Blackwell.

Wang Yingying. 2004. Feizhou xin xingshi yu zhong fei guanxi (Emgerging African affairs and China-Africa relations) [J]. Guoji Wenti Yanjiu (Research on International Issues), (2): 14-18.

Watanabe, Seiji, Yuri Takahashi. 2010. "Brooklyn of Asia" on the Rise! A City where 200000 Africans Are Dreaming to Become Millionaires [N].Toyo Keizai Weekly, 2010-01-21.

Xuan Feng, Ding Shen, Chongshan Shan,et al. 2009. Feizhou heike da qianyi (Mass migration of

African hackers) [N]. Southern Metropolis Weekly, 2009-08-14 .

Yang Yang. 2011. African Traders in Guangzhou, China: Routes, Profits, and Reason[R]. Chinese University of Hong Kong.

Yangcheng Evening News. 2008. Guangzhou you tiao feizhou jie (A African street in Guangzhou) [N]. Yangcheng Wanbao (Yangcheng Evening News), 2008-04-22.

Yu Yalian, Xiaomin Chen. 2008. Si ge laowai san ge ti nei cang du (Four foreigners three traffick illegal drugs) [N]. Yangcheng Wanbao (Yangcheng Evening News), 2008-10-24.

Yusuf, Shahid. 2007. Promise and peril: Regional development in China's Pearl River Delta and the Northeast[M]// Allen J Scott, Gioacchino Garofoli .Development on the ground: clusters, networks and regions in emerging economies. London;New York: Routledge.

Zeng Weikang, HualinLuo. 2008. Dengfeng "xiao lianheguo" jie mi (Unmasking the "Mini United Nations" in Dengfeng) [N]. Guangzhou Ribao (Guangzhou Daily), 2008-03-04.

Zhang L, Simon X B Zhao, J P Tian. 2003. Self-help in housing and chengzhongcun in China's urbanization[J]. International Journal of Urban and Regional Research ,27 (4): 912-937.

Zhang Yiming. 2007. Criticism of Neocolonialism and Clarification of Sino-Africa Cooperation[J]. Around Southeast Asia ,2007 (4): 75-79.

Zheng L. 2010. Neo-colonialism, ideology or just business? China's perception of Africa[J]. Global Media and Communication,6(3):271-276.

Zheng Siqi, Chuanghui Wang. 2009. Laowai ban famang ju shou banjue shu (Foreign refuses to sentence claim to be legally illiterate) [N]. Yangcheng Wanbao (Yangcheng Evening News), 2009-06-24.

5 "巧克力城"的地理意象与日常生活

Kelly Liang

5.1 引言

相对而言,广州非洲移民的社会文化方面的研究还很不充分。在现有的文献中,"种族"以及与性别、宗教和其他社会意符之间的相互作用,被当做造作的"机会主义"来处理。举例来说,Adams Bodomo(2010)提出,非洲客商在广州承担了经济和文化桥梁的作用,促进和推进中非之间的相互了解。笔者在下面讨论的内容正好与此相反,"巧克力城"警察持续侵扰,以及非洲移民与广州当地人在更深层面上交流有限。在本章中,笔者想证明,日常层面的中非接触并非像以前的研究中阐述的那样没有问题。首先,笔者将勾勒出非洲"种族"在中国的话语发展历程。随后,笔者将讨论种族话语体系是如何在个人日常经验中,通过中非人的身体接触而形成和再生产的。由于种族仅仅是塑造中非联系的因素之一,种族和其他社会类别之间的交叉性也将被分析。本章末尾,笔者将讨论主流的非洲人形象建构是如何作为一个整体与非洲地理想象密切相关的。

5.2 内生的种族思想

在中国,表现异族思想的本土模式可

以追溯到春秋时期（公元前770—前403年）。关于"种族"的最早的典故见于《左传》："非我族类，其心必异。"①然而，在所有的中国经典中，种族差异概念在地理上集中呈现在文明的中心——黄河流域。孔子是最富影响力的思想家之一，他给炎黄子孙们留下了一种思维框架，相信文明程度受到距离衰减原理影响，通过它来想象遥远的民族：

> 四个主要"野蛮人"种群（四夷）分别是彝、狄、戎、蛮……在外在生理上甚至文化上都没有明显区别……而是主要表现在地理位置的区别。彝……最终演变成用以严格地指代东方的非中国的部落，狄位于北方，戎在西方，蛮则是南方……肤色的区别一直都仅仅是外地人的次要决定因素（Wyatt, 2010）。

同期的其他典籍描述野蛮人为动物化的半人：戎属于禽鸟类，狄与狗有关，蛮则是与爬行动物有共性，等等（Yang, 1968; Dikötter, 1992）。公元前2世纪的道教经典《淮南子》同样"把低等文化与奇特的生理构造相联系"（Dikötter, 1992）。中国本土对异族论述与《荷马史诗》中对埃塞俄比亚人的赞许形成鲜明对照，在《荷马史诗》中他们被认为是地球上最偏远地区的人（Snowden, 1991）。

肤色黝黑的人在唐代被称为昆仑奴（618—907）。昆仑奴不仅包括黑皮肤的非洲人，同时包括马来人、爪哇人、高棉人、斯里兰卡人等。昆仑被广泛认为是黄河流域西部的山脉，同时是一个神话象征，意味着遥远、未知的物理屏障。由此，野蛮人居住在遥远的昆仑山脉这一地理想象与异国的肤色混为一谈。在19世纪末，有大量有关皮肤黝黑的昆仑奴的奇幻想象，一个非常强大、忠诚、懂汉语的昆仑奴的英雄事迹广泛流传（Filesi, 1972; Wyatt, 2010）。Xu（1982）认为，盛唐时期深色皮肤的人的这种个人魅力是有先例的，例如最先到访中国的非洲人的杂技表演往往令当地人大为惊叹。

在11世纪，外国人在中国沿海成为常见景象，比如在官方的港口广州和泉州，其原因是阿拉伯商人贸易网络的扩张。阿拉伯商人也带来了大量来自西非海岸的奴隶，中国人普遍知道zenji——阿拉伯语的音译词奴隶。"中国海上贸易的日益多元化特性"，Derek Heng（2008）指出，"在各种群体的规模化商业活动的基础上，导致了外国人社区的等级分化"。昆仑奴逐渐成为奴隶的同义词，他们的肤色成为奴隶身份的象征，他们的皮肤颜色成为奴隶制的代名词。这种种族意涵迅速获得文化普及，因为黑色长期以来都与农民、体力劳动者，或者说与"黔首"有关②。

这一时期对昆仑奴的大众叙事发生了突然的变化。被阿拉伯商人从西非带到中国的昆仑奴，不再是勇敢、机敏、智慧、强大的仆人。12世纪，一个走访过广州的知识分子提供了具体的案例（详见其回忆录《萍洲可谈》）：

> 广中富人，多畜鬼奴，绝有力，可负数百斤。言语嗜慾不通，性淳不逃徙，亦谓之野人。

> 色黑如墨，唇红齿白，髮鬈而黄，有牝牡，生海外诸山中。

食生物，采得时与火食饲之，累日洞泄，谓之换肠。缘此或病死，若不死，即可蓄。久蓄能晓人言，而自不能言。有一种近海野人，入水眼不眨，谓之昆仑奴。（Wyatt，2010）③。

由于食品是主要的社会意符，吃生食被中国人认为是一种不文明的表现。通过吃熟食来换肠表明，吸收中华饮食能够修正野蛮人的粗俗。正如Dikötter（1992）所言："民间道教认为必须通过换骨来达到永生，而黑皮肤的人必须通过换肠来成为半人。"从古代到20世纪初的民族主义斗争时期，熟食和生食的差异是判断文明和种族优势的一个关键标志（Wyatt，2010；Dikötter，2002）。另一个牵强的想法是，昆仑奴无法掌握沟通技巧，因此他们若不再是非人，就是成为半人。不具备掌握汉语潜能的昆仑奴被视为"魔鬼"或"鬼"。这些贬义的标签影响了公众对外国人的看法，并持续至今——非中国人仍通常被称为"鬼佬"，尤其是非洲人，被蔑称为"黑鬼"④。

黑人在中世纪被阿拉伯商人运送到当时的中国。与此相反，随着欧洲帝国主义达到巅峰，人们发现越来越多的非洲人伴随白皮肤的欧洲人一起。在澳门和香港这样的通商口岸，白人和黑人的区分非常明显，引发了新一轮的话语重构。从17世纪起，观察者将黑肤色的非洲人与白皮肤的欧洲人区分开来。以下是当时知识分子所写的一些富有启发性的文字：

澳门……而迎者益众……侍童有黑白两种。白者曰白鬼，质如凝脂，最雅靓，惟羊目。白人称为白鬼子，不昀与中国人。黑者曰黑鬼，丑怪，即所谓昆仑波斯之属也。白鬼为贵种，大率皆子弟，黑鬼种贱世，仆隶耳。（杜臻，17世纪，《粤闽巡视纪略》卷2）⑤

面甚白，惟鼻昂而目深碧，与唐人稍异。其侍立者，通体如漆精，须发蓬然，气甚腥，状正如鬼，特红唇白齿略似人耳。其衣皆红，多罗绒、辟支缎。是曰鬼奴。语皆侏离不可辨。［屈大均（1630—1695），《广东新语》卷2］⑥

黑鬼奴隶被外国人奴役……他们全身黑的像是涂了颜料。只有唇是红色牙齿白色……为了便于跑动，所有的男性和女性用黑色皮革所制的鞋子。外国人不分性别地坐在一起。他们在黑奴的服侍下用餐。一旦他们吃完，外国人把剩菜倒进一个巨大容器，像是食槽，黑奴用手抓着吃。［阮（1764—1849），《广东通志》卷330］⑦

外国人可以分为两类。白色的称为白鬼子，来自西方的海洋。他们天生就是狡黠而骄傲。黑色的是黑鬼，他们来自西方人的殖民地。他们无知而贪婪，被白鬼子轻视（张甄陶，18世纪，《澳门图说》卷9）。

以上描述与12世纪对昆仑奴的表述是一致的，黑人都是动物化的、未开化的、智力低下的形象。一些新的元素被添加到叙述中，包括他们神秘的身体特征。笔者接下来将展现这些刻板印象、这些近现代形成的有关黑人的刻板印象，仍然渗透到今天公众对非洲人的想象之中。

5.3 种族还是阶级？

在中国，很大程度上是由于 1898 年百日维新及其追随者所做的努力，有关种族的叙述在 19 世纪末发生了转折。西方思想，如达尔文种族理论和环境决定论被从日本和欧洲中转引入，种族认同通过父系血统具有了意义（Dikötter，2003）。黄种和白种是令人尊崇、富有荣耀的种族；全身肤色较深的人普遍受鄙视。利用有关种族的传统话语，梁启超使用二分对立的方式，如高贵与低贱、历史悠久与缺乏历史、卓越与低劣的种族，再次阐明黄色和白色人种的优越性（Tang，1996；Dikötter，2003）。

许多与梁启超同时代的人都有同样的偏见。在总结各类中国典籍和西方文献之后，Du Yaquan 在第一本动物学考证中，描述"黑色人种"为"有相对较长的头，突出的牙齿和低前额，因此他们的脸颊向后倾斜"（Dikötter，2003）。非洲人作为一种历史性的人种，在许多当代著名的欧洲思想家中达成共识，如韦伯和马克思，并且至今仍被北半球国家的政客和评论家们引用。直到 20 世纪 20 年代，把非洲起源的人和大猩猩一起归类为"黑奴种族"的行为才消失。

图 5-1 坚决支持非洲拉丁美洲的反帝斗争

伴随历史的发展，从清代满族宫廷到欧洲的帝国主义、日本军国主义，再到解放战争，"种族"的动员作用逐渐被"意识形态"和"阶级"所取代。一位日本学者主张说，自从 1949 年中国共产党执政后，种族被从官方话语中抹除了（Ubukata，1953）。在"以阶级斗争为纲"中，中国人与异族的区分被新的术语——阶级所重塑（Dikötter，1992）。毛泽东（1963）曾有一个著名的论断：种族斗争实际上是变相的阶级矛盾。在不结盟运动以及中国早期在意识形态推动下与非洲的合作中，并不存在种族问题。然而种族对立仍然是潜在的。当 1963 年苏联表示希望参加第三届亚非团结大会时，中国代表团抨击了苏联，认为其种族身份使得他们不会全心全意地参与其中（Dikötter，1992）。20 世纪 60 年代和 70 年代的中国知识分子"相信未来的世界冲突将不仅由意识形态的对立，也会由

图 5-2 美帝国主义从非洲滚出去

种族对立而引发"（Hutchison，1975）。冷战期间，通过对发展中国家的各个社会主义政权提供大量发展和军事援助，中国共产党成为实际的第三世界领袖，带领受种族歧视之害的人民群众反抗欧美帝国主义（图5-1，图5-2）。

在日常生活的维度上，在中国生活的非洲人一直都能感受到种族主义的持续影响。一位在20世纪80年代末在中国读书的刚果受访者说，自从来到中国之后也经历了一些种族歧视：

> 当我们走在北京的街道上，人们只会停下脚步盯着你看。他们看着我们的方式是不友好的，好像我们是来自外太空的外星人……我们在大学的第一年里，虽然我们都能说一点中文，但中国学生从不与我们讲话……

在大学毕业取得中国学位之后，那位刚果受访者是为数不多的几位定居中国的非洲人之一。据他说，他所遇到过的那些种族歧视形式正逐渐消失："如今，人们不会止步盯着你看，也不会喊你黑鬼。"然而，在"巧克力城"，中国人和非洲人之间的种族界限依然存在，各种微妙的种族化的互动在日常层面不断发生。

5.4 种族主义与物质生活

在"巧克力城"平淡无奇的实体接触中，种族主义和东方主义成为一种"自然的，不言自明的"、"理所当然的"道德秩序（Haldrup, et al, 2006）。换言之，通过频繁的物质接触不断重构他者身份、巩固自我族群，使中国稳定的种族话语系统有了"物质化外观"。

在公共空间中，中国人和非洲人难免有肢体接触，因而对其需要详尽研究。在此，笔者聚焦于公共交通和私人交通。非洲人和中国人共同乘坐公共汽车的图片经常出现在本地媒体上，用来表现两个种群和谐共处，或两者之间存在的距离。超过一半的受访者说，他们在公共汽车、地铁和出租车上有过不愉快的经历。一位四十多岁的尼日利亚商人对于他在公共汽车上和当地人发生的冲突很愤怒：

> 每当我坐上一辆公共汽车，总会有中国人冲我做鬼脸。这还是比较有礼貌的。另一些中国人只会在看到我的同时用手掩住自己的鼻子。有时我在想：就算我有特殊的体味、香味，难道我一进门他们就能闻到么？

在广州的许多非洲移民都有着与他一样的无奈，其中一些甚至抱怨在乘坐公共交通工具时怎么会有中国人站起来远离邻座的非洲人。

一些当地受访者表示，他们不愿意接近非洲人，因为他们不习惯非洲人的强烈体味、香味。浓烈扩散的香水味和强劲的体味形成一个无形的、划界的、离奇的外国空间——一个味觉"香景"——它被异族人所占据。有关"巧克力城"的媒体报道往往放大这一感受：

> 这里有许多皮肤黝黑的非洲男女。他们都像是在火车站的人一样拖着巨大的行李箱……没有人像是要离开这个贸易中心。异常浓厚的廉价香水和体味在

这个拥挤的空间中发酵。

在这个小地方你能发现来自80多个国家的人,大部分是非洲企业家……现在你所在的是食品市场。在这个小规模的市场上,一个非洲妇女提着满满一篮子蔬菜和生肉向你走来。她的香水味和汗味一直蔓延到街边的小烧鱼摊、炒面摊,那里烟雾缭绕,使整个"巧克力城"都模糊不清了。

一位埃塞俄比亚的贸易顾问从北京一所大学取得了硕士学位,他搬到广州就开始有些后悔了,因为他意识到(由于肤色缘故)像搭出租车这样的小事都充满困难:

一开始的几周,我就站在那里,数着那些因为我是黑人而疾驰而过的空出租车的数目。我最高纪录是数了超过20辆。即使出租车停在那儿,你过去问司机你的目的地的时候——大多数司机只是摇上车窗不开车门听着——大多数人会回答不懂或不去。

随着时间的推移,这位埃塞俄比亚顾问发现,在广州出行的可行方式是未经许可的"黑车"。的确,在小北、三元里、佛山等大量非洲人口的聚居地可以发现众多"黑车"。这些非正规出租司机专营搭载非洲人的业务,他们感激这些移民带来的机会。正规出租车司机尽量避免搭载非洲人的现象很常见,部分原因是由于他们的"浓烈而难闻的气味",部分是由于文化和语言的差异。一位广州土生土长的出租车司机提道,他遇到的大量非洲顾客不遵守交通规则:"他们不遵守法律。他们会在禁止左转的时候要求你向左转弯。现在广州到处是监控摄像头。我宁愿失去一些黑人顾客也不愿意支付巨额的罚款。"

在实地考察过程中,笔者亲眼目睹了一对尼日利亚夫妇和中国出租车司机的争执,事件是由于燃油附加费不能显示在计价器上。类似的事件造成的混战引发了对广州非洲人的广泛而激烈的辩论。冲突的最后,尼日利亚人和中国人各自分开了暴怒的争执者。出租车司机被说服"别管那些黑鬼了",因为三元里"是他们的地盘"。这一建议暗含了近来对非洲移民的微妙的憎恶情绪,野蛮和恐吓的存在使得当地居民在"巧克力城"被边缘化了。

食物在所有文化中从来都是最重要的部分之一。在广州,吃粤菜被视为尊重和愿意接受当地文化的一种表现,饮食同样是区分和重构种族界限的要点。因为小北和三元里具有悠久的国际移民历史,因此那些非中国餐馆,其中许多供应穆斯林菜肴,已成为当地居民日常生活的一部分。非洲和中东的移民潮并没有逐渐侵入和替代本地的饮食。从广州的媒体、政治精英到普通民众,都把广州的饮食多样性赞颂为实现了"一个真正的和谐世界"(Lin, 2010)。本质上,建构和再生产种族想象的并非是多元文化餐馆本身,而是饮食消费的方式以及哪些食品受到追捧。

许多与非洲人交好的中国受访者质疑外国朋友们学习中华文化的诚意。中国菜并不是他们外出聚餐的首选。一名在通信营业厅工作的年轻女子说,她从未被非洲的客户和朋友们邀请到中国餐馆就餐。据她讲,像麦当劳这类的"西餐"是他们的最爱。另一个受访者认为与非洲人一起逛街很让人烦恼:

你永远都无法了解他们喜欢什么、不喜欢什么。有一次我和一个马里来的朋友一起吃一顿普通的晚饭，我点了番茄炒蛋和扬州炒饭，都是在这儿常吃的简简单单的食物。马里人看着食物问道："两个菜里面我看到都有鸡蛋是不是？"我的回答是肯定的。随后那个家伙告诉我我点的菜他一个都不能吃，因为吃"能飞的东西"不太好。但是那只是鸡蛋而已……不管是鸡蛋还是鸡都不能飞。

对于大多数非洲受访者而言，不熟悉是消费中国食物的最大阻碍。一名刚果商人辩称："并不是我不想吃中国美食，我喜欢。但我需要在点菜之前看到实物，因为我不知道里面有什么。"一位受访者已经适应中国文化并会做中国菜，正如他所言："首先必须要有一个愿意向你展示中国美食的朋友。我以前不习惯吃四川菜，但是现在我可以！"鉴于 50% 以上的非洲受访者表示他们没有中国友人或只有一两个中国友人，可见许多非洲人缺乏学习和领略当地饮食文化的渠道。

说实话，我没几个朋友。跟我做生意的人并不算真正意义上的朋友。如果你总在他们店里买东西的话，他们会待你很好。但是如果你只是露个脸然后跟他们打个招呼，那么你会真正理解那句中国话的含义：没钱没得讲，在广州就是这样的。每个人都关心他们的生意，而且只关心跟生意有关的事。

这一图景与广州旨在促进一个世界性的、动态的全球化大都市图景是截然相反的。"之所以在中国最多的非洲人在广州，""巧克力城"社区组织的负责人解释道，"是因为我们广州居民对外国人友好、宽容，而不管他们肤色如何。"然而，在日常生活空间中，自 11 世纪以来，尽管种族化的方式的确屡次被重构和商定，但对非洲人的感知仍然是视其为低等的他者。正如上述轶事所表明的，各种物质交往和感官接触，如在气味和饮食上共享公共空间，是对中国自我族群与非洲他者之间的种族界限进行重置、再生产、实践的核心（Haldrup, et al, 2006）。

5.5　性别、意识形态与宗教

种族并非塑造社会关系和左右权力分配的唯一因素。身份有多个维度，与各个社会建构部分相交织，包括性别、阶级、政治意识形态、宗教信仰、性取向，还有残疾（Collins, 1998; Price, 2010）。在这里，笔者想利用 Kimberle Crenshaw（1991）的国际化理论进一步分析非洲移民在广州的经历。为了进一步探讨在广州的非洲移民的经验，撇开种族概念就不可避免地会与其他社会意符相纠葛。此外，笔者意在解释，当受访者谈论中非交往时，种族是如何被巧妙地移出前台，为其他社会信号所取代的。

据当地媒体《南方都市报》估计，非洲移民的男女比例极其不平衡：90% 以上都是男性，其中大部分没有结婚，或者配偶不在身边。因此，跨国非洲人不可避免地带来性别上的交锋，产生了可观的色情业需求。通过介绍，笔者设法与一位性工作者进行了一次简短直接的采访。在三元里的一家小餐馆，她解释了为什么色情场所都普遍不尊重非洲人：

> 你无法想象这些非洲人有多么苛刻。他们会要求提供多的特殊服务，但是最后付的钱很少。并且你还要小心他们……就在昨晚，一个黑人支付了我400元钱，两张还是假币。告诉你，让我怎么欢迎他们？

在"巧克力城"的种族和性别相互作用的另一个常见主题是女性的物化。对野蛮和染病的非洲异族人的惧怕心理混合着"保护我们的女性"的家长式（或许还有优生学）呼吁，形成了对异族通婚的强烈抵制。天秀大厦的一位服装批发商强烈地反对中国妇女和非洲男子通婚，指出非洲人滥交、无尽的性欲和缺乏责任感的特质，对"我们中国精致的女孩们"而言不合适。他的观点也得到了很多人的支持。一些受访女性也含蓄地表示她们不愿意与非洲人有亲密关系。在公众舆论中，在对女性所有权的边界问题上，"我们"和"他们"之间的界线变得清晰可见，并且对非洲人的种族话语可以影响行为本身。

几位非洲受访者对"巧克力城"中的中非交流提出了一些独特的理论。16位受访者中有2位声称，不同文化是他们在中国社会中异化的根源。据尼日利亚商人表示，中国的教育模式已经僵化了几代中国人的创造力和灵活的头脑，剥夺了他们的自主能力，使他们无法用自己的方式理解不同文化背景的人。

一些人试图从宗教的角度解释种族主义。结合中国的排外态度和国家对宗教的严格控制，一位专门从事汽车配件贸易的尼日利亚商人比较了在广州的尼日利亚人和在拉各斯的中国人二者的情况：

> 你们中国有那么多人在拉各斯，警察从来没有去骚扰他们。实际上，我们尼日利亚人欢迎所有外国人，包括中国人、英国人或美国人。圣经中写着原住民应当善待远方的来客……读这里"因此要爱外国人，因为你们自己在埃及这片土地上就是外来者"。

这一论点受到了一位中国受访者的支持，他是我在广州的天主教堂认识的。

> 我见过许多非洲人有信仰，无论是基督教或伊斯兰教。有信仰是好的，因为它教导人们如何敬畏上帝、尊重别人以及自己的祖先。你知道吗？非洲和中国有许多共同的传统。现在人们认为非洲比中国更传统，嗯，是以一种消极的方式。这话或许是对的，由于缺少尊重，中国遗失了许多优秀的文化遗产。

笔者发现，这些理论非常有趣，因为它们提供了一窥中非关系和西非关系之间彼此关联的途径。人们经常指责，意识形态至今仍然被欧洲帝国主义幽灵所利用来延续在北半球的政治经济统治，如基督教、民主、自由等等西方概念。中国共产党积极重塑其作为一个负责任的大国形象，致力于不同国家之间的南南合作——非殖民的国际关系的新形态（Foot, 1998; Foot, 2006; Alden, 2007; Dent, 2010）。然而，在西方，民主和自由是把双刃剑。尽管它们提供了一个虚无缥缈的话语框架，然而，这些看似意涵丰富但实际模棱两可的概念同时具有保护西方智技优势和持续其统治地位的结果。

以《圣经·申命记》为例，有可能过去的传教士利用诗歌来促使非洲社区容忍殖民地精英。如今，不一定是作为传教士的非洲移民们发现，在中国诗歌灵活多样、俯拾皆是。毕竟，人可以转换自己的宗教认同，并且在集体参与、时机适当的条件下，集体大规模地转换信仰是可以实现的。然而种族、肤色和族群却与之相反，它们更具有顽固性。基督教已经经历了广泛的非洲本土化，绝不再是在刚刚引进这个大陆之时希望"教化"那些"原始的野蛮黑人"的那个基督教了（Parker, et al, 2007）。殖民主义在非洲的土地上和人民的思想中有持续性的影响，不仅体现在普通非洲人与他人交往的方式上，也影响去往中国的旅行（Bailey, 1975）。

5.6 在混乱之地淘金

一位中国人在小北租房，并将之用来经营不合法的刚果餐厅，据他所言，蒙昧无知并非关键。中国人不愿意学习更多关于非洲的知识，是因为缺乏实实在在的好处。仅有一位中国受访者通晓非洲当地语言，在过去的 7 年餐厅工作的实践中，他自己并没有学习的意愿，是爸爸求他掌握林加拉语。他对自己目前的事业非常满足：

> 在这家餐厅，我们能够与许多刚果人结识和交流。有些短期逗留的商人甚至就住这儿（餐厅后面）。为什么我会想要去刚果？你知道，它不像这儿——中国受法律管辖，但刚果就是个烂摊子。人们不遵守任何规则，无法理性思考。

想象的地理非洲是一个混乱和无法无天的地方，在恩贾梅纳做项目的一位当地投资者对此发出了共鸣：

> 非洲是一片混乱的土地。每隔两年都会发生政治动荡。每隔五年会打响战争。在非洲投资就好像是把你的钱放到黑洞里一样，我的钱就被骗进去了，我再也不会做这事了。我花了 300 万人民币才明白这一点。这是个非常昂贵的教训。

非洲悲观主义者把非洲视为一个离奇而不稳定的地方，受困于疾病、贫困、政府管治不善、内战的恶性循环，这一观点以前文所述的有关种族他者和所居之处的中国早期论述为支撑。"根据中国民间传说中的宇宙原始状态"，非洲被比作"混沌"，即绝对混乱状态（Dikötter, 1992）。正如笔者的研究之旅正好与北非和中东屡见不鲜的人民起义不谋而合，非洲悲观主义的活力在大多数中国受访者身上得到了证实。有人预测，随着非洲危机的进一步深化，更多的非洲非法移民将涌向广州这座城市。正如一名三元里的巡警所说的那样："他们为什么不想回去？非洲就像是 20 世纪 70 年代的中国，完全被现代化排除在外。广州对他们来说，简直就是天堂！"

无论是神话中的"混沌"阶段还是 20 世纪 70 年代，都代表中国的过去和历史。《中国日报》在其首页清楚地阐明，中国已经采取措施反对任人唯亲、专制独裁——而这恰恰是北非和中东政治斗争的根源——因此动荡事件不会影响到中国（Jiang, 2011）。通过把中国的过去投影到非洲的现在，就再次肯定了中国遵循了罗斯托线性发展轨迹而取得的令人瞩目的社会经济进步。此外，非洲赶超今日中国的前景是严峻的，各方面条件都限制了非洲社会经济的发展。

5.7 黑人、"三非"和违法

国内媒体和普通居民都因广州"犯罪率增加"而谴责非洲移民。逾期逗留、贩毒、诈骗、强奸和卖淫，这些仅仅是与非洲人和"巧克力城"相关的几个常见的犯罪行为（Li，2006；Chen，et al，2007；Yu，et al，2008）。广州警方近日展开了一轮严厉打击"三非"人员的行动，"三非"人员从字面上理解，指的是"参与三种非法移民活动的个体——非法入境、非法居留、非法就业"的群体。有趣的是，"非法"这个词语的第一个字与"非洲"的第一个字是完全一样的[⑧]。最重要的是，正如许多其他语言一样，黑色在汉语中具有负面的内涵。"黑"这个字组合成词语的话表示不希望出现的素质和现象，如黑市、黑帮、黑心、黑牢、抹黑和黑点。因此，可以认为，汉语也使得非洲人的污名化显得天经地义、不言而喻。

5.7.1 猫和老鼠

正如上一部分所述，警察对仿制品行业和不达标商品的监管类似于猫捉老鼠的游戏。直到最近，这一行动经过人为的周期性的追逐、象征性地抓捕几个典型、短暂的低迷，最后恢复"照常营业"。在一定程度上，非法仿制品和尾货贸易对于出口非洲很重要，因而受到地方政府的容忍。类似还有仿冒品和劣质品，非法货币交易和贩毒。

在警方频繁检查的地方，金钱交换是通过电话交易或在繁忙的街道进行的。每当笔者和非洲受访者走在小北地铁站前时，来来往往的货币兑换者总是用蹩脚的英语或法语问我们是否需要他们的服务。当地居民都了解这一非法活动，它也为媒体所关注（Xuan，et al，2009）。

"巧克力城"周边也常常能看到非洲人在销售毒品。非洲人尤其是尼日利亚人被视为毒品问题的根源。许多媒体报道都指责他们引入了新型的毒品（Chen，et al，2007），使广州的毒品市场全球化（Zheng，et al，2009）。他们使用荒谬和前所未有的方法来运毒，如植入自己的身体（Yu，et al，2008）。警察和媒体步调一致的工作，使得非洲移民在这座城市的污名化进一步加重，使得离奇的差异性显得更加不言自明。

5.7.2 种族歧视和警察巡警

面对公众对非洲移民日益增长的不满情绪，当地警方增加了"巧克力城"巡警的警力和住户搜查的频率。一位三元里巡警向笔者解释说，他们的工作更多的是保障当地人口而不是实际逮捕"参与'三非'的个体"。奥运会和亚运会开幕前是警察们最忙碌的时候，他们身负重重压力，为了安全要把非法的非洲移民从主要的交通路线撤离。

一群三元里的尼日利亚商人说，他们知道如何避免质询：先说听不懂（"我不明白你在说什么"），然后用他们当地的语言回复，即使警察能讲英语，也无能为力。广州某大学的一名刚果学生取笑当地警方不专业的审讯方法："他们的沟通技巧近乎为零。他们只知道'护照'、'签证'和'五十元'——没有随时携带护照的标准罚款数额。"有两位非洲受访者表示同情当地的警察，其中一个甚至认为，警察面对非洲人有点紧张，非洲人通常比中国人更高、更健壮，如果跟警察讲普通话或广东话他们会变得友好些。

一位生活在"巧克力城"之外的时尚高收入社区的尼日利亚专业人士，从来没有被要求出示护照，直到他第一次去小北：

> 我们五人一起去了那儿，一名肯尼亚人、三名尼日利亚人和一名澳大利亚白人。一个警察拦住了我们检查证件。他把澳大利亚人拉到一边，告诉澳大利亚人等他处理我们其余的人。我从教堂来没有带护照。我只有当时所在的大学分发的学生卡。警察说仅有学生证还不够。然后我用中文告诉她，打电话给我的学校核查我的合法身份。警察看上去很惊讶，他与其他巡警交谈之后跟我们说"走吧"。自那之后我再也没去过小北。这是第一次，也是唯一一次被警察拦下的经历。

一位自2004年以来一直和丈夫在广州做生意的马里女士气愤地说：

> 自2006年以来，警方变得非常糟糕……他们会在街上任何一个地方拦下你，在午夜突击检查住所。他们上周刚刚检查过。那时我正在睡觉。

非洲非法移民也试图不惜一切代价避免与警方接触。通过高层窗户逃生成为"巧克力城"的一个常见的场景。

5.7.3 移民控制

证件齐全的跨国非洲人在与地方政府打交道时也同样困难不少。多数非洲受访者持有六个月或一年期限的多次入境签证，限定每次最多停留30天。自2006年以来，签证续签已成为一个令人沮丧的过程，这一转变的原因被一位半官方的法律顾问称为"合理的移民控制"。驻非洲国家的中国大使馆工作人员已开始对新的签证申请人施以更严格的要求。据一位在运输和物流领域工作的中国企业家说，由于政策的变化，来广州已经成为一项高风险的投资。

> 现在获得中国签证越来越难了，你需要一封得体的书信来获取商务签证，可能要花3000美元左右。最重要的是，你必须提供机票与良好的财政状况证明。现在来中国是一笔大投资——仅仅在申请阶段你就至少需要5000—6000美元。即使备齐所有这些文件，中国大使馆也可能会拒绝你的申请。

学生、经营注册公司的企业家和中国公民的配偶可以获得长期居留证。前两个群体可以在当地更新他们的相关文件。不同于北京和上海市政府通常发放的有效期为一年以上的居住许可证，由广州市政府颁发居住许可证的有效期更短，通常只有三至六个月。至于与中国人结婚的外国移民，他们的居留许可需要由配偶户口所在地政府办理、审查和更新。

注释
① 中文书名是《左传》，译为 Chronicle of Zuo 或 Zuo Commentary。这一段的原文是"非我族类，其心必异"。在此笔者特意使用"种族"，而不是"类"。对此文合适的翻译，见 Yang (1968)。
② 这个词语出现在各种典籍中，包括道教经典《庄子》、儒家《礼记》，还有之前提到的《左传》。黔的词源是耕作者和贵族阶层的符号区分，贵族在室内待的时间长，而耕作平民长时间在阳光下暴晒，因此肤色更深。
③ 朱彧.萍洲可谈.广州.这一名篇有许多完整或部分的译文。见 Chang (1930: 41)，Duyvendak (1949: 23–24)，Snow (1989: 18–19)，以及 Dikötter (1992: 9)。
④ 在粤语区这一现象最为突出。在讲普通话的地方，外国人一般被称为"老外"，这是一个对外国人的中性译称。黑皮肤的人称为黑人，是从 black people 直接翻译而来。Xuan et al (2009) 报告说："大多数当地居民想证明，他们不歧视非洲移民……因此，他们试着注意自己的措辞，称呼黑人而不是黑鬼。然而有时会有口误。"
⑤ 中文原文见 Ai（1989:5），笔者翻译。
⑥ 中文原文见 Ai（1989:6），笔者翻译。
⑦ 中文原文见 Ai（1989:14），笔者翻译。
⑧ 正如许多不用汉字之处，非洲的中文翻译不同于英语，是以其发音为基础的。在非洲这个单词中，只有第一个字是音译，第二个音节意味着"大陆"。目前还不清楚选择"非"这个字是否受到了对黑人种族歧视的早期论述的影响，毕竟还有其他同样发音的汉字。参照 Sautman（1994:427）。

参考文献

Ai Yichang. 1989. Zhongfei guanxi shiwen xuan: 1500–1918 (Selected texts on China–Africa relations: 1500–1918) [M]. Shanghai: Huadong Normal University Press.

Alden Chris. 2007. China in Africa[M]. London; New York: Zed Books.

Bailey Martin. 1975. Tanzania and China[J]. African Affairs ,74 (294): 39 –50.

Bao Feng. 2009. Hen jin hen mosheng (Very close, but very unfamiliar) [N]. Southern Metropolis Weekly,2009–08–14.

Bodomo Adams. 2010. The African Trading Community in Guangzhou: An Emerging Bridge for Africa?China Relations[J]. The China Quarterly, 203: 693–707.

Branigan Tania. 2009. Africans protest in China after Nigerian dies in immigration raid. News[N].

The Guardian, 2009-07-16.

Chen Wenbi. 2010. Dragon from Nigeria: the story of me and foreigner assistance office [N]. Yangcheng Wanbao (Yangcheng Evening News), 2010-06-27.

Chen, Xiang. 2009. Guangzhou yancha feifa rujing feifa juliu feifa jiuye (Guangzhou tightening check on illegal immigrants) [N]. Guangzhou Ribao (Guangzhou Daily), 2009-05-21.

Chen Xiang, He Wang, Jingwen Liao. 2007. Waiguoren zai sui fanzui cheng zengjia qushi (Increasing crimes by foreigners in Guangzhou) [N]. Guangzhou Ribao (Guangzhou Daily), 2007-06-25.

Collins Patricia Hill. 1998. The tie that binds: race, gender and US – violence[J]. Ethnic and Racial Studies, 21 (5): 917.

Crenshaw Kimberle. 1991. Mapping the Margins: Intersectionality, Identity Politics, and Violence against Women of Color[J]. Stanford Law Review, 43 (6): 1241-1299.

Dent Christopher M. 2010a. China and Africa Development Relations[M]. New York: Taylor & Francis.

Dent Christopher M. 2010b. Africa and China: a new kind of development partnership[M] // Christopher M Dent. China and Africa Development Relations. New York: Taylor & Francis.

Dikotter Frank. 1992. The Discourse of Race in Modern China[M]. Stanford, Calif: Stanford University Press.

Dikotter Frank. 2002. Race in China[M] // David Theo Goldberg, John Solomos. A companion to racial and ethnic studies. Malden MA: Wiley-Blackwell.

Dikotter Frank. 2003. The discourse of race in modern China[M] // John Stone, Rutledge Dennis. Race and Ethnicity: Comparative and Theoretical Approaches. Malden MA: Wiley-Blackwell.

Du Yaquan. 1927. Dongwuxue da cidian (Great dictionary of zoology) [M]. Shanghai: Shangwuyinshuguan.

Filesi Teobaldo. 1972. China and Africa in the Middle Ages[R]. F Cass in association with the Central Asian Research Centre.

Foot Rosemary. 1998. China in the ASEAN Regional Forum: Organizational Processes and Domestic Modes of Thought[J]. Asian Survey, 38 (5): 425-440.

Foot Rosemary. 2006. Chinese strategies in a US-hegemonic global order: accommodating and hedging[J]. International Affairs, 82 (1): 77-94.

Gregory Derek. 2004. The colonial present: Afghanistan, Palestine, and Iraq[M]. Malden MA: Blackwell.

Haldrup Michael, Lasse Koefoed, Kirsten Simonsen. 2006. Practical Orientalism – Bodies, Everyday Life and the Construction of Otherness[J]. Geografiska Annaler, Series B: Human Geography, 88(2): 173-184.

Heng Derek. 2008. Shipping, Customs Procedures, and the Foreign Community: The "Pingzhou ketan" on Aspects of Guangzhou's Maritime Economy in the Late Eleventh Century[J].

Journal of Song-Yuan Studies, 38: 1-38.

Hutchison Alan. 1975. China's African revolution[M]. Boulder: Westview Press.

Jiang Shangyu. 2011. Zhongguo bu shi Zhongdong (China is not the Middle East) [EB/OL]. News People's Daily Online,2011-03-10. http://opinion.people.com.cn/GB/40604/14103923.html.

Johnson M Dujon. 2007. Race and racism in the Chinas: Chinese racial attitudes toward Africans and African-Americans[M]. Bloomington, Indiana: AuthorHouse.

Li Langtao. 2006. Heiren qiangjian nv baoxian tuixiaoyuan? (Black rape female insurance sales person) [N]. Guangzhou Ribao (Guangzhou Daily), 2006-07-25.

Lin Qingqing. 2010. Xiaobei lu shang de shijiedatong youlechang (Global peace theme park on Xiaobei Rd.) [N]. Yangcheng Wanbao (Yangcheng Evening News), 2010-02-05.

Mao Zedong. 1963. Zhichi meiguo heiren fandui zhongzu qishi douzheng de shengming (Declaration of support to Afro-Americans' anti-racism struggles) [N]. Remin Ribao (People's Daily), 1963-08-09.

Parker John, Richard Rathbone. 2007. African History: A Very Short Introduction[M]. Oxford; New York: Oxford Umiversity Print .

Price Patricia L. 2010. At the crossroads: critical race theory and critical geographies of race[J]. Progress in Human Geography, 34 (2): 147 -174.

Said Edward. 1978. Orientalism[M]. New York: Pantheon Books.

Said Edward. 2004. Orientalism Once More[J]. Development and Change, 35 (5): 869-879.

Said Edward W. 1997.Covering Islam: How The Media And The Experts Determine How We See The Rest Of The World[M]. New York: Vintage Books.

Sautman Barry. 1994. Anti-Black Racism in Post-Mao China[J]. The China Quarterly, (138): 413-437.

Snowden Frank M. 1991. Before color prejudice: the ancient view of Blacks[M]. Harvard : Harvard University Press.

Sullivan Michael J. 1994. The 1988-89 Nanjing Anti-African Protests: Racial Nationalism or National Racism? [J]. The China Quarterly, (138): 438-457.

Tang Buxi. 2008. "Chocolate City" — Africans seek their dreams in China[EB/OL].2008-07-14. http://blog.foolsmountain.com/2008/06/14/chocolate-city-africans-seek-their-dreams-in-china/.

Tang Xiaobing. 1996. Global space and the nationalist discourse of modernity: the historical thinking of Liang Qichao[M]. Chicago: Stanford University Press.

Ubukata Naokichi. 1953. Prohibition of racial discrimination in China[J]. Research on Comparative Law, 6: 40-46.

Wyatt Don J. 2010. The Blacks of Premodern China[M]. Philadephia: University of Pennsylvania Press.

Xu Yongzhang. 1982. Gudai dao guo Zhongguo de feizhouren (Africans who have been to ancient China) [J]. Jinxi tan (Discussion on the Past and the Present), 1982 (6): 4-5.

Xuan, Feng, Ding Shen, Chongshan Shan, et al. 2009. Feizhou heike da qianyi (Mass migration of African hackers) [N]. Southern Metropolis Weekly, 2009-08-14.

Yang Lien-sheng. 1968. Historical Notes on the Chinese World Order[M]// John King Fairbank .The Chinese World Order. Cambridge, Massachusetts: Harvard University Press.

Yu Yalian, Xiaomin Chen. 2008. Si ge laowai san ge ti nei cang du (Four foreigners three traffick illegal drugs) [N]. Yangcheng Wanbao (Yangcheng Evening News), 2008-10-24.

Zachernuk, Philip Serge. 2000. Colonial subjects: an African intelligentsia and Atlantic ideas[M]. Virginia：University of Virginia Press.

Zheng Siqi, Chuanghui Wang. 2009. Laowai ban famang ju shou banjue shu (Foreign refuses to sentence claim to be legally illiterate) [N]. Yangcheng Wanbao (Yangcheng Evening News), 2009-06-24.

6 广州非洲城的草根多语主义：国家在全球化中扮演的角色

韩华梅

6.1 引言

笔者第一次在中国广州的所谓"非洲城"（Africa Town）调研是2009年的6月。据说当时已有大约两万非洲人长期居住在广州，另外还有数万名非洲人定期或不定期地前来广州做短期采购或逗留（Yang, 2011）。笔者观察到广州非洲城里的商店通常每周营业七天，从早上11点直到晚上11点半。商店的货架上琳琅满目，甚至走廊和街道上也堆满了各种各样的商品。由于价格非常便宜，商店依靠大批量的销售获取利润，几乎所有的商店都从事批发贸易，部分商店也兼零售。市场有巨大的利润空间但是也极不稳定，一些人因此变得富有，但很多人投资失败。在非洲城，除了作为跨国贸易的通用语的英语以及作为中国官方语言的普通话之外，处处都能听到各种非洲语言和中国方言，包括广州当地的粤语。很显然，拥有多语技能，或者说"在某种程度上能够说不止一种语言"（Edwards, 1994），对于在非洲城里进行贸易和工作的非洲人和中国人有着至关重要的作用。

本章探讨在中国社会边缘的非洲城里工作和生活的人们如何在日常的多语交流中扩大他们自身的语言储备。受到法国社会学泰斗布尔迪厄（1986）的后结构主义语言理论的启迪，本章使用社会语言学中的语言储备（Linguistic Repertoire）（Blommaert, et al, 2011）与跨国主义研究中的同时性（Simultaneity）（Levitt, et al, 2004）的概念来理解与迁移相关的经历：迁移是非洲城里的多语主义现象得以出现的基础。关注于个人，本章调查跨国迁移到中国的非洲裔商人和跨地区迁移到广州的中国商人及工人是如何使用多种语言进行交流的，以及他们在日常的共同工作和生活过程中学习和拓展了什么语言技能。聚焦于两个个案，笔者展示了非洲和中国背景的移民是怎样同时维持并发展跨国和跨区域的关系的，以及在此过程中，在没有语言培训的情况下，他们是如何同时性地和自发地拓展了个人的多语储备的。

笔者选取的视角是关注流动的社会语言学，它关注"在真实的社会文化、历史和政治背景下确实使用的语言资源（Resources）"（Blommaert, 2010）。这一视角意味着运用民族志的方法来记录和理解是谁在怎样的情况下使用了何种语言资源；具体到非洲城，则意味着记录和理解谁在什么情况下使用什么语言资源，以及那里的多语主义现象是如何在当地和全球背景下产生的。

6.2 研究背景

笔者在非洲城里所观察到的多语主义现象与非洲城里的人们所经历的全球化过程紧密相关，而这种全球化也是当今世界上的大多数人正在经历的。这是一种自下而上的全球化（Globalization from Below）（Mathews, et al, 2012），或者说是由个人和家庭发起的，需要相对较少的资本，并经常涉及一些非正式的交易的跨国商品和人的流动。自下而上的全球化在全球范围内存在，但在发展中国家更加明显。自下而上的全球化是对通常由政府和企业发起并涉及大量资金的自上而下的全球化（Globalization from Above）过程的有效补充。自上而下的全球化遍布世界的各个角落，但在发达国家，或者资本主义世界体系的核心国家（The Core Countries in the Capitalist World-system）（Wallerstein, 2004）更普遍。自上而下的全球化要求从外围和半外围国家（Peripheral and Semi-peripheral Countries）（Wallerstein, 2004）迁移到核心国家的人具备"平衡的双语主义"（Baker, 2006; Heller, 2007），这实际上是要求一种常常植根于早期的环境和学习加上长期正式的课堂读写教学所造就的精英多语主义（Elite Multilingualism）。Blommaert（2004, 2008）的"草根读写"（Grassroots Literacy）的概念中用草根（Grassroots）一词强调地方性。借用"草根"这个概念，笔者用"草根多语主义"（Grassroots Multilingualism）来描述与自下而上的全球化相关的多语使用现象。作为在课堂教育以外所发生的扩展多语储备的产物，草根多语主义有使用易变的形式、自由转换语码，以及使用有非标准语特色的元素等特点（Han, 2012）。

到目前为止，迁移研究关注的主要是从（半）外围国家向核心国家的人的迁移（Park，2010）。与此类似，第二语言（或外语）教育以及（精英）双语研究大多研究核心国家的课堂（Baker，2006）。然而，草根多语主义在核心国家的边缘地带早已存在，比如在加利福尼亚湾区的以西班牙语为主的社区（Kramsch, et al，2008），比利时的超多元社区（Superdiverse Neighbourhoods）以及非洲人聚居区（Blommaert, et al，2005），英国的多语的移民家庭以及祖裔语（Heritage Language）课堂（Blacklege, et al, 2010），又或是在加拿大的分别服务第一代移民（Han, 2011b）和第二代（Han，2013）的中国基督教福音派教会，等等。研究这些空间不仅能对社会过程提供重要的见解，并能对政策和教学法有直接或间接的影响。

我们还知道，对外围国家的很多人来讲，草根多语主义一直是他们社会生活的有机组成部分。例如，在废除种族隔离后的南非，在贫穷的工人阶级聚居的乡镇里，黑人（指南非原住民）以及有色人（指有混合血统的人）青少年虽然在学校里接受英语教育，他们所能掌握的英语读写是一种草根读写（Blommaert, et al，2005）。在跟家族成员以及朋友圈的亲密关系的领域里，他们则常常根据对话人而在科萨语（Xhosa）、南非荷兰语（Afrikanns）和英语之间进行多语语码转换（Dyers, 2008）。类似地，在冈比亚（Gambia）的一个多民族村落里，人们说着他们的邻居和亲戚所说的语言（Juffemans，2011），而在斯里兰卡的贾夫纳地区（Jaffna, Sri Lanka），基本上只会说泰米尔语（Tamil）的卖鱼人在跟双语的中产阶级顾客交流时，常常会夹上一些英语词来吸引顾客（Canagarajah，1995）。通过辨识和描述在一个（半）外围国家的边缘空间里的非洲城里所出现的草根多语的具体形式，本章集中调查个人如何在未接受课堂教育的情况下拓展其多语储备这一极少被研究过的现象。

大约在1997年，随着撒哈拉以南非洲地区制造业的衰退以及中国经济的快速增长，非洲商人开始到广州来进口便宜的制造业商品（Li, et al，2008）。在中国于2001年加入世界贸易组织以后，越来越多的非洲人来到广州，非洲城逐渐形成（Li, et al，2009）。从空间上来讲，广州非洲城位于城市中心，由位于火车站周围的几个建筑群构成。大多数商店属于中国人并且由中国人经营，而非洲人开的店则主要集中在三元里和小北的几座大厦里。三元里主要聚集了尼日利亚商人以及他们开的商店；小北地区的非洲人则相对有更多元化的背景，而那儿的市场也相对比较高端（Yang，2011）。

一些小型研究（Bodomo，2010；Li, et al，2009）显示，来自尼日利亚、马里、加纳、几内亚以及刚果共和国等国家的商人形成了较大的在非洲城生活和工作的群体，其成员大多是25到40岁之间的男性（Bodomo，2010）。然而在2012年的田野调查中，笔者观察到非洲城里的非洲女性明显地增多了。除了会讲很多非洲语言以外，30%到50%的非洲人说他们会讲法语，大多数人会讲英语，但是流利程度参差不齐（Bodomo，2010）。Lyons，Brown和Li（2008）认为，由于很少有中国人会讲法语，讲法语的非洲人为了满足其宗教和交流的需求共同来到清真寺，并围绕清真寺而形成了紧密的社区。讲英语的非洲人则大多是基督徒，彼此间的联系相对比较弱。

在大量的商贸活动在非洲城里进行的同时，从2005年以来，关于非洲城的负面报道不断涌现。广州当地的中产阶级也很少跟非洲人接触（Li, et al, 2009）。随着中国政府加强签证控制，非洲商人的处境每况愈下，特别是在中国主办2008年奥运会和在广州主办2010年亚运会前后，非洲商人经常遭到各种各样的当地执法机关的突袭，这些突袭对很多非洲商人造成了严重的影响（Bodomo, 2010; Lyons, et al, 2008; Yang, 2011）。非洲城的可持续发展成了一个问题。虽然非洲城本身还处于发展的初期阶段，但在动荡的全球经济和相应的地理政治中，非洲城可能会继续存在下去，但也可能会消失。由于所有这些因素，非洲城充斥着各种各样的不平等，但是这些本地化的不平等可以追溯到全球化过程的不平等。非洲城因此成为研究全球化背景下来自（半）外围国家和地区的移民中所出现的多语主义的一个生动案例（Mitchell, 1984）。

6.3　草根多语主义与同时性

本研究受益于布尔迪厄的物质主义和过程性的语言观。布尔迪厄（1986）明确地指出，物质性资本（Material Capital）和象征性资本（Symbolic Capital）在社会再生产中起着举足轻重的作用。他认为，物质性资本经常以经济资本（Economic Capital）的形式出现，象征性资本则以社会关系、教育水平、文化品位以及语言技能等其他一些形式呈现。但是我们必须意识到，象征性资本的价值存在于它自身的物质性根源及其"随时可转回为经济资本"的特性（Bourdieu, 1977）。笔者将个人的语言储备看作是个人在其人生轨迹中所学到的所有的语言变体（Language Variety）①的不同程度的知识和功能的总和（Blommaert, et al, 2011）。位于不同位置的个人在一个既定的社会以及在跨越不同的社会时常常会有不同的人生轨迹。个人的人生轨迹既是一个被各种继承的和后天积累的物质性与象征性的资本所塑造的过程，同时又是一个积累这些物质性和象征性资本的过程，而语言资本则是最重要的象征性资本之一（Bourdieu, 1984, 1986）。从这个意义上来讲，个人语言储备虽然是个人性的，但它具有系统性的维度：那些跟地域、年龄、性别、教育水平等相关的语言社会变体及相应的变体符号（Diacritics）虽然在每次使用时都是在严格的个人的层面上，但它们同时揭示占据特定的社会地位的人群的语言使用的集体模式。

为了更好地理解个人生活轨迹以及与其相应的语言储备，笔者借鉴了跨国主义研究中的"同时性"（Simultaneity）这一概念。"同时性"指出，很多移民"每天过的生活同时融合了目的地国家及跨国的日常活动、常规惯例及社会机构等"（Levitt, et al, 2004）。笔者认为同时性作为一个建构同时涵盖了跨国和跨区域（或者说是地方与地方间）的流动（Guarnizo, et al, 1998），有助于理解跨国迁移和境内迁移。

6.4 民族志研究和主观性

本章的数据来自一个正在进行中的大型的社会语言学民族志（Sociolinguistic Ethnography）项目的早期的阶段性田野调查。这项关于非洲城里的非洲人和中国人的研究的田野调查先后已历时 4 年，包括 2009 年夏季的两周、2011 年夏季的两周，以及 2012 年春季的 5 周，在 2013 年和 2014 年继续做了较长期的田野工作。在田野调查期间，笔者在小北与非洲和中国的商人和工人同吃同住，随着时间推移，逐渐选择了 9 个核心参与者（Key Participants），他们具有各不相同的背景，从事各种各样的工作，有专事出口的行商、开店的坐贾（或称店主）、打工的店员、在非洲城做全职或者兼职贸易的学生和英语教师等等。他们当中有 2 位来自中国农村的有"非洲小孩"的女性，其他 7 位则来自非洲，包括 2 位女性、5 位男性。

笔者通常在市场和店铺里观察笔者的核心调查对象，跟他们聊天访谈，有时也会去他们的家里或学校里的宿舍，或者跟随他们一起去市场、仓库、货运公司、教堂、清真寺以及警察局等地方。我们谈论的内容主要包括他们会使用的语言、学习各种语言的经历、他们的背景、迁移的轨迹、生意、学业、家庭、浪漫或亲密关系，以及他们所关心的其他话题。另外，我也观察和采访了一些二级参与者（Secondary Participants），其中 18 位是非洲背景的，19 位是中国背景的。考虑到很多参与者的不安甚至危险的处境，笔者直到第三次田野调研的第三周才开始做有录音的访谈。

在田野工作中，笔者对非洲城里及与其相关的多层面多维度的关系的理解逐渐增长，这帮助笔者逐渐理解在田野工作中接触到的个人在不同情况下如何看待和接受笔者这样一个在加拿大生活和工作的中国背景的女性学者。笔者在偏远的中国农村出生长大，先迁移到上海读书工作，然后又作为成年人移民至加拿大。笔者个人的生活轨迹和经历在一定程度上帮助笔者跟这些经历了跨地区和跨国界的迁移而在非洲城居住和工作的中国和非洲背景的人有一定程度的共鸣。笔者知道自己的多重身份不可避免地会影响到自己能接触到什么样的人，能跟哪些人建立良好关系从而有可能成为笔者的研究的核心参与者和二级参与者，以及他们如何向笔者披露他们的经历和构建他们自己的形象和身份。笔者明白自己所讲的故事是相对的而不是绝对的（Relational instead of Absolute），笔者尽最大努力透明地解释笔者在数据分析和代表性叙述（Representation）中的主观性。此外需要指出的是，笔者对非洲城的数据的理解和分析间接地受益于笔者在 2010 到 2011 年间在南部非洲所做的 5 个月的关于"中国商店"（"China Shop"）的田野调查。从在南非的开普敦（Cape Town, South Africa）和在纳米比亚（Namibia）北部位于与安哥拉（Angola）交界处的小镇 Oshikango 经营"中国商店"的中国工人阶层的移民与当地的非洲人的日常交流中，笔者观察到了一个在具体的语言构成及形式上略有不同，但是在本质上很类似的未经课堂教学的拓展多语储备的现象（Han，2011a）。

6.5 非洲城里的草根多语主义

非洲城里的招牌、广告及公告常常都包括中文和英文，另外，在小北的店招和商场滚动显示屏幕上阿拉伯文也占据着显著地位，而法文招牌和告示也不时映入眼帘。非洲城里两大群体的内部交流主要是通过各式各样的中国的和非洲的语言变体（Chinese and African Language Varieties）。非洲人和中国人之间的交流则常常使用英语和汉语普通话，有时也用法语。虽然笔者也碰到过一些会讲斯瓦希里语（Swahili）、阿拉伯语或者俄语的中国人，但是相对少见。

正如笔者在别的研究中（Han, 2012）指出的，在笔者的研究参与者中，一些会讲英语的非洲人将非洲城里使用的英语变体叫作"中（国）式英语"（Chinglish）。中式英语作为非洲城的主要工作共通语（Lingua Franca），是中产阶层的非洲人和工人阶层的中国人在市场上一起工作的必然结果。由于在很多非洲国家以及世界各地普遍存在的英语教育的层化现象（Blommaert, 2008），通常来自于边缘地区的人群中只有精英阶层才会说所谓正规的英语。由于笔者遇到的大多数非洲商人属于中上层或中层阶层，他们说的英语常有非正规英语的元素。另外，讲法语的非洲人的英语熟练程度也各不相同。同时，几乎所有笔者所遇到和交谈过的中国人都来自于其他省份的乡村或者广东省内广州市以外的乡镇和农村地区：有一个从来没有上过学，大多数只上过（一部分）小学，很少几个上完了高中，只有一对夫妻是大学毕业。这意味着他们大多数都只受过很有限的英语或者其他外语的课堂教育，有的则从没上过英语课。这在很大程度上跟中国极严重的城乡分化有关：这促使大量的农村人口涌入城市，成为在城市里工作的名誉城市户口及待遇的农民工；2006年，中国有2.1亿几乎没有任何社会保障的农民工（Zheng, Huang-Li, 2007）。而这种城乡鸿沟的历史根源是从1958年开始实施的禁止农民或是农村户口的人往城市里自由迁移的城乡两元户口制度。随着1998年以来各省和（直辖）市的参差不齐的地方性改革举措，在像广州这样的一线城市，只有一小部分具有相当高的教育水平的或是很富有的精英外地人才能争取到城市户口（Nyiri, 2010; Sun, et al, 2011）。因此，广州市户口及与其相捆绑的教育、就业、住房、卫生保健、失业保障以及养老金等社会福利对绝大多数在非洲城里打工甚至开店的中国人来讲都是遥不可及的。因此，虽然每个群体内部都有巨大的内部差异，当中国人、讲法语的非洲人、以及讲英语的非洲人在非洲城里相遇，中式英语，而非所谓的标准英语，成为非洲城里跨群体交流的主要的工作共通语（Han, 2012）。

作为在同一个空间里很多人都未经课堂教学的草根多语主义的产物，非洲城里的中国式英语具有以下特点：使用简单的英语词汇和语法结构，重复关键词，经常使用汉语普通话的词汇和表达方式，有明显的汉语普通话的语法的影响，等等（Han, 2012）。在笔者的44位研究参与者中（其中9个核心参与者和37个二级参与者），41人是通过日常的交往而非语言课堂而扩大了他们的多语储备，而另外3人（包括

2个核心和1个二级参与者）则是以国际留学生的身份到了中国，在广州当地的大学里先学了中文，然后开始在非洲城参与贸易活动。

下面笔者将详细描述其中两个核心参与者的个人案例：一名是来自非洲的男性，一名是来自中国农村的女性。这两者都在跨地域和跨国家的关系中拓展了多语储备。笔者明确意识到阶层、种族、性别、宗教、移民身份以及其他各种社会建构以复杂的方式相互交接作用而对个人的生活轨迹和语言储备产生举足轻重的影响。然而，考虑到篇幅的限制，本章的讨论主要集中在国家、经济资本以及个人的多语储备的交接处。

6.5.1　来自几内亚的店主易伯瑞汉

30多岁的易伯瑞汉（Ibrahim）来自于几内亚的首都科纳克里。2009年笔者第一次见到他时，他是一个穿着得体、受人尊敬的年轻穆斯林。那一年，他一个人经营着位于小北一栋繁忙商厦里的黄金地点的档口。直至笔者2012年总结这次研究时，他仍在同一地点经营着他的生意，不过雇了一个几内亚小伙做兼职。易伯瑞汉的多语储备让人印象深刻。

> 易伯瑞汉的档口是很多常驻广州和短暂停留的非洲穆斯林商人的聚居之所。他们在这里相互招呼、谈生意、聊天、吃饭，或者在视频网站上看足球或法国和几内亚电影，或是驻足小憩。他们之间说法语、阿拉伯语、苏苏语、富拉语、曼丁卡语以及其他一些非洲语言。相比之下，只有少数中国人会到档口来跟易伯瑞汉进行简单的交谈，其中包括附近的一些店主，还有一些生意上的合作伙伴。易伯瑞汉说他自己"speak a little English（会讲一点英语）"，同时在广州他还学到"a little Chinese from friends（从朋友那里学到一些中文）"。我观察到他可以有效地运用非常口语化的普通话，比如在电话中催促一个中国朋友"快点儿啊"，或者严厉地谴责一个来到他的档口错误地向他收钱的中国人"喂喂，干吗干吗，不是这里不是这里……"（田野笔记，2009年6月30日）

我们可以看到，易伯瑞汉把他的多语储备描述为包括对几门语言具有不同程度的掌握和平衡能力及流利程度（Edward，1994）。易伯瑞汉可以熟练地运用法语、苏苏语，同时他还会讲阿拉伯语、富拉语、曼丁卡语，他的普通话和英语虽然可以有效地解决一些日常需要，但其水平是有限的。他在跟我交谈时则主要使用英语，有时夹一些中文词句。有时我们能交谈一个多小时，但用英语回复邮件对他来讲似乎很困难。

笔者认为我们需要从易伯瑞汉的背景以及他的跨国和跨地区的贸易和社会关系中去理解他的多语储备的构成与水平。

> 易伯瑞汉是一个富裕大家庭里的年纪较小的儿子之一。在易伯瑞汉的父亲过世后，他们的大家庭就开始走向衰落。易伯瑞汉受的是法语教育，包括在大学阶段。在学习经济学专业期间以及毕业以后，他在几个非洲国家之间做贸易。

易伯瑞汉说他在几内亚时，在学校里和做生意时都用法语，与朋友说苏苏语，跟母亲交流时使用富拉语，跟他的已故的父亲说曼丁卡语，然后用阿拉伯语祷告。他有一个姐姐在加拿大蒙特利尔，有两个兄弟在意大利，还有三个兄弟在比利时，他不时会跟他们打电话"to say hello and to talk about life（问好以及谈谈生活）"。

为了赡养他年迈的母亲并抚养他的弟弟妹妹，易伯瑞汉于2005年来到广州，在不会讲一句汉语普通话或广州话的情况下开始了他的商贸之旅。他在广州成功地经营着几种生意。他最主要的生意是接他自己品牌的牛仔裤和T恤的批发订单，他的顾客大多来自于几内亚、喀麦隆、塞拉利昂、刚果民主共和国、马里、马达加斯加以及其他的一些非洲国家。其次，当他的朋友以及朋友的朋友来到广州进行短期采购时，他会充当他们的市场向导兼翻译，带他们去广州及附近郊县的各式各样的市场和工厂，有时还会带他们去其他的省市。另外，他与非洲背景的朋友合作：有时在西非的朋友给他汇钱，他负责购买一些商品寄回去，由西非的朋友在当地销售，然后他们分享利润；同时他也与一些移民去欧洲的非洲朋友进行相似的合作。然后每年春节当中国内地所有的商铺都关门过年的时候，易伯瑞汉就去中国香港、泰国、马来西亚、摩洛哥等国家或地区度上两个星期的假。他利用这些假期到当地的市场探索商机，买一些有利润的商品，然后寄往不同的地方从中获取一些利润。（田野笔记，2012年8月11日）

在广州期间，因为很多原因并通过很多方式，易伯瑞汉同时维持着很多很频繁也很密切的跨国关系，以及一些相对较弱的跨国和跨地区的关系（Levitt, et al, 2004）。跟西非频繁密切的关系是易伯瑞汉的生意支柱，但他同时也维持一些跟欧洲和加拿大之间的较弱的跨国关系。他在广州的生意圈和社交圈主要是由讲法语的非洲人组成的。易伯瑞汉迁移之前就有丰富的多语储备，包括法语、苏苏语、富拉语、曼丁卡语、阿拉伯语以及一点学校英语；除了英语以外，其他的语言他都使用得很流利。易伯瑞汉迁移前的丰富的多语储备是在几内亚和西非的家庭、学校和贸易经历中逐渐积累起来的。笔者认为，他迁移前的多语储备帮助他建立、维持及发展了跟在非洲、欧洲和加拿大的非洲人的跨国关系，及跟在中国的非洲人的跨地区及当地的关系。

另一方面，易伯瑞汉与广州的中国人在生意和生活上的联系相对较少，与广州以外的中国人则只有偶尔的接触。笔者认为，他迁移前的多语储备的构成，比如不会说普通话及有限的英语水平，很可能阻碍了他与非洲城里及以外的中国人之间建立和发展关系。这主要是因为易伯瑞汉与大部分中国人的多语储备之间没有交集，尤其是他刚到中国之时。

从这个意义上讲，虽然易伯瑞汉的迁移前多语储备阻碍了他与中国人用汉语和英语建立联系，但他的多语储备在帮他与非洲人建立跨国和跨地区的广泛和密集的关系上则功不可没。即便如此，他在中国仍然建立和发展了地方的和跨地区的关系，建立和发展这些相对较弱的关系的过程帮助他在课堂以外自发地学习普通话和提升英语水平。具体地说：

> 每个周五易伯瑞汉都会去当地的一个清真寺，那里讲道用的是普通话，念《古兰经》和祈祷时用的是阿拉伯语。根据我们之间在参加周五聚会后的交谈，易伯瑞汉能听懂一些普通话讲道的内容。易伯瑞汉与他的中国的生意伙伴似乎关系融洽。其中有一个瘦瘦的中年男人，平时常驻在郊区的工厂里，但会定期地到易伯瑞汉的档口来看看，他们用普通话交流。有一年的春节，这位生意伙伴邀请易伯瑞汉去他的家乡湖北过年。另外，当地官员经常骚扰外国店主和商人，为了减少被烦扰的概率，易伯瑞汉把档口登记在他这个中国合作伙伴的名下。另外，通过独自登门或带客户去很多在广州郊区和义乌及其他地方的工厂，易伯瑞汉认识很多中国"boss"。他曾经有过一个中国女友，当我问及他们在一起使用何种语言时，他回答说"English"，接着又笑道："Sometime she forget — she speak Chinese（to me）[有时她会忘了（要讲英语），就跟我说中文]，我说：'啊？！什么？'（笑）"（田野笔记，2011年8月16日）

由此看来，通过用普通话建立、发展以及接下来维持这些跨地区的以及当地的关系，易伯瑞汉在他已有的多语储备基础上又增加了口语化的普通话，并且同时提升了英语水平。

另外，易伯瑞汉一直说他打算去学校学习汉语，但说了两年，还是没能达到这个目标。

> 2011年8月，易伯瑞汉的生意变得清淡和困难，他多次告诉笔者："Next year, go to school study Chinese... Some factories they speak no French, they speak no English. So no Chinese, no business!（明年我去学校学习中文……很多工厂他们不会讲法语，他们不会讲英语，所以不会中文就没有生意！）"在2012年，他又再次考虑去学校学习中文，同时也谈到有些返回几内亚的朋友在他们国内找到了给中国人打工的工作，他说那些是"good jobs—many many Chinese—in my country![好工作——（有）很多很多中国人——在我的国家！]"

> 然而，易伯瑞汉告诉笔者，今天在他去商铺的路上，一个警察拦住了他，让他出示护照和签证。"Police ask 'passport passport' all the time; no passport, they take you（警察常常检查护照，没有护照，他们就会把你抓走）。"他用双手比划了好几次被手铐铐住的样子。他的签证将在一个月内到期，易伯瑞汉为此很焦虑，并解释了为什么他不会选择非法拘留："They catch me, my friends cannot find me, cannot find their money, they think I eat their money. no no no no no no...（如果他们把我抓走，我的朋友找不到我，找不到他们的钱，他们会认为是我私吞了他们的钱，不不不不不……）"他猛烈地摇晃着他的脑袋，似乎不能想象失去他作为一个有信誉商人的好名声。

易伯瑞汉可以通过三种途径获得一年多次入境的签证：申请去大学学习汉语从而获得学生签证，去中国香港呆上两个星期，或是飞回几内亚。后两种都需要请一个代理人提供相关的生意登记和足够多的存款证明以获得商业签证。这三种途径所需的费用都在 2500 到 3500 美元之间。当笔者再次问他是否想过去加拿大或者欧洲投靠他的兄弟姐妹时，易伯瑞汉回答说"Visa very very very difficult（签证非常非常困难）"。（田野笔记，2012 年 2 月 15 日）

几天以后，易伯瑞汉给笔者看了他收到的在当地一所大学学习中文的一封录取通知书。然而，三月初，易伯瑞汉作出了放弃的决定。因为在上学的同时维持他的生意会很困难，更重要的是，因为最近的一笔生意的货款没能收回，所以他一时筹不到足够的学费。因此，易伯瑞汉学习中文的渴望，他申请去大学学中文，以及他最终不去上学的决定，都跟他优先考虑目前以及长期的生意需要以及中国的签证政策相关。正如之前讨论过的，易伯瑞汉已经积累了一定的口语普通话的能力，可以应付当前生意的需求，但是他认为从长远来看，在课堂里学习中文对将来返回几内亚是有利的。虽然对在广州的黑人来说在街上被警察拦住检查护照已经变成了家常便饭，易伯瑞汉只有在他自己在街上被警察拦住以后才发现申请签证似乎变得刻不容缓了，为了得到中国签证，他才向一所中国大学提出申请去学中文。然而，面临着维持生意与支持自身以及家人的生活压力，学习中文所需的经济资源和时间成本是他所负担不起的。

尽管最后几经曲折易伯瑞汉终于筹集到了足够的资金更新了他的签证，他的经历表明"贫穷国家的富人在富裕国家里就成了穷人"（Mathews，2011）。缺乏经济资本与中国的签证政策互相作用，使得易伯瑞汉不可能在教室里学习中文，这也意味着他的汉语在可预见的未来很可能仍然会是没经过课堂培训的口语化的普通话。从这个意义上讲，易伯瑞汉拓展多语储备的方式（通过课堂教育或在日常工作生活中拓展），以及他所能积累的多语的形式（是继续积累草根多语还是能够朝着精英多语的方向发展），都直接受到他的来源国和目的地国的影响，以及他自身在这两个国家中所处的位置的影响。

然而，这里笔者要特别指出的是，虽然易伯瑞汉在加拿大、意大利以及比利时都有兄弟姐妹，他很清楚要获得这些核心国家的签证比获得中国签证更加困难。这主要是因为易伯瑞汉来自于非洲的一个贫穷国家，或者说是在资本主义世界体系里面的最外围的国家（The Extreme Periphery）（Ferguson，2007）。跨国主义研究者的普遍共识是，各个国家在资本主义世界体系的序列中占据着不同的位置，而在全球化及跨国主义流行的当前，"国家继续对跨国迁移施加强大的影响力"（Levitt, et al，2003）。在这个体系中，迁移到比自己的国家更富有的国家实际上已经变得更困难了，"跟一个世纪以前相比，穷人迁移到繁荣和平的国家的机会减少了"（Brubaker，2005），而不是增多了。

6.5.2 来自四川的店主劳拉

2009年，一个来自尼日利亚的核心参与者带笔者去一个档口看一个"African baby（非洲宝宝）"，由此笔者认识了这个四个月大的女孩以及她的妈妈，来自中国四川农村的劳拉。那时三十几岁的劳拉在小北的一座繁忙的商贸大厦里经营着一家销售男士鞋子的档口，手里大多数时候都抱着她的女儿。她跟家人和女儿说四川话，跟顾客说英语和普通话，而在她日常生活的其他领域中，她大多数时候说普通话，偶尔也说一些广东话。她的英语在发音和语法方面都有一些不标准元素，但是她可以用英语流利并自信地讨价还价和开玩笑。例如，"Buy many many, I give you cheap cheap（如果你买很多很多，我可以给你很便宜很便宜）"，"Yes, big boss, what is you like you do, OK?（好的，大老板，您喜欢做什么就做什么，好不好？）"一天，一个在同一栋商贸大厦有办公室的非洲商人来到她的档口反复邀请她一起合作，但是她觉得这个人是不值得信任的，所以她很有技巧地用英语询问和拒绝：

L: If we make business together, how make? you pay 50 I pay 50?（如果我们一起做生意，怎么做？你付50我付50？）

……

L: But business very slowly now, many people say Africa business very slowly, nobody want to buy－same time－this time business very slowly, I don't want to make problem.（但是现在的生意不景气，很多人都说非洲的生意尤其不景气，没有人买东西，现在的生意不景气，我不想制造麻烦。）

……

L: Because I don't want to lost money－I don't want to quickly go back to my village－I want to in Guangzhou, I want to have money jabjab (gestures with her left hand as if holding a bowl and right hand motioning as if spooning food into mouth, "jabjab" clearly meant "to eat" here, but I do not know what language it is) [因为我不想亏钱，我不想很快就回乡下老家，我想在广州有钱"jabjab"（她用左手比划着好像拿着一个碗，右手好像用勺子把食物送到嘴里，明显地，"jabjab"是"吃饭"的意思，但我不清楚这是什么语言）]。（录音转写，2012年2月25日）

那么劳拉是如何发展了她的多语储备，包括相当的中式英语水平的呢？

劳拉告诉笔者她出生在四川一个贫穷的农村家庭，她的姐姐和弟弟都只上过初中，只有在跟母亲争了很久以后她才争取到读高中的学费。2000年，劳拉第一次离开家乡来到她弟弟开的广州郊县的一家工厂打工。虽然以前一直只说四川话，劳拉在工厂里很快地学会了说普通话和广东话，然后就搬到广州来做司机。2003年，她在小北租了个档口开始自己做生意，并开始学英语。当笔者问她是怎么学英语的，她说：

我是自己学啊，上学学过一点儿，都忘光了。"How are you"就用中文写下来"好啊油"，就这样学。一开始拿了个档口，分出去一半给两个年轻貌美会说英文的靓女，一来省点儿租金，二来可以请她们帮帮英文。但是客人来了她们不帮忙："你请翻译啊。"我就很生气，就偷偷学，她们说什么，我都偷偷记下来，慢慢就学会了。基本能听能说，但是不会写；我还教了很多靓女学英文呢，因为很多人都是乡下出来的，没上过学不识字嘛。（田野笔记，2012年2月17日）

由于城乡之间巨大的收入差异，劳拉从农村到城市的迁移是由她在中国社会中的地位所决定的。由于农村教育资源的匮乏，劳拉只接受了很有限的英语教育，然后很快就"忘光了"。但迁移到城市环境导致她的语言储备迅速拓展到包括普通话、广东话以及英语等。而她的语言储备的拓展主要是通过在各种不同的情境下观察别人，如她自己所描述的，包括有时"偷偷"地观察和学习。在2009年和2011年的田野调查期间，笔者经常观察到劳拉习惯性地轻轻地重复着顾客说的话，大多数时候是英文的，偶尔也有一些法语词句。

笔者认为，劳拉跟农村老家的跨地区关系以及她通过亲密关系而建立的跨国关系都是不规则的，但是都促进了她的多语储备的拓展。2009年在笔者的田野调查期间，一位来自劳拉家乡的年轻女子在档口帮忙，而劳拉的母亲则在广州照看她的女儿和她弟弟的幼子。劳拉开始在家乡为她女儿和父母盖房子，但在2009年年底，当一位非洲客户无法付款给劳拉时，劳拉不得不关闭档口。劳拉将自己的母亲、女儿、侄子以及雇员都送回了家乡，而她自己则在一座租金相对便宜很多的新商厦里重新起步，租了一个小档口，同时兼做市场向导和翻译。2011年8月，当笔者再次拜访劳拉时，她刚刚在这座新大厦里开始汽车代理生意，她弟弟对汽车比较了解，她就把他从老家接来帮她。但汽车代理的运营费高达一万元（1600美元）一个月，劳拉因此日夜忧心何时能够卖出第一部车。

2011年，在笔者离开广州后不久，劳拉转向经营汽车配件以降低营运成本。一次偶然的机会，一个居住在伦敦的退休的印度裔男性路过她的档口，后来就成了她的"老公"：他们并没有结婚也无意结婚，但他在经济上支持劳拉的生意和她的家人，劳拉也带他回家乡见了她的父母和女儿。后来她的老公计划带她去英国和印度旅行，但是据劳拉说，由于她的账户上没有10万元存款作为保障，她因此被英国拒签，而印度则只要求1万元的保障金。她老公打算卖掉印度的一些地产后在广州买一套公寓。2011年11月，劳拉同她老公一起去了印度。但是出售地产比他们预料的复杂，而劳拉的签证只有三个月，于是劳拉于2012年2月回到了广州，而她老公则留在印度。

2012年3月，生意仍然很不景气。劳拉将她的弟弟送到一个朋友那里去打工，而她自己则一边一个人惨淡经营着她的汽车配件生意，一边考虑着是否关了这个档口再另开一个。她老公每天从印度给她打电话，她们大多数时间都用英语交流，有时夹一些普通话的词句。她每天用四川话给四川老家的女儿和父母打电话，也常跟在另一个省打工的姐姐聊天。劳拉母亲的身体每况愈下，劳拉担心着什么时候她能把女儿接到广州，如何能在做生意的同时照顾女儿，以及如何才能够负担女儿在广州生活和上学的费用。

由此看来，经济资源似乎是影响劳拉通过生意和亲密关系而建立的跨国和跨地区的同时性关系的主要因素。劳拉与她女儿的生父几乎没有联系，据劳拉说，女儿的父亲回到非洲后就没有钱再回到中国。然而，当劳拉在2011年遇到她现在的老公后，他们与劳拉在四川的家乡、她老公在印度的家乡，以及她老公长期居住的英国都开始了一系列流动的联系。事实上，对很多移民来说，"从事跨国实践的愿望和能力在不同的阶段和不同的背景下会起起落落"（Levitt, et al, 2004）。虽然性别和种族在劳拉的两段亲密关系中有不容置疑的重要的交集，劳拉的差异化的联系说明发展和维持同时性的跨国跨地域的联系的能力在很大程度上取决于两个男子各自居住的国家在世界体系中的排名，例如，他们分别是住在核心国家还是一个极度外围的国家。

此外，劳拉支撑自己家庭的能力也随着她的经济资本而起起落落。由于劳拉自己是农村户口，她没有足够的财产，不能在她生活和工作的广州为女儿登记城市户口，而只能在家乡为女儿登记农村户口，这便加强了她与家乡的联系。另外，劳拉只有足够的钱在四川老家而非广州建房。因此，劳拉在不同阶段跟家乡之间的跨地区的联系在很大程度上是经济资本和中国的户口制度交集而建构出来的。

笔者认为劳拉的多语储备是建立和维持她的跨地区和跨国关系的一个主要媒介，尽管这些关系很不规律。在她已有的语言技能基础上增加普通话、广东话以及英语，对劳拉的创业，维持及拓展她的生意都是至关重要的。这些新的多语技能使得劳拉可以在刚到非洲城时在经济上能生存下去；后来英语又成了她生意和亲密关系的主要媒介；同时，她与家乡之间的联系一直通过四川话保持着，而广东话和普通话则成为她在广州的日常生活的各个领域的常用语。所有这些日常生活中的交流构成了劳拉未经课堂教学而自发地拓展她的多语储备的过程。

6.6 草根多语主义、国家和全球化

易伯瑞汉和劳拉的案例显示了他们以各不相同的方式进行着同时性的跨国和跨地区的联系，因为迁移意味着维持已有的并建立新的工作和生活的关系。迁移经常导致扩大语言储备，比如增加新的语种或者提高自己的储备里已有的语种的水平等，所以个人的多语储备成为他们生活轨迹的索引。来自外围国家的成人常常不仅要养活自己，还要支撑家人的生活，他们很少有能力承担通过课堂教育来学习语言技能所要求的时间和金钱投入，所以他们常常只能通过生活和工作来自己拓展和提升语言水平。这经常导致非标准和非精英的语言形式，这也就是笔者所说的个人层面上

的草根多语主义。事实上，个人多语主义从需要里产生，通常只拓展到个人所需要的程度，所以常常用不同的语言形式来满足不同的要求和达到不同的目的（Edwards，1994），而它的系统性的模式则跟个人在特定的社会里及在跨越不同社会时的位置相关。

易伯瑞汉与劳拉的案例同时也说明，即便对于特定的个体而言，这种跨国和跨地方的关系在同一个人的不同人生阶段中也会处于不断的变化之中。在某个人生阶段中，一个人可能会也可能不会同时保持这两种关系；当一个人确实同时保持这两种关系时，其形式以及强度也可能各不相同（Levitt, et al, 2007）。更重要的是，在同时保持这两种关系时，这些关系的形式与个人的能力有很大的关系；而个人能力主要由个人所拥有的各种形式的物质性和象征性资本决定，但是基本上是以经济资本为中心的。但是我们可以看到经济资本是相对的，各个国家在资本主义世界体系中排名不同（Levitt, et al, 2003），在极度外围国家里看似有相当规模的经济资本在一个核心国家里或许是微不足道的。

同时，经济资本似乎是国家所使用的一种重要的技术机制以调控谁可以迁移，他们可以保持什么样的跨国和跨地方的关系，他们的流动可以多么频繁，以及他们可以发展什么形式的个人多语主义。在非洲城，关于签证和户口的国家政策以收取高昂的跨地区或跨国界的费用的形式有效地排挤和边缘化了那些来自贫穷国家和地区的人们。严格的签证政策虽然导致一些人采取去学校注册中文课这种投机的策略和行为，但只有有充足的经济资本和时间的人才可能用这种方式来获取签证，从而有可能迈向精英多语主义。换句话说，精英多语主义需要巨大的经济资本和时间的投资，这常常是那些在结构上被边缘化的个人和群体所无法企及的。

这里需要强调的是，虽然中国签证对很多非洲商人来说已经变得昂贵和困难，但要跨越核心国家的国界无疑更加困难。虽然有兄弟姐妹在几个核心国家，易伯瑞汉甚至没有尝试也不打算去申请那些国家的签证，而劳拉在申请去英国的旅游签证时则以被拒签告终。中国已经成为世界第二大经济实体，对于非洲商人有着一定的吸引力，至少目前是如此（Mathews, et al, 2012）。从这个意义上讲，从总体来说中国——具体地来说非洲城，为那些在结构上被边缘化的人们提供了参与全球化的一个机会，使得像易伯瑞汉和劳拉这样的人可以谋生、养活家人，甚至有可能致富。

所以，自上而下的全球化常常要求平衡的精英多语主义，而草根多语主义则常常与自下而上的全球化过程如影随形，成为很多人维持生计所依赖的重要的象征性的语言资源。如果易伯瑞汉和劳拉没有他们各自的多语储备，他们不可能用他们自己的方式去建立、维持以及发展那些同时性的跨国和跨地方的关系。这样看来，草根多语主义将贫穷的国家以及缺乏经济和象征性资本去参与自上而下的全球化的人群，放回到全球化的过程之中。因此，像草根识字一样，草根多语主义"具有本地价值和本地意义"（Blommaert, 2008），对本地来讲甚至可以说有一种解放的作用。

草根多语主义与自下而上的全球化紧密相连，通常发生在那些在结构上被边缘化的个人和群体之中，他们在全球地理政治序列中任何排名的任何社会里都存在。边缘人群聚集的边缘空间通常都有一些相似性，但又各有其独特的历史、构成和发展过程，而每个个人都有其独特的人生轨迹和相应的多语储备。反过来说，研究个人的多语储备可以揭示这些个人和她们所属的群体已经经历或者正在经历的社会过程。在本章的案例中，劳拉的多语储备索引了她在城乡户口二元化制度影响下离开农村老家直到她在非洲城的生活轨迹。二元化的城乡户口制度继续塑造她在非洲城的生意、生活甚至她的亲密关系，使她在这个她出生、长大和拥有唯一国籍的自己的国家里成为公民。中国大城市的限制性城市化迁移政策其实模仿了加拿大和澳大利亚等核心国家的国际移民政策（Nyiri，2010；Sun, et al, 2011）。但很少会有核心国家的人觉得核心国家只接受来自贫穷国家的少数精英移民有什么不可思议甚至骇人听闻的。这个反差大概跟如下事实有关：核心国家拥有足够的资源来"使用越来越先进的国籍、护照和签证等技术"（Brubaker，2005），根据教育背景、专业经验以及语言技能和水平等标准来筛选国际移民。这些"先进技术"掩盖了筛选的不平等根源，使得筛选看似中性科学因而合理，进而使得筛选变得理所当然。这样筛选控制的结果是，世界上的穷人可以流动到富裕的国家去的机会与一百年前相比减少了。因此，我们看到那些很少有机会可以迁移到富裕的核心国家去的非洲国家的中产阶级，以及那些无法获得广州户口的中国农民，涌到广州并形成了非洲城这样一个处在(半)外围国家的边缘空间。因此，非洲城的存在提出了一个重要问题：国家在构建世界各地的个人和群体的生活轨迹中以及在加剧全球的不平等中扮演什么角色？

全球化加剧了全球的不平等（Mathews, et al, 2012；Wallerstein，2004），这在（半）外围国家和核心国家中可能以不同的方式出现。在这个不平等的世界体系中，精英多语主义被视为正常，而草根多语主义则被视为是缺陷。语言，更精确地说，平衡的精英双语主义，作为一种签证、护照和国籍管理的"先进技术"，已被越来越多的核心国家选择和采用来管理和控制迁移和移民（Extra, et al, 2009）。在这种意义上，语言已经变成了一个无比重要的再造、制造、以及抗辩不平等的重要领地。因此，我们需要更多的对全球化中的不平等敏感的社会语言研究。笔者希望在下一步的研究中继续探索像阶级（Han，2011a，2012）、种族、宗教、性别以及其他的社会构建类型如何在非洲城及类似的空间里跟草根多语主义交叉作用。笔者希望这样的研究可以为全球化的社会理论作一些微薄的贡献。

致谢：

本章是在以下英文版的文章基础上翻译及稍作修改而成：

Han, H. (2013). Individual grassroots multilingualism in Africa Town in Guangzhou: The role of states in globalization from below. International Multilingual Research Journal.

7(1), 83–97.

　　本项目得到西蒙菲莎大学校长研究启动基金以及加拿大社会与人文科学研究理事会的资金支持。本人感谢 International Multilingual Research Journal 的主编 Alfredo J. Artiles 教授和 Jeff MacSwan 教授帮助洽谈并取得免费翻译和出版此文的中文版的许可。感谢中山大学的硕士研究生金鑫提供了中文翻译初稿及第二稿，感谢李志刚教授为此提供的支持。中文版的两次修改及定稿由我本人完成。文中所有的错误和遗漏均由本人负责。

注释

① 从社会语言学的角度来看，语言变体包括地域变体（或称"方言"）、社会变体（受年龄、性别、职业、宗教、教育程度等社会因素影响的变体）、标准语（为教育及社会事务等目的而设立的标准化的方言），及个人变体等。请注意，在语言学意义上，标准语是一种与其他变体平等的变体；方言（地域变体）与独立语言之间是没有明确的界限的，有许多地域变体（例如汉语的地域变体），究竟是方言还是独立语言是存在争议的。

参考文献

Baker C. 2006. Foundations of bilingual education and bilingualism[M]. Bristol, England: Multilingual Matters.

Blacklege A, Creese A. 2010. Multilingualism[M]. London: Continuum.

Blommaert J. 2004. Writing as a problem: African grassroots writing[J]. Language in Society, 33: 643–671.

Blommaert J. 2008. Grassroots literacy: Writing, identity and voice in central Africa[M]. London: Routledge.

Blommaert J. 2010. The sociolinguistics of globalization[M]. Cambridge: Cambridge University Press.

Blommaert J, Backus A. 2011. Repertoires revisited: "Knowing language" in superdiversity[R]. Working Papers in Urban Language and Literacies 67, London: King's College.

Blommaer J, Collins J, Slembrouck S. 2005. Spaces of multilingualism[J]. Language and Communication, 25(3): 197–216.

Blommaert J, Muyllaert N, Huysmans M, et al. 2005. Peripheral normativity: The production of locality in a South African township school[J]. Linguistics and Education, 16: 378–403.

Bodomo A B. 2010. The African trading community in Guangzhou: An emerging bridge for Africa–China relations[J]. The China Quarterly, 203: 693–707.

Bourdieu P. 1977. Outline of a theory of practice[M]. Cambridge, UK: Cambridge University Press.

Bourdieu P. 1984. Distinction: A social critique of the judgment of taste[M]. London: Routledge.

Bourdieu P. 1986. The forms of capital [M]// J G Richardson. Handbook of theory and research for the sociology of education. Westport, CT: Greenwood Press.

Brubaker R. 2005. The "diaspora" diaspora[J]. Ethnic and Racial Studies, 28(1): 1–19.

Canagarajah S A. 1995. Use of English borrowings by Tamil fish vendors: Manipulating the contexts[J]. Multilingua, 14: 5–24.

Dyers C. 2008. Truncated multilingualism or language shift? An examination of language use in intimate domains in a new non-racial working class township in South Africa[J]. Journal of Multilingual and Multicultural Development, 29(2): 110–126.

Edwards J. 1994. Multilingualism[M]. London: Routlege.

Extra G, Massimiliono S, van Avermaet P.2009. Language testing, migration and citizenship: Cross-national perspectives[M]. New York: Continuum.

Ferguson J. 2007. Global shadow[M]. Durham, NC: Duke University Press.

Guarnizo L E, Smith M P. 1998. The location of transnationalism[M]//M P Smith, L E Guarnizo. Transnationalism from below. New Brunswick, NJ: Transaction Publishers.

Han H. 2011a. Class, race, and language in south – south migration: Spontaneous multilingualism among shopkeepers in China and South Africa[R]. The 110th American Association of Anthropology, Montreal, Canada.

Han H. 2011b. Inclusion through multilingual institutional policies and practices: A case study of a minority church[J]. International Journal of Bilingual Education and Bilingualism, 14(4): 383–398.

Han H. 2012. They are not used to English so I translate from Swahili to Chinese: Multilingualism in Guangzhou, China[R]. The 34th American Association for Applied Linguistics (AAAL), Boston, MA.

Han H. 2013. Unintended minority language maintenance: The case of a Baptist Chinese church in west Canada[J]. International Journal of Sociology of Language, 222:101–129.

Heller M. 2007. Bilingualism as ideology and practice[M]//M Heller . Bilingualism: A social approach . London: Palgrave Macmillan.

Juffermans K. 2011. The old man and the letter: Repertoires of literacy and languaging in a modern multiethnic Gambian village[J]. Compare: A Journal of Comparative and International Education, 41(2): 165–179.

Kramsch C, Whiteside A. 2008. Language ecology in multilingual settings: Towards a theory of symbolic competence[J]. Applied Linguistics, 29(4): 645–671.

Levitt P, DeWind J, Vertovec S. 2003. International perspectives on transnational migration: An introduction[J]. International Migration Review, 37(3): 565–575.

Levitt P, Glick Schiller N. 2004. Conceptualizing simultaneity: A transnational social field perspective on society[J]. International Migration Review, 38(3):1002–1039.

Levitt P, Jaworsky B N. 2007. Transnational migration studies: Past developments and future trends[J]. Annual Review of Sociology, 30: 129–156.

Li Z, Xue D, Du F, et al. 2009. The local response of transnational social space under globalization in urban China: A case study of the African enclave in Guangzhou[J]. Geographical Research, 28(4): 920–932.

Li Z, Xue D, Lyons M, et al. 2008. The African enclave of Guangzhou: A case study of Xiaobeilu[J]. Acta Geographica Sinica, 63(2): 207–218.

Lyons M, Brown A, Li Z. 2008. The "third tier" of globalization: African traders in Guangzhou[J]. City, 12(2): 196–206.

Mathews G. 2011. Ghetto at the center of the world: Chungking mansions[M]. Chicago, IL: University of Chicago Press.

Mathews G, Alba Vega C. 2012. Introduction: What is globalization from below? [M]// G Mathews, G L Ribeiro, C Alba Vega. Globalization from below: The world's other economy. London: Routledge.

Mitchell C. 1984. Case studies[M]// R F Ellen. Ethnographic research: A guide to general conduct. London: Academic Press.

Nyiri P. 2010. Mobility and cultural authority in contemporary China[M]. Seattle, WA: University of Washington Press.

Park Y J. 2010. Boundaries, borders and borderland constructions: Chinese in contemporary South Africa and the region[J]. African Studies, 69(3): 457–479.

Sun W, Bai C, Xie P. 2011. The effect for rural labor mobility from registration system reform in China[J]. Economic Research, 1: 28–41.

Wallerstein I. 2004. World system analysis: An introduction[M]. Durham, NC: Duke University Press.

Yang Y. 2011. African traders in Guangzhou: Why they come, what they do, and how they live[D]. Hong Kong: the Chinese University of Hong Kong.

Zheng G, Huang-Li R. 2007. Rural–urban migrant workers in China: Issue and social protection Ⅰ&Ⅱ[M]. Beijing: People's Publishing House.

7　尼日利亚人在中国：第二次固定

Heidi Østbø Haugen

伴随着中国的经济快速发展，各种新形式的迁移不断涌现。除了来自发达国家的投资者和专业人才，越来越多来自世界各地的各种类型的移民也不断出现。尽管已有大量关于中国移民的研究，中国所扮演的移民国度新角色却未受到足够关注。本章以在国际贸易中心广州的尼日利亚人为例，探索流向中国的"南南迁移"的动态过程。采用的研究方法主要是对在广州的非洲商贸者和移民进行实质性访谈和参与式观察。本章认为，中国的尼日利亚移民集中体现了全球迁移流多样化、迁移过程商业化、移民的地方政策不断强化的过程。中国原本不是非洲移民的初始目的地国家，但随着这些移民进入欧洲北美等理想国家的愿望被其严格的移民制度不断削弱，中国变成了一个相对更优的选择。在中介的帮助下，他们取得了短期的签证，从而逃离了在尼日利亚的非自愿的固定状态。然而，在当前的中国移民政策中，获得签证续签的机会并不大。非法移民的流动性因此受到很大的制约：他们必须清楚地知道自己移动的方式、时间以及对象，从而避开警察的拦截。这对商业来说是一种阻碍，同时也是一种个人危难，那些从事贸易行业以及与贸易相关服务业的移民的危难。因此，这样一种状态即被称作"第二次固定性状态"：移民越过阻碍成功地迁移到目的地国家，但又在目的地国家陷入另一种空间上的截留。

7.1 引言

在过去的几十年里，中国经历了快速的经济和社会发展，随之而来的是各式各样的新型外来移民的出现。中国的外来移民就来源国家、社会背景以及迁移目的而言都呈现出显著的多样性：大量来自周边不稳定国家的避难者、海外侨胞投资者、海外学生以及全球化的专业技术精英和贸易者等等。在这些移民中，非洲移民首次成为中国历史上一只庞大的移民队伍。作为一个正在快速发展的城市，广州已经成为了撒哈拉以南非洲移民的集聚中心，尤其聚集了大量的尼日利亚人。

中国非洲移民的增多源于中非之间愈加频繁的贸易往来。移民在中非国家的贸易中起着至关重要的作用。据统计，在 2000 年到 2012 年间，其贸易增加值以每年 20% 的速率递增（Xinhua，2013）。在移民研究中，有关流向非洲国家的中国移民研究已经成为海外华人研究中的重要组成部分，但有关在中国的非洲移民的研究却较少受到关注。

尼日利亚向中国的流动可以说集中体现了国际迁移活动的一般趋势，发展中国家的移民向欧洲和美国等地区的流动总是不断被其严格的移民体制所制约。虽然仍有一部分移民愿意承担迁移到这些理想目的地国家的高风险，但也有很多选择流向那些更开放和更少移民管制的国家。如同其他地区一样，中国境内的各种地方管制也迫使这些移民不断小心谨慎地审视着自己流动的方式、时间以及对象。

本章采用了"第二次固定性状态"这一概念来描述移民在成功迁入目的地国家之后，又再次陷入另一种空间截留的境遇。本章按照迁移的时间先后顺序，分析了尼日利亚人入境中国的方式以及在中国所面临的"固定性"的经历。首先，笔者将通过文献梳理对文中所谈到的流动性和固定性的概念做一个探讨，然后在此基础上选取适用于本研究的研究方法。

7.2 流动性和固定性

在过去几十年里，前所未有大规模移民跨越国家边境进行着迁移活动。然而，有关移民的数据显示的情况应当与被大量阻碍跨国流动性的描述相对照（Smart, et al, 2008）。移民政策越来越倾向于技术性移民，以及从事护理和服务行业的女性移民（Misra, et al, 2006; Obi, 2010）。因此，未受过高等教育的男性移民在迁移过程中具有更多阻碍。

"移民文化"一词用于描述那些迁移活动在人们的日常实践中具有重要作用之处，也是社会发展得以实现的一种高度理想的方式（Massey, et al, 1993）。在迁移活动已成为应对经济和社会发展的习惯性战略的群体中，阻碍国际间流动的因素也挑战着他们自身的认同以及改变着社会关系（Elmhirst，2007）。对于缺乏成年后进行人生变革的必要资源的年轻人，尤其是缺乏建立家庭所需的物质资源的年轻人而言，迁移这一活动更是他们新增的迫切愿望（Lubkemann，2008）。传统目的地国家所具有的严格的移民体制最终导致一种广泛存在于移民之中的"非自愿的固定性状态（Involuntary Immobility）"（Carling，2002）。

面对进入欧洲和北美国家日益增加的阻碍，一种解决途径是流向可进入性更高但吸引力相对较小的发展中国家。这也是世界上几乎一半的有记录的国际移民都居住在南半球的原因之一（Ratha, et al, 2007）。南半球的目的地国家大都是中等收入水平，并且吸引着来自附近低收入地区的移民（Hujo, et al, 2007）。另外，一般中转国家多位于地球北部，如塞内加尔、摩洛哥、土耳其和墨西哥等。这些中转国家事实上已成为未能成功进入理想国家的最终目的地。新兴的目的地国家对移民带来的政治、社会问题所做出的选择性政策或是偶然性政策等，对移民影响至关重要。

国际移民在目的地国家所存在的空间通常具有流动不平等性。虽然控制边界是一项主要任务，但由于不同地方对加强移民法执行的程度不同，移民流动性的内部管理则可能在空间上呈现出多样性（Chishti, et al, 2010; De Genova, 2005）。在关于美国非法移民的研究中，Nunez 和 Heyman（2007）等研究了移民是怎样应对国家政策的：一方面限制自己的移动，另一方面又以各种各样的方式暗地里应对对自己移动的管控。驱逐出境成为对移民的一种规训力量，影响着他们运用和体验城市空间的方式（De Genova，2005）。警察拦截的危害，以及因此所造成的对移民空间的影响，都与移民的感知信任度相关（Heyman，2009）。

目的地国家的固定性同样被应用到避难者的研究中。很多避难者都隐蔽地居住在城市中，而非正式处所。这些避难者几乎不受法律的合法保护，也易遭受警察的逮捕以及当地人的负面评价（Campbell，2007）。另外也有研究关注于避难者是如何限制自身的移动以免被查出身份。例如来自达累斯萨拉姆与坦桑尼亚的研究探索了儿童在城市空间具有的固定性所带来的特殊影响，年轻人为了不引人注目所产生的新策略以及主体环境强行约束他们的方式，都在这些避难者之间的民族矛盾中混合产生（Mann，2002; Sommers，2001）。

大量研究论述了个人资源和属性是如何影响跨国迁移的。关于美国非法移民以及非洲城市避难者的研究表明，性别、种族、年龄、技能、移民身份、社会网络以及一系列其他的特征和属性都对移民在目的地国家的流动性有影响。来自不同背景的移民所具有的相似的固定性经历显示，缩小避难者研究与更广泛的关于人类流动性的社会科学研究的差距十分重要（Bakewell，2008）。本章旨在探索一个新兴的移民目的地国家中所存在的固定性的现象，从而弥补现有研究中的不足，并且探讨了移民存在的环境与目的地的固定性之间的关系。

7.3 研究方法

研究基于 2009 年 5 月到 2010 年 5 月期间在广州进行的为期四个月的田野调查，同时参考了大量关于中国的非洲移民的研究。相对于其他非洲移民，尼日利亚人所具有的高能见度使笔者主要关注于这一群体，因此在田野调查和本章的探讨中笔者也仅仅针对尼日利亚人进行研究。

本章搜集数据采用了参与式观察以及半结构式访谈法，并运用 NVivo 软件对相关的田野笔记和访谈记录进行定量分析。参与式观察为笔者的探讨提供了第一手资料，即移民之间、移民与非移民之间、移民与政府之间如何产生联系，以及他们的迁移模式和公共空间的行为特点。这些问题也是田野工作中的日常会话内容。访谈方法的选取是考虑到可以与他们进行相关问题的深入探讨。在访谈中，被调查者会被问及他们的迁移历史、在中国的固定性的经历和体验，以及对自身风险管理策略的评价等。因此，半结构式访谈也为被调查者之间进行横向比较提供了可能。

笔者通过实地考察来招募调查对象。笔者在一栋公寓大楼的一个房间里接待了很多访谈对象，这是其中的一个田野调查进行的地点。其他的一些调查地点还包括非洲移民经常出没的商贸中心和娱乐场所，以及广州一个地下的五旬节派教会，该教会是对在广州商务区从事商业的并且经济比较富裕的调查对象进行招募的一个重要场所。富裕的移民组成了笔者参加过的教堂宗教集会的一部分，同时笔者在经过一个尼日利亚牧师的同意后，将教堂作为一个田野调查地点。笔者偶尔也会从已有的调查对象身上找到新的调查对象，但是总体而言，滚动式调查的方式是无效的，因为移民之间普遍存在着不信任感。

笔者在进行田野工作时主要使用英语和法语。然而，中文的使用对笔者与非洲调查对象和中国调查对象之间保持密切联系至关重要：当面对中国警察、移民局、中国的房东以及中介机构时，非洲移民会请求笔者替他们翻译和解释（他们知道这些事情将有助于笔者的研究）。

在招募调查对象时，笔者尽量选取具有各种不同的经历、移民身份、在中国的居留时间、性别、经济能力以及家庭状况的人作为笔者的调查对象。笔者在所有的调查地点遇到的调查对象都是男性居多，这种性别不平衡在不同的分组之间程度不同。例如，行商和学生中的女性比非法移民中的女性更多，喀麦隆女性比尼日利亚女性更多。

在来自尼日利亚的调查对象中，有人已在中国居留近十年，并获得居留权，与其来自中国或尼日利亚的配偶一起在中国生活，并经营着繁荣的商业贸易。有人则初来乍到，犹豫着是在签证到期前返回自己国家，还是继续尝试着留在中国。然而，笔者所遇到的大多数的尼日利亚人都是男性非法移民，在中国没有亲人。所有的尼日利亚调查对象都从事着商贸行业或与贸易相关的服务行业，具有不同的经济能力。他们来中国的最初目的是当一名具有稳定薪水的手工业劳动者，但很快他们便意识到这是不可能的,虽然也有跟随尼日利亚商人来到中国成为学徒的人。在笔者的调查对象里,既有这样的学徒,又有雇主。

半结构式访谈的调查对象一共70人,其中有34名尼日利亚人,其他的分别来自14个不同的国家。虽然笔者在参与式观察中也遇到过不少尼日利亚女性,但笔者并未对她们进行访谈。笔者在教堂对17名调查对象进行访谈,其中13名是尼日利亚人。

对非法移民进行调查面临着方法和道德方面的挑战(Van Liempt, et al, 2009)。来自尼日利亚的调查对象通常都将自己的行为形容成"安静的"和"老实的",并将自己的行为与其他一些移民的破坏性行为区分开来。非法移民通常十分谨慎以免引人注意,然而嫉妒的伴侣、吵闹的朋友、犯罪的熟人以及不满的房东都能轻易地给他们招来麻烦。即便持有中国的居留权,移民也仍面临着别人向其索贿的要求以及被遣返回国的压力。因而尼日利亚人就通过限制自身的社会交往,以及在交往中尽量小心谨慎以降低风险。人们之间普遍缺乏信任的环境成为调研过程中的一个挑战。但是当信任得以建立,这种环境反而对调查更有利:正是由于被调查者在中国有很少的亲密朋友,因此访谈也为他们提供了谈论自己生活和问题的机会。

7.4 尼日利亚人在广州

作为广东省的省会城市,广州位于中国的东南沿岸,自近代以来一直对中非关系的发展起着关键作用。在19世纪时,已有一小部分非洲人生活在广州(Wyatt, 2010)。在中国共产党的领导下,中国于1978年开始进行经济和社会改革,广东省作为特殊经济开发区起着领军作用。如今广州的国际化和出口导向型特征为非洲移民在广州的定居奠定了基础。

关于广州的非洲人的数量目前没有官方统计数据。据李志刚等人的田野调查估算,到2009年,广州非洲人的数量为2万左右(Li, et al, 2009),但是可靠来源的数据则较为缺乏。中国政府媒体将信息进行分类搜集,最后统计出的结果是,2008年,登记的居留在广州的非洲移民大约有13万人(Economic Information Daily, 2009)。另外,2007年,停留在广州旅店的非洲人已超过6万(Guangzhou Municipal Statistics Bureau, 2008)。然而,不管是建立居住登记的档案还是居住在旅店都要求非洲人提供合法的签证和居住权。因此,以上的统计数据还不包括非法移民以及寄宿在非正规招待所的行商。

受非洲移民和贸易影响较大的区域主要有两个(Lyons, et al, 2008)。根据笔者在这两个区域的田野调查,笔者发现这些非洲人具有不同的种族构成和居住结构。

首先,广园西路附近的商贸中心聚集了大量的尼日利亚人,一些非洲行商晚上住在这里,然而大多数尼日利亚人则居住在警察管制相对较少的城市边界地区。

第二个主要的非洲社区位于越秀区。居住在此的非洲人并非来自同一个国家,但很多都是穆斯林和讲法语的非洲人。这个社区里的很多公寓和办公室都居住和工作着非洲人，还有一些旅店主要为非洲行商服务。当地的警察不断地检查他们的签证和房屋租赁登记，一些非法移民被迫离开这个社区，也导致一些为非洲人服务的非正规的招待所被迫停止经营。

田野调查中搜集的信息表明，尼日利亚人是目前生活在广州的非洲人中最庞大的团体，这也是中国媒体报道的结果（Huanqiu，2010）。广州的尼日利亚人可被分为三种类型：（1）短暂停留的商旅；（2）合法居留的移民；（3）非法移民（不具有有效签证和合法居留许可证）。这些不同类型的群体规模总是反复变化：大多数尼日利亚人通过有效签证进入中国，其中有一部分人由于签证过期变为非法移民，而另一些非法移民通过积累大量的资源从而申请到合法的居留许可证。居留许可证须每年更新一次，因此那些未能连续更新居留许可证的非洲人又变为非法移民。

广州的尼日利亚人多数是 20 到 30 岁的未婚男性，他们努力赚钱以成家立业。有些人最终成功地在中国安家并定居下来，其中也有和中国女性结婚的，也有从尼日利亚接妻子来中国的。拥有合法居留许可证的移民在中国抚养孩子相对来说并不是很大的问题。然而，高昂的国际学校就读学费促使大多数尼日利亚人将孩子送返自己的国家上学。另一方面，在广州的尼日利亚未婚女性很少。笔者在与广园西路的一名女性店主的交谈中得知，大多数非洲女性都来自喀麦隆。通过性工作者和一些其他的调查对象得知，在广州，几乎所有来自非洲的性工作者都不是尼日利亚人。

由于自身的签证问题以及中国充足的劳动力供给，在广州找到正式的雇佣工作对尼日利亚人来说基本上是不现实的。除了出口商品用于海外销售，尼日利亚人还提供了相关的贸易服务，如物流、货币兑换以及运送家乡食物等。另外，尼日利亚行商通常也会雇佣移民作为其导游或经纪人。

犯罪和卖淫等活动致使尼日利亚人在国际上名声不佳（Carling，2006）。尼日利亚人在广州的犯罪活动尤其是毒品贸易，已引起当地政府和媒体的关注（Chunliang，2007）。不管是其他非洲人还是中国人，对尼日利亚人的印象都是负面的。一些调查对象将毒品贸易描述为其他贸易活动受挫时的现成选择。广州的尼日利亚人也清楚地知道自己的名声问题，因此尼日利亚协会已公开宣称他们会运用自身的网络和义务警员的身份来与毒品贸易作斗争（Coloma，2010）。

不考虑他们自身的种族认同，来自尼日利亚的调查对象认为大多数在广州的尼日利亚人都是依博人。豪萨族的尼日利亚人通过越秀区的非洲穆斯林群体运作，将自身与其他民族的尼日利亚人区别开来。对于不能长时间居留中国的豪萨族的尼日利亚人，他们则需要雇佣经纪商。为此笔者访问了三个这样的经纪商，他们都来自尼日利亚。他们认为顾客不愿意雇佣非尼日利亚经纪商的原因主要是宗教和种族的差异。另外，来自尼日利亚的经纪商说着豪萨语，并且与物流商之间进行着有效的联系。货物通过船运从中国运输到贝林的科托努港口，然后转由货车装载，经过尼日尔运输到尼日利亚北部地区。通过科托努港口运输货物的依博族商人采取其他途径，一般是选取陆运运输到拉各斯（Uzca'tegui，2009）。由于尼日利亚政府禁止很多从中国进口的制造业产品，因此对走私程序的熟练掌握非常重要。

在中国的尼日利亚人为其他地区的尼日利亚侨民以及国内供给商品，因此在其他国家的家族和亲戚关系成为其商业来源的重要组成部分。服装、电子产品以及假冒品牌等商品都从中国经海运运输给欧洲、美国以及其他地区的尼日利亚人。侨民间的经济联系刺激了贸易的产生：一些在中国取得成功的尼日利亚商人将其贸易进行扩展，通过委任其他国家的尼日利亚人将商品购买并运输回国以进行再销售。

7.5 尼日利亚的固定性与入境中国

很多研究表明，尼日利亚人对移居国外的渴望非常普遍（IOM，2009）。例如，一项最新研究表明，尼日利亚48%的成年人表示希望永久性地移居外国（Esipova，et al，2010）。这种强烈的移民压力可以从尼日利亚高发的人口贩卖、偷渡以及大量合法的尼日利亚移民中反映出来（Carling，2006）。虽然尼日利亚人倾向于迁居美国和欧洲，但大部分最终迁移到可进入性更高的非洲国家（IOM，2009）。中国作为一个新兴的移民目的地引申出一个问题：中国在具有潜力的移民目的地国家等级体系中处于何种位置？

中国廉价的制造业产品供给吸引了来自非洲大陆的商人（Lyons，et al，2008）。除个别之外，笔者的尼日利亚调查对象大都选择迁移至中国进行贸易。有些拥有广泛的交易网络、可观的经济资本和在洛美、迪拜以及其他贸易中心所积累的经验。即便是缺乏经验的移民在到达中国之前也很了解存在于中国的巨大商机。

来自尼日利亚的调查对象在谈到他们来中国的动机时，有三位认为是由于中国所具有的贸易机会的驱使，但他们对中国却鲜有正面评价。大部分人入境中国的首要因素是其相对较低的入境门槛限制。有时中国只被当作通往其他更令人向往的目的地国家的跳板，例如日本、澳大利亚和欧洲。正如一位尼日利亚调查对象所说，"这里只是我去爱尔兰的中转站"，同时他也承认下一步的迁移比想象中更困难。来自尼日利亚的调查对象将中国视为次要的移民目的地，这种观点与其他非洲人存在差异（Lyons，et al，2008）。

笔者的调查对象在回顾他们的中国之路时往往始于他们长久以来对离开非洲的渴望。有的曾被移民中介骗钱，有的在尝试迁移到欧洲或中东时被遣返回去，有些在来中国之前从未有实质性的移民经验，移居国外的机会似乎总是可望而不可即。尽管非自愿的固定性存在于尼日利亚之中，然而高风险的非法迁移并非个人或社会可接受的选择。正如一名调查对象所说，真正的"精英迁移"是具有合法签证并乘坐飞机离开非洲的移民，而不是冒险通过陆运或海运非法潜入欧洲的人群。

正如世界上大多数移民一样，调查对象对尼日利亚的经济和社会发展机会存在不满，这对他们做出自己的迁移决策起着关键作用。然而，他们也更重视迁移经验的不菲价值而非预期收益。例如，相对于非移民群体，移民被视为更独立更能忍受苦难的人群。在笔者的一些调查对象中，他们对固定性的失望和对离开尼日利亚的渴望都在个人问题中不断加强。这些个人问题包括强迫的婚姻、与家族长者之间的冲突以及事业上的挫败等。这些事件促使他们寻求更多的迁移机会，也使潜在移民更倾向于选择可进入性更高的次要目的地国家。

入境中国相对容易，但并非对所有人开放。联系人和费用是获取签证的必需品。来自尼日利亚的调查对象通常因为获得一个有效期30天的旅游或商业签证进入中国，有时也通过移民中介获得签证，但需花费1000到2000美元。广州的旅游机构和旅店都有为申请签证提供资料的经纪商，例如酒店预定和邀请函等，这些标准化花费在100美元左右。余下部分的经纪费用包括招揽顾客的中间人的费用、中国大使馆的官方签证费用等。

商业移民中介对具有签证申请"关系"的人而言则是多余的。商业运作和朋友善意帮忙两者的区别是模糊的。一些人帮助自己的伙伴获得签证未收取费用，但却用于偿还社会债务，或将其视为交换支持的一场交易。同样一种模糊不清的区分也存在于非洲及其他地区的中国移民之中（Haugen, et al, 2005; Zhang, 2008）。另外，在合法和非合法入境中国之间也存在着模糊的界限：通过获得边境站批准获得合法签证的途径，如果签证是基于伪造的材料，例如虚假的邀请函，那这在严格的法律意义上也是不合法的入境行为。

移民中介对告知移民关于目的地国家的准确信息方面毫无兴趣。中介服务所带来的迁移商业化导致一些草率的迁移决策产生，而移民与看似值得信赖的经纪商之间的联系并不能增加他们入境中国的机会。在这样的背景下，很多调查对象都无法获得关于移民目的地国家的基本信息。一些人来到北京，却不知道广州离北京很遥远，也不知道找工作和更新签证的困难，他们甚至不知道中国的通用语言不是英语。

通过媒体报道、网络论坛以及流行文化等，尼日利亚人获得的关于中国的信息变得越来越真实可靠。在音乐专辑《在中国发生的事件》中，一位歌手总结道：

中国的生活是艰难的！只有坚强的人们才能在这里得以生存下来。如果对你来说这里的生活实在太过艰难，那就走吧，回到你原来的地方！（译自依博语）

另一位从事歌曲创作的调查对象也不鼓励新的移民来到中国。同样，在笔者的调查对象中，很多人在回国后都不会谈及自己在中国的经历。不过，成功的移民会被怀疑是故意描绘出一种在中国的凄凉景象以阻止其他人模仿他们的成功。对于那些不幸的空手而归的人们，也许是因为懒惰、缺乏坚持和信念，或者更坏的可能是他们表面上装作空手而归事实上却是有所收获，以此逃离可能要承担的分享自身财富的社会义务。

与五旬节基督教会的广泛联系使移民更不愿去关注迁移的风险。尼日利亚人的五旬节教会告诫人们，只有真诚的信徒才会得到好运和财富（Marshall, 2009）。延伸开来，即是说在迁移过程中缺乏对成功的信仰可被认为是缺乏对上帝的信仰。

笔者将这个部分的讨论总结为以下三点：非自愿的固定性广泛存在于尼日利亚；具有大量的关于中国签证的中介；有关移民目的地中国的可靠信息非常有限。这些要素的组合导致草率移民数量的上涨，使他们一旦抵达中国后便很容易再次陷入固定性状态之中。

7.6 第二次固定

迁移到中国解决了移民在尼日利亚所面临的固定性问题。只要签证有效，他们就可以自由地流动。"就像蜜月一样！"一个调查对象在描述他在中国的一个月时间里到各种各样的工厂的经历以及有关广州夜生活时如此说道。其他人由于对新环境不熟悉，尽管持有合法签证也很难自由流动。当签证即将到期时，他们不得不迅速做出决定是回国还是暗中继续留在中国。很多人选择了后者，或出于对经济提升的渴望，或仅仅是因为不能负担回国的经费。

尽管签证仍然有效，但家人和朋友的期望使他们也更加不愿意回国。赞助他们出国的家人和朋友希望能够获得他们的汇款援助。即便对于最初离开尼日利亚并非出于经济原因的人来说，由于国内社会对他们抱以增加财富的期望，如果事业失败他们也不愿意回国。正如一个调查对象所说："当你回到尼日利亚时，人们认为你应当是开着车，有自己的豪宅，建立了自己的公司。如果你不能快速地做到这些事情，你就会被认为是一个失败者。"

国家法律和地方政策的实施影响着在中国的海外移民的固定性状态。中国移民法是基于《中华人民共和国外国人入境出境管理条例》修订的，于1985年开始实施。公安部和外交部负有该法律的实施责任，并由几个地方政府部门共同实施。

1985年的移民法和执行机构的设立并未考虑到巨大的移民压力，因此2012年国家对移民法进行了改革（Xinhua，2012）。在这次改革之前，中国人民政治协商会议（2008）商讨了广州的移民问题，列出了当前体系下缺乏严厉条例所存在的不足，如不可靠的统计数据、租赁登记的执行力度薄弱、外国人住房市场失控、政府部门间协调不足、法律执行资源缺乏等。它还指出，低素质的外国人会引发中国城市居民的不满，具有类似于来自中国乡村移民的特征（Yan Hairong，2003）。

住房租赁的强制登记是中国城市对外来移民进行监控的一种主要手段。居留在私人处所的外国人须在24小时内将自己的居住地址上报当地警察局。对租赁登记的严格管控在笔者的田野调查过程中也时常发生，有时这些要求来自于中国居民，他们对非洲人"入侵"自己的领地，并将其变为非正规公寓而不满。没有住宿登记的外国人将被送往警察局，并在证明自己具有有效签证之后被罚款至少50元人民币才能得以释放（Dengfeng Police Station，2009）。

在中国，合法停留需要有效的签证以及居留许可证。没有合法签证的外国人将被逮捕并监禁起来。在笔者进行田野调查的那一年，这些人至少要被罚款5000元人民币，然后还要支付遣返回国所需的费用。不仅释放和遣返回国需要资金支持，被拘留期间同样也需要花费。

承担市内流动的风险的意愿大小依赖于流动的目的，而移动决策则基于某些道德风险（Nunez, et al, 2007）。参加教会的道德意义与经商的经济意义是调查对象承担移动风险的主要原因。也有一些调查对象对这些鲁莽之举进行批判，正如一个经济上成功的移民所说："你一定是有很重要的事要做时，你才会出门。你不能像普通人那样在外面随意游荡。这个地方绝不是观光景点！"然而，这些看似游荡的行为可以帮助尚未安定的移民获取信息、乞讨甚至是成为学徒从而定居下来。

迁移到中国其他地方对于非法移民而言也极具风险。进行高度商业化产品市场运作的尼日利亚商人从远离广州的工厂中购买商品。义乌出口非洲的商品大多是资源型的，因此长距离移动对于获得义乌的国际批发市场是不可或缺的。移民由于缺乏有效签证不能乘坐火车、飞机，而只能乘坐汽车，这将花费更多的时间，同时也不能乘坐公共巴士，而只能用费用更高的出租车代替，以此逃避警察的检查，交易成本也因此逐渐增加。有时这种移动完全是临时性的，造成很多商业机会的丧失。

国际间的差旅对从事洲际贸易的商人也很重要。非法移民无法在尼日利亚销售从中国进口过来的商品，他们依赖于家族、朋友和其他熟人在国内为他们进行销售。调查对象普遍对其合作伙伴感到不满，因为他们所返还的钱总比预期少，甚至有时都没有返回给他们。商品不能达到预期收益的理由总是多种多样，如尼日利亚不稳定的物价、昂贵的海关税收、运输过程中商品的损坏、通货膨胀，以及政治动荡引起的销售停滞等。然而，移民自身却无法证实这些理由的真实性，这加剧合作者之间的不信任感。另外，一些移民还具有国内合作伙伴所缺乏的技能和个人社会关系，因此如果他们可以自己进行销售，他们则可能获得更好的营业额或以更高的价格出售。

移民采取一系列的策略来应对当地政府对自身移动的管控。由于中国法律的实施在时空上具有不均衡性，他们则利用这一特点增强其流动性。例如，在不同时刻，移民被警察拦截的风险不同，通常清晨、深夜以及午饭时点是安全性最高的时刻，这是因为此时的警察通常不在岗位。警察出现最为活跃的时间是周二和周三两天，此时的商贸大厦明显比平时冷清。然而，如果只停留在公寓不外出也并非安全的选择。当地警察随时可能进屋查看，因此一些人选择早出晚归，以显示自身是勤奋努力和遵纪守法的居民。

广州政府对非法移民尤其排斥。笔者的调查对象，大多都没有合法签证和居留许可证，因此他们选择居住在城市外围区域。广州附近的佛山是一个非洲人聚居的新区域。据一个调查对象讲述，佛山的警察在一次执行任务时，进入他的住所搜查毒品，在发现他的签证到期后，并未将其逮捕回警局，而只是命令他搬离佛山。然而，佛山对非法移民的仁慈却吸引更多的非洲人聚居于此，这样的境况可能导致佛山政府加强法律的执行力度。2010年5月，大量尼日利亚人被迫离开佛山。尼日利亚人以及他们的教会组织离广州的非洲商贸中心越来越远（Haugen, 2013）。持有居留许可证的和非法逗留的尼日利亚人，均选择远离其他移民的聚居地居住，以此避开警察的眼球和防止被遣返回国。

政府部门之间合作的缺乏在一定程度上加强了国家间的流动。被遣返回国的非法移民的照片和指纹都将被存档数年。但在笔者的调查中发现，一些人通过伪造身份的护照再次进入中国。然而在2010年，广州机场的移民检查点引进了生物特征筛选器，基于数据的储存和反复核对，想要利用假身份再次进入中国变得不再可能。

广州对移民的监控似乎正在加强。调查对象认为，加强管控的动机来源于2008年北京奥运会、2009年中华人民共和国成立60周年纪念日以及2010年11月举办的广州亚运会。他们对尼日利亚大使馆代表出面干涉和改善现状不抱希望。针对尼日利亚移民造成的问题，尼日利亚大使曾公开地为（中国）针对尼日利亚人的强硬政策辩护，大使馆曾在2009年说道："所有在中国进行的犯罪活动的非洲人中，尼日利亚人占了90%。"（The Nation，2009）

7.7 逃离第二次固定性状态

有许多方法来逃离在中国面临的第二次固定性状态，每一种方法都需要不同的资源。

首先，最简单的方法就是自愿遣返。在广州，非法移民如果要离开中国，如前面所述，须缴纳5000元人民币（合约750美元）的罚金，之后才能申请出境签证。另外，他们还需自己承担返回的机票。申请出境签证需要出示护照，但有些调查对象已经丢失、出卖或者典当了自己的护照，所以需要通过个人关系从北京的尼日利亚大使馆获取一张临时旅行证明。还有一个摆在自愿遣返移民面前的重要障碍是，当接受罚款和申请出境签证时，如果违反了入境法规则会有入狱的危险。

第二，每年可续签的居留许可证为出境移民提供了一种更具吸引力却不易实现的方法。申请者须租有办公室，雇有中国员工并向中国缴纳税收。这些条件只有那些经济成功并且有中国人协助申请的移民才能具备。但居留许可证比签证提供了更大的国际间流动性空间，因为它并不限制入境的次数。持有居留许可证的调查对象提出，每年续签的不确定性是他们面临的主要困扰。

第三，可以通过从黑市获得新的签证来应对所面临的固定性状态。在实地调查中，有效期为六个月的尼日利亚签证的报价是15000元人民币（合约2200美元），然而其他非洲国家的报价是10000元人民币（合约1500美元）。黑市签证通常由中国中介牵头，他们将非洲客户带到中国的偏远地区，这些地区可能更疏于监管。然而，这种方法亦有很大风险，因为当中介不能将签证送达时，移民往往也无计可施。

第四种逃离固定性状态的途径是成为一名中国大学的学生。有些非洲人进入广州的大学学习，其主要目的是为了获得学生签证。他们通过上课和参加考试以保持自己的学生身份，但其主要精力仍在贸易上。每年的学费大概是2000美元，但在获得学生签证上所花费的时间和经济成本足以抵消在黑市上购买签证所带来的风险。然而，现在广州的大学通常会拒绝看起来不像求学的尼日利亚人的申请。

相对永久定居中国而言，可以往返中国和尼日利亚对很多移民来说是一个更加理想的状态。能够在购买地和销售地来回迁移的商人比不能流动的竞争对手更有优势。然而，中国大使馆所采取的生物特征筛选措施和更严格的签证政策，使得将来的往返迁移更难实现。不过，更严格的入境程序并不一定会减少非法移民的人数。美国的研究表明，当往返迁移变得困难时，移民的居留时间会相应地增加（Reyes,et al，2002）。当再次进入中国的机会减少时，行商倾向于选择留在中国。尽管进口限额会导致统计上的瞒报，但根据官方的贸易数据统计，在非洲的进口量中，尼日利亚从中国的进口量目前排名第二。虽然鞋子、衣服和手提袋等商品的进口可能需要走私，但计算机、太阳能电池板、摩托车零部件、农用机械和大量其他中国产品可以自由地进入尼日利亚。当尼日利亚商人无法在中尼两国之间往返迁移时，选择待在广州的尼日利亚人更能从中非商机中获利。

在2009年12月，广州市公安局采取了史无前例的措施以鼓励移民自愿遣返回国。在两个月内，非法移民可以申请出境签证而无需承担入狱的风险，并且只需提交2100元人民币（合约300美元）的罚金。一旦获得出境签证，他们须在规定的数日之内离开，并且不得再次入境中国。在笔者的实地调查期间，有三个调查对象抓住这个政策机会离开了中国。这个政策的主要吸引力在于对人身安全的保证，然而减少的罚金却被节假日的昂贵机票价格所抵消了。

这项临时政策的出台显示出中国在外来移民政策上的协调问题。市公安局未能将相关信息传递给位于越秀区的为非洲人服务的政府服务中心。相反，公安局却通过尼日利亚协会和地下的五旬节教派教会将这项政策的信息传达给非法移民。出境签证的申请者须事先提供他们在酒店寄宿的证明，但这通常需要对酒店行贿，因为政府要求酒店在客人入住之前先检查他们的签证。

这项鼓励自愿遣返的措施对多数调查对象的吸引力有限。他们将中国与欧洲国家进行比较，在欧洲国家，非法移民被遣返时无需缴纳罚款，费用也由目的地国家承担，甚至还有安置费发放（根据不同的遣返机制讨论，Genova,et al，2010）。

尽管中国对出境签证的措施不同于美国和大多数欧洲国家，但也并非独一无二。例如，中东地区具有各式各样的出境签证政策，其中一些国家也会对非法移民加以罚款和拘留（Cholewinski,et al，2009）。在新加坡，非法移民还面临着鞭刑和入狱的刑法（Immigration and Checkpoints Authority，2010）。在这些国家，商业化的移民中介广泛存在。在出入境时，移民一般会向这些中介寻求帮助。

7.8 结论

作为一个新兴的洲际移民目的地，中国缺乏有效的法律制度和执行能力以解决巨大的移民压力。在移民数量增长过快的地方，移民政策和其他形式的管制措施在地方的特定反应中得以加强，从而削弱了移民的流动性与经济预期。地方之间法律执行力度的不均衡表明，移民在具有大量机会的同时，也背负着很多债务；在移民看来，要在这样一种不稳定的移民制度下进行长期的移民规划相当困难，但非法移民也可以通过探索相对安全的时间和空间组合以延长自己的居留时间。

中国迅速和即兴的移民政策变化使其不同于欧洲和北美。然而，2010年通过的美国亚利桑那州移民法规定，警察可以拷问和拘留具有嫌疑的非法移民。这一法规表明管控的即时性和地方性不是新兴的移民目的地国家所独有的特征。与大多数的发展中国家不同，中国具有组织严密的国家机构，因此如果中国对其移民政策进行全方位的改善，将会有效地监控外来移民及其行为。这表明，中国政府迫切需要加强对地方执法机构的严厉管控，以面对新的移民流所带来的道德、法律和人道上的压力。

本研究认为，移民所处的环境影响移民是否愿意结束在目的地面临的新的固定性的状态。来自尼日利亚的调查对象通常愿意移至非洲以外的任何一个国家，然后从一个经纪商手中获得签证来到中国。广州为他们的贸易活动提供了前景和机会。然而，不从事贸易的尼日利亚人则可能缺乏社会关系、经济资源和各种技能以有利于自身。随着尼日利亚人逐渐增多，将中国商品出口尼日利亚的商人之间的竞争愈加激烈，移民之间的关系变得愈加紧张，尼日利亚人在中国的形象开始恶化，因此，生活在中国的尼日利亚人所面临的固定性问题也在变得更加严重。

参考文献

Bakewell O.2008. Research beyond the categories: the importance of policy irrelevant research into forced migration[J]. Journal of Refugee Studies, 23(2): 432–453.

BBC News. 2009. Nigerian anger over China deaths[EB/OL]. 2009–02–05. http://news.bbc.co.uk/2/hi/africa/8274755.stm.

Campbell E H. 2007. Urban refugees in Nairobi: problems of protection, mechanisms of survival, and possibilities for integration[J]. Journal of Refugee Studies, 19(3): 396–413.

Carling J. 2002. Migration in the age of involuntary immobility: theoretical reflections and Cape Verdean experiences[J]. Journal of Ethnic and Migration Studies, 28(1): 5–42.

Carling J. 2006. Migration, Human Smuggling and Trafficking from Nigeria to Europe[R]. International Organization for Migration, Geneva.

Chinese People's Political Consultative Conference.2008. Cong chuzuwu guanli rushou jiaqiang dui zai Sui juliu waiguoren de guanli (Strengthening the management of foreigners living in rented houses in Guangzhou) [R].Guangzhou.

Chishti M, C Bergeron.2010. New Arizona law engulfs immigration debate[EB/OL]. Migration Information Source, Migration Policy Institute,Washington,DC.http://www.migrationinformation.

org/USFocus/display.cfm?ID=782.

Cholewinski R, K Touzenis .2009. Irregular Migration into and through Southern and Eastern Mediterranean Countries: Legal Perspectives[C]. CARIM Analytic and Synthetic Notes, Geneva.

Coloma T. 2010. L'improbable saga des Africans en Chine[J]. Le Monde Diplomatique, 1: 12–13.

De Genova N. 2005. Working the Boundaries: Race, Space, and "Illegality" in Mexican Chicago[M]. Durham, NC :Duke University Press.

Durham N C. 2009. Conflicts of mobility, and the mobility of conflict: rightlessness, presence, subjectivity, freedom[J]. Subjectivity, 29: 445–466.

De Genova N, N Peutz. 2010. The Deportation Regime: Sovereignty, Space, and the Freedom of Movement[M]. Durham, NC :Duke University Press.

Dengfeng Police Station.2009. Important Notice for Foreign Nationals, Information sheet[R]. Guangzhou.

Elmhirst R. 2007. Tigers and gangsters: masculinities and feminised migration in Indonesia[J]. Population, Space and Place, 13(3): 225–238.

Esipova N, R Srinivasan, T Gravelle. 2010. Most desired migration destinations and antecedents of migration intent across the world[R].Migration: A World in Motion, University of Maastricht, Maastricht.

Guangzhou Municipal Statistics Bureau. 2008. Guangzhou Statistical Yearbook[M]. Beijing: China Statistics Press.

Haugen H Ø, J Carling .2005. On the edge of the Chinese diaspora: the surge of baihuo business in an African city[J].Ethnic and Racial Studies, 28(4): 639–662.

Haugen H Ø.2013. African Pentecostal Migrants in China: Marginalization and the Alternative Geography of a Mission Theology[J]. African Studies Review, 56(1):81–102.

Heyman J M .2009. Risque et confiance dans le controle des frontieres americaines[J]. Politix, 87(3): 21–46.

Huanqiu .2010. Shiwan Feizhouren xunmeng Guangzhou (A hundred thousand Africans chase Guangzhou dream) [EB/OL].2010–11–16.http://world.huanqiu.com/roll/2010-08/1011938.html.

Hujo K, N Piper. 2007. South migration: challenges for development and social policy[J]. Development, 50(4): 1–7.

Immigration and Checkpoints Authority .2010. Immigration offenders travel "business class" out of Singapore[EB/OL].2010–11–22. http://www.ica. gov.sg/news_details.aspx?nid=2849.

IOM (International Organization for Migration) .2009. Migration in Nigeria: A Country Profile 2009[C]. International Organization for Migration, Geneva.

Li Z, L J C Ma, D Xue .2009. An African enclave in China: the making of a new transnational urban space[J]. Eurasian Geography and Economics, 50(6): 699–719.

Lubkemann S C.2008. Involuntary immobility: on a theoretical invisibility in forced migration studies[J]. Journal of Refugee Studies, 21(4): 454–475.

Lyons M, A Brown, Li Zhigang .2008. The "third tier" of globalization: African traders in Guangzhou[J].City, 12(2): 196–206.

Mann G. 2002. "Wakimbizi, wakimbizi": Congolese refugee boys' and girls' perspectives on life in Dar es Salaam, Tanzania[J].Environment and Urbanization, 14(2): 115–122.

Marshall R. 2009. Political Spiritualities: The Pentecostal Revolution in Nigeria[M]. Chicago: University of Chicago Press.

Massey D S, J Arango, G Hugo,et al .1993. Theories of international migration: a review and appraisal[J].Population and Development Review, 19(3): 431–466.

Misra J, J Woodring, S N Merz. 2006. The globalization of care work: neoliberal economic restructuring and migration policy[J].Globalizations, 3(3): 317–332.

Nunez G G, J M Heyman .2007. Entrapment processes and immigrant communities in a time of heightened border vigilance[J].Human Organization, 66(4): 354–365.

Obi C I. 2010. African migration as the search for a wonderful world: an emerging trans-global security threat? [J]. African and Asian Studies, 9: 128–148.

Ratha D, W Shaw. 2007 .South–South Migration and Remittances[R]. The World Bank, Washington, D. C.

Reyes B I, H P Johnson, R V Swearingen.2002. Holding the line? The effect of recent border build-up on unauthorized immigration[R]. Public Policy Institute of California, San Francisco.

Smart A, J Smart .2008. Time–Space Punctuation: Hong Kong's Border Regime and Limits on Mobility[J]. Pacific Affairs, 81: 175–193.

Sommers M. 2001. Fear in Bongoland: Burundi Refugees in Urban Tanzania[M]. New York: Berghahn Books.

Taylor I. 2007. China's relations with Nigeria[C].The Round Table: The Commonwealth Journal of Interna tional Affairs, 96(392): 631–645.

The Nation .2009. Nigerians: crime beyond the border [EB/OL].http://thenationonlineng.net/web2/articles/31880/1/Nigerians-Crime-beyond-the-borders/Page1.html.

Uzca tegui, J A R .2009. The Igbo apprenticeship system and Hong Kong's role in informal education[C].The 108th American Anthropological Association Annual Meeting, Philadelphia.

van Liempt I, V Bilger.2009. The Ethics of Migration Research Methodology[M]. Brighton: Sussex Academic Press.

Wyatt D J.2010. The Blacks of Premodern China[M]. Philadelphia, PA: University of Pennsylvania Press.

China Daily.2012. New law targets foreigners illegal presence[EB/OL]. China Daily,2012-08-01. http://www.chinadaily.com.cn/china/2012-06/30/content_15539201.htm .

Xinhua.2013.White Paper on China-Africa Economic and tradeCooperation[EB/OL].2013-10-06.http://news.xinhuanet.com/english/china/2013-08/29/c_132673093_2.htm .

Yan Hairong .2003. Neoliberal governmentality and neohumanism: organizing suzhi / value flow through labor recruitment networks[J]. Cultural Anthropology, 18(4): 493-523.

You Chunliang .2007. Guangzhou jing nei waiguoren she du fanzui ji zeng (Sharp increase in foreigners committing drug-related offenses in Guangzhou) [N].Fazhi Ribao, 2007-09-03.

Zhang S X.2008.Chinese Human Smuggling Organizations:Families, Social Networks, and Cultural Impera- tives[M]. Stanford, C A: Stanford University Press.

8 全球化、国家、城市与国际移民：广佛地区的非洲移民

Tabea Bork-Huffer，Birte Rafflenbeul，Frauke Kraas，李志刚，薛德升

8.1 引言

中华人民共和国成立以来，一直严格控制和限制国内外移民迁入其城市地区。1978年改革开放之后，中国快速城市化进程开始崭露头角，尤其在沿海城市。同时，外国人的出入境政策也放松开来。随着中国在全球经济中凸显出越来越重要的作用，特别是近十年来，大量外国移民涌入中国，且大部分迁往沿海省份的发达城市。据估计，现有总计高达200万国际移民居住在中国（Pieke，2010）。

1979年以来，中国东南部广东省珠江三角洲是中国经济增长最为迅速的区域之一。1985年珠江三角洲已发展成为一个繁荣的经济特区，并且成为中国第一个和最大的城市发展走廊之一。过去30年，珠江三角洲已经形成了一个多中心的大城市集群（其中包括巨型城市广州、深圳和东莞以及新兴大城市佛山和珠海），在此区域内城市之间相互融合、共同发展（Kraas，2004）。珠江三角洲因"世界工厂"之名而广为人知，原因是其全球出口创汇型产业高度集中（Sun, et al, 2006）。事实上，珠三角的跨国贸易联系有很长的历史，因为它靠近香港、澳门和台湾，除此之外，海外华人的活动也多源自这个区域。广州作为省会，是中国最重要的贸易城市之一，

许多外来移民从19世纪就已经定居于此（至少暂时定居于此）。1949—1979年之间，中国国内的外国商人并不是很多，但是允许大部分外国商人入境并滞留广州，从事贸易。这些条件直到今天仍然吸引了成千上万的外国贸易商。

本章研究目的是阐述城市区域内和区域间关系的复杂性，以及通过运用非洲移民迁移广州和佛山的案例说明城市与地方、区域、国家以及全球状况的相互依赖与互动，着重分析移民从广州到佛山的再迁移过程。案例突出显示全球发展情况（比如2008—2009年的全球经济危机、中国加入世贸组织）、国情（例如国家移民规章、发展策略、重大国际活动的举办），以及区域内的竞争与合作等影响的多样性和关联度，并在不同程度上联系区域、城市和地区发展的目标，同时将居民的反应、灵活适应性以及采取的策略纳入考虑。这些分析基于对253位非洲移民[①]的问卷调查，其中179位居住在广州，74位居住在佛山。我们对4类专家（非洲移民署主席、佛山地方社区代表、广州国际组织代表和房地产中介商）进行了访谈，完成了14个对广州佛山非洲移民的定性访谈。由于访谈话题的敏感性，仅有少量访谈对象同意对访谈内容录音，因此大量访谈内容只能依靠笔录记载而不是录音或者转录。大部分调查和访谈在2010年3月份到5月份开展，很多田野调查是在2006年到2010年进行并记录。

8.2　1949年以来中国出入境管制体系的演变

由于民族和历史的原因，包括鸦片战争、太平天国运动、1919年《华盛顿条约》的签订、日本入侵、冷战等，在华外国人一直被视为造成国内不稳定的因素（Brady，2003）。中华人民共和国成立之后，政府建立了相当严格的出入境机制，因此外国人口的迁入保持在了最低水平（Liu，2009）。另外，在20世纪50年代早期（1949—1952），许多外国人直接或间接地被强制要求离开中国。只有严格筛选的为国家高层代表所信任的一小部分人员允许入境或者在国内停留。1954年开始，外国人除了要申请入境签证之外，在离开中国之前也必须要申请出境签证或者证件。20世纪50年代到20世纪70年代在华居住的外国人（学生、外交家、记者、商人和为中国政府工作的外国专家）的数量是非常少的（Brady，2003）。

1979年，中国开始改革出入境制度。人们开始明显感觉到对于外国人出入境管制的放松，包括出境签证的废除（1985年）。目前管制条例仍然严格控制外国人入境（Liu，2009）。对外国人居住社区[②]、工作机会和政治禁忌等因素的严格限制，造成外国社区与中国本地人口的隔离，这种现象直到20世纪90年代才开始缓和（Brady，2000；Farrer，2010）。

不过，改革开放以来，中国境内外国居民的数量迅速增长，他们包括来华工作的移民，也有学生、商人、记者和外交家（Brady，2000）。其中来华数量最多的国家分别是韩国、日本和俄罗斯。早前针对中国国际移民的国际研究主要关注外来专业人才的人员管理和个体管理者及其家庭采取的适应性战略（Stening，et al，2006）。很多研究关注某些特定国家（地区）的移民（如韩国、英国和不以国籍区分的非洲移民），关注一些特定话题（如民族聚居的形成、社区经济、全球化过程和移民、移民空间、性别因素等）（Li，et al，2009；Li，et al，2008；Wang，et al，2008；Willis，et al，2002；Yeoh，et al，2005；Zhang，2008）。

中文中的"外事"在一般意义上指的是外部事务，用来描述中国为控制和影响国内外国人和外国文化以及科学技术所采取的一系列策略（Brady，2000）。在理解和评估国际移民在中国的地位时，对于外事的理解是至关重要的。Brady（2003）解释道："中国的外事或者外国的事务系统包括了两国关系和外交手段、法律和路线，用以调控允许外国人在何地或者以何种方式居住、从商、结婚、生育和上学，同时覆盖了对外宣传、旅游以及外国朋友关系的提升等内容。"

1979年中国开始实施外事策略，其目的是为了吸引外国技术和到华投资，从而促进现代化并提升中国在全球经济和战略中的地位。在这种现实情况下，对于理想型外国人的迁入，比如专业的西方工人，国内是肯定鼓励的。然而对于非理想型的外国人则仍严格限制（Brady，2000；Farrer，2010）。为了实行对外国人的有效控制，外事策略在本国公民与外国人相处方面采取了引导的方式，这种方式不断提醒本国人将外国人看作"他者"，也就是那些本质上不同于中国文化和中国特性的外来人员，"内部人是可以信任的，而外部人员则是令人担忧的"（Brady，2000）。

外事策略反映在签证的选择性分配和签证申请需求的短期变化中，以此适应期间的政治策略。虽然可使用的签证类别③并没有变化，但是其分配标准和需求总是不断调整的。例如，在2008年奥运会之前，由于政府担心抗议游行等活动会危害运动会的举行，进而引起世界媒体的关注，因此，如果外国人员多次入境签证被拒签，则需要办理额外文件，具体文件则取决于申请人的国籍或地位，签证延期只能在申请人的母国才能申请（Cheng，et al，2008）。

另外，从2009年5月（Qin，2009）以来，地方开始实施签证核查。2010年年初，广东省开始实施更为广泛的检查，广州市力度更甚。检查的目的是为了遏制"三非问题"（Pieke，2010）：非法入境、非法居留和非法就业，尤其是要减少那些越来越多的非法移民和超出签证期限的人员。很显然，2010年10月在广州举办的亚运会是实施这项政策的直接原因（Coloma，2010；Pomfret，2009）。到目前为止，学界所记录的中国近期移民趋势和签证政策很不完整，新闻报道也趋向于基于个体移民的个人经验或引用政府或者国家新华社的新闻信息，这使得对于在华外国移民状况的评估工作异常困难。

8.3 中国和珠江三角洲的发展

新中国成立初期，中国以"社会主义的三大支柱"为特征：中国共产党联合民主党派参政治国、户籍登记制度和国有企业，虽然前者确保了党派在各管理层面的完全控制，但是福利的获取与户口登记地相联系（比如城市中就业权利或者在乡村地区种植的土地、食物配给以及其他地区福利）。这个系统阻止农民迁入城市，控制了城市生长。同时，城市居民与工作所在的单位和住房捆绑在一起，从而创造了一种稳定可控制的单位社会（Wu，2002）。Liu（2009）认为，在中国，户籍系统和出入境许可之间存在密切联系，"……居住在城市中的居民容易控制……这些规章条例必然放宽了自由迁移的限制"。这些措施对国内人口流动的严格控制使得对于外国人口流动控制也更为容易。

在过去的30年，随着市场经济的引入和对居民迁移的默许，这种相对严格的管制状况开始瓦解（Gu，2001）。中国的城市正经历经济的快速增长和快速繁荣，尤其是在工业部门，同时伴随着大量乡村居民的迁入。城市正经历实质性的重构（中央商务区的现代化、新城市中心和城市轴线的发展以及新的购物服务区的出现），并且已经迅速扩张到其腹地区域。尤其在沿海地区，出现了强劲的经济发展态势，不断持续的空间增长主要表现为城市边缘的大规模开发，以及城市土地改革促成的工业基础设施发展，尤其是外向型工业以及产业的集中投资（Cartier，2002；Wu，et al，2007）。

市场经济的引进、快速的经济发展和机构权力的下放极大地提高了地方政府的影响力，反过来也增强了区域内和城市内部对于投资者和资金补助的竞争（Gu，2001；Wu，et al，2007；Yao，et al，2008）。这些竞争包括吸引理想的技术人才，增进城市的全球化地位（Farrer，2010）。同时，拒绝非理想型的移民以及严格的监督也开始体现出来，"竞争对于促进地方发展具有本质性的作用，且已演化得十分剧烈，以至于城市必须采取一种更为商业化的角度，维持其处于区域的发展顶端并增强其对于资本、居民和游客的吸引力"（Xu，et al，2005）。

考虑到广州在中国城市体系和珠江三角洲中的重要角色，它在1979年以来逐步失去了作为实质控制中心的作用。它在社会主义体系下已经不再处于主导地位，不再是中国"通向世界门槛"的经济角色，其主要为香港和澳门地区所取代。然而，广州仍然是贸易事务的主要发生地，所以它还维持着作为贸易中心的重要性。与此同时，一批新的巨型城市在珠江三角洲迅速崛起。在广州、深圳和东莞之后，佛山已经发展成为珠江三角洲第四大城市（广东省统计年鉴，2010）。佛山能够崭露头角，主要是因其瓷器产业，现在佛山已经是许多公司总部的所在地。佛山市政府出台大量相关政策，意图吸引外国公司，促进外国直接投资。此外，佛山东部如南海区，因毗邻广州市而受惠颇多。

近年来，广州和佛山的关系因市政府的努力而加强。2005年"广佛同城"开始实质性地推进。2010年中国第一条城市间地下铁路线开通，广佛线直接将广州与佛山相连，并促成了与佛山高新技术工业发展区的直接联系。佛山的优势在于相对低廉的土地价格和劳动力成本，并且由于佛山毗邻广州、香港和澳门，从而使得佛山具有较为深厚的工业基础和战略区位优势。

8.4 广州和佛山的非洲移民

由于缺乏来华国际移民的公开出版数据（Brady，2000；Li，et al，2008），这方面的数据很难搜集。中国的统计年鉴在确定非洲移民数量方面作用有限，其中只记录国外游客的数量，并没有具体区分这些移民是学生、旅游者或者其他的外国人团体。根据中国统计年鉴（NBS，2009），2008年共有378400位非洲游客进入中国，占入华外国人游客总数的比例很小，只有1.6%[④]。

至于广州非洲移民的数量，一些文献提供了部分相关数据。大体上，政府相关工作人员和中国居民以及移民都认可这样一个可经评估的数目，在广州的非洲移民规模大约在15000到20000人（Le Bail，2009；Li，et al，2009），其中包括没有护照或有效签证的非法移民。媒体数据的报道则前后矛盾。举例来说，《中国日报》（2010）报道称，"2008年省公安厅的官方数据表明，在大约163000名暂时居住在广东省的非洲人中，其中80%居住在省会广州"。总部设在广州的《南都周刊》报道了一个稍微不同的数据（2009），"据可靠来源，2003年以来广东省非洲人口的年增长率在30%到40%之间。2009年大约有50000名有记录的外国人居住在广州，其中有超过20000人来自非洲。这些数据还不包括非法非洲居民，并且有理由相信其已经高达200000人"。这些明显的数据矛盾显示出了获取此类数据的难度。根据Cheng（2010）的分析，2010年外国居民数量第一次被纳入中国国家统计，这将为研究者和政策制定者提供更好的基础。

中国非洲移民的确切数据很少，更多信息是关于他们如何到达中国的。第一批非洲商人在20世纪90年代从香港来到广州。2001年中国加入世界贸易组织，贸易壁垒的打开促进了21世纪早期非洲贸易者迅速在广州集聚。目前，主要有三大团体居住在中国：少量的外交家、越来越多的学生和大量的商人。商人团体主要包括坐贾和行商[⑤]。坐贾主要指长期在中国居住，并且大部分拥有商店或者店铺，销售商品，因为这里有很大的需求市场（衣服、电子产品等）。行商主要指在中国的短期停留者，他们定期在中国和自己国家之间流动。这个团体可以分为三类：第一类指那些定期来往于他们的祖国和中国并且拥有商业签证的人；第二类指那些为了特定商业活动在中国仅停留数天的人；第三类是指那些并没有特别的目的和商业事务，来华仅仅是为了试试运气，并且通常持有旅游或者商业签证的人。然而，有些人在超出签证有效期仍停留在中国。坐贾和行商多集中在中国两个批发零售产业较为发达的城市——广东广州和浙江义乌（Le Bail，2009）。

广州的非洲商人多集聚在两个主要区域：广园西路附近主要是英语国家非洲移民在此工作；另外一个区域是小北路地区，来自法语国家的非洲移民多聚集在此。小北路地区位于广州市北部越秀区沿内环路地域，在这里，几处高层建筑（大厦）

主要以居住广州黑人为主。其中最为著名的是天秀大厦,是由三个区块组成的复杂高层建筑物,这里起初是广州唯一一个非洲黑人活动的区域,但是逐渐也扩展到其他的地区(Li,2008)。广园西路是多车道交通轴(位于荔湾区、越秀区和白云区的交汇处),这个地区靠近广州中心火车站,与机场联系方便,这些因素吸引了坐贾和行商。

小北路和广园西路的商业结构有明显区别:沿广园西路多是大型贸易中心,比如说迦南外贸或者唐旗外贸服装城;小北路则主要聚集大量小商店、体验店和许多店铺。两条街的建筑风格也不一样:广园西路主要是仓库,些许楼层容纳很多小体验室和商店;小北路主要是高层建筑,最低层设置体验室、小商店和店铺,高层则供居民居住。

佛山南海区近些年来已经成为非洲移民新的聚集地,主要的聚集点位于滨江大厦社区附近、河畔园以及过去几年内在走下坡路的南海老购物街。少量非洲"民族商业"(理发店、餐馆、电话服务中心)在这些街道上开张起来。这里也有中国人开设的餐馆、咖啡馆和俱乐部,不过主要顾客是非洲人。

在定量调查中,调查对象最多的来源国是尼日利亚,占到52%的比例,9%的调查对象来自南非,6%来自马里。但是,如果将调查对象居住地域分开来看,则另有发现:佛山的尼日利亚人占85%,来自马里的大概占到10%。在广州,尼日利亚人也是调查对象最大的团体,但是仅仅占38%,9%来自马里,8%来自南非以及7%来自加纳。相比于广州,考虑他们的来源国家,佛山的非洲移民则同质性更高。大部分被访非洲移民年龄在25—45岁之间(85%)。90.5%的被访对象是坐贾或行商,只有3.5%是学生,2%正在找工作,1%工作在服务部门(比如理发师),剩下的3%受雇于其他部门。

8.5 定居佛山的非洲移民

定居佛山的非洲移民在近些年才开始增多。数据显示,多种因素造成了佛山成为非洲移民新的聚集地。佛山75.0%的被调查的非洲移民声称,他们起初居住在广州,最近才转向佛山。所有那些居住在佛山并且从业的被访对象,都把广州作为他们的从业地区。可见,这种转变影响移民的居住地域而不影响他们的职业地域,这表明广州作为坐贾和行商的集聚地并没有随着非洲移民选择佛山作为居住地区而发生变化。

被访的移民在中国停留的时间长短不一,大量(90.7%)被访对象从2005年就已经来到中国。一些移民自从20世纪90年代初期就已经居住在广州,第一批被访对象在2007年移居佛山(表8-1)。专家和非洲移民署的代表都认为,在奥运会开始之前(2008年5月)的签证检查使得非洲坐贾和行商的数量锐减;这种情况在2010年初加剧(09/GZ/81/E[⑥],10/GZ/87/E,10/GZ/89/M,10/GZ/101/M,10/GZ/103/M)。

一些专家认为，2010 年以来佛山非洲移民的数量也减少了。

表 8-1 移民中国的年份和广州佛山调查的工作地

居住地			移民中国年份						总计
			1993–1995	1996–1998	1999–2001	2002–2004	2005–2007	2008–2010	
广州	工作地点	广州	0	2	5	13	46	86	152
		佛山	0	0	1	0	1	3	5
		无工作（学生、失业等）	1	0	0	0	3	13	17
	总计		1	2	6	13	50	102	174
佛山	工作地点	广州	0	0	1	0	14	51	66
		佛山	0	0	0	0	0	2	2
		无工作（学生、失业等）	0	0	0	0	1	2	3
	总计		0	0	1	0	15	55	71
总计			1	2	7	13	65	157	245

8.5.1 全球环境的角色

如上所述，中国于 2001 年加入世界贸易组织，之后非洲贸易商开始明显增长。同时，2008—2009 年全球经济危机对这些贸易商的打击不小。访问中，51.5% 的移民表示，由于金融危机，他们的经济状况或多或少蒙受了损失。34.5% 的被访者并没有因为全球经济危机而有什么变化。10.1% 的人认为他们从经济危机中获益。一些移民的经济状况恶化，使得他们更愿意选择佛山这个生活成本更为低廉的地区作为居住地域。

非洲人选择中国作为移民目的地，不只是由于中国在国际市场中廉价的产品、广阔的市场和发展贸易的有利条件，更多的是其他国家严苛的入境政策促进了大部分人移民中国。举例来说，两个居住佛山的非洲坐贾（10/FS/106/M，10/FS/107/M）谈道：

> 访问对象 1：（我买）轮胎，包括二手轮胎、汽车轮胎、德国的二手轮胎。我没有去过德国。……如果人们有签证去欧洲，去德国，不是每个人都能去德国的，所以那些有签证的人可以拿着我给他们的钱去德国并且买来轮胎给我。这些人给我买这些东西可能已经有一两年了，但是我赚不到什么钱。……所以我试着想要申请一个签证，我去了大使馆，但是拒签了。……他们拒绝我到德国，买商品，买货物，你理解吗？在 1998—2000 年间，这三年我都在找，在申请签证。不只我自己，很多人都没有申请到。……然后，有人告诉我去中国，有人去中国买商品去了。……我想中国是一个好地方，所以我就来到了中国……
>
> 访问者：很容易获得这边的签证吗？

访问对象2：容易。

访问对象1：欧洲、美洲、德国都不容易，这边再容易不过了。

8.5.2　国际环境的角色

在对非洲移民的定性访谈中，大量访谈对象或者他们的熟人选择佛山作为居住地域。因为他们没有有效的签证和护照，而且佛山地方的检查力度不强（10/FS/106/M，10/FS/107/M，10/FS/111/M，10/FS/114/M）。

正如上文提及的，很难或者根本不可能普查非法移民的数量，所以也不可能确切地断定非法移民大都定居在佛山。为了调查护照和签证所有者的情况，在访问结束时我们会请求他们展示一下他们的签证。31.3%的被访者展示了他们的签证，2.7%的人声称他们没有签证，剩下的66.0%的人没能或者不愿意展示他们的签证或者护照（尽管他们有义务必须随身携带护照）。在所有展示了签证的人中，70%的人拥有商业签证，15%的人有旅游签证，5%的人有学生签证，还有4%的有工作签证。在那些没有展示他们护照的人中，76%的人声称有商业签证，11%的人声称有旅游签证，7%的人声称有工作签证，4%的人声称有学生签证。据部分尼日利亚移民说，非洲人很容易在非洲获取一个伪造的或者新的护照，用来申请新的中国签证（10/GZ/113/M，10/FS/114/M）。

对于那些拿着旅游签证在中国非法工作的人，出游前，他们可以很容易也很便宜地申请到一个旅游签证，即使它只是对于"观光、家庭出游或者其他私人目的"有效（Xu，2010）。申请一个F签证则要更为复杂，除了一般的程序。举个例子：尼日利亚人需要上交一份由中国有关部门或者中国企业或者是某集团公司等认证的签证通知表，他们还需要上交一份他们工作地的公司或者组织书写的邀请函，并且需附上他们回国的返程票作为依据，而且还需要在申请者祖国的中国大使馆进行单独面谈。

有趣的是，相比于佛山，在广州更多的访问对象展示了他们的签证（表8-2）。同时，居住在佛山的移民显示了一种相对较低层次的跨国际流动，40%的佛山移民表示他们再未回到过他们的祖国，在广州这个比例只有18.3%。也许这与法律政策有关，因为一旦他们离开中国，没有合法的文书很难回到中国来（当然个人因素可能也是很重要的一个原因，但是不能解释为何两地明显的差异）。另一个更为深入的指标是两地经历过签证延期困难的人数的差异（广州占32.2%，佛山占51.4%）。这些有限的数据能够表明非法移民更偏好佛山为居住地域的个中缘由。

一个有趣的发现是，在2008年北京奥林匹克运动会之前，由于签证限制的提高和严苛的检查，获取签证的非正规渠道增加了。外国人以更高价格购买签证，通常在这个过程中涉及中介，他们来自中国内地（10/GZ/107/E）、中国香港（10/GZ/89/M）或者移民来源国（10/FS/107/M）。中介人可提供相关文书（比如说邀请函、出生证明）用于签证，也可以帮助获取特殊类型的签证（比如说多次入境的签证）。

表 8-2 广州和佛山样本所选参数的比较

地区	参数		居住在广州的受访者	居住在佛山的受访者
移民背景	主要来源国家	1	尼日利亚（38.0%）	尼日利亚（81.5%）
		2	马里（8.9%）	南非（9.5%）
		3	南非（7.8%）	阿尔及利亚（1.4%）
		4	加纳（7.3%）	科特迪瓦（1.4%）
		5	几内亚（6.1%）	几内亚（1.4%）
	从广州迁移到佛山的移民比例		—	75.0%
	在中国和祖国两地平均每年通行的次数		3.587	2.143
	自从进入中国以后没有返回过祖国的比例		18.3%	40.0%
居住准许状况	声称没有签证的人的比例		2.8%	2.9%
	展示签证的人比例		38.6%	14.3%
	遭遇过签证延期困难的人的比例		32.2%	51.4%
经济状况	平均每月人均租金		2270 元	940 元
	每间公寓的平均月租		2786 元	1490 元
	平均每月人均收入		31359 元	7324 元

通过对国际组织代表和公司的访问发现，这些渠道不只是那些国籍、地位不受欢迎的移民所有，西方移民甚至在国际组织中高层次的代表也会采用这些渠道（10/GZ/87/E），这种非法获取签证渠道的收费根据申请者的国籍而变化。对于来自于西方国家的移民而言，这种渠道相比于他们自己获取签证所付出的费用要低（10/GZ/87/E），对于那些难以取得签证的国家的申请者而言，则是要多付出昂贵的费用。有非洲移民调查对象提供了相关数据，在中国香港获取签证大约 2000 美元（10/GZ/89/M），而在母国获取签证需要 5000 美元（10/FS/107/M）。当然，这些费用也取决于私人中介。在广州的一位非洲贸易商（10/GZ/112/M）谈道：

"我有几个签证……（展示了他的签证），这一个是为期三个月的，这一个是一年的。三个月的是 10000 元人民币。……是，因为我是从 L（旅游签证）签证换过来的。L 签证需 4500 元人民币，它是假的。政府签的 L 签证可能要少收 200 元。但是中介不是政府。……这取决于中介机构。对于越来越多入境的人，这也不是政府的错。政府不可能收超过 500 元。……但是这个一年的是 30000 元，而三个月的是 10000 元。"

对于一些不能支付高额收费的移民或者那些申请延签被拒的人而言，往往只能选择非法滞留。由于广州靠近香港和澳门，这样的区位对外国贸易商产生了重要影响，一些签证中介由此出现了。此外，还有一些类型的签证需要持有者每一到两个月离开中国一次。到香港和澳门旅行相比于回国或者到邻近国家更为方便和廉价。

8.5.3 区域和地方环境的角色

非洲移民向佛山转变的区域和地方原因在于不同城市对于"三非"移民的打击力度不同,以及不同等级的住房租金。对两地移民收入和租金的比较发现,经济原因在定居佛山中起了重要作用。两地被调查者的收入有明显区别,在佛山平均收入7324元,在广州为31359元。在佛山也支付相对较低的月租(在佛山需支付1490元,在广州需支付2786元)。

一些移民声称他们迁到佛山是因为这里签证监察相对宽松。通过广州的田野调查和访问发现,在2009年之后,广州针对非洲移民证件(护照、签证、居住登记、申请地区的工作许可证和商业证件)的排查力度显著加大,在2010年年初进行了再次排查。有移民称,警察突袭检查达到了一天一次的频繁程度。

2010年1月末,广州开展了一项针对外国人商铺的重大排查,主要涉及护照、签证、居住登记、商业许可证和其他文件。非洲移民和非洲商店、店铺是这次排查的主要对象(10/GZ/87/E)。在2010年3到4月田野调查期间,笔者目击了针对在广非洲贸易商商业店铺的几次排查。相关资料显示,在2006年到2010年期间小北路被调查了几次,2008年后这个地区非洲人经营的商店和店铺数量明显减少了。

当地政府组织代表指出,2009年4月份以来,佛山也逐渐加强了对移民的监督核查,当地政府试图阻止他们定居在南海(10/FS/96/E)。然而,据调查,佛山签证核查的频率是远低于广州的,这也由移民所证实(10/FS/95/M,10/FS/106/M,10/FS/107/M)。佛山当地政府采取的非正规渠道是口头禁令,要求南海房地产中介禁止为非洲移民提供公寓住宿(10/FS/92/E)。

访问对象(10/GZ/88/M,10/FS/106/M,10/FS/107/M,10/GZ/112/M)称对于没有有效证件的人,政府采取了不同处理方式:一些人只需要付一些罚金;有些人则可能被囚禁,时间长短不等;一些人则要自己出资离开中国。根据数据显示,罚金的数目、监禁的时间以及驱逐出境取决于不同城市的地方做法。因此很多人认为,如果没有有效证件,相比于广州,居住在佛山更为安全,因为这里的惩罚力度要温和一些。

8.5.4 社会网络和移民署的角色

在广州和佛山,非洲移民在(非正规)移民团体中是较为有组织的,显示出强烈的集体化倾向,并以此形成社会经济支持网络。他们因国籍而形成相应组织,每一个组织由一个首领代表或者"主席"所领导,这种形式保证了成员间重要信息的获取以及联系(比如商业联系,与签证中介或者愿意租房给非洲人的房地产中介之间的联系),以及在特殊状况下的财政支持和法律建议等(10/FS/95/M,10/FS/107/M)(Li,et al,2009;Zhang,2008)。自2008年中期以来,越来越严厉的限制环境使得这些移民团体、协会组织以及个人网络重要性凸显。

总而言之，保持与移民组织已有成员和中介的密切联系对于移民十分重要，对于非法移民更是至关重要，其目的是为了找到房子和商铺，用以发展商业联系。没有这些联系，非洲移民很难找到房子住或者租到旅馆（10/FS/96/M，10/FS/95/M，10/GZ/103/M，10/FS/109/M）。尽管佛山当地政府已经出台口头禁令禁止房地产中介租房给非洲移民，但是这种联系仍然能够帮助非洲移民找到公寓住。会说普通话的联系人帮非洲人安排公寓，收取一定的费用。他们出面与房东联系协商，这样保证了缺少相应文件（有效证件、有效护照）的非法移民也能够租到公寓（10/FS/96/E）。

如前所述，佛山大量被访问对象来自尼日利亚。根据访谈发现，大部分尼日利亚人来自尼日利亚东南部的伊博族（10/FS/106/M，10/FS/107/M）。许多伊博族人自从尼日利亚内战之后已经开始往外迁移，而且伊博族人在国外有着较强的影响力，其中包括众多的移民组织、移民目的地以及大量的移民国家（Gordon，2003）。正是基于这些条件，伊博人大量迁往佛山。

8.6 全球变化背景下非洲移民和国家发展

近几年来，一部分非洲移民已经将居住地从广州迁至佛山，同时也有新的移民已经定居至佛山。这种改变涉及的主要是居住地的变化，而不是工作地的变化。对于在广州工作的非洲移民而言，佛山南海区靠近广州的主要就业地，是其迁居的前提。虽然根据调查和数据显示，广州的非洲人数已经下滑，但广州仍然是非洲人贸易和工作的首选。移民将居住地迁至佛山，其工作地仍保留在广州，这形成了一种新的循环流动的模式，并改变了非洲移民的行为空间。

国际移民在中国经济发展中占有重要和积极的地位，包括了非洲贸易商到中国定制商品或者购买商品然后回到祖国再销售。这为中国的劳动力和销售市场提供商机，增强了广州商贸之都的地位。针对外来移民过于严格的签证审查政策很可能危害其经济利益。由于空前的经济增长，中国在未来的一定时期内仍然保有对于世界各地移民的吸引力。考虑到中国的人口总量，国际移民的数量相对较低，似乎并没有理由担忧移民泛滥或者在中国劳工市场外来工作者引起的严重竞争。

不过，外事策略中那些不受欢迎的非洲坐贾和行商的活动目前仍是十分受限的。Brady（2000）观察到"政府管理的对外情绪总是有选择性的"。政府权力下放意味着外事策略在不同地方政府的实施和执行力度是不同的。为了谋求发展，中国各地的城市展开激烈竞争，目的是为了获取资本、商品和人才。诸如上海、北京、广州和深圳这样的大城市市政府已经发展和控制了劳动力市场，确保直接雇佣成熟工人（Orban，et al，2003）。这种发展促进了城市间的竞争，根据Farrer（2010）的论点，这应该被视为中国全球化和世界化的标志，目的是赋予这种城市世界性的印象，因此也促使城市亟须将那些不符合城市定位的外来者排除在外，或者尽可能直接监督和管理他们的活动。

2009年非洲移民的抗议活动似乎促成了地方政府对外来者更为严苛的态度。这种抗议在媒体上引起了世界性的关注，并对中国政府形象有着极其恶劣的影响。中国政府和作为对外贸易中心的广州十分在乎这种形象，因而采取了更为激进的手段阻止这种抗议再次发生。这种意图控制和阻隔任何不熟悉或者新事物的趋势同样存在于安置中国流动人口的过程中。长期以来，政府通过严格的监督、管控和惩罚控制这些人群的流动，直到最近政府才开始意识到理想的秩序是不可能由控制和惩罚手段实现的（Zhao，2003）。

佛山市采取的不合理措施说明了当地市政府到目前为止在管理外来居民方面缺乏经验。这种没有相关经验而实施治理措施（Heilmann，2008）的非正式性实验是中国转型过程的典型模式。中国向外国人开放的时间还不是很长，在很多方面缺乏经验和方法。中央政府权力下放，从而允许地方城市采取不同的惩罚措施惩治非法活动，从而出现了多种地方实验的局面。

进一步分析，中国严格的非洲移民控制的原因可能是由于中国的非洲策略，中国政府正逐渐加大力度，参与非洲的经济和社会（Alden，et al，2009）。在这种情况下，中国阻止非洲贸易商入境和在中国从业的严格签证政策的原因就不言自明。

由于移民吸引力的存在，警察频繁的检查和更大的监督力度并不足以遏制非法移民或者非法居住。随着非法购买签证的人越来越多，长期而言，加强签证分配监督相比直接拘捕非法移民将更为有效。中国政府必须考虑当前对"三非"移民提起诉讼的策略是否真正有效，正如事实所呈现的那样，研究显示缺少有效签证或者护照的非法移民（即使他们的确切数量不易确定）采取其他非法策略（虚假护照、旅游签证）的目的是为了进入中国。然而，大量非洲人非法滞留的原因可能是由于中国入境管制的加强（自从2008年起批准的签证数量下降），他们无法续签，从而推动他们变成非法移民。

8.7 结论

多重因素造成了今日广佛非洲移民聚居的兴起。研究表明，全球发展状况（比如2008—2009年全球经济危机、中国加入世贸组织）、国家态势（比如国家移民管制、发展策略、举办国际活动）、城市间竞争和合作等内容具有多样性和复杂性。本章展示了不同层次的发展目标（在本案例中主要是国家层面和地方层面）是如何在地方以不同的方式实施和解读的。此外，我们研究了城市反应、灵活性和参与者的适应性策略是如何抵抗与妥协的。

数据显示，广州严格的证件核查和佛山松懈的惩罚力度造成了"三非移民"大量迁至佛山，削弱了国家移民管控和地方实施的效力。同时，由于租金差异，低收入移民大量迁向佛山，2008—2009年的金融危机对移民经济状况造成了巨大影响，移民开始迁向"更为廉价的"佛山。由移民社区形成的种族和社会支撑网络以及有影响力的个体参与者在移民获取住房的过程中具有至关重要的作用，尽管市政府出台各项政策，但迁居佛山仍然成为可能。

自2009年以来，广州实施了针对非洲人更为严格的监督政策，现在佛山也开始实施类似的监管措施。在当下城市激烈竞争的大环境下，以及为建设世界性城市形象而努力的背景下，这种做法的合理性是值得再次商榷的。作为商贸之都的广州，为了维护其社会形象采取更为激进的手段杜绝这种抗议，更深层的原因可能是国内有意通过中国贸易商取代非洲贸易商。更为严重的是，在签证严格管控的前提下，更多人转向非正规渠道获取签证。对中国而言，对签证和续签政策的重新审视十分必要。

注释

① 以上数据均源自于研究项目"中国/珠江三角洲内部和国际化的移民社区——非正规迁移动力，全球变化和城市健康"，这是德国科学基金会1233项目"巨型城市——巨大的挑战：全球变化的非正规动力"的一部分。

在这篇文章中，术语"移民"主要指的是那些在中国长久居留或者准备在中国长久居留的个体，即使这无法实现，比如说，因为签证申请被拒绝；也包含一段长期时间内不断来华的个体，因此，这个概念也适用于留学团体。然而，最近关于"移民"的定义也将国际移民的持续流动纳入了考虑（Castles，2000）。联合国教科文组织（2010）对"移民"的定义是：暂时或永久地居住在非出生地的地区，并且与该地区产生重要社会联系的任何个体。

② 限制外国人的住宿（涉外宾馆），限制外国学生宿舍（留学生宿舍），限制专家公寓（外国专家楼）或者外教住宿（外教公寓）（Brady，2003）。

③ 旅游签证（L签证），商业签证（F签证），学生签证（X签证），工作签证（Z签证），居住许可证（D签证）和为团体成员的特殊签证（C签证），提供给记者的签证（两类：J1签证和J2签证），以及个人在中国中转的签证（G签证）。D签证是在2001年出入境管制改革之后才可以使用的。从那时到2005年9月30日只有649位外国人获得了D签证，是比较少的。

④ 2008年在中国统计有24300000名外国旅客（NBS，2009：767）。其中来自亚洲的最多，占了59.82%，接下来是欧洲的，占25.17%，北美占9.54%，大洋洲占2.83%，以及拉丁美洲占1.07%。真实的移民数量相对低一点（Pieke，2010），预估大约有2000000名外国人长期居住在中国。

⑤ 出于简洁需要，这里使用偏男性化的术语包含男性和女性。

⑥ 课题中对所进行的定性访问和专家访问进行编码，开头的数字表明访问的年份，接下来是访问的地点，GZ代表广州，FS代表佛山。接下来是访问名单中的访问序号，在数字后的字母代表了被访问对象的身份，E代表专家，M代表移民。因此编码"10/GZ/81/M"指的是在2010年在广州对非洲移民所进行的访问。

参考文献

Alden C , Hughes C R .2009. Harmony and Discord in China's Africa Strategy: Some Implications for Foreign Policy[J] . China Quarterly,199: 563–584.

Bork T, Gransow B, Kraas F,et al .2011. Marketization and informalization of health care services in mega-urban China[M]// Krämer A, Khan M M H, Kraas F. Health in megacities and urban areas. New York: Springer.

Brady A M .2003 .Making the foreign serve China : managing foreigners in the People's Republic[M]. Oxford:Rowman & Littlefield Publishers.

Brady A M .2000 . Treat insiders and outsiders differently: The use and control of foreigners in the PRC[J]. China Quarterly,164: 943–964.

Cartier C .2002. Globalizing South China[M]. Oxford, Malden: Blackwell Publishers Inc.

Cheng J , Chao L .2008. Fewer foreigners visit Beijing amid tighter rules on visas[N]. Wall Street Journal, 2008-05-22.

Cheng Y .2010. Rising tide of incomers prompts start on China's first immigration law[N/OL]. People's Daily Online ,2010-10-07.

Coloma T .2010. In Africa Town: everything to gain[N]. The Globe and Mail ,2010-05-15.

D'inka W, Kohler B, Nonnenmacher G, et al .2009. Afrikaner protestieren in Südchina. Demonstranten beklagen Tod eines Nigerianers[N]. Frankfurter Allgemeine Zeitung,2009-07-17.

Epstein G, Yang L , Thuy D M .2010. China's Immigration Problem[J]. Forbes, 186: 26.

Farrer J .2010. "New Shanghailanders" or "New Shanghainese" : Western Expatriates' Narratives of Emplacement in Shanghai[J]. Journal of Ethnic and Migration Studies, 36: 1211–1228.

Gordon A A .2003 .Nigeria's diverse peoples: a reference sourcebook[M]. Santa Barabara :ABC-CLIO Ltd.

Gu C .2001.Regional polarization under the socialist-market system since 1978: A case study of Guangdong province in south China[J]. Environment and Planning ,33: 97–119.

Guangdong Statistical Yearbook .2010. Permanent Population at the Year-end by City[EB/OL]. 2010-09-12.www.gdstats.gov.cn/tjnj/table/4/e4_5.htm.

Heilmann S.2008. Policy experimentation in China's economic rise[J]. Studies in Comparative International Development,43(1): 1–26.

Kraas F .2004 .Urbanisierungsprozesse in China[J]. Petermanns Geographische Mitteilungen, 148: 58–59.

Le Bail H. 2009. Foreign migration to China's city-markets: the case of African merchants[EB/OL]. Asie Visions 19, http://www.ifri.org/files/centre_asie/AV19_LeBail_GB.pdf.

Li Z . 2008. Ethnic congregation in a globalizing city: The case of Guangzhou, China[J]. Cities, 25: 383–395.

Li Z, Ma L J C, Xue D .2009. An African enclave in China: The making of a new transnational space[J].Eurasian Geography and Economics, 50: 699-719.

Li Z, Xue D, Lyons M, et al .2008. The African enclave of Guangzhou: a case study of Xiaobeilu[J]. Acta Geographica Sinica ,63: 207-218.

Liu G .2009. Changing Chinese migration law: from restriction to relaxation[J]. Journal of International Migration and Integration, 10: 311-333.

N N. 2009 . Guangzhou hacker Migration[N]. Southern Weekly,2009-08-17.

N N.2010 .African expatriates savor festival China[N/OL]. People's Daily Online ,2010-02-17. http://english.people.com.cn/90001/90776/90882/6895648.html.

NBS. 2009. China Statistical Yearbook[M]. Beijing :China Statistics Press.

Orban E, Chen X, Koehn P H .2003. Great power decentralization and the management of global/local economic policy and relations: lessons in fluidity from the People's Republic of China[J]. International Review of Administrative Sciences ,69: 235-258.

Pieke F N .2010. China's immigrant population[J].China Review Summer ,2010: 21-23.

Pomfret J .2009. Out of Africa and into China[EB/OL]. http://www.reuters.com/article/idUSTRE57K00K20090821.

Qin Q .2009. Guangzhou to increase checks on illegal immigration[EB/OL].2009-07-17. http://www.chinadaily.com.cn/china/2009-07/17/content_8439196.htm.

Stening B W, Yu Y. 2006. Expatriates in China: a review of the literature[R]. Australian National University.

Sun Q, Qiu L D , Li J .2006. The Pearl River Delta: A world workshop[M]// Zhang K H. China as the world factory. London: Routledge.

Unesco .2010. Migrant/Migration[EB/OL]. 2010-10-17.http://www.unesco.org/new/en/social-and-human-sciences/themes/social-transformations/international-migration/glossary/migrant/.

Wang J , Lau S S Y .2008. Forming foreign enclaves in Shanghai: state action in globalization[J]. Journal of Housing and the Built Environment ,23: 103-118.

Willis K , Yeoh B .2002. Gendering transnational communities: A comparison of Singaporean and British migrants in China[J]. Geoforum, 33: 553-565.

Wu F .2002. China's changing urban governance in the transition towards a more market-oriented economy[J].Urban Studies, 39: 1071-1093.

Wu F, Xu J ,Yeh AGO .2007. Urban development in post-reform China: State, market, and space[M]. London:Routledge.

Xu J .2010. Types of Chinese Visa[EB/OL]. 2010-08-17.http://ng.china-embassy.org/eng/hzqz/qzzl/t142016.htm.

Xu J , Yeh AGO .2005. City repositioning and competitiveness building in regional development: new development strategies in Guangzhou, China[J]. International Journal of Urban and Regional Research, 29: 283-308.

Yao S, Chen S, Guan C, et al .2008. New characteristics of urbanization and strategies of regional spatial development in China[M]//Keiner M. Sustainable urban development in China:Wishful thinking or reality? Münster: Verlagshaus Monsenstein Und Vannerdat Ohg.

Yeoh B, Willis K .2005. Singaporean and British transmigrants in China and the cultural politics of "contact zones" [J]. Journal of Ethnic and Migration Studies ,31: 269–285.

Zhang L .2008. Ethnic congregation in a globalizing city: The case of Guangzhou, China[J]. Cities, 25: 383–395.

Zhao S . 2003. Peasant Migration: Order Building and Policy Rethinking[J].Social Sciences in China ,(4):168–176.

9 广州非洲人消费文化的"污名化"

邹逸杰

以商人为主体的非洲籍人士大规模涌入中国已经有十余年了，其中广州的三元里、小北地区成为他们聚居最多的地区。这种人口、技术等实体在流动空间上的接触为无形的话语观念流动提供了可能性。在某些特定的议题上，它甚至为一种建构出来的道德责任感提供了空间。作为这种可能性的具体体现，在广州的非洲人遭受到公众舆论在不同场合的污名化。本章材料收集过程中以广州小北地区为主要田野地点，并运用2012年12月以及2013年2月到5月的田野调查所收集的材料，对非洲籍人士群体在广州受到的污名状况进行了分类分析，选取消费文化相关的符号这种普遍符号为例，利用污名符号的发生学分析，揭示在广州的非洲人身上的污名化现象发生的具体原因及过程，并通过这些具体原因和过程，讨论关于全球化的人口流动中个人和群体的被动性的议题。

9.1 引言

广州作为一个在历史上有着开放传统的地区，因其周边外向型的经济和发达的制造业吸引了劳动力指向和商业指向的外来人口在此定居。在这些人群中最受人关注的是非洲籍的黑皮肤人士，他们在广州三元里和小北地区大量聚居形成了所谓

"巧克力城"景观,这种景观闻名全国,以至于许多人一提到广州第一印象当中就有"有很多非洲人"这一项。非洲籍人士在穗具体人数有多少我们很难统计,从目前可公开的研究数据上也很难把握发展趋势,但是越来越多的迹象表明,来到广州的非洲籍人数并没有出现锐减的情况,并且其人员活动范围蔓延流动到了周边的佛山、东莞一带,形成了更多的聚居区。而本地中国人却对他们缺乏基本常识性的了解,更不要说从文化习惯方面来理解非洲籍人士。在这种背景下,中国人对非洲人的认知过程中对于客体的不可知和客体自身表达渠道有限带来"解释"的被动性,就造成了心理上很大的隔阂,从而在一定程度上造成群体间的张力,成为一些冲突发生的情感性因素。

不仅仅是在中国,"黑皮肤"群体在世界范围内都带有一定的敏感性,这其中复杂的历史原因在此就不讨论了。例如在巴黎,非洲裔(非洲籍)聚居社区已经成为一个很难治理的地带,其中滋生了很多社会问题,这些问题反过来也为社会舆论提供了素材,引发了很多关于移民政策和社区治理的讨论,以及舆论上的负面话语。同样,在广州,非洲籍人士聚居区也不是一块平静之地,其中许多事件的发生加上媒体的报道曝光以及各种坊间的传闻也造就了很多的误解,直接导致了非洲籍人士在舆论中被很多人指责和歧视。当然,巴黎与广州的类比并不是很恰当,至少在笔者看来两座城市的历史关联、城市性质以及中法对待移民的政策和态度等方面都不尽相同。

"污名"(Stigmas)作为一个重要的社会学概念由美国社会学家欧文·戈夫曼(Erving Goffman)提出,之后在欧洲和美国社会科学界经历了一系列的衍生后,成为研究跨文化群体之间交往的核心内容之一。简单地从本体上来说,戈夫曼认为污名是某种可以被感知的标记和符号,在本体之外,这种符号[①]和标记常常和失常、有缺陷以及劣等的特质联系在一起,因此污名的承受者也就会遭受这种特质带来的来自外界的负面判定。污名一般会给个体或者某个群体的声誉带来不好的影响,社会科学界目前倾向于把污名作为一种群体表征来进行研究。具体到上面提到的本土和外来的少数族裔群体之间的互动来看,有的学者就将污名化视为是争夺社会资源的重要手段。这种观点认为污名化"是一个群体对于另外一个群体进行剥削,提升自身已有的优势地位和巩固自身制造的秩序的手段"。我们注意到,往往污名化的过程无论是由人为目的主动创造的还是非人为地"自然而然"地产生的,似乎污名在产生之后往往在时间上因为大众心理等原因被不断"再生产",最后上升为整个社会所接受的某种价值,或者说整合到社会核心文化内涵的结构中去,被运用于解读他人的日常生活。这个过程往往不是在某篇宣言或者某个运动的摇旗呐喊中产生,而是一个悄无声息的符号化过程。如果说仅仅将污名化在这里局限在作为一种符号手段的"目的性",那么很明显就忽视了这种社会现象在传播过程中囊括进来的诸多已经被制造出来的符号象征影响的那部分人。这部分人可能从来没有实际接触过在广州的非洲人,但是接受了已经被制造出来的针对非洲人的污名符号的代表性和替代性。作为污名化言论的制造者，这些"社区外"的人其实是占大多数的，他们对自发的舆论的影响也是最大的。如果忽视了它们几乎就是忽视了污名化问题作为社会心理的最重要部分。

另外，从作为社会的人而存在的个体和群体的认识论角度来说，人的认识和实践方式的来源绝对不是机械单一的。具体来说，在穗的非洲人除了作为一个存在的人"来到"了中国并遵守相关规则以外，他们还带有自己的一套逻辑和价值观来到他乡，在社会交往中表现出诸多复杂和异质的现象。因此污名问题的讨论是不能与这种被污名的文化背景割裂开的。我们注意到，污名化过程中所囊括的主客体的相对经济地位、相对政治地位以及各种偶发事件等因素都是动态的。具体在小北地区的表现是：作为一个经历过"空心化"和外来人口近期内再填充的物理空间，其人口的经济以及政治状况相对离散和随机（虽然我们看到了地域性的行业划分和控制，但是我们未能看到这种控制的后果是某一行业依仗某种优势对其他人进行绝对凌驾，最好的一个例子就是我们能看到类似擦鞋、洗衣以及保姆等服务行业所服务的对象是非洲人），因此机械地以经济政治目的论来证明污名化，认为它是中国人对非洲人的主动的政治经济控制手段，这是很难说得通的。要想讨论和解决这个问题，也许我们跳出"污名"符号是主动的控制手段的看法，进入更宽阔的文化领域，对"无处不在并且潜移默化"的污名符号进行发生学研究。虽然说文化范畴并不是完全的经济政治对立项，结合上文的论证来进行考虑，如果我们能够以人类学文化相对论视角对一些进入到日常生活中的经验进行参与式的观察，了解被污名化对象"本位"的想法，同时予以符号阐释解读，或许可以从新的角度解读广州非洲人的污名符号的生成机制。

如果说要用"符号"的概念来分析社会现象，那么在对田野材料进行分析之前，笔者觉得有必要介绍一些概念以作讨论前提。

在开始讨论之前，笔者必须交代清楚两个问题：首先，符号在这里指的是什么？对于第一个问题，笔者选取皮尔士（C.S Peirce）对于符号的定义和其一套关于符号的理论以及研究方法。当然，皮尔士在他的手稿和很多场合中对符号下过方向同质但是表述略有偏差的定义，总体上可以总结为以下的说法：

A sign is an object which stands for another to some mind.（MS381）

A sign is a thing which is the representative, or deputy, of another thing for the purpose of affecting a mind……（MS142）

A sign, then, is anything whatsoever—whether an Actual or a May-be or a Would-be, —which affects a mind, its interpreter, and draw that interpreter's attention to some Object whether Actual, May-be or Would-be.（MS670）

综上，皮尔士对符号的定义可以简单概括总结为：所谓符号是相对于某人，在某个方面，能代替（代表、表现）他物的某种东西，并且这种代表带有影响阐释主体"观念"的目的。通过回答第一个问题，解决了讨论范畴框架的问题之后，紧接着要回答的第二个问题是为什么要在这里选择这种"符号"来讨论社会现象。首先，从人类学学科角度来说，我们生活在一个符号—意义建构的世界当中，以符号为出发点具化个体以及群体的认知和经验是当我们在谈论"文化"等没有具体边界并且总是在流动中的抽象概念时的可行方法，因此它是人类学研究"文化"繁杂的现象王国时的染色剂。另一方面，相对于其他偏重语言符号的研究来说，皮尔士的符号涵盖的面比较广泛，涉及我们可以感知到的各种符号现象，他认为的符号所指的"客体"（Object）不仅限于实实在在存在的物体，也可以指想象的存在物，甚至可以指一种非实体的社会关系，因此在讨论社会议题时它的局限性更小。具体到笔者选取的在穗非洲人议题，已经有很多学者从人口、经济以及都市空间等多个角度进行了深入并且富有成果的研究。作为一个现代社会都市内的复杂议题，除了将其认为是"发生在都市政治经济结构下"的现象和诸多事件的串联以外，非洲人与中国人在这个议题中的阐释也应该是被关注的对象——他怎么看？他怎么做？我怎么想？我怎么做？——这一点正是人类学让"他者"发声的具体体现，污名化现象在"非洲人在广州"的议题中是一个重要的方面。如上文所说，笔者想讨论政治经济结构影响下的客体属于策略的理性计算以外的方面，所以对关于污名化过程中涉及符号阐释的部分格外关注。而皮尔士观点影响下的对符号的观察强调的是符号的传达和阐释，并且还强调作为阐释主体的人对符号解释的动态性，也即我们如何用已有的知识储备在替代、代表的过程中解读符号。这种强调实践性的观点对于具体的社会议题非常有用，做到了把抽象符号归还给活生生的人和由人所创造的社会现象，并且在社会议题上衍生出有用的信息。在"非洲人在广州的污名化"的议题上，笔者试图挖掘的是，中国人的知识储备在对非洲人的主动行为的认知过程中是如何生产污名符号的（如何认识到"它"是不好的行为），这种符号是如何发挥其功能性的（"它"又如何代表和替代非洲人的普遍行为，成为中国人评判非洲人的素材），以及这两个端口之间的过程。

有一点值得注意，笔者强调的是污名符号的替代和代表的功能对于主体解释的影响，而这一切的功能能够发挥则基于皮尔士"只有当符号被视为符号的时候才能产生符号的功能"的前提。这里还暗含了以皮尔士观点中关于各种现象的"普遍范畴"（Universal Code）的第一性（独立存在的现象）和第二性（具体时间空间中存在的现象及其组合）的层面来了解中国人如何用惯习和已有知识储备感知非洲人的各种行为和表征，之后形成第三性（交流过程中象征代表、互动阐释等的抽象结果）层面的内容——成为非洲人的象征以及大家提及作为抽象概念的"非洲人"、"小北"、"三元里"时的印象——的观点来看待具体的话题。

9.2 非洲籍人士在穗"被污名化"的符号维度

如果要了解非洲籍人士群体在广州被污名化的情况以及讨论消除污名的具体手

段，就首先要搞清楚到底他们承受了什么样的污名，反过来说，什么样的污名符号被中国人所感知。笔者通过田野访谈和网络舆论搜集得到了一些资料。在这一阶段，访谈对象主要是作为小北社区和其社区以外部分中国人以及非非洲籍外籍人士，从具体的分类角度上来说又分为利益相关群体和中立群体（利益相关短暂或不明显），大致上访谈到的非利益相关中立群体包括出租车司机，在小北社区外工作的租住客、小区居民，拜访指向为非非洲人群体初次或经常性访客。而利益相关者包括社区内从事和非洲籍人士相关商业活动人士，如社区内小卖部老板、理发店老板、服装商铺老板以及部分与非洲籍人有合作的外籍人士。

综合整理各个群体的舆论中针对非洲籍人士的污名，笔者按情感体现强烈维度将污名分类如下：（1）肤色、体味、疾病和服饰头型造型文化符号。（2）非洲籍人士的社会交往表现，具体包括街头及其他地方聚集行为、饮酒（酗酒）、约定与信用、男女关系。（3）非洲籍人士"犯罪"的名声。（4）非洲籍人士的商业消费符号以及文化。

因为篇幅原因，笔者将选取较为有代表性和舆论敏感性的污名进行讨论。消费问题是每个非洲籍人士乃至每一个人每天都会面临的问题，在现代社会，消费符号代表了一个人的身份，这些身份也同样是他人对一个人进行评价的映射。在我们对社区内外中国人和其他外国人利益相关者与非利益相关者的访谈中，非洲籍人士的消费文化问题在被污名化过程中具有很强烈的情感维度指向，具体地说，集中在他们的消费模式、他们的低端消费状态以及消费信用三个方面。在笔者的访谈中，无论是对非洲人持何种态度的中国人，普遍提及的一个标签是"第三世界"、"穷"，并且有一种明显的"优越感"。这种消费选择权上的霸权心态的社会心理附属品就是对于倾销对象的经济状况的轻视。更进一步说，将这种经济弱势状况的各种各样的象征代入以货币为消费中介的现代市场—国家以及其所掌控的法律—道德体系中时，这些象征所代表的经济弱势形象难免会因为达不到社会主流的期望而令人浮想联翩，从而被建构出很多符号意义。

9.3 对于消费问题污名符号的回应

对于被施予的污名，在穗的非洲籍人士是有感知的。在访谈过程中，非洲籍人士很乐于向他人倾诉和分享他们行为背后的文化内涵，并且期待他人能够正确地理解他们。

9.3.1 关于生意模式的问题

在之前的信息收集过程中，笔者注意到，对于消费符号，大多数社区外非利益相关访谈者普遍提及几个问题——"不知道非洲籍人士在广州到底做什么工作"、"他们的零散购买货物的方式是否能赚钱"、"他们购买的货物都是淘汰掉的东西，怎么赚钱"，其中访谈的六位出租车司机对于肩扛手提的非洲人形象具有最强烈的疑惑情感指向，直接将这种"行商"式的商业模式视为是低端的商业模式。在这里我们将基于"行商"和"坐贾"的商业划分模式做一些符号性的阐释和讨论。虽然这些问题对于提问者是可以根据常识判断来解答的，但是对于中国人来说，有固定的营业场所是一种商业信誉的表现，这种表现中空间性和时间性是并存的。空间性上，它表明个体在商业资本上的"存在"；在时间性上，它表明个体在商业资本上的积累和经验。撤除对于个体在商业中的个人动机，从大趋势上"行商"这一类人在商业稳定性、活动正当性和商品质量上就会明显与"坐贾"对应起来。这种想法引发的进一步的污名就会指向非洲籍人士的能力和品德：有可能他们能力有缺陷，或者有可能他们从事非法的勾当。在这一系列的符号化过程中，基于行商—坐贾两分法的知识就会替代其他常识性的解释——忽视了作为商品出口目的地（非洲市场）状况的客观性和非洲商人针对这种客观性做出最优选择的正当性。

当然，我们不排除在广州的非洲商人有很多成功的"坐贾"。但是，从感知上而言，坐贾的非洲商人和其他中国坐贾商人相比，因其"办公室范式"的相似性以及工作场所空间上的专门化，所以"往往不被注意"，也就是说，非非洲籍人士并不认为非洲人坐贾从商是形成消费污名符号的必要知识储备，因此污名化的对象多数只针对作为普遍现象的"行商"。

T先生的生意经

访谈期间，T先生正在做耳机生意。在那段时间内，由美国非洲裔说唱明星Dr. Dre创建的Dr. Dre牌子的大耳机在时尚界以及音乐家圈子里面很流行，许多欧美明星都在为这个品牌的耳机代言，在网上和一些商城里面可以经常看到他们的广告，应该说这个牌子的耳机直到现在在世界范围内都很流行。T在中国买仿造的这种耳机，一次买200个，进价单价40元。不过他可以讨价还价将进价控制在单价35元。他每次采购的整个运输过程都是自己亲自完成，他将所有的耳机装在行李里面自己带回多哥，他说这是很多非洲人在这边做生意的常态。因为进货量不大，他们不走海关。他笑着告诉我秘诀："把耳机裹在衣服里面就行了。过海关的时候我就会在牛仔裤里面裹很多耳机。"在他的家乡多哥，这种中国产高仿耳机能卖到70元人民币。他告诉笔者，在非洲大家都喜欢这个牌子，同时非洲也少有这个牌子真的原装耳机，所以大家也不在乎是不是山寨的，依旧喜欢购买。他说因为中国货物价格不高，另外人民币相对他们货币汇率比较高，所以他们喜欢买中国制造的商品。在中国挣钱他觉得很划算，T先生告诉笔者他卖出一个耳机的盈利就相当于他在他国内租一个月铁皮房的房租。

撇开T先生对于行商利润的描述是否夸张，单从现象上来说，T先生的这种"生意经"在非洲小商人中是比较普遍的，众人参与的行商模式也因为其参与者基数大而在表征上比较显性，容易在街头、公共交通系统等公开场合被对他们毫无了解的中国人所感知到。

L女士

L女士在得知国内的零售商需要什么货物以后便去张罗采购。一次进货可能就两个纸箱。拿到这些纸箱她要不托正准备回国的同胞带回去，要不就和其他人一起拼箱凑齐一定数目再发回去。她说那些大一些的商人不一样，那些大商人可以直接买一个集装箱的货物然后托运输公司运回非洲，而大多数她这样的非洲人喜欢自己包办一切，自己包办也放心。

另外，对于"行商"还是"坐贾"的问题，它们不是一个完全固定的状态，它是一种处于实际商业需要的策略性问题。这一点体现在它们的转换上，这种转换是在个人关于"当下"处于对海外生存和商业考虑的前提下发生的。以笔者一位朋友为例，我们可以看到两者在个体身上的结合和转换。

笔者这位朋友是一位尼日利亚商人，他在中国有自己的贸易公司，主要业务是采购各种中国货物往尼日利亚出售，不过他同时也开展各种各样的分支业务。他在中国有自己的办公室和固定的办公地址，最近他在开展一些新的业务，它们包括中国商人在非洲投资的顾问服务，为中国商人提供在非洲的物流和仓储服务，在中国市场销售一些非洲特产和来自非洲的资源性产品。他还告诉笔者，他的一个分支计划是设计、印刷并销售自己的T恤，创造一个属于自己的带有非洲风情特色的服装品牌。不过因为他和一些中国的艺术家有联系，并且他在业余时间也会和他们合作演写歌，所以这个服装品牌不是针对大众市场，而是针对一些像艺术家或者收藏者这样的有特殊审美需求的群体。因为其业务的繁杂，在每项业务上发展程度、资金的有限造成的每项业务预算的不同以及个人资金周转波动等因素，对于不同的业务的处理方式自然就不同。对于他的投资顾问服务，他已经建立起了一定的网络并在东非地区和一些大的投资公司合作，设有办公室，办公室的同事中有不少中国雇员，整个体系是比较正规的。而对于刚刚开展的服装品牌和一些非洲乐器的进口业务，因为采购量不大，所以所有的环节都由他自己包办。在笔者和他接触期间，他刚刚自己在广州进行了一次服装采购，这一次的进货量不是很大，他在广州买了一些衣服准备自己带回尼日利亚，采购的货物大部分是出售用，而一小部分是留给自己的，他在自己的微信上为采购的服装拍了照片，这些服装样品摊在旅店的床上，他为照片附上了文字：终于完成了采购，当然我也给自己买了一些衣服。

从这位朋友的案例可以看出，"行商"和"坐贾"在个体上相互交叉。而从感知维度看，"行商"对于普通人来说则更为显性。

这种"小资本"的经济模式对于非洲商人来说是非常合算的，节约了很多环节的成本，虽然牺牲了效率，但是获得的利润利用货币差价在他们国内也算是一笔可观的财富。除了这种结构性的原因，从文化惯习的角度看，非洲大陆对于现代商业契约精神的本土化和一定程度的由自身文化发出的抵制，造成了非洲人群体内部商业文化的独特性，这种独特性一定程度上指导了其商业模式。笔者在非洲的时候发现，非洲人"事事自己亲手干"的习惯已经成为其生活的哲学，非洲人文化观念中是尊重"匠人"的，其文化推崇自身的技能（即技艺、劳动和本体结合的完人），这一点和商业社会对资本的运作期望有些偏差。当然，这种文化在全球化的过程中也不是完全不受影响而拒绝对周围的社会做出任何调适的，只是从历史经验来看，这种文化的惯性是非常大的。这正是适合他们目前状况的模式，也是与其文化观念契合后与周围的社会关系调和的结果——当然，这样的模式在一些中国人看来就是"值得怀疑"，而这种行商模式在本地人的观念里面也远远不如"坐贾"那么可靠。更重要的是，高流动性商业模式作为一种普遍现象不是只有非洲人才会体现，很多中国的小生意人也会在小北地区采取同样的商业模式。但是，因为黑皮肤和行商符号的代表作用的叠加，使得非洲人容易被感知到，而被人用其来替代实际情况。

9.3.2　低端消费

作为一个消费主义在价值观中占有重要话语权的地方，在中国沿海地区特别是广州为代表的珠三角地区，人群对于消费及其符号在社会生活中所发挥的功能是十分看重的。有些时候仅凭粗略印象判断一个人，主要靠的是看他的购买能力和购买品位。有些时候购买高端产品的人会受到社会的仰慕和重视，而低端消费者则被冠以"失败者"或者"没本事"的名声，即使所有的人期望能以比较低的价格购得高端产品，但是这种期望是隐藏在后台当中的。相反，在前台，人们还是希望通过高端产品的普遍价格来体现自己的消费能力。

非洲籍人士在中国的消费应该说不算高端。并且，在非洲大陆，非洲籍人士群体的所在母国成为低端产品的下家，客观上也造成非洲籍人士群体很少能消费高端产品，从消费主义的角度，就很容易被中国人视为是贫穷的群体，加之受到媒体关于非洲负面报道的影响，这种印象将会从一个消费行为泛化到生产之外的"阶层"和"素质"问题上，将"阶层"性的陋习印象加在非洲人总体身上。从这个意义上来说，非洲人士成为了消费主义文化结构下的舆论受害者。

> L女士前段时间买了一部手机，是一部山寨三星 Galaxy 系列的手机。对于这个手机她很满意，因为这个牌子在他们国家是畅销货。她只花了400元就买到手，到手后不到一个星期就出了问题，只能拿去检修。她不断地和笔者抱怨她的移动电话质量有多么得差，但是最后她买新手机还是选择买便宜的山寨手机。笔者的几个非洲访谈对象都喜欢用质量不好但是却有着时髦外观的山寨机。

如果说L女士的例子还不够说明问题，那么我们可以看一下另一个例子，这一次选取对G先生的访谈和观察：

> G先生的经济实力应该说比较好，他已经在中国立足两年了，并且自己掌握着各种货物的分销渠道。笔者的另外一个访谈对象和G先生一样来自于说斯瓦希里语的地区，这位访谈对象曾经告诉我，G先生是个有钱人，而且在他自

己的国家也是 someone big（大人物），这一点在小北一带说斯瓦希里语的非洲人中是被大家承认的。除了这位访谈对象以外，还有一些其他非洲商人告诉我，G 先生是一个大人物，也有非洲商人想通过笔者介绍认识 G 先生，以寻求生意上的合作。但是 G 先生每天晚上的消遣却是在士多店（即小杂货店）门口喝最多 4 块钱一瓶的廉价啤酒，或者买了啤酒到宝汉直街的某个衣服摊位边找老板借一把塑料凳子坐着与朋友在街边聊天。基本上每天在西胜街的士多店门口都可以看到他。他告诉我说，这是他的习惯，如果不这样，他可能会脱离朋友群体或者失去和街角某些人的特定联系，这对生意是不利的。

笔者不只一次在街边士多店门口喝廉价啤酒吃街头烧烤的人群中遇到所谓的"大人物"，笔者的非洲朋友在人多的场合下喜欢告诉笔者人群中哪些人是成功人士，往往这种可以被社区中中国居民看到的"成功人士"都是手拿廉价啤酒被同胞簇拥。我们看到，低端消费符号的出现场景包括但不限于正式商业场所，并不一定以商业行为为目的。这些符号以及他们传递的信息流在日常生活中涌动，给评价者提供了一个充斥着暗喻和联想的空间。

作为补充，除了直接观察非洲人聚居社区内的状况外，笔者也了解了一些关于与非洲人进行贸易的二手服装工厂的信息。笔者偶然通过朋友介绍，知道了这家企业。

这家企业位于广州市的近郊，如果乘坐地铁从市中心前往，加上从地铁站出来转车的时间大概花费一个半小时，如果直接从小北地区包车过去的话则需要一个小时。

这家企业坐落在近郊镇子街道后面的山坡上。公司的工厂、仓库和销售办公室是一体的，都在一间很大的铁皮顶仓库当中，主要仓库的对面是公司新增加的第二个分拣车间。工厂经理很自豪地告诉我，因为二手服装需求量加大，公司的订单增加，所以新开了一条分拣二手服装的流水线。

笔者到达的时候，正有一位中东商人在往卡车上装刚刚购买的二手服装，他亲自和两个工人一起把装衣服的麻袋一包一包地往一部卡车上装，这位中东客人购买了一个 20 尺柜集装箱 [（5.898~5.905）m×（2.348~2.352）m×（2.376~2.383）m] 的二手服装，马上运往码头。笔者在车间里面看到堆成小山的各种二手服装，每一堆都有两三米高。在车间的一头是各种混杂的脏衣服（鞋子和箱包也混杂在其中），厂房中间有一个传送带，有人用手推车把混杂的二手服装推到传送带的一端，在各种服装传送的过程中，传送带两端的几个工人进行分类，各自把自己负责的服装从传送带上分拣出来，放在身后的手推车内，当手推车装满后，会有人把车子推到车间另一端放在相应种类的服装堆内，之后会有另外的工人将分拣好的衣服压缩在 1 m×1 m×1 m 的包装内。这种分拣只能算是粗加工，把同类服装分拣在一起，但是对于款式和颜色是没有作任何处理的。客户购买时不能拆散包装，只能一包一包买，所以购买到的包装内是各种款式尺寸颜色服装的大杂烩。笔者在现场并没有看到对二手服装进行消毒的工序，整个加工过程只有分拣的工序。

经理告诉笔者，客户购买二手服装是通过重量来计算价格的，不同种类的服装价钱不同。在价格清单上，笔者看到成衣和牛仔裤价格最高，达到每吨20 000元人民币，最便宜的是女士T恤，价格在每吨9 000元人民币。

对于二手服装的来源，经理告诉笔者，它们是从中国各地收购过来的。对于这个问题，他不太愿意回答。经理告诉笔者，他们主要的客户是外国人，主要是非洲商人、中东商人以及南亚商人。他们工厂的销售部门已经和一些乌干达商人建立了长期的合作关系，非洲客户是他们最重要的客户来源之一。不过他们现在的二手服装已经供不应求，销售部门暂时不会开发新的非洲客户了。经理说，因为销售和开发客户需要，他们和小北社区有很多联系；并且如果他们要兑换美元的话，如果数额不是特别大，会去小北社区找货币兑换商人进行兑换，因为"他们给的汇率要稍微合算一点"。

值得注意的一点是，二手服装交易其实在中国一直处于一个官方管理和民间交易的中间地带，官方层面并没有一个正式的交易管理机制，而自发的市场交易也处在一个缺乏统一协调的阶段。很多销售二手衣服的企业在公司名片和各种宣传渠道上并不直接说自己是经营二手服装的公司，而是冠名为"环保公司"。这种敏感性在一定程度上来源于所谓的"洋垃圾"问题。洋垃圾的全球流动和在中国的倾销，已经是一个大家不愿意公开讨论但是业已存在的事实。经理对于二手服装货源的避而不谈，其实也是有一定原因的。服装消费和其他必需品相比有自己的特点，它和消费者的体型、生活状态甚至审美情趣直接挂钩，如果货源全部是来自于回收中国人使用过的旧衣服，那么在尺寸大小上很可能不能全部满足非洲客户的需求。而如果货源是来自于欧美等国家的话，在普遍尺寸和款式上[②]可能更好地满足非洲买家需求。在2013年年中，央视等媒体曝光了一些洋垃圾产业链的情况，在社会上引发了一定的讨论，也引起了官方对于监管问题的重视。另一方面，在2013年中的一些服装行业自身非官方的行业分析中指出现在二手服装的消费基本上是由非洲客户完成的，"洋垃圾"整体销售已经完成了"内销"转"出口"的过程。一些分析呼吁，应该规范整个行业，例如要求强制消毒二手服装产品。同时很多分析还表达出这样一种观点，认为这种低端消费是符合非洲市场实际消费情况的，实际上能够帮助他们获利，在网上的一篇匿名呼吁中甚至使用了"人道主义"一词来强调这种消费使得非洲商人获利的事实。应该说，这种对市场行为的道德化行动是"监管"和"盈利"在舆论上出现僵持时商家的一种妥协性谈判策略。反过来，这种道德化在某种意义上的传播，又再次贬损了非洲人的形象和地位，使之成为接受这种"低端商品全球化"中被施舍者的角色（至少在观念上是）。

笔者在这里描述这个工厂的情况，并不是想强调"所有的非洲人都消费低端二手产品"这样一个结论。在这里，笔者是想表述这种围绕"族裔经济"是存在的，并且的确为中国人和非洲人创造了商机和价值，为关于针对非洲人的污名化产生机制"去经济冲突化"论述提供一定的支持。必须要提及的一点是，尽管这是一种经济上的双赢，但是也使得"非洲人消费低端产品"成为一个经验事实，从而为符号化的过程提供直接的现象证据。另一方面，这本来是一个行业内心照不宣的秘密，本不应该作为一种符号的阐释知识被提供给大众，但是经大众媒体曝光以后，这个秘密就成为众所周知的秘密。

为了避免产生把这种非洲人消费二手产品的现象夸张化的嫌疑，笔者觉得有必要将一段在肯尼亚最大的二手服装集散地的见闻作为关联的田野笔记引入讨论。

在肯尼亚首都内罗毕的市场有东非地区最大的二手服装集散地。这个市场是一个集门面、仓储和流通为一体的大型二手服装集散地。来到这个集散地的服装会很快地被分销往东非和中非各地。整个集散地中心部分是铁皮屋和木头架构仓库，临街部分是销售门面，整个集散地占地面积巨大，里面的小道错综复杂。

笔者访问了三位仓库中的零售商，他们告诉笔者，这些二手服装来源多样，有来自于中国的二手服装，也有一部分来源于欧美发达国家。而欧美发达国家的货源中又有一部分是来自于慈善捐赠。衣服类的产品多被销往农村地区和其他城市，而箱包类产品在内罗毕等大一些的都市很受欢迎，而当时也正好是箱包最畅销的时候。一个小业主拆开一包来自加拿大的衣服给笔者看，包装内各种颜色和款式的夹克衫混杂在一起，这些衣服统一从肯尼亚东岸城市蒙巴萨的港口进口，然后被大货车运送到内罗毕。这些小业主告诉笔者，二手服装非常适合非洲市场，需求量很大，所以他们在世界各地采购。因为笔者是中国人，他们多次提及与笔者合作在中国采购或者询问笔者是否可以提供货源。在内罗毕街头，很多普通人光顾的巴扎市场的小摊贩那里出售的服装箱包都来自这里。在纯商业盈利为目的的消费范畴之外，我们还可以看到这样的例子：

L女士平时喜欢去一些夜总会酒吧消费。她喜欢去的一间酒吧在建设六马路地下。建设六马路的格局十分明晰，街道南侧的酒吧的顾客一般就是非洲人和印度人，而北面的酒吧则是欧美消费者居多，再往南边一些，建设六马路的另一端也有很多酒吧，顾客多是高加索地区外貌的人。笔者曾经随她去过一次她常去的酒吧，里面消费者主要是非洲籍人士和南亚籍人士，现场的中国人很少。酒吧里面酒水相对于其他街道的酒吧来说并不算高，如果比较北侧的酒吧来说，酒水均价会低20%至30%左右（在北侧的酒吧一瓶常见的喜力啤酒价格为48元/瓶，而在我们去的地方价格为32元/瓶）。酒吧舞池里面跳舞的多为非洲、南亚人士。DJ播放的音乐震耳欲聋、节奏强烈，扭动的人群显得很癫狂，台上浓妆艳抹的中国舞女围绕钢管跳舞，而舞池外不时有穿着暴露的中国女性顾客和女性服务员穿梭来往。如果做个类比，这里整体氛围很像中国普通市民普遍观念中兴起于20世纪八九十年代但是在21世纪初衰落并变得臭名昭著流向城区边缘和二线城市的舞厅文化，一般来说，中国人肯定会视这种地方为低端的娱乐场所，而进出于这种场所的人都被视为是有问题的。更重要的是，这里的人群构成满足或对应了人们对于第三世界的想象。

当然，除了对于传统意义上低端市场价值的物质、服务的消费会形成污名符号以外，我们还应该注意到另外一种由异化③的审美产生的污名符号。

尼日利亚之夜

A 先生是一位非洲音乐家，经常在小北、三元里地区的娱乐场所等地方举办活动。他主持的音乐表演现场观众基本都是非洲人，他们的活动也很少向中国人宣传。如果不是笔者认识 A 先生并收到他的邀请，基本上很难知道这次活动的详细信息。笔者也是在场的观众里面两个中国人之一，另外一位是一位年轻女性，她是其中某一个尼日利亚商人的女友。在场的非洲观众的座位是事先安排好的，有身份有地位的人坐特定的几个桌子，当这些大人物入座的时候会有很多其他非洲人过来问候他们表示敬意。一般来说，这些大人物从衣着上就可以被区别出来——颜色鲜艳的衣服，外露的项链、手链等贵金属首饰，戴着墨镜（当时是晚上）或者是反季节的穿衣搭配（故意抑或意外？）。可以感受到的是，这样一种活动是他们在中国的群体内部权力关系的一个微缩，而在功能上，这次表演台上台下发生的互动则通过展演强化了这种关系。

音乐现场接下来发生的事情是另外一个有意思的点。在 A 先生演出过程中，很多非洲观众直接拿小费给他以示资助。观众会直接将 100 元面值的人民币钞票贴到正在唱歌的 A 先生的前额上，让所有人看见资助者是谁。因为往 A 先生的额头上贴钞票是一张一张贴的，所以如果给小费者给的小费很多的话，整个过程往往会花费不少时间。不仅如此，有的人因为给钱的问题还形成了竞争关系，比谁给得多。人群会在一些给钱比较多的"大户"给到超出大家预期的钱的数目（没有具体数目，只是一个大家都觉得"多"的时候）之后，为给小费者往 A 先生头上贴的每一张钞票喝彩，贴得越多，欢呼声越热烈。在这样的时刻，A 先生也会做出欣赏的表情表示感谢，并且以更热烈的肢体动作和更卖力的演唱来回应给小费者。在这样的气氛下，整个舞台和台下的社会关系渐渐开始失去边界，混为一体，传统意义上的表演的主客体划分开始模糊。本来作为舞台上歌者的 A 先生在这种场合下变为舞台的次要因素，或者说是一个以艺术为表现媒介的（可替代的）背景，而给小费的人则变为主体，尽情地在高涨的情绪下进行展演，巩固着自己已经有的地位或者期待着在未来的时期内收获众人投以的尊敬。笔者看到，有一位给小费的人大声对众人表示不满，因为久久没有轮到他上台给小费。笔者估算了一下，一晚上的表演下来，A 先生的小费收入有大约 3000 元人民币。另外，A 先生表演的音乐跟中国市场比较流行的流行音乐很不一样，配乐上鼓点非常强劲密集，演唱吐字快速并带有高亢的电音化混音，这种电音化趋势之前在美国非洲裔音乐中体现得很明显。A 先生的演唱全部使用的是英语与豪萨语。

非洲籍人士的习惯和客观条件使得他们在消费市场中，无论是物质消费还是非物质性消费中，都处于市场低端。除了这些状况上的客观条件，笔者另外有一点心得，即非洲籍人士自身也并不想去适应所谓的中国式的高端文化，而只期望满足于自身的文化审美需求。非洲人消费的文化和物质产品从审美上一般都不符合中国人对现代"精致审美"的追求，而追求一种外在的张扬，这和很多传统社会中的"炫富"行为很类似。以炫富为工具进行自我实力的展演在很多社会存在，但是，在这里这种夸富行为在审美上却跟资本化的现代性"均质、简洁"的观念表达相异。同时，这种炫富从现象上解决了"钱到底能不能直接买来尊敬"的问题——很显然，在这里表面上是可以的，而对于中国人来说，资本如果要转换成尊敬是要通过一系列间接的由下至上收敛性的物化来完成的（例如收藏字画和名贵书籍，出入高档文艺场所），也就是说，对于尊敬的彰显不是通过本体的张扬来实现（符号主体自为的状态），而是通过暗喻引起客体的主动解读来实现的（符号主体自在的状态）。简单直接的炫富符号在解读上，代表的是没有教育和自我克制的表现，也即用暴发户的形象来代替特定场景中的非洲人。这种污名化符号形成的过程并不是由于"富"带来的，而是由一种"异化的富"带来的，"异化的富"是一种文化上的低端行为。

另外，在笔者的观察中，除了符号的本体表现外，还有一些外在于非洲籍人士本身之外的符号被纳入了污名化符号体系，这种纳入的过程也是牵强和被动的。例如，因为大多数非洲籍人士的流动性和短期停留的特征，这些非洲人除了参观工厂和收购一些货物以外，多数消费行为都在小北地区以及其他非洲人聚居社区内。笔者问过非洲籍访谈对象关于广州的地名了解程度的问题，六个深度访谈对象中有一半除了知道番禺（工厂区）、琶洲（广交会）、三元里、小北、大沙头（旧货和电子产品批发）以及岗顶（电子产品批发）以外，对于其他地方概念比较模糊，而对于天河等地区基本上都没有什么概念，而天河正是现在广州城区高端物质和文化消费地区的代名词。

9.3.3　消费信用

对于非洲人的商业信用问题，一直是广州地区非洲人受到污名化情感维度最强烈的一个点。社区内的一些档口商人常常抱怨，非洲买家付款不及时，并且经常有订购的货物就绪以后又放弃订购的事情。除此之外，还有几个著名的故事讲述类似事情。例如，2012年非洲商人用40万的定金骗走400万的货物之后逃之夭夭，从而引发了天秀大厦附近商人向警方施压要求警察追查罪犯的故事。这个故事也是流传最广的一个。有意思的是，笔者在访谈过程中，虽然从不同人那里普遍能听到对于非洲人信用的抱怨，但是所有人在举例的时候所说的故事都是同样的几个。另外，在笔者采访的六个出租车司机当中，有两个提及非洲人坐出租车会少给钱，譬如省去零头的行为，但是这种故事他们都是从其他司机那里听说的，并不是自己亲身经历的。值得注意的是，网络上以及电视媒体中也有过关于非洲人乘坐出租车因为拒付相应数目的车费而和司机发生冲突的报道。实际上，在非洲人的商业和消费行为中，他们并不是完全不遵守规则的，只是他们有一套自己的信用体系。从嵌合的角度来说，伴随现代商业资本市场的脱嵌而来的契约性交易原则的强化，习俗决定的口头约定行为渐渐被削弱，被符号化为不可靠的游离于正规市场之外的约定。如果单单把这种"不同"视为是"没有"的话，那么看待这个问题还是过于片面了，并且如果要深究的话，选择这种口头约定是非洲人的一种主动选择。

笔者在田野资料中，从一位叫 R 先生的非洲商人处了解了一些非洲商人之间货币流动的情况，这些情况反映了口头约定（在一定程度上）的可行性：

> 我给我的朋友一笔钱，像昨天我给另外一个坦桑尼亚朋友 7000 美元，然后他打电话给香港的另一个坦桑尼亚朋友，那个朋友会电话告诉坦桑尼亚的另外一个朋友，由坦桑尼亚的朋友拿 7000 美元给我在坦桑尼亚想收到这笔钱的人，整个过程中没有任何现金的携带过程，也不会有"边境"问题（指海关的检查和现金流动国家之间的税收），当然这一切都是建立在信任之上，所有这些人都是我的朋友，如果我不相信他们，我是不会找他们来帮忙完成这个事情的。这笔钱能够非常快地到达，而且我在这里说是 7000 美元，那边就会收到 7000 美元。

整个过程就是一次以口头信任度为基础和交换凭证的货币跨国流动。这种信任交换是"熟人"（Connection）社会的一种表现，非洲籍商人把这种文化带到了海外并不断演绎。因此说，简单地批评非洲人没有商业信用是过于绝对化的，唯一存在的问题是他们这种策略性和惯习性并存的现金流动方式是脱离国家体系监管的纯社会流动，其"神秘化"容易使人将交换过程中的不正规、不道德方面与参与者对应起来，使其行为污名符号化。但是，这里存在一个关于这种符号被感知的问题，如果说行商和消费低端产品等行为是完全暴露于大众视野之下的话，这种隐蔽的私下行为按理说不被大众轻易感知到，但是一旦发生，或者通过流言等方式进行传播的话，在舆论中制造污名的能量是不能小视的。流言，作为一种心理学现象，在事件不确定性、好奇程度和选择接受流言的主观性几个维度上受到影响，这使得流言传播更像一个"好奇心驱使但是欲言又止"的过程，这使得一些"难言"的秘密实际上得到了更大程度的传播和附会。

9.4　基于材料的分析与思考

污名化的形成有很多方面的原因，但是在以往的社会科学分析中，多数分析都是从政治角度出发进行考虑的，而被污名化群体自身背负的文化惯习实践却往往被忽视，但是往往这些实践所编织的"意义之网"才是将污名符号推及受害者日常生活中的各个方面的动因，让人们对被污名对象的污名符号解读日常化到生活中的方方方面面，替代掉一个群体和一个事件的本质。在此笔者有一些思考。

9.4.1 作为不自觉符号的污名

对于现在的很多污名研究，多数学者是从政治经济角度对污名进行分析的。从戈夫曼将污名视为一种身份管理手段，到发掘污名化个体是如何受社会背景和广泛认识影响，到着重污名的功能性：贬损他人、获得自尊，巩固优势社会政治经济地位，将污名视为是群体之间社会互动的一种策略和手段。

不过，在社会冲突公开的戏剧化表达程度并不明显的中国社会（制造公共事件的能力和条件匮乏），可能从一开始对非洲籍人士的污名化策略主动性上的侧重就不明显——中国人没有足够的理由与非洲籍外来人士群体在政治经济上做所谓的斗争。相反，出于实际经济效益考虑，中国一直试图与大多数非洲国家双边在官方层面上保持友好关系，并且从广州的开放和发展的策略中可以看出，官方并没有对外商到中国进行商业活动表示出欢迎。一方面，这是"经济发展优先"的需要；另一方面，这也是广州作为中国"最开放"之地的选择。另外，在前面的讨论中，我们看到广东地区的部分货物和一些本土经济模式生产出的产品很适合非洲人的消费习惯，例如大量的廉价产品、二手货品等。对这些产品的消费及相关的附属品而言，它既消化了市场上多余的产品，又产生了更多的周边经济增长的可能。例如，直接的销售效益和二手商品的回收、加工中的就业机会。如果从市场最优的角度来说，双方没有重大的政治经济冲突，这应该是一种双赢模式。在上面的观察中，小北地区的中国人因为非洲籍人士的到来获得了经济利益，成为了他们的消费行为的利益相关者。在这样的情况下，如果污名化问题依旧存在，那么可能只能跳出机械的政治经济目的论来考虑，而更多地从"政治经济沉默状态下的委婉表达"——基于自身文化知识储备产生的污名符号来对相关议题进行讨论。这一点很值得拿詹姆斯·斯科特（James Scott）在《弱者的武器》中提出的"群体抗争日常化"在小层面上进行对比。斯科特认为，马来西亚农民以"偷懒、开小差、装糊涂"等日常行为来回应地主的压迫，并给予他们"吝啬"的名声或者其他绰号，从而在日常舆论体系中保存自己的某些主动性（虽然在今天看来，在世界上任何一个地方它永远只是一种言论，而不是根本性改变任何一个人群生活状态的力量）。对比斯科特的说法，在我们的议题上，更应该重视的是舆论中的象征性，在方向上由"抗争"到"控制"的方向性和主体的改变④。我们在上面提道，政治经济上中国人和非洲人是没有"群体间短兵相接"的，仅有的经济纠纷也是在市场框架下发生和消化，双方在经济关系中处于比较沉默的状态，并不希望有任何人和爆发性事件来打破这种沉默，所以说这种借助符号的观念生产作为可依附的上层建筑而产生的社会实践功能，在象征的范畴内表达了中国人对外来者的委婉压制。

值得注意的是，污名产生的"神秘化"过程又赋予了被污名者一些"非主流的特权"——这造成人们对他们的脾性的害怕、对治安等问题的恐慌，引发更多"后台"

议论和委婉表达。从这个角度上来看，污名的制造者会陷入自己所造就的舆论困境当中。

对于这种看似无因的"压制"，如果从结构性因素和自我认知因素两个角度来看，至少在笔者看来，并不是毫无征兆的，至少在以符号解读为基础并由其自身所创造的社会心理领域，情况并非如此。

"符号"转化为"话语"的过程，往往是一个有趣的普遍结果。针对小北这种全球化流动造成的空间内文化浓稠的现象，人们倾向于选择现成的、已知的、约定俗成的（被强加的）一连串的代表性符号来解读未知的现象，并通过解读过程中产生的知识来强化符号。从整个过程来看，它就是一种属于带有污名指向的符号的循环论证。理想状态下的全球化带来的人口和知识的流动部分，本应该是打破固有的意识形态的重要手段，但是在实际的辩证关系中，它也有可能在擅自的文化解读中发挥强化已有观念的作用。而带来这种强化的不假思索的选择过程，很难说是一个纯粹自觉的道德判断过程，而是带有一种受到外力影响的不自觉的默认。对于这种不自觉的过程，我们更关心的是其驱动力所在。

中国人对于外籍人士期待的标准停留在对西方欧美国家的文化话语上，很多人的外交辞令都是为了和西方（欧美）人士打交道的。即我们评判他人的时候，会将一个整体的"西方的标准"作为判断的知识储备代入，然后在实践中进行建构，把西方围绕现代性产生的一系列符号视为文明的标志。这种代入感正是世界体系的一种强制延伸。同时，改革开放后，"经济优先"的现代发展极大影响了中国人。应该说，即使在现在所谓的一个"世界是平的"世界中，这种体系的历史惯性在后起国家（通常指的是"非西方"和部分"欠发达"西方的政治实体）的人们心中冲刷出了不可消磨的河床。作为这种历史惯性的结果的一个不幸表象是，后起国家的人有这样的一种期望：各自认为自己在这个现代性等级（Hierarchy）当中是下一个晋升者，在自己的政治主权内急切地把对自己日常生活中的方方面面的评判向现代性靠拢，同时将对遥远的同样的一批人的评判向现代性疏远。这一点不仅仅发生在中国，反过来，同样的一幕也发生在非洲。某种程度上，非洲人对于在非洲的中国人的评判同样也将"西方现代性"代入进去，批评中国人的一些关于信仰、关于个人素质的问题——对比非洲人在中国的状况，这似乎是一种关于现代性的等级竞争关系中日常生活符号方面的表达。只是，非洲人运用的是殖民主义带来的对现代性的想象，而中国人运用的是改革开放以后的物质增长带来的对现代性的想象。

对于学者们来说，谈现代性已经不是新鲜事了。在这里，我们谈论的是文明化过程中道德生产的社会控制。对于这一点，鲍曼（1989）的总结已经论述得很清楚了，尽管他讨论的具体情境在于西方现代性和大屠杀的联系，但是对于现代性的社会控制的讨论还是比较有意义的：

尽管文明化进程的其他社会学现象也触手可及，但最普遍（也被广泛认可）的还是这样一种观点，它的两个核心是对非理性以及本质上反社会的驱动力的压制，和从社会生活中逐渐且毫不留情地消除暴力……将两个中心点糅合成一点就是文明社会观——至少是我们自己的、西方的和现代的形式——首要的是把文明看作一种道德力量，看作一种在施加规范性秩序和法制当中相互合作、相互补充的制度体系，而秩序和法制维护了社会和平与个人安全的状况，在前文明化的环境中它们受到的保护是很糟糕的……它把目光集中于历史进程的一个方面，武断地在正常与异常之间划出界线。它通过废除文明中一些具有回复性的因素，错误地认为它们是偶然的和转瞬即逝的，这也就同时掩盖了这些因素的特质中最明显的方面与现代性假设所具有的惊人的共鸣之处……[5]

他同时也通过总结过往社会学家社会总体善恶走向的看法，总结出"文明社会"的自信心来源：

> 这种感情施予是与一种生活方式的自我意识相契的，这种生活方式已获得并确保了它在物质上的优越性，由此不得不使自己相信它所遵从的规则也是优越的。

对于中国的经济发展和生产力的总体发展我们已经不用再赘述了，例如，劳动力运用的高效率，生产领域的繁荣和作为消费商品的多种多样。单纯的物质生产的优越性，反过来证明历史经验上业已存在的单线社会进化的观点的"正确性"，以及解决当下的中国经济问题作为方法论持续的"合法性"，从而得出这样的形而上的结论——作为整体的"西方"文化优于"非洲"文化，"现代性规则下组织的社会"必然优于"其他形式的社会"。更重要的一点是，这种西方优越感在历史上也带给中国人一些经历与记忆，作为对优越的"规则"的响应，从而选择了这种结论在日常生活中的方方面面，特别是依附在消费符号（商业的万能触角）上的观念实践。

鲍曼在这里的论述在之后引出了关于现代性的反思和现代性之下"作为道德工厂的社会"在以理性计算为方法论而产生的对罪恶的"道德沉默"。但是在对非洲人作出现代性审视的问题上，至少在现象层面则刚刚相反，它更具备回应性的方面应该是一种"道德洁癖"。

除此之外，"不可知"在污名化现象发生过程中所起的催化作用是不能忽视的，这一点和上面提到的文化浓稠中的无所适从是相对应的。不可知在某种程度上强调的是时间性，即我们普遍接触非洲人的时间还不够长，另一方面对应的是复杂性，这一方面如果联系非洲人身份背景的复杂性就不难理解了。非洲大陆在历史面貌上同时是原始自然—殖民主义—后殖民主义叠加的产物，又是原始宗教和血亲规则—伊斯兰教法规则—基督教和西方殖民法规则并行的产物，在这错综复杂的历史背景下，其人民作为实践主体也在相应社会关系中形成相应的惯习。对于这个观点的理解，泛非洲主义文化学者 Ali Mazrui（1986）的观点是最被广为接受的，他运用了"triple heritage"的说法来概括非洲文化面貌：非洲本土文化、伊斯兰教和西方主义，其中前者朝向非洲的历史，后两者则朝向外部世界，三者兼具竞争和互补的关系（1986）。[6]

Mazrui 除了高度概括了这一历史现象以外，他还敏锐地指出了西方对非洲的影响动态发展的过程，提出了 "Europeanisation versus Americanisation" 的观点，没有简单地把殖民和后殖民的过程中西方的角色作为一个一成不变的实体看待，而将其视为一个流动的历史进程。这在某种程度上增加了具体化到每一个非洲人（包括在海外的非洲人）个体身上交汇的社会关系和个人表现的复杂性（更不要提其他地区的非洲移民的影响）。

除了这种历史经验框架下的论述外，值得注意的一点是，在具体的地域上，非洲社会文化风貌是有很大的差别的，如果要为这种复杂性在这个层面上建立一个标准模型的话，数学意义上恐怕要谈论的是乘法运算。这种背景复杂性跟随非洲人来到海外后，对于培养东道国的其他人对非洲人"混乱状态"的不可知情绪会起到很大作用。这种不可知的状态从某种程度上来说使得中国人有些手足无措，从而增加形成污名符号解读需要对应的知识储备的可能性，使污名在谣言和道听途说中不断再生产：一方面作为符号被中国人不断感知，另一方面符号发挥其"代表"的作用，建立刻板印象与非洲人的关联，并将这些印象等同于作为抽象概念的"非洲人"。这种再生产的过程可以对应皮尔士符号第一性、第二性和第三性在认知和阐释过程中层层递进的生产关系。正如在小北西胜街城中村居住了一段时间的杨大哥所说："他们都是黑皮肤，也不知道是哪个国家的。说实话我们对他们文化什么的还是一点不了解。"

9.4.2 交流机制的缺乏

既然我们在上面讨论了污名符号形成的惯性和"不可知"的趋势，那么解决污名化问题，以改变符号解读的知识储备为目的的主动文化交流活动就非常重要。

事实是，现在的广州很少有公开的关于非洲及其离散移民的文化交流活动。两年前，法国驻广州领事馆的文化部门曾经出资赞助过类似的非洲人海外文化交流活动，活动有时会在星海音乐学院水荫路总校的一个叫"乒乓空间"的艺术主题酒吧内举办，活动主题旨在用各种艺术展演的形式推广非洲文化，后来"乒乓空间"因为内部原因没有继续营业，法领馆也停止了类似的活动。除了在前面提到的 A 先生的音乐会以外，笔者还参加过一次由法国领事馆赞助的非洲主题文化活动。笔者是在小北的一家餐馆中接受了一名刚果年轻人的邀请前往的，当时笔者正在宝汉直街上一家餐馆内吃饭，这名年轻人和一名白人年轻女性一起逐个餐桌地发传单。餐馆内的食客除了笔者以外都是非洲人，这位年轻人在发传单的同时也和他们分别问候致意。笔者前往现场后发现在场的观众主要是法领馆工作人员、欧美艺术家以及一些非洲人，实际上现场观众中国人不多，更不要说与非洲人士共居的社区内的中国人以及共事的中国人的积极参与了。在笔者参加的另外的非洲籍人士组织的文化活动中，参与者中除了场地中承办方工作人员是中国人以外，在场的参与者都是非洲人，笔者是因为他们认为我了解非洲文化所以才邀请我来到现场的。应该说，非洲人与中国人的文化交流机制还是很匮乏的，多数停留在社区内部自娱自乐的自我消化，以及欧美人处于艺术品位、审美兴趣、猎奇心理甚至历史造成的人文关怀和赎罪心理考虑的消费行为层面，这里鲜有直接与社区内外中国人挂钩的文化推广和交流的活动。对于这种西方和非洲的后殖民主义框架下的社会表现在中国的影响力具体有多大，并不是我们讨论的重点。换一个表述，在中国的非洲人和中国本地人能够共享阐释的符号太少了，多数情况下产生自固有的知识体系的符号并不代表非洲人的实际情况（第二性对第一性的另一种包含关系），所以要想自然而然地融合是很困难的，只有主动地互动才能彼此了解，消除隔阂。

在田野中，笔者发现，作为文化交流重要主体的非洲艺术家和推广人，参加活动的目的很大程度上是赚钱。资助方能够给予高额的劳务费用，或者通过内部活动中自己人消费能够盈利，或者利用"非洲""异域"的标签炒作一些不是严肃的文化交流指向的商业活动，例如，雇佣非洲舞者或者DJ在商业活动中毫无前后文地进行表演，满足大众对于异域的想象。正如一位做艺术策划的朋友总结他和非洲人合作的经历，只用了一句话来总结："其实一切都是关于钱的事情。"

作为一个短暂的漂泊者，非洲籍人士可能从来没有想过要公开地告诉我们他们的文化，这可能是一个不那么乐观的事实。

另一方面，我们前面提到过，社区功能上造成了区隔问题。小北社区或者三元里社区在地理意义上虽然面积不能以巨大来形容，但是社区在功能上却五脏俱全，非洲籍人士的吃喝住以及一些日常生意问题都可以在社区内解决。在这样一个各种行为都可以内部消化的社区内，占大多数的短暂停留的非洲籍人士可能会把自己及自己产生的社会影响封闭其中。在这种客观因素的影响下，如果能够有相应的社区机构或者组织由内向外地和社区外关注相关议题的文化机构同时发挥能动性，对打破隔阂、完成区隔—适应—融入的过程是极其重要的。

9.5 结论

非洲籍人士在广州的污名问题是个庞大复杂的问题，因为群体的特殊性和陌生感，这个问题非常全面，牵涉很多层面的考量，笔者在此提出的消费文化也只是整体文化中一个很小的部分，只不过通过以小见大的文化分析在一定程度上能够给文化对话和理解提供可能性。

考虑到非洲人在中国的现象在时间性上是一个动态的过程，我们很难把握未来具体会有什么样的走向，也许这只是一个正在消退的特定历史时期的短暂注脚，但也有可能它会是一个长期的现象，正因为在时间性上我们未知，那么这个议题空间内隐含的张力及其可能爆发的冲突和造成的社会损失就不应该被忽略掉。如果将人口的高流动性等原因作为借口逃避这场文化对话，那摆出的只能是一种使问题悬而未决的姿态。

全球化带来的时空压缩及其时空亲近感（Proximity）已经是无处不在的经验现象了。在人口、物品、资本以及信息的加速流动已成为既定事实的情况下，除了已经被反复讨论和批判的物质层面的剥削性分配体系之外，似乎在此基础上产生出一种"上层建筑"意义上的、更广泛的、能够囊括经济政治文化以及宗教等要素的符号体系。当然，这种流动体系又盘根错节在历史事件、现代性和全球市场化等等各种关系中，在历史经验上往往造就全球化流动中的"流动者"被动的地位。

在讨论全球化问题在"外来强势—地方弱势"的结构中，讨论"地方性回应"已经成为主流的情况下，要想解决这个问题，应该更多关注作为普遍被动客体的发展中国家、第三世界国家之间产生的互动现象，聚焦两个问题：到底是谁的全球化？全球化创造出的强制性结构中，被动的个体和群体将会采取什么样的行动？对这两个问题的回答，可以帮助我们相对准确地理解全球化和全球人口转变的趋势。

注释

① 皮尔士认为符号如果不能被人们认为是符号的话，那么也就不能被称为是有意义的。这就强调与污名相关的符号的可感知性和阐释的联系。如果某个符号在中国文化中与缺陷、失常和劣等没有关系的话，在"非洲人在中国"这一议题的语境中就不能被称为是污名。例如一个非洲人穿了一件暗喻某犯罪组织的衣服，但是这种暗喻在中国现时的某个地点的文化上下文中不存在，那么这件衣服将不会在此作为与污名相关的符号出现。

② 针对款式问题，其实有很多值得讨论的话题，笔者认为除了尺寸这个吸引性因素以外，直接来自欧美的二手服装的款式是另外一个很重要的吸引性因素，这涉及一种"审美"在全球化中的流动，这种流动不是一种霸权式的由欧美直接向其他地区直接粗暴的单向发展，而是一种循环似的发展，不在此赘述。简单地说，就是霸权式的审美并不是绝对性的，例如在盎格鲁撒克逊式的主流审美会反向地受到少数族裔例如非洲裔或者拉丁裔的影响，这种影响会反过来依附于主流文化的强势话语得到表现，其再生产出来的一系列符号又会再次被少数族裔所接收。

③ 这里的异化并不是指通常意义上马克思主义的物质生产和精神生产产品反过来统治人的社会现象，而是汉语表意上的"分裂、疏远、不同"的意思。

④ 在这里笔者想强调的另一方面是，这种符号流动其实是存在双向性的，也即非洲人可能也会利用同样污名化的符号来委婉表达对中国人的不满（隐性的抗争性回应），只是对于这一方面笔者并没有非常充足的田野调查材料，所以不予讨论。

⑤ Bauman Z（鲍曼）. Modernity and the Holocaust（现代性与大屠杀）[M]. Cambridge: Polity Press, 1989.

⑥ Mazrui A. The Africans: a triple heritage[M]. New York:Little, Brown & Company, 1986:21-22.

参考文献

鲍曼（英）.2011. 现代性与大屠杀 [M]. 杨渝东, 史建华, 译. 南京：译林出版社.

戈夫曼（美）.2009. 污名——受损身份管理札记 [M]. 宋立宏, 译. 北京：商务印书馆.

马强.2006. 流动的精神社区：人类学视野下的广州穆斯林哲玛提研究 [M]. 北京：中国社会科学出版社.

管健.2012. 身份污名与认同融合——城市代际移民的社会表征研究 [M]. 北京：社会科学文献出版社.

桂涛.2012. 是非洲 [M]. 北京：中国大百科全书出版社.

李志刚, 等.2008. 广州小北路黑人聚居区社会空间分析 [J]. 地理学报, 63(2):207–218.

李志刚, 等.2009. 全球化下"跨国移民社会空间"的地方响应——以广州小北黑人区为例 [J]. 地理研究, 28(4)：920–932.

马强.2011. 跨越边界——中国和马来西亚归信穆斯林田野访谈 [R]. 香港：伊斯兰文化协会, 7:110–112

孙立平.2009. 中国社会结构的变迁及其分析模式的转换 [J]. 南京社会科学,（5）：92.

魏一平, 非洲人在广州 [N]. 三联生活周刊, 2009-08-12.

夏新华.2008. 非洲法律文化专论 [M]. 北京：中国社会科学出版社.

周大鸣, 刘林平, 梁在.2012. 都市中国社会学新探 [M]. 北京：社会科学文献出版社.

Bodomo A B. 2012. Africans in China: A Sociocultural Study and Its Implications on Africa-China Relations[M]. New York:Cambria Press.

Bodomo A, Grace Ma. 2012. We are what we eat: food in the process of community formation and identity shaping among African traders in Guangzhou and Yiwu[J]. African Diaspora,5(1): 3–26.

Guan-Yow Ho. 2008. Chinese Networks in Ghana [J]. China aktuell,3.

Haifang Liu. 2008. China-Africa Relationship through the Prism of Culture-The Dynamics of China's Cultural Diplomacy with Africa [J]. China aktuell,3.

Marty R.1997. 76 Definitions of the Sign by C.S.Peirce[EB/OL]. 2014-04-15.http://www.cspeirce.com/rsources/76DEFS/76defs.htm.

Mazrui A.1986. The Africans: a triple heritage[M]. New York:Little, Brown & Company.

Zhou M. 1992.New York's China Town: The Socioeconomic Potential of an Urban Enclave[M]. Philadelphia: Temple University Press.

10 困境之民：中国"新移民法"影响下的广州非洲人①

牛冬

10.1 引言

根据世界银行（The World Bank）统计，中国国内生产总值从1978年的1481.80亿美元增长到2013年的92402.70亿美元（The World Bank，2014）。欣欣向荣的大国崛起让中国人获得了"走出去"的能力，同时也吸引了各国人来到中国。2013年中国内地居民出境人次达到9818.7万，外国人入境人次达到5250.91万（中国公安部出入境管理局，2014）。在中国沿海发达地区和内地省会城市，出现了越来越多的肤色各异的外国人。在北京的外国人主要来自北美、西欧、日本和澳大利亚，也包括了日趋增多的海外华人和其他亚洲国家的政府职员和企业雇员（Wu, et al, 2004）。在上海的外国人是由来自太平洋地区、北美、欧洲的专家、管理人员和企业主构成的精英群体（Wang, et al, 2008）。广州作为改革开放的门户，也是外国人在中国聚集的主要城市之一。2014年10月25日，在广州市的外国人为11.8万人，其中亚洲人口5.7万人，欧洲人口2.2万人，非洲人口1.6万人，北美洲人口1.4万人，南美洲人口0.5万人，大洋洲人口0.4万人（广州市公安局，2014）。所有在穗外国人中，只有非洲人形成了以越秀区小北和白云区三元里为中心的可见的（Visible）聚集区。在广州越秀区小北，形形色色的非洲人给人以极大的视觉冲击，甚至街边店铺也直接以"非洲"命名，如"African Restaurant"或者"African Coffee"。相较于其他外国人，在广州的非洲人引起了各国学者、中外媒体和中国各级政府的更多关注。所有在穗外国人，只有非洲人激发了中外学者最广泛的研究兴趣。围绕"中国人在非洲/非洲人在中国"，数十个中外学者形成了一个世界级的研究网络。所有在穗外国人中，只有非洲人陷入"非法居留""毒品""犯罪"的社会舆论旋涡中。中国的互联网虚拟社区和手机社交软件中，传言在广州的非洲人有"50万人"，反非洲人的"种族主义"言论曾在一段时间获得极广泛的传播。所有外国人中，也只有非洲人成为广州相关管理部门最关注的外国人人群。在小北的出租屋和街头，被广州警察入户或者街头拦截盘查签证和临时住宿登记成为非洲人的日常体验。无疑，"广州非洲人"正在成为一个学术研究焦点、舆论讨论热点和社会治理难点。

2013年7月和9月，对中国外国人入境、出境影响最重要的两部法律《中华人民共和国出境入境管理法》和《中华人民共和国外国人入境出境管理条例》分别开始实施。在立法理念上，新法试图实现从强调管理向服务和管理并重的重大转变（李娜，2013）。中国法律框架中并不存在"移民法"的设置，在广州的非洲人将2013年实施的《中华人民共和国出境入境管理法》和《中华人民共和国外国人入境出境管理条例》称作中国的"新移民法"。"新移民法"迄今已经实施几年，中国"新移民法"的实施对广州非洲人产生了怎样的影响？产生这种影响的深层原因又是什么？这些将是本章要解决的问题。

10.2 国家、法律和流动性

国家边界产生之前，人们在地球上的空间流动是自由的。然而从17世纪欧洲威斯特伐利亚（Westphalian System）确立以来，现代意义上的民族国家正式出现，"国家"作为世界体系内的最高单位，在其边界以内拥有绝对权力，人们穿越国家边界的行为开始受到国家力量的支配。当我们回归边界去看待流动与限制流动的藩篱，就会发现流动性其实建构在不平等的权利关系背景之中（Cunningham, et al, 2004）。美国对美国—墨西哥边界管控的加强就导致墨西哥移民不仅"陷入"美国内部，甚至被阻止在美国内部到处流动（Nunez, et al, 2007; Shamir, 2005）。实际上，全球化过程中存在着一个流动性机制（Mobility Regime）：通过对社会空间的管理，限制和阻止人们获得特定的权利（Shamir, 2005; Turner, 2007）。新的法律和技术允许国家对被认为是危险的个人进行分类和跟踪，通过空间隔离而实现官僚控制（Turner, 2007）。流动性机制使得我们在关注个人角色的同时，也要关注到影响个人流动性的国际管理、监督部门，特别是国家的角色（Glick schiller, et al, 2013）。

因为国家力量的存在，移民有了"合法"与"非法"身份的区分。在移民国家的背景中，"非法"和"非正规"移民处于一种地理、社会和政治层面的边缘地位，尽管如此，他们中的一些也会和国家机构互动，在特定环境中呼吁权利甚至目标国的成员身份（Willen，2007）。所谓"非法"，不仅仅是指一种法律状态，同时也是一种社会政治状态和存在于这个世界的模式（Willen，2007）。况且，"非法"与"合法"之间的界限是模糊的。里弗斯（Reeves）就通过莫斯科的吉尔吉斯斯坦移民工人伪造证件的案例说明"非法"与"合法"的区别不仅仅是实在法（Positive Law）的产物，而且是不确定的、依经验确定的和分析性的（Reeves，2013）。对非法移民和避难者的日常遣返往往会遮蔽国家对特定外来移民和难民的政治、社会排斥（Peutz，et al，2006）。

费森（Fassin）2011年时还提到："对外来移民治理的研究……大多数产生于西方世界，拉丁美洲、非洲、亚洲和大洋洲国家内（政治法律）边界维持和（社会文化）边界生产的问题还没有被检视。"（Fassin，2011）其实，在中国这一工作已经开始。学者们以"无证件非洲移民（Undocumented African Migrant）"的生活状态和流动策略为中心展开研究。豪根（Haugen）讨论了尼日利亚人在广州因为无证件而产生的流动性受限的问题，发现移民可以在移出本国的艰难过程中取得成功，但却以不同的方式被困在了目标国，这是"无法流动的第二状态（Second State of Immobility）"（Haugen，2012）。兰珊珊（Shanshan Lan）认为当前发生在地方层面的反非洲外来移民运动和国家、国际层面亲非洲的政治意识形态发生矛盾（Lan，2014）。马修斯（Mathews）等认为香港和广州的外来移民——非洲商人、滞留者和寻求避难者在实践"低端全球化（Low-end Globalization）"过程中有着体验国家、逃避国家的策略，包括不引起国家的注意，在评估不确定信息时使用个人社会网络和文化资本，进行精心掩饰的自我呈现（Mathews，et al，2014）。

学者们在讨论非洲人与中国法律之间的关系时特别关注了无证件者的日常生活体验，而缺乏对"'新移民法'对非洲人的影响"这一论题的检视。笔者认为，考察分别于2013年7月和9月开始实施的《中华人民共和国出境入境管理法》和《中华人民共和国外国人入境出境管理条例》对非洲人的影响，将有助于理解非洲人在国家、城市两个层面的高流动性，推动人们对"非洲人在广州"这一社会现象的整体理解。本章拟先呈现中国"新移民法"的实施对广州非洲人产生的影响，然后讨论产生这种影响的深层原因，最后得出结论。在正式论述之前，笔者将首先介绍应用在本研究中的研究方法。

10.3　研究方法

本章建立在2013年7月到2015年5月的广州田野工作基础之上。笔者采用参与观察、半结构访谈、开放式访谈和描述性统计的办法收集数据。基于前期访谈所获得的广州非洲人对学者的低信任和对问卷调查高排斥的结果，笔者移植人类学对相对封闭的传统社会的研究方法到对都市非洲人的研究之中，作为社会工作者，长时间无功利地介入非洲人生活，帮助非洲人解决日常生活中遭遇的难题，全面参与并观察、感受非洲人的广州体验，通过达到"熟人社会"的行动逻辑和信任机制来消解都市研究本身固有的研究对象对学者的低信任特质和研究对象自身的高流动性特质。前期调查所认识的非洲人与广州官方关系的紧张程度和非洲人怀疑警察、媒体记者、学者的态度让笔者坚定了质性研究的方法取向。现阶段在广州从事研究的多学科背景的国际移民学者多数采用质性研究方法的现象也坚定了笔者走进非洲人生活、体验其生活的信心。笔者经常在不同的非洲访谈对象家里过夜，陪他们去珠三角的工厂考察，去不同的非洲人教堂做礼拜，参加非洲人的生日派对，笔者也甚至和一些访谈对象辨识并确认哪些非洲女人是性工作者，因为总是提问而被某些访谈对象误以为是中国间谍或者卧底警察。

基于上述田野工作方法，笔者对非洲人的访谈发生在多个地理空间。广州市越秀区小北附近的餐厅、咖啡厅、酒吧、非洲人外贸公司办公室、出租屋、为非洲人提供服务的社区服务中心和珠三角不同城市的专业市场是常见的访谈地点，但是对访谈地点的罗列是难以穷尽的。笔者和访谈对象在一起出行的日子里发生了难以统计的对话，这些对话虽然是非正式的，但是却成为笔者理解非洲人生活的重要依据。

同种语言，尤其是同种母语的使用将提高该语言使用者的亲密度。笔者的访谈对象在和自己的同乡人对话时往往采用母语，因此在笔者的田野工作中接触到了多样的非洲语言，这包括北非国家的阿拉伯语，东非国家使用的斯瓦希里语、索马里语、卢旺达语、卢干达语等，西非国家使用的富拉尼语、豪萨语、林加拉语等。人类学的田野工作要求学者学习当地语言，用当地语言的逻辑思考当地人的问题，显然这种办法的使用对广州非洲人研究来说难度是很大的。因为英国、法国、比利时等国的殖民历史，非洲人往往可以大体分为讲英语使用者（Anglophone Africans）和法语使用者（Francophone Africans）；目前从事广州非洲人研究的国际学者们所使用的工作语言主要是这两种语言，且以英语为主。笔者的田野工作语言是英语和中文。这两种语言是笔者与访谈对象交流的主要语言，笔者的一些访谈对象已经在广州居住长达10年，因此中文有时更能表达我们彼此的意思；当然笔者也可以用中文访谈与笔者的访谈对象互动的中国人。笔者虽然有一定的法语基础，但是还不足以让它成为自己的工作语言，这种情况下，笔者很幸运地得到了社区服务中心法语义工的帮助，他们成为笔者与法语使用者之间的沟通桥梁。在没有法语义工帮助的情况下，在访谈对象使用法语或者其他语言完成对话后，笔者往往不得不用英语或者中文询问他们对话的主要内容，让他们解释对话中的表情、身体姿势背后的故事。而且，在相当长的一段时间里，笔者得到了一位来自刚果（金）的小朋友的帮助，他熟悉中文和林加拉语，成为笔者和刚果人之间的翻译助手。此外，笔者的关键访谈对象多是其国家在广州的社会组织——社团的领袖，他们或者在中国的大学接受过中文教育，或者在中国生活多年，中文流利，使笔者能够获得一些关键信息。

笔者的访谈对象不仅包括非洲人，还涉及为非洲人服务的社会工作者、租房给非洲人的业主、出租车司机、社区保安、派出所民警、出入境警察、非洲人的中国配偶等与非洲人互动的中国人。笔者与三百多个外国人（绝大多数为非洲人）建立过联系，正式访谈了其中一百三十多个，与九十多个非洲人保持微信联系。一些非洲人也使用微信、WhatsApp 等手机通信软件，因此笔者的少数田野调查资料也来自微信朋友圈。手机通信软件所获得的资料往往刺激笔者生成新的访谈问题并向相关访谈对象寻求答案。

作为社会工作者（现在已经成为中华人民共和国民政部、中华人民共和国人力资源和社会保障部认证的助理社会工作师）进行田野工作，是笔者和该领域的其他学者在方法路径上的最大区别。这让笔者获得了接近非洲人的先天优势，使笔者有机会进入位于广州市越秀区登峰街童心金麓、下塘社区的几百个非洲人的出租屋。笔者认为，居高临下地趋近研究对象、攫取研究材料的方法路径已经和全球化的时代不相适应，况且笔者的绝大多数研究对象是从事中非贸易、在华时间极为宝贵的商人，因此笔者也需要对研究对象做出回馈，而社会工作者这个身份给了笔者回馈的机会。在一年多的时间里，笔者任社区服务中心国际中文教师一职，教授的非洲学生超过 100 个，一些学生开始学习写汉字，有了解中国历史、文化、民族的兴趣。这样，笔者既实践了社会工作者"助人自助"的精神，也顺利推进了田野调查。论文中未注明出处的论点、论据皆以一手调查材料为依据。

10.4 "新移民法"对非洲人的影响

2013 年 7 月和 9 月，《中华人民共和国出境入境管理法》和《中华人民共和国外国人入境出境管理条例》相继开始实施。根据中国法律的立法逻辑，一部新法在正式实施之前，其内容往往以规定、条例、细则的形式在相关执法部门中尝试实施了一段时间。然而，新法开始实施之后，非洲人还是发现了其周遭环境发生了巨大的变化。

首先，非洲人在涉及违法犯罪时所面临的处罚力度增加了，非洲人在华签证续签难度提高了。笔者的一个安哥拉访谈对象这样说："我不明白为什么在中国生活除了要有护照和签证，还要随身携带居住证明（居留许可或临时住宿登记），因为如果没有居住证，我就会被抓，还要被罚款 2000 元。以前只是罚款 50 元，最近变了。现在的中国是住够一年，可以再续签一个月，然后必须离开中国，例如回安哥拉。我对这个签证的问题也不是很理解，回非洲的费用非常高，来回要花 3000 美元，太贵了。"（在广州市越秀区下塘西路金麓山庄的访谈记录，2013 年 8 月 1 日）一个刚果社团领袖这样说："很久以前，小孩子出生可以一年不用办签证，没问题，但是现在只有两个月的时间，超过两个月你没有去办，小孩子也是违法的，中国法律现在太厉害了！"（在广州市越秀区环市东路天秀大厦前的访谈记录，2014年10月9日）笔者的一个非洲访谈对象是广州某街道外国人管理服务站的志愿者，他曾做出这样的判断和预言："新移民法实施以后，外国人（指非洲人）来中国会越来越少。这不仅仅是法律的问题，可能和法律没有一点点关系，是签证（的问题），现在签证很难延期的……中国新的法律真的很厉害，很严格！"（在广州市越秀区下塘西路某餐厅的访谈记录，2014年1月4日）

其次，非洲人面临的警察执法更加严格。新法开始实施后，广州相关管理部门对非洲人聚集区小北的管控愈发严格，除加大了惩处"三非（非法入境、非法就业、非法居留）"的力度以外，还开始尝试对举报外国人违法的行为予以奖励（广州市公安局出入境管理支队，2014）。广州警察频繁地于小北街头设卡盘查外国人（包括非洲人）的签证和住宿登记。天秀大厦、金山象商贸城、金麓山庄等非洲人集聚较多的场所动辄有近百名警察出现，围堵出口，进行"扫楼"。一些非洲人即使合法，也会闻警察而色变，逃避警察的盘查。2014年5月，非洲人租住较为集中的小区金麓山庄中的外国人涉毒案告破，非洲租客被发现参与其中，相关管理部门开始推动小区安装门禁系统。2014年7月以后，登峰街街道办事处开始动员社会参与埃博拉出血热疫情防控，登峰街的社区服务中心曾在一段时间停止为非洲人提供免费中文教学服务；10月，金麓山庄在主要出口安装了测试进出人员体温的检测器。这期间，一些非洲学生因在非洲人经营的理发店、餐厅中"非法就业"而遭到逮捕。一个刚果儿童用中文说："我得去剪头发啦。你得知道我们（非洲人）的头发不能随便剪，所以我就说在中国理发店是剪不了头发的。因为（在处理非洲人的发型方面）中国是随便剪头发，我们刚果是专业的。我们刚果有专门教剪（非洲人）头发的学校的。这附近有个理发店，是中国人开的，剪头发只要15块。我也去剪过，但是我后悔了。……就在小北，金山象商贸城二楼（非洲人经营的理发店）剪头发30块，四楼也是。之前有很多剪头发的店，现在都没了。之前有很多非洲学生在那里工作，被警察抓走了……"（在广州市越秀区下塘西路金麓山庄的访谈记录，2014年3月6日）这样，非洲人建立的自身支持系统开始受到破坏。对很多在广州从商多年的非洲人来说，2014年以后的广州小北，已经形成了它历史上对非洲人来说最严格的环境，而且严格程度依然处于不断增强的过程中。

虽然广州相关管理部门对外国人管理和服务工作经验的探索是极其可贵的，但还是衍生出了一些消极后果，如非洲人负面描述和评价广州警察。这种消极评价广州警察的结果正源于非洲人来华之前对中国美好生活的想象和他们来华之后遭遇基层执法人员之间的落差（欧阳迪舜，2013）。一个几内亚人向笔者描述了他被带到小北某派出所的经历。他说："我有证件（paper，即《境外人员临时住宿登记单》），我也有签证。但是他们（警察）没收了我的护照，他们把我带上了车，带我到那个派出所。他们没有给我提供任何座位，我就坐在房子外面的地上，有一些栏杆围着我，像是小北地铁站的那种（环市东路上下行道之间的栏杆），我在那里度过了将近两个小时,没有人来询问我,我被吓坏了,这是我一生中最可怕的时光……他们把护照还给我,什么也没说,就让我走了。"(在广州市越秀区环市东路某餐厅的访谈记录,2014年10月20日)在小北从商的一些非洲国家的社团领袖对此问题有着更清晰的认识。一个社团领袖说:"中国是个奇怪的国家,同一法律在不同的地方不一样。在上海、北京,绝对不会发生像越秀、小北这样的事情(即盘查住宿登记和签证),即使是去了海珠区、番禺区,也不会。还有,如果(警察)要抓贩毒的,我们当然支持,但是不能影响其他那些没有问题的人的生意和生活。不是所有的人都这样,一些妈妈(讲法语的非洲人对女性长辈的尊称)来做生意,她们越来越怕,一些都不敢来中国了。像金麓山庄,有时一次会来一百多个警察。走在路边的中国人怎么看非洲人?我们的邻居怎么看我们?这种事情,你应该有什么证据再去找,现在所有的外国人你都一个一个查,现在对我们真的是有大的不好的影响。那些(非洲)人过来跟我们做生意,也是怕啊!"(在广州市越秀区站南路流花服装批发市场的访谈记录,2014年10月18日)一个尼日利亚社团领袖这样说:"我不说谎,如果我说我能在警察局解决问题,那么90%的非洲人不管他们是什么问题都会去找警察。但是你知道,(中国)警察有自己的工作,他必须完成分配的任务。解决了这个问题,我们之间的关系会更加纯粹。……在我们的国家,警察解决的问题中60%—70%是过渡问题(即将相关问题转介给其他部门)。尼日利亚警察有76年历史[2],是社会中枢;在中国,警察不是!"(在广州市白云区广园西路某餐厅的访谈记录,2014年12月20日)

虽然新法想要在立法理念上实现从强调管理向服务和管理并重的转变,但实施后,广州非洲人在华签证续签难度提高,在涉及违法犯罪时所面临的处罚力度增加,承受了似乎比以往更加严厉的管理、规范与惩罚。刚性执法手段引发了非洲人负面描述和评价广州警察的效应,激起了非洲人的彼此同情与团结,一些非洲人将警察执法行为当作"欺负"非洲人的表现。

10.5 非洲人成为困境之民的深层原因

《中华人民共和国出境入境管理法》和《中华人民共和国外国人入境出境管理条例》的内容并不会因约束对象为非洲人或者其他外国人而产生差异,因此如果说"新移民法"将非洲人推向困境,其动因应产生于执法层面。近年来,相关学者、地方媒体和网络舆论一直将广州非洲人的人口数字作为讨论热点,不断夸大的非洲人人口数字和广州官方掌握的数字形成巨大反差,形成了一种广州官方"外国人管理失控"的舆论氛围。这种舆论氛围必然给相关管理部门带来压力并促使其产生对非洲人严格执法的决心。2014年1月到10月,广州警方查处"三非"外国人2788人次,其中非洲籍904人,占32.42%;刑事拘留外国人141人,其中非洲籍85人,占了60.28%(广州市政府,2014)。然而,非洲人与广州警察之间的冲突只是表面现象，如果进一步分析，就可以发现更深层原因。

首先，非洲人不能适应中国的人才结构。虽然中国历史上曾经历频繁的民族迁移和融合，但是1949年以后，中国逐渐确立了由56个民族构成的统一多民族国家蓝图，成为一个典型的非移民国家。这表现在：第一，中国的法律框架中并无"移民法"的设置。规范境内外国人行为的法律中，最重要的两部法律为由中华人民共和国全国人民代表大会制定并通过的《中华人民共和国出境入境管理法》和由中华人民共和国国务院制定并通过的《中华人民共和国外国人入境出境管理条例》，而其他法条则分散见于《中华人民共和国国籍法》《中华人民共和国户口登记条例》《中华人民共和国民法通则》《外国人在中国永久居留审批管理办法》等法律法规之中。这些法律法规中并无"外来移民"概念，一切不具有中华人民共和国国籍的自然人在中国法律框架中都被视作"外国人"。第二，相应的，中国的政府架构中并无"外来移民局"的设置，执行上述法律法规涉及众多政府部门。对外协调由外交部下属的省、市、县、区政府外事办负责；对内管理主要由省、市、县、区公安系统的出入境管理部门负责，外国人在境内涉及的工商、税务、法律、教育、卫生等事务的管理权则分散在不同层级政府的不同部门之中。第三，外国人占中国总人口的比例相当低。2010年第六次全国人口普查中，全国总人口为1332810869人（不包括港澳台人口），我国境内居住三个月以上或能够确定将居住三个月以上的外籍人员为593832人（中华人民共和国国家统计局，2011），外籍人员占总人口的0.045%。不仅如此，外国人获得中国国籍、获得永久居留资格的审批条件甚高。从2004年8月《外国人在中国永久居留审批管理办法》颁布实施到2012年12月，仅有近5000名外国人获得永久居留资格（中华人民共和国公安部，2012）。因此，中国作为一个非移民国家的性质是确定的。在作为非移民国家的中国，外国人移入、定居和融入中国社会的门槛是非常高的。换句话说，中国由于本身具有庞大的本国人口，拥有巨大的劳动力资源，因此从人口结构上来说并不需要诸如体力劳动者在内的低层次外国人。相比较而言，中国需要的是外国专家、技术人员、管理人员等高层次人才，并在立法和执法层面给予上述人员便利。在广州的非洲人主要由留学生和从事国际贸易的中小商人构成，他们并不是中国社会需要的专家、技术人员、管理人员等高层次人才。因此，广州警察对涉嫌违法犯罪的非洲人严格执法存在政策依据，是在顶层设计已经确立的背景下发生的。

其次，非洲人挑战了中国城市流动人口管理。中国改革开放过程中，社会本身产生了巨量的流动人口，对城市外来流动人口的治理被视作中国社会治安综合治理工作的重要内容。在目前地方政府行政部门构成中，地方公安部门是管理外来流动人口中最重要的力量。2013年年底，在广州的流动人口据估算已经超过常住人口（广州日报，2014）。庞大的管理和服务压力促使广州在2014年1月成立来穗人员服务管理局[③]（徐海星，等，2014）。广州绝大多数非洲商人既要不断往返非洲与中国之间实现自身的贸易目标和解决自己的签证问题，同时也要在广州非洲人聚集区和周边市县之间频繁流动，考察市场，完成订单。在中国对非洲国家收紧签证发放和境内出入境管理部门提高签证续签难度的背景下，非洲人在国家和城市两个层面上的高流动性更加突出。这样，非洲人成为继城市外来流动人员之后广州警察需要面临的一种新的流动人口。根据《中华人民共和国出境入境管理法》，"外国人在旅馆以外的其他住所居住或者住宿的，应当在入住后二十四小时内由本人或者留宿人，向居住地的公安机关办理登记"（全国人民代表大会，2013）。广州警察通过盘查非洲人的签证和临时住宿登记来管理高速流动的非洲人。但是笔者的很多访谈对象认为这样的法律是广州独有的，他们在其他国家旅行，甚至在中国的其他城市旅行都并未遭遇警察盘查临时住宿登记，但他们到达广州市越秀区小北时，却被要求进行登记。

第三，非洲人的贸易方式消隐了自身对广州经济的贡献。2013 年，广州对 57 个非洲国家（地区）的出口值为 313474 万美元，仅占广州总出口额的 4.99%（广州年鉴编纂委员会，2014）。处于高流动中的大量中小非洲商人采用随身携带的方式将在广州或者附近市县进购的货物输送到非洲，这种贸易模式与现在中国国内极为流行"海外代购"贸易模式极为相似。非洲人个体利用国际旅行中航空公司免费托运一定重量、体积行李的规则来降低贸易成本，他们以"个人物品"的名义清关（Customs Clearance），货物到达目的地后作为商品再次流入市场或者直接进入订购该商品的人的手中，这实际上是一种走私行为，而这样的贸易方式给广州带来的出口额无法统计。而且，值得注意的是，非洲人进购货物的市场并不全部位于广州，一些非洲人选择在广州租住，却从广州出发到周边市县和中国北方省份进购货物，非洲人广州日常生活消费不菲，但其经济贡献不会反映在广州对非洲的贸易数字上。

中国法律立法的内容并不会因约束对象为非洲人或者其他外国人而产生差异，因此将非洲人推向困境动因应产生于执法层面。不能适应中国的人才结构，挑战了中国城市的流动人口管理，自身贸易方式消隐了对广州经济的贡献也许才是导致非洲人在"新移民法"执法层面遭遇困境、成为困境之民的深层原因。

10.6　结论

2013 年 7 月和 9 月，《中华人民共和国出境入境管理法》和《中华人民共和国外国人入境出境管理条例》相继开始实施后，广州非洲人在华签证续签难度提高，在涉及违法犯罪时所面临的处罚力度增加，承受了似乎比以往更加严厉的管理、规范与惩罚。执法过程提高了非洲人与外国人管理人员之间的不信任程度，同时也不断在破坏非洲人在广州形成的自身支持系统，非洲人成为困境之民。非洲人不能适应中国的人才结构，挑战了中国城市的流动人口管理，自身贸易方式消隐了对广州经济的贡献也许才是导致非洲人在"新移民法"执法层面遭遇困境的深层原因。

本章已经对中国"新移民法"的实施对广州非洲人产生的影响及产生这种影响

的深层原因进行了讨论。我们可以发现国家、法律在支配人们流动方面扮演的角色和非洲人在挑战国家、法律支配方面扮演的角色。广州警察严格执法，提高非洲人的临时住宿登记率，其实是在试图降低非洲人在中国境内的流动性，减少流动人口给社会稳定带来的负面效应；提升非洲人签证续签难度，确保非洲人签证的有效性，其实是在试图提高非洲人在中非边界上的流动性，将广州非洲人数限制在一定规模。然而，非洲人却在中国不同城市、不同区域之间考察货物，进购货物，这实际提高了其在中国境内的流动性；为了降低贸易成本，试图尽可能延长在华签证，这实际上降低了其在中非边界之间的流动性。这样，广州非洲人与中国法律、地方管理之间的张力便凸显出来。非洲人无法从根本上规避国家、法律的支配，也能够证明在全球化过程中确实存在一个通过对社会空间的管理，限制和阻止人们获得特定的权利的"流动性机制（Mobility Regime）"。

在外交关系层面，中非关系欣欣向荣；而在民间关系层面，广州非洲人却陷入中国法律困境。不断夸大的广州非洲人数字将非洲人与"三非"法律状态直接联系起来，广州警察在舆论压力下严格执法，这使得广州非洲人在中国人的日常认知中被不断边缘化。这样，中国社会对境内非洲人的排斥就被遮蔽了。2012 年以来，中国移民输出量跃居世界第四位，是世界上最主要的移民输出国之一（王辉耀，2014），中国依然以一个移民输出国的形象而存在，但是中国位居世界第二的经济总量、稳定的政治环境以及中国在海外日益增长的影响力，对外国人移入中国的动机、行为的塑造将是长期的。中国社会是否会出现继"广州非洲人"之后新的困境之民？希望本部分的研究能够给中国的外国人管理与服务领域的立法、执法工作带来新的启发。

注释
① 本部分内容曾宣读于 2014 年 6 月召开的全国"第五届移民法论坛：移民法与自贸区法治建设"。论坛期间，中国人民公安大学国际警务执法学院张杰教授、广东省汕头市公安局出入境管理处陈勇副大队长对本部分内容提出宝贵意见，这里一并感谢。
② "尼警察部队是尼国家历史最悠久，也是最主要的法律执行部门，并在其超过 76 年的历史中，成为一个国家赖以维护统一的组织。除了为维护国内和平，履行调查、起诉违法行为职责外，尼警察部队还扮演着预防犯罪与危机管控的角色。它是一支人民部队，是尼日利亚公民生命和控制社会行为的中枢力量。"参见中华人民共和国驻拉各斯总领事馆网站。http://www.fmprc.gov.cn/ce/cglagos/chn/aqtx/t960454.htm.
③ 在人员配置方面，新成立的来穗人员服务管理局配行政编制 30 名、机关后勤服务人员 5 名，因此它虽然也具有外国人管理职能，但并不能从根本上减轻广州警察的执法压力。参见《广州市人民政府办公厅关于印发广州市来穗人员服务管理局主要职责内设机构和人员编制规定的通知》。

参考文献

广州年鉴编纂委员会.2014.广州年鉴 2014[M].广州：广州年鉴社.

广州日报.2014.流动人口比常住多了 5 万[N].广州日报,2014-04-23.

广州市公安局.2014.在广州居住外国人达 11.8 万 日本人最多韩国居次[N].新快报,2014-12-01.

广州市公安局出入境管理支队.2014.关于征求《广州市公安局举报违反〈中华人民共和国出境入境管理法〉外国人奖励办法（征求意见稿）》公众意见的公告[EB/OL].广州市公安局网站,2014-01-02. http://www.gzjd.gov.cn/pub/index_jsp_catid_67_79_id_218650.html.

广州市政府.2014.谢晓丹出席第 27 场市政府领导新闻发布会并答网友记者问[EB/OL].2014-11-01. http://www.gz.gov.cn/publicfiles/business/htmlfiles/gzgov/s2342/201411/2766116.html.

李娜.2013.新出入境管理法主打服务牌更方便[EB/OL].2013-07-01. http://www.mps.gov.cn/n16/n1252/n1702/n2347/3836179.html.

欧阳迪舜.2013.希望的周期：全球化的"想象"与移民适应——以在广州的非洲人为例[D].广州：中山大学.

全国人民代表大会.2012.中华人民共和国出境入境管理法[EB/OL].2012-06-30. http://www.gov.cn/flfg/2012-06/30/content_2174944.htm.

王辉耀.2014.中国海外国际移民新特点与大趋势[M]// 王耀辉,刘国福.中国国际移民报告.北京：社会科学文献出版社.

徐海星,史伟宗.2014.广州市来穗人员服务管理局揭牌[N].广州日报,2014-01-29.

中国公安部出入境管理局.2014.中国公安部：2013 年逾 4.5 亿人次出入境[EB/OL].2014-01-15. http://www.gov.cn/jrzg/2014/01/15/content_2567925.htm.

中华人民共和国公安部.2012.《外国人在中国永久居留享有相关待遇的办法》出台[EB/OL].2012-12-12. http://www.mps.gov.cn/n16/n1252/n1702/n2347/3444774.html.

中华人民共和国国家统计局.2011.2010 年第六次全国人口普查接受普查登记的港澳台居民和外籍人员主要数据[EB/OL].2011-04-29. http://news.xinhuanet.com/politics/2011-04/29/c_121365315.htm.

Cunningham H, Heyman J. 2004. Introduction: Mobilities and Enclosures at Borders[J]. Identities: Global Studies in Culture and Power,11(3): 289–302.

Fassin D. 2011. Producing Boundaries: the Governmentality of Immigration in Dark Times[J]. Annual Review of Anthropology, 40: 213–226.

Glick schiller N,Salazar N B.2013. Regimes of Mobility Across the Globe[J]. Journal of Ethnic and Migration Studies, 2013, 39(2): 183–200.

Haugen HØ. 2012. Nigerians in China: a Second State of Immobility[J]. International Migration，50(2): 65–80.

Lan S. 2014. State Regulation of Undocumented African Migrants in China: a Multi-scalar Analysis[J]. Journal of Asian and African Studies，50（3）：289–304.

Mathews G, Lin D, Yang Y. 2014. How to Evade States and Slip Past Borders: Lessons From Traders, Overstayers, and Asylum Seekers in Hong Kong and China[J]. City & Society, 26(2): 217-238.

Núñez G G, Heyman J M. 2007. Entrapment Processes and Immigrant Communities in a Time of Heightened Border Vigilance[J]. Human Organization, 66(4): 354-365.

Peutz N, Chavez L, Collins G, et al. 2006. Embarking on an Anthropology of Removal[J]. Current Anthropology, 47(2): 217-241.

Reeves M. 2013. Clean Fake: Authenticating Documents and Persons in Migrant Moscow[J]. American Ethnologist, 40(3): 508-524.

Shamir R. 2005. Without Borders? Notes on Globalization as a Mobility Regime[J]. Sociological Theory, 23(2): 197-217.

The World Bank. 2014. GDP(current US $)[EB/OL]. 2014-01-01. http://data.worldbank.org/indicator/NY.GDP.MKTP.CD.

Turner B S. 2007. The Enclave Society: Towards a Sociology of Immobility[J]. European Journal of Social Theory, 10(2): 287-304.

Wang J, Lau S S Y. 2008. Forming Foreign Enclaves in Shanghai: State Action in Globalization[J]. Journal of Housing and the Built Environment, 23(2): 103-118.

Willen S S. 2007. Exploring "illegal" and "irregular" Migrants' Lived Experiences of Law and State Power[J]. International Migration, 45(3): 2-7.

Willen S S. 2007. Toward a Critical Phenomenology of "illegality": State Power, Criminalization, and objectivity Among Undocumented Migrant Workers in Tel Aviv, Israel[J]. International Migration, 45(3): 8-38.

Wu F, Webber K. 2004. The Rise of "foreign Gated Communities" in Beijing: Between Economic Globalization and Local Institutions[J]. Cities, 21(3): 203-213.

下篇　中非之间的社区、互动、关系

11 基于流动性视角的中国非洲"族裔郊区"社会空间——以广佛地区为例

金鑫 李志刚

11.1 引言

20世纪后半期以来,伴随信息技术革命的到来以及现代技术的飞跃发展,全球化浪潮正不断冲破国家界限。世界已从"地域性空间"向"流动性空间"转化(Castells,2000),移民的跨国实践在城市空间上所塑造的跨国社会、经济和文化以一种全新姿态登上世界舞台,进而带来移民目的地城市及郊区在人口、经济、政治和空间上的剧烈变革(Connell,1981)。随着市场化下中国城郊的日益变革,越来越多的族裔现象开始显现。新的问题是:全球化力量将如何重塑中国的城市郊区?特别的,随着"南—南"联系日益紧密,来自发展中国家和地区的跨国群体将对中国城郊有何影响?

作为"世界工厂",珠三角地区以其低廉的制造业产品吸引着各国草根移民,其中广州更已然成为来自于非洲国家草根移民的"落脚城市"(Lyons,2012),形成了一些有名的族裔社区,如三元里、小北路等等。例如,Lyons等(2008)研究了非洲商人在广州的社会网络,将他们的公共网络称为"第三种全球化",位于世界性组织和国家之后;Zhang等(2008)从全球—地方关系探讨了广州族裔社区的形成与发展;李志刚等(2008,2009,

2012）对广州小北路非洲人聚居区的社会空间特征进行系统研究，将广州的非洲族裔社区描述成为跨国空间的一种新形式，认为它是一种"短暂的全球化现象"；Haugen（2012）探讨了中国地方环境对移民流动性的影响，认为他们陷入了"另一种被迫的滞留状态"。其他有关研究还涉及广州非裔群体的经济、文化、语言、食物等方面（李志刚，等，2012；Lyons, et al, 2013；Bodomo, et al, 2012；Han, 2013；Wissink, 2012；Bodomo, et al, 2012）。已有研究较多关注于移民的跨国实践带来的社会、文化影响，对于移民新的跨地方的生活实践尚鲜有研究，对族裔社区的演变特征认识不足。

在此基础上，本章以佛山黄岐地区的非洲人族裔郊区为例，通过对其社会空间特征进行分析，一方面回应"流动性"这一新的研究范式，一方面弥补相关研究的空白，进一步把握全球化下中国城市微观社区的演化趋向与机制问题。后文首先对研究方法、概念和技术进行介绍，之后以黄岐为案例地，依托田野调查和文化民族志（Ethnography）等研究方法，解析地方与全球要素互动塑造新的城市（郊区）空间的动态过程。在结论部分，我们将对已有理论观点进行评述和反馈，进而强调这一族裔郊区在中国背景下呈现了高度的动态性，体现了一种"流动"的城市社会空间生产。

11.2 案例、概念与研究方法

11.2.1 佛山黄岐

本研究对佛山非洲族裔郊区的定义是非洲人聚居现象明显的佛山黄岐地区，即行政上划分的黄岐街道。黄岐位于佛山市南海区东部，毗邻广州市，是南海区对外开放的一个重要窗口，其南部与广州市荔湾区相连，北与白云区接壤，东与荔湾区一水之隔，具有"广佛黄金走廊"的美誉（图11-1）。全街道总面积19.84平方千米，下辖六个行政村、一个城区管理处以及五个社区居委会，常住人口5万多人，总人口约13万。

图 11-1　佛山黄岐的区位

案例地的选取主要基于以下两个原因：第一，黄岐地区已成为广州的新郊区。从20世纪90年代开始，由于广州城市部分功能开始突破行政区划的限制向老城区周边扩散，商贸批发业逐渐由老城区沿广佛公路向南海外溢。部分广州老城区市民纷纷进入黄岐，使其房地产业全面启动，形成所谓"中山九路"。历经十多年发展，在黄岐不足20平方千米的区域已居住大量广州人。其次，商业、服务业等方面业已实现了广佛同城化。自近年"广佛同城"战略实施以来，"中山九路""广佛黄金商贸走廊"的兴盛极为明显。地铁五号线、广佛线和其他一些公交车线路开通，更将黄岐地区与广州密切联系起来。黄岐实质上已成为广州郊区的重要组成部分。第二，黄岐地区非洲族裔群体聚居明显，近年黄岐吸引了大量本在广州经商的非洲商人聚居，促使该地区向多种族、多元文化景观转变。

11.2.2 族裔郊区

族裔郊区（Ethnoburb），即"多种族的郊区"（Multiethnic Suburb），是一种新型的族裔定居模式，即"多元化种族的郊区"，是对其独特的族裔关系的空间表达，以其特有的空间形式和内部社会经济结构为特征，包含了族裔群体内部以及族裔阶层之间的差异和关系。已有研究表明，族裔郊区是在一个巨型城市的范围内，位于郊区的具有居住区和商业区的族裔集聚地，是一个具有多元种族和多元文化的社区。族裔郊区在当代城市中扮演了一种不同于传统贫民窟和"族裔飞地"但又与其共存的新型族裔聚居模式（表11-1）。此外，内外部因素共同塑造了族裔郊区的出现：外部因素包括全球经济重构、族裔经济的二元化、移民来源国的条件，以及国家和地方政策等等；内部因素则诸如党派斗争或团体、社会动员以及社会变化等。这些因素共同影响着族裔社区的形成和转变。

表11-1 族裔郊区与贫民窟和族裔飞地的特征比较

	区位	形成动力	经济特征	族裔群体特征	居住特征
贫民窟	城市中心	种族歧视	经济衰败	族裔群体为主，经济能力弱	与主流群体隔离居住，聚集居住
族裔飞地	城市中心	种族歧视	族裔经济欠发达	族裔群体为主，经济能力尚可	与主流群体隔离居住，聚集居住
族裔郊区	城市郊区	经济地位上升	族裔经济发达	族裔群体占少数，经济能力强	与主流群体混合居住，分散居住

11.2.3 流动性

流动性（Mobility）已然成为21世纪的一个重要特征，对人文科学的影响尤甚（Sheller, et al, 2006）。其内容包括世界范围内大规模的人、物、资本和信息等的流动，以及植根于地方的日常交通、公共空间中的移动以及日常生活中的物质流动等（Urry, 2000）。这一研究范式颠覆了传统社会科学中"地方"与"静止"的研究方法，改变了将地方、住所看作是一个自然的稳定状态，转而将流动性作为后现代主义和全球化的普遍条件，超越将"地域"看作是固定地理容器的思维方式（Hannam, et al, 2006）。具体而言，关于空间性以及空间重构的分析是人文地理研究中引入流动的重要领域之一（Soja, 1989；Harvey, 1989），流动必须与空间、基础设施以及制度联系在一起，即所谓的"空间修复（或固定）"（Spatial Fix）（Harvey, 1989）。20世纪90年代以后，在全球化和新自由主义背景之下，流动性赋予地理和空间以新的内涵，地理空间的生产受到来自全球和地方的多重影响（Sheller, et al, 2006）。

对于族裔郊区在全球和地方的形成过程，可以运用流动性的视角进行解读，探索移民的流动性变化所塑造的新城市空间。跨国移民的流动性不仅是全球化的结果，同时也受到所在地方政治经济环境的影响。在转型中国的大背景之下，跨国移民将构建一种怎样的流动体系？对城市空间重构将带来何种影响？产生何种族裔空间？这些问题，均亟待实证以寻求答案。

11.3 研究方法

研究采用定量与定性相结合的方法，本章的质性数据基于 2013 年 10 月至 2014 年 3 月在广佛两地进行的为期六个月的实地调研，包括半结构式访谈以及参与式观察等方法，运用相关的田野笔记和访谈记录进行定性分析，同时还参考了大量关于中国的非洲移民研究和政策研究。在选取访谈对象时，选取具有各种不同的经历、驻留时间、经济能力以及家庭状况等的非洲人。

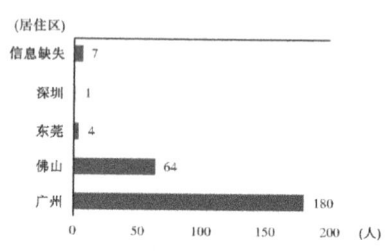

图 11-2　问卷样本基本情况

其中，包括 30 名非洲人、12 名中国人，中国人包括非洲人的中国妻子、小区管理人员、商店老板、餐馆老板、公寓老板、中国外贸商人以及公安局和外国人服务管理中心的人员等。问卷调查数据是 2010 年对于广州和佛山两地非洲人进行的随机抽样调查，共获得 256 份样本，其中 64 名调查对象居住在佛山，180 名调查对象居住在广州（图 11-2）。

11.4 佛山族裔郊区的特征

11.4.1 基本特征

问卷显示，居住在佛山黄岐地区的非洲人总体上相似度较高：佛山样本全是男性；其中大部分来自于尼日利亚（84.4%）；年龄多集中在青年和成年阶段（18—39 岁）（89%）；受教育水平方面，本科或大专学历占 28.1%，高中的占 26.6%，初中的占 37.5%；在婚姻状况方面，单身占 64%，已婚占 20%，有固定伴侣的占 11%；另外，在宗教信仰方面，几乎所有的都是信仰基督教（93.7%）；在签证类型方面，81.3% 的访谈对象通过商业签证进入中国，另外还有 12.5% 是通过获得旅游签证入境中国（表 11-2）。

表 11-2　佛山部分调查问卷基础信息

指标	项目	样本量	百分比
性别	男	62	97%
	女	0	0
	信息缺失	2	3%

续表

指标	项目	样本量	百分比
年龄	18岁以下	0	0
	18—29岁	37	57.8%
	30—39岁	20	31.2%
	40—49岁	4	6.3%
	信息缺失	3	4.7%
宗教信仰	基督教	60	93.7%
	穆斯林教	1	1.6%
	无	1	1.6%
	其他	2	3.1%
教育水平	无	1	1.6%
	小学或同等学力	0	0
	中学或同等学力	24	37.5%
	高中或同等学力	17	26.6%
	本科/大专	18	28.1%
	信息缺失	4	6.2%
婚姻状况	已婚	13	20%
	单身	41	64%
	有固定伴侣	7	11%
	信息缺失	3	5%
签证类型	旅游签证	8	12.5%
	商业签证	52	81.3%
	工作签证	1	1.6%
	信息缺失	3	4.6%

将佛山与广州两个部分的样本做一个统计分析，发现居住在佛山的非洲群体内部之间比居住在广州的非洲群体内部之间体现出更高的相似性，居住在佛山的非洲群体来源国相对于广州更单一，主要集中在尼日利亚（占84.4%）（图11-3）。

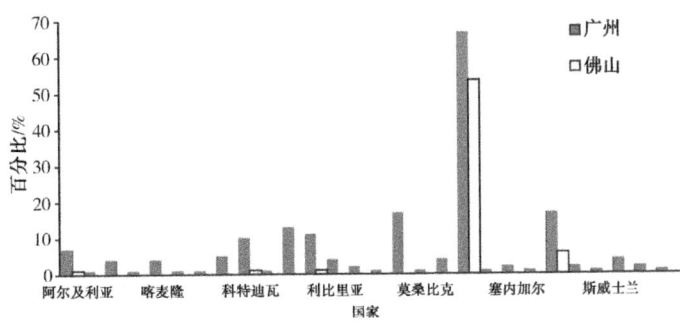

图11-3 广州与佛山的非洲移民来源国家

其次，佛山的非洲群体相对于广州更年轻，单身率也较高。居住在广州的非洲人中，40 岁以上的占 22%，而在佛山 40 岁以上的仅占 6.3%，大部分为 18—29 岁的青年男子，占近 60%（图 11-4）。访谈所遇到的非洲人中，70% 以上位于 20—29 岁之间。另外，佛山部分的样本中大多为单身，高达 64%，而广州仅占 33%（图 11-5）。在有固定伴侣的非洲人中，广州和佛山的非洲人都具有相似性，大多数人的伴侣来自于非洲国家，还有部分来自中国以及其他国家（图 11-6、图 11-7）。

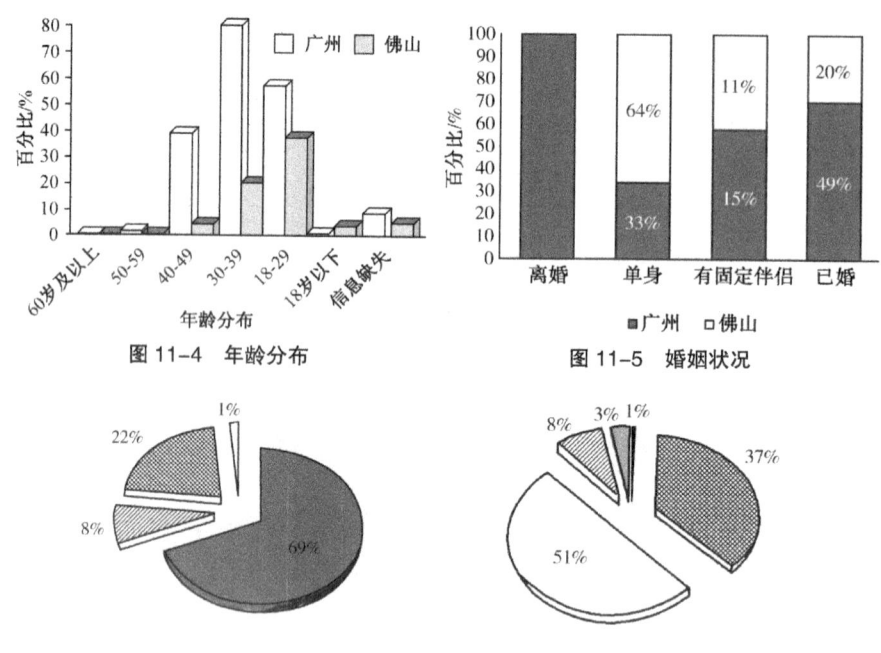

图 11-4 年龄分布　　　　图 11-5 婚姻状况

图 11-6 佛山非洲人的婚姻状况　　　图 11-7 广州非洲人的婚姻状况

第三，在受教育水平方面，佛山的非洲人相对于广州普遍偏低。生活在广州的非洲人大多是高中或大学学历，占广州样本部分的 68%，而生活在佛山的非洲人则大多是高中或初中学历，占佛山部分的 65%（图 11-8）。在经济收入方面，相应的，佛山的非洲人也相对较低（图 11-9）。此外，在访谈中发现，居住在佛山的非洲人大多是属于非法移民，其签证过期；而居住在广州的非洲人的身份则更加多元。

访谈了解到，目前居住在佛山的非洲人很大部分都属于"非法"移民，他们中有部分是从广州迁来佛山居住的，还有一部分是出于商业目的，通过朋友介绍直接从非洲迁移到佛山居住。通过统计 2010 年的佛山部分的调查问卷发现，在第一次来中国的时间中，最为集中的年份是 2009 年，占全部样本量的 52%，其次分别是 2008 年、2007 年、2010 年、2006 年、2005 年和 2004 年。其中，从 2001 年到

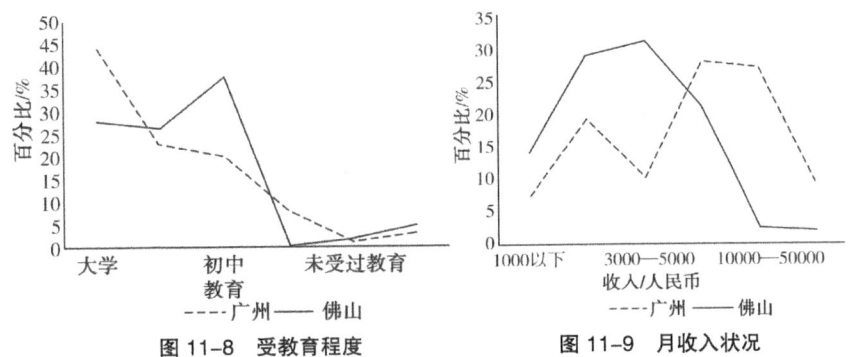

图 11-8　受教育程度　　　　　图 11-9　月收入状况

2009 年期间，人数逐年增长，并且大部分是 2008 年以后第一次来到中国（图 11-10）。另外，在佛山的居住时间方面，67% 的非洲人是于 2008 年之后才居住于佛山，其中 2009 年达到最多，占 22%（图 11-11）。因为问卷是 2010 年 4 月进行的，因此并未统计到 2010 年 4 月以后的部分非洲人情况。从中可看出，佛山的非洲人自 2008 年后开始迅速增多。

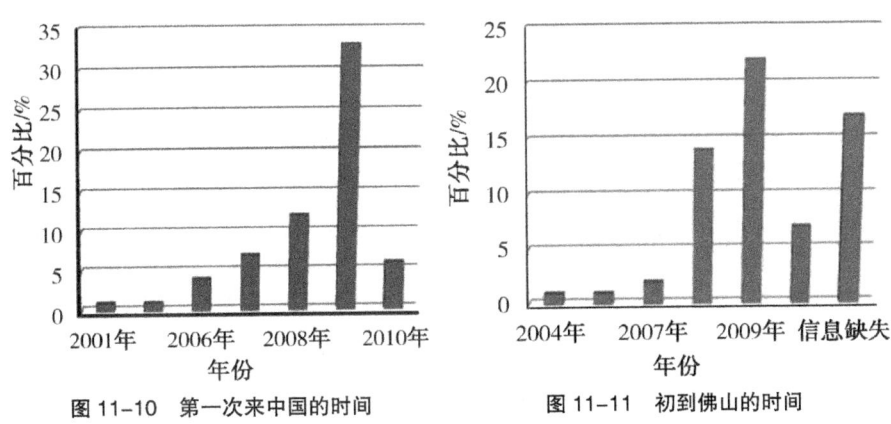

图 11-10　第一次来中国的时间　　　　图 11-11　初到佛山的时间

迁移原因主要包括自愿迁移和被动迁移两种。自愿迁移多为工作上的原因需要迁移到佛山居住，占 19%，如"在佛山开了店"、"以前是商人，现在在佛山当雇员"以及"经济好转了，所以来这里做生意"等；被动迁移则是基于外部因素所做出的迁移决策，主要有警察原因、竞争问题以及赚钱困难和中国人的问题。其中，30% 的人主要是由于"广州的警察会逮捕、拦截他们"、"警察搜查他们的护照和签证"以及"政府对于非洲人尤其关注"等原因迁移至佛山；16% 的人是由于当地中国人之间的问题迁佛山，相同比例的人是由于赚钱困难无法承担生活费用迁至佛山；还有 11% 是由于"没有赚到足够多的钱"、"钱不好赚"、"竞争很激烈"等原因（图 11-12）。可以看出，绝大部分非洲人是由于外界因素被迫迁移至佛山，包括经济上的原因以及政府管治等方面的原因。

下篇　中非之间的社区、互动、关系　/175

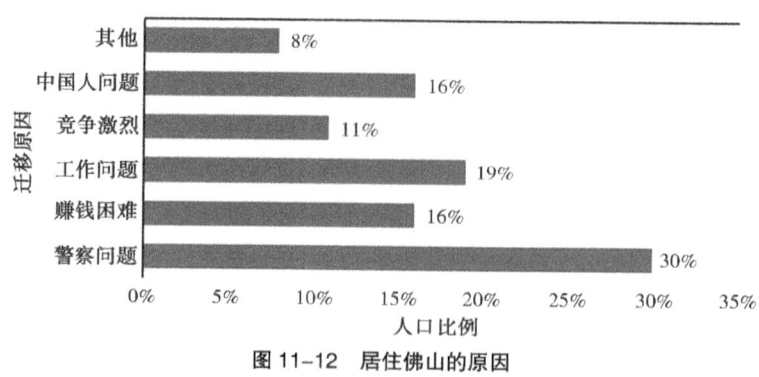

图 11-12 居住佛山的原因

11.4.2 流动性特征

自 2008 年以后，居住在佛山的非洲人口迅速增多，大多属于非法移民或经济能力较低的移民。由于逃避警察管治或节省开支从而居住在佛山黄岐地区，他们自身具有不同于居住在广州的传统族裔聚居区的移民的新特征，而这些特征大多不与地方上的体制环境相容，从而也造就了他们自身在居住空间、生活方式、移民身份以及网络关系等各方面具有高度流动性、高度弹性的特征。

1）快速转换的隐性空间

2007 年以来，广州对于"三非"人群的排查十分严格，因而非洲移民开始采取逃离广州迁往城市外围区域的方式，寻求新的生存空间。佛山作为广州的相邻城市，以其便利的交通和地方政府相对包容的态度吸引了大量非洲移民聚居于此。据调查，佛山警察在执行任务时，如果发现签证到期，只会命令其搬走，但不会将其逮捕。访谈中，大部分非洲移民认为佛山警察更具有"人道主义"，而在广州只会"一天到晚都是警察"，他们"可怕"、"恐怖"和"缺乏人道主义"。非洲移民正是利用两地政府的态度差异和法律执行力度方面的差别，通过自身流动性做出应对。然而，2010 年广州亚运会以来，佛山响应广州号召，也开始了加强移民法的执行力度，对聚居非洲移民的小区进行频繁搜查。2010 年 5 月，大量非洲移民被迫离开佛山。而持有居留许可证的非洲移民则选择远离其他移民的更加隐秘的城中村居住，以避开警察。

"大概是从 2008 年以后，就陆陆续续地有一些黑人开始进入这个小区居住了。不过当时还比较少，后来 2009 年和 2010 年慢慢开始增多，最多的时候 2010 年大概有 100 多个，那时候基本上每一栋都有好几个黑人住在里面。然后差不多从 2011 年开始，警察就经常来赶他们，几乎每一两个月他们就会过来挨家挨户地敲门搜查证件，检查护照有没有过期。上个月 15 号左右来了 40 多个便衣警察，我们保安就给他们打开下面的大门，他们上去挨家挨户地搜，有些业主还会告知他们哪间住有黑人。于是很多黑人因此搬走了，现在剩下的差不多都是有证件的，大概有 10 多个吧。"（一个聚居非洲人的黄岐小区保安访谈，2013 年 10 月）

他们现在都分散在更加偏的地方，如村屋或者更加偏远的地方，像金沙洲，我经常看到他们从村屋跑出来。（访谈记录，2013年10月）

在此背景下，非裔移民的居住空间结构从相对集中开始转向局部集中、相对分散的阶段（图11-13，图11-14）。

2）"动态化"的郊区生活方式（Suburbanism）

非洲移民采取各种应对战术以获得收入来源。由于地方移民控制在不同的时空上的不均衡性，他们利用这一特点，通过增强自身的流动性予以应对。在时间方面，不同的时刻所面临的来自于警察的威胁的风险程度不同。一般而言，清晨、深夜和午饭时点是警察的休息时间，因而也是安全性达到最高的时刻。另一方面，他们认为如果只是停留在公寓不外出也并非绝对安全的措施，当地警察会不时地进屋搜查。

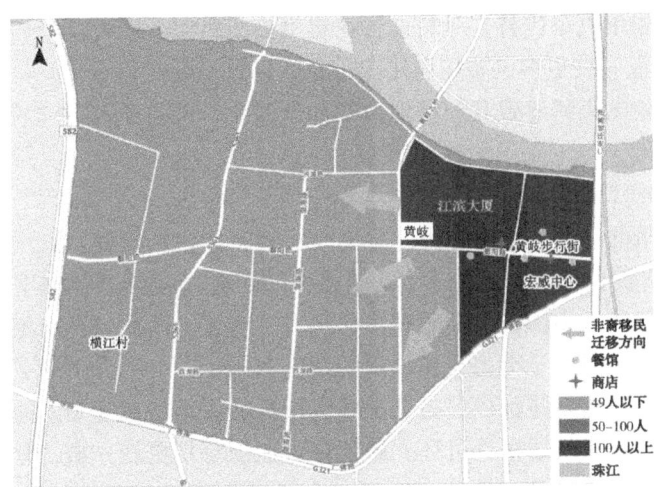

图11-13　2010年黄岐地区非洲族裔居住分布与族裔设施分布

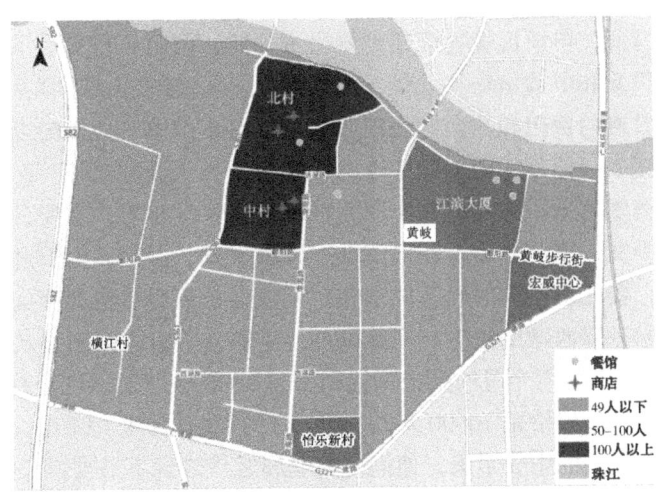

图11-14　2014年黄岐地区非洲族裔居住分布与族裔设施分布

一些人选择早出晚归，以显示自身是勤奋努力和遵纪守法的居民。于是，一种"动态"郊区化的生活方式便得以产生：由于大多数非洲人仍然去广州购买商品，因而佛山因其便捷的交通和邻近性成为广州的郊区，这些非洲人便乔装成一群白天去广州上班、晚上回到佛山居住的"流动群体"，从而既可以经营自己的生意又可以躲避警察的搜查。

  他们早上一般六点多就出去了，有的半夜一两点才回来。（访谈记录，2013年12月）

  我每天都会去广州黄沙码头的市场去进货，那里有很多卖手机的市场，所以我每天都会四五点左右去，然后凌晨十二点多坐出租车回来。（访谈记录，2014年3月）

  在交通方式的选择方面，由于缺乏有效签证，非裔移民不敢乘坐火车、地铁（广佛地铁），只能用汽车代替，尽管这将花费更多的时间。同时，他们也不能乘坐公共巴士，而只能花费更多的费用租用出租车，以逃避警察搜查。总体而言，来自于体制和移民管控的束缚导致其经济能力的部分退化，使得非洲群体的生存空间选择大大降低。

3）流动的身份认同

  生活在广州的非洲人主要分为三种类型：短暂停留的客商、合法居留的移民以及非法移民（不具有有效签证和合法的居留许可证）。多数非洲人首先通过有效商业签证或旅游签证进入中国，但期限较短，只有三十天。因此，其中绝大部分的非洲人在签证即将到期时由于无力支付昂贵的续签费用（约一万元）而成为非法移民，而另一些人则通过更新签证以获得合法停留权。另外，还有部分人通过积累大量的资源从而申请到合法的居留许可证。居留许可证须每年更新一次，这使得那些未能连续更新者变为非法移民。

  新的移民法规定，如果非法移民要离开中国，须先缴纳5000元人民币罚金，才能申请出境签证，申请出境签证还需要出示护照，同时还得自己承担遣返机票。另外，当接受罚款和申请出境签证时，如果违反了入境的法规还将会有入狱危险。这些风险以及昂贵的费用和罚金导致很多非裔不得不采取其他措施以应对没有合法证件的困境。其中一种是定期去香港等地续签为期三十天的签证，但这种方式也要承担路费以及续签费用。另外有些非洲人选择进入大学学习，主要目的为获得学生签证以及学习中文，以此能够合法地留在中国做生意。但是，他们进入国际学校的费用异常昂贵，要花费巨大的经济成本和时间成本，最后被迫放弃就学，重新成为非法移民，开始东躲西藏的生活。除此以外，还有一种方式是通过从中国的黑市获得新的签证。有效期为六个月的签证普遍报价是15000元人民币（合约2200美元），然而其他非洲国家的报价是10000元人民币（合约1500美元）（Urry，2000）。另外，黑市签证通常由中国的中介牵头，他们多将非洲客户带到不易被抓获的偏远地区。

  我以前在深圳上大学，通过学生签证让我可以继续留在中国。但是学校的

学费太贵了，一年需要十多万，而且我上学就没有那么多时间做我的生意。所以后来我就辍学了……（访谈记录，2013年12月）

我每个月会去澳门续签签证，每次续签一个月，续签费用大概是2000到3000元人民币。（访谈记录2014年3月）

4）多样化的贸易地点

商人这一职业通常具有高度流动性要求，需要在很多个国家或地区之间频繁移动以建立和维持他们的生意关系，包括与中介、厂家、客户之间的联系等，因而大部分人都在不止一个地方建立联系。有些商人的生意地点和网络跨越了多个国家，带来高度循环式的跨国流动。还有很多非洲商人出于预定和购买商品等目的，在中国的各个城市中活动。调查发现，几乎所有来自非洲的访谈对象都曾去过珠三角其他城市，如深圳、东莞、中山、香港等地，这显示出他们将商贸关系的多样性作为一个应对自上而下战略性束缚的习惯性战术。同时，居住在佛山的非洲商人中，越来越多人选择去广州以外的其他城市进行贸易，如珠三角地区其他城市、长三角地区等（图11-15）。他们大多直接到这些城市的工厂订购或购买商品，然后回到佛山居住。他们认为，"这些周边城市不像广州那么讨厌他们，对他们的到来表示更加欢迎，对于他们的管控也相对较松散"。

图 11-15　居住在佛山的非洲人的贸易网络分布

5）复杂的网络关系

移民管制所强加的限制导致非裔社会网络产生明显的弹性。很多非洲商人为了更好地在中国城市生存，选择"讨好"中国女性并与其建立恋爱关系，借以获取信息，如警察到来之时通风报信，寻找住所和工作地，进行生意上的沟通，或是利用她们的经营权做生意。一种新的跨文化的关系空间在中非两个团体之间建立起来。

那些黑人很喜欢结交中国女孩,有中国女朋友的在警察来的时候就可以给他们通风报信。(访谈记录,2013年10月)

现在我跟我老公一起经营这间酒吧,他没有在中国经商的权利,所以经营权是通过我获得的,然后我们就一起做(生意)了。(访谈记录,2013年11月)

随着越来越多的非洲族裔人口在族裔郊区聚居,佛山族裔郊区形成了本地居民、外地居民以及非洲族裔之间的经济关系回路(图11-16),在一定程度上增加了本地居民与外地居民的经济机会,同时也为非裔提供了居住和生活的服务性空间和设施。部分非洲族裔从商品房小区逐渐向城中村转移,一些当地的村民抓住这一商机,开始利用自己的土地新建"族裔公寓"。调研表明,他们并非自己经营,而是将其承包给外来居民以获取巨额的承包租金,年租金在十多万。国内的外来人口将"族裔公寓"承包下来,以单间月租的形式出租给非裔移民,每间面积均在10—20平方米,月租大概在700元到1200元不等。这种经济关系在一定程度上存在着非正规性,居住在族裔公寓中的非洲移民无须登记,也不需要具备合法的身份和证件。因此,一种依赖于族裔群体的经济关系得以产生。这种经济关系的建立吸引了更多的非裔移民居住在族裔郊区。

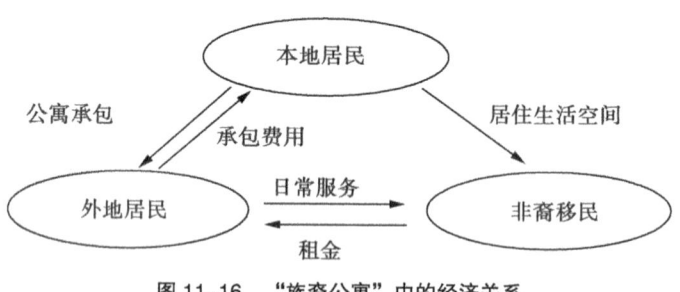

图11-16 "族裔公寓"中的经济关系

当族裔人口达到一定规模以后,一些与族裔群体相关的商业和服务业开始出现,非洲族裔在黄岐的聚集带来少量族裔设施如非洲餐馆、酒吧等的出现。与西方族裔郊区不同的是,佛山的非洲族裔郊区的族裔经济不算繁荣。调查发现,只有很少量的族裔企业在非洲族裔郊区中,规模都很小,只有少数两到三个非洲工作人员为其族裔顾客服务。而且,这些族裔经济单位多数都是中国人与非洲移民共同构建,并且很多存在特殊的社会关系(如婚恋关系)。可能的原因是这一族裔郊区的市场规模有限。多数居住在佛山的非洲人都不具有合法经商的权利,不能获得经营族裔企业所需的许可和证明(尽管有些无执照运行的存在),故而只能依赖于当地中国人的经营权以获取经济机会。

这间餐馆是我和我妻子一起经营的,因为她是中国人,很容易获得经营权,但是由于我不满足在中国经商的权利,所以只能通过她获得餐馆的执照。(访谈记录,2013年11月)

我和我丈夫（尼日利亚）是 2011 年在黄岐步行街那里开了间酒吧，2012 年又来到这里，现在主要是我在管理和经营，还请了他的几个朋友在这里做厨师和服务员。（访谈记录，2013 年 12 月）

11.5 结论

基于佛山非裔移民自身的特殊身份，以及其经济能力较弱等方面特征，这一群体不管是在居住空间、生活方式还是身份或是贸易地点方面，均比其他类似族裔群体更加具有动态性和多样化特征。非裔在身份上往来于"非法"移民和"合法"移民之间，造成他们向更加隐形的居住空间和行为空间的流动，由此带来一种"动态"的郊区化生活方式。此外，不管是移民身份带来的问题，还是基于其作为商人的基本特征，都促使非洲族裔的贸易地点选择更加多元化，从而产生更多的网络社会关系。因此，一种动态的、复杂的移民流动特征体系得以构建（图 11-17）。

我们发现，族裔郊区正在代替传统城市内部的族裔聚居区，成为新的、重要的"入境港口"以接受新移民的到来。作为一种新型的族裔聚居区，非裔郊区在特定的社会经济和政治背景下占领了一个独特的空间位置，维系和发展了各种社会经济关系。同时，这些社会关系呈现高度的动态性，随着外界的环境变化发生快速变化，从而生产出一种"流动"的城市社会空间。因此，随着中国地方政治经济环境的快速变化，存在于中国社会的族裔社区正不断发生着转型与变迁，以动态性为基本特征的"族裔郊区"生产将在一定时期内持续下去。

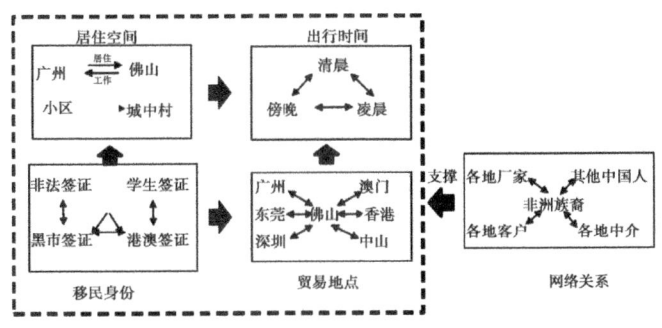

图 11-17 族裔郊区的流动特征体系

参考文献

陈宇鹏. 2012. 社会资本与城市外国人社区的形成——以义乌市 ×× 国际社区与广州黑人聚集社区的比较分析 [J]. 前沿, (4): 114-115.

董立群. 2009. 城市新移民的社会网络与社会融合——以宁波新移民为例 [J]. 淮南职业技术学院学报, 9(4): 105-110.

方英, 梁柠欣. 2010. 外籍人聚居区分布规律及其影响因素——以广州为例的研究[J]. 广州大学学报: 社会科学版, 9(10): 48-54.

广田康生. 2005. 移民与城市[M]. 北京: 商务印书馆.

何波. 2008. 北京市韩国人聚居区的特征及整合——以望京"韩国村"为例[J]. 城市问题, 10: 59-64.

怀特. 2007. 街角社会[M]. 北京: 商务印书馆.

李志刚, 杜枫. 2012. "跨国商贸主义"下的城市新社会空间生产——一项对广州非裔经济区的实证[J]. 城市规划, 36(8): 25-31.

李志刚, 杜枫. 2012. 中国大城市的外国人"族裔经济区"研究——对广州"巧克力城"的实证[J]. 人文地理, 27(6): 1-6.

李志刚, 薛德升, M Lyons, 等. 2008. 广州小北路黑人聚居区社会空间分析[J]. Journal of Geographical Sciences, 63(2): 207-218.

李志刚, 薛德升, 杜枫, 等. 2009. 全球化下"跨国移民社会空间"的地方响应——以广州小北黑人区为例[J]. 地理研究, 28(4): 920-932.

刘云刚, 谭宇文. 2010. 全球化背景下的日本移民动态研究[J]. 世界地理研究, 19(3): 62-71.

刘云刚, 谭宇文, 周雯婷. 2010. 广州日本移民的生活活动与生活空间[J]. 地理学报, 65(10): 1173-1186.

马晓燕. 2011. 世界城市建设中移民聚居区的出现及其特征体现——基于北京市望京"韩国城"的调研[J]. 北京工业大学学报: 社会科学版, 11(6): 8-13.

钱前, 甄峰, 王波. 2013. 南京国际社区社会空间特征及其形成机制——基于对苜蓿园大街周边国际社区的调查[J]. 国际城市规划, 28(3): 98-105.

孙博远. 2012. 北京国际社区现状及展望[J]. 北京规划建设, (3): 72-76.

孙亚楠. 2009. 韩人社区与"韩味"青岛——对在青韩国人文化适应的人类学考察[D]. 北京: 中央民族大学.

叶继红. 2012. 集中居住区移民社会网络的变迁与重构[J]. 社会科学, (11): 67-75.

周敏, 林闽钢. 2004. 族裔资本与美国华人移民社区的转型[J]. 社会学研究, (8): 36-46.

Bodomo A, E Ma. 2012. We are what we eat: Food in the process of community formation and identity shaping among African traders in Guangzhou and Yiwu[J]. African Diaspora, 5(1): 3-26.

Bodomo A B, G Ma. 2010. From Guangzhou to Yiwu: Emerging facets of the African Diaspora in China[J]. International Journal of African Renaissance Studies – Multi-, Inter- and Transdisciplinarity, 5(2): 283-289.

Castells M. 2000. The rise of the network society[M]. Malden, MA: Blackwell.

Connell J, A Ip. 1981. The Chinese in Sydney: From Chinatown to Surburbia[J]. Asian Profile, 9(4): 291-308.

Han H. 2013. Individual Grassroots Multilingualism in Africa Town in Guangzhou: The Role of States in Globalisation[J]. International Multilingual Research Journal, 7(1): 83-97.

Hannam K, M Sheller, J Urry. 2006.Editorial: Mobilities, Immobilities and Moorings[J]. Mobilities, 1(1): 1–22.

Harvey D. 1989.The Condition of Postmodernity[M]. Oxford: Blackwell.

Haugen H Ø. 2012.Nigerians in China: A Second State of Immobility[J]. International Migration,50(2): 65–80.

Kim H. 2003.Ethnic Enclave Economy in Urban China: The Korean Immigrants in Yanbian [J]. Ethnic and Racial Studies,26(5): 802–828.

Kwong P. 1987.The New Chinatown [M]. New York: Frarrar, Straus and Girous.

Li Z, L J Ma, D Xue. 2009.An African Enclave in China: The Making of a New Transnational Urban Space[J]. Eurasian Geography and Economics,50(6): 699–719.

Lyons M, A Brown, Li Zhigang. 2012. In the Dragon's Den: African Traders in Guangzhou[J]. Journal of Ethnic and Migration Studies, 38(5): 869–888.

Lyons M, A Brown, Z Li. 2008.The "third tier" of globalization[J]. City,12(2): 196–206.

Lyons M, A Brown, Z Li. 2013. The China-Africa Value Chain: Can Africa's Small-Scale Entrepreneurs Engage Successfully in Global Trade? [J]. African Studies Review, 56(3): 77–100.

Ratha D, W Shaw. 2007.South-South Migration and Remittances[M]. Washington D. C. : The World Bank.

Sheller M, J Urry. 2006. The new mobilities paradigm[J]. Environment and Planning A, 38(2): 207–226.

Smith M P. 2001.Transnational urbanism: Locating globalization[M]. Cambridge, MA: Blackwell.

Soja E. 1989.Postmodern Geographies: the Reassertion of Space in Critical Social Theory[M]. London: Verso.

Urry J. 2000.Sociology beyond societies: Mobilities for the twenty-first century[M]. London: Routledge.

Wei Li.2006. From Urban Enclave to Ethnic Suburb: New Asian Communities in Pacific Rim Countries[M] . Hawaii :University of Hawaii Press.

Wissink B, R van Kempen, Y Fang, et al. 2012. Introduction—Living in Chinese Enclave Cities[J]. Urban Geography,33(2): 161–166.

Wu F L, K Webber. 2004. The Rise of "Foreign Gated Communities" in Beijing: Between Economic Globalization and Local Institutions[J]. Cities,21(3): 203–213.

Zhang L E.2008.Ethnic congregation in a globalizing city: The case of Guangzhou, China[J]. Cities, 25(6): 383–395.

Zhou M. 1998.Beyond Ethnic Enclaves: Location Strategies of Chinese Producer Service Firms in Los Angeles[J]. Economic Geography,7: 28–51.

12 "低端全球化"：香港和中国内地的非洲人

Gordon Mathews，妮可·杨玚

12.1 引言

中国海外移民这一话题已经在学术文献中被广泛讨论，大量的著作都致力于探讨这一话题。例如，近年来《The Journal of Chinese Overseas》已收录了有关中国人在世界各国的研究资料。

然而，在过去的几年中，一种新型的"具有中国特色的迁移"开始出现，各地人口开始旅居中国。在20世纪六七十年代，这一人群包括大学生（见Sautman在1994年关于这一时期非洲留学生的文献）以及外交官，还有其他国家公派旅客；20世纪90年代末到21世纪初，企业家的数量迅速增长。现今，这类短期逗留的旅客中包括了各类人群，这在许多城市都很常见。来自于西方国家、日本的金融家以及其他专业的人士在香港（见Knowles和Harper于2009年对这类人的解释说明）、上海（Hou，2010）等城市很常见，非洲、中东、南亚商人在广州（Li，et al，2008；Osnos，2009；Bodomo，2010；Yang，2011）、义乌（Le Bail，2009），以及香港的重庆大厦（Mathews，2011）也很常见。他们都到中国来的原因，正如一名非洲人对我们所坚称的那样，"这是事业所在地"。在以接近10%的年增长率飞速发展的世界第二大经济体中，想要

很好地生活或者发财致富的话，显然机遇更多。这就是中国的吸引力。

西方人、日本人以及其他发达国家到中国来的公民是典型的"高端全球化"的中介，他们可能是大公司的代表，这些公司有充足财力并聘有大量的律师，其运作基本在法律范围内。然而，这些高端全球化的参与者数量却远远不及"低端全球化"的参与者数量。低端全球化可以被定义为人和商品的跨国流动，涉及小额资本以及非正式交易，有时是半合法或非法的交易，低端全球化通常与发展中国家有关（Mathews，2011）。

中国作为一个往全球分销商品的制造业大国而越来越受到世界关注。但是，它在低端全球化中所扮演的特殊角色却很少被提及。中国是廉价商品的主要供给者，这些商品被销往南亚、中东、撒哈拉以南的非洲、拉丁美洲（Ribeiro，2006；Lin，2011）。中国人（不论是企业代表还是个体经营者）迁移到世界各地并尽可能从这种贸易中获利，尤其是在非洲，近来这类现象被大量地探讨（Alden，2007；Rotberg，2008；Waldron，2008；Asche，et al，2008；Park，et al，2010）。同时，众多发展中国家的客商通过到中国做生意而获利，其中包括撒哈拉以南的非洲地区。广州有些社区如三元里，事实上全都是非洲客商。同样的还有香港的重庆大厦，其非洲人和南亚人的数量远远超过了中国人。总的来说，大概有 200 000 非洲人在中国（Ghosh，2010）。本章立足于在重庆大厦的四年实地调查、到中国内地和撒哈拉以南非洲地区的游历、与广州的非洲客商的对话，试图从民族志的层面来考察在"低端全球化"语境下中国和撒哈拉以南非洲之间的联系。我们关注：（1）在中非之间往来的非洲商人；（2）香港的重庆大厦担当的中国内地的门户作用；（3）非洲商人在中国内地的体验，以及他们如何理解其在中国的经历。这一考察将提供一个简单的范例，以展现低端全球化在 21 世纪的中国是如何实现的。更重要的是，同时观察在中国经济影响力遍及全球的时代一种新移民形式的出现。

本章对"具有中国特色的迁移"的考察并非关注移民海外的中国人，而是关注到达中国的非洲商人。这些商人的"低端全球化"实践，涉及小额的资本，产生半合法甚至在法律雷达下的非法的交易。我们首先关注的是这些商人的身份，将其典型的形象刻画为本国的上层阶层。随后本章关注了香港重庆大厦的这类商人，他们所在的这座建筑是中国和发展中国家之间的货物集散地。最后，我们审视了生活在中国南部城市广州的商人，并关注他们为了在中国内地取得成功而做的努力。本章推断，中国先进的重要经济角色在于，通过生产廉价商品，使得非洲以及其他的发展中国家和地区得以参与到全球化中；而这些非洲客商有助于这一角色的实现。

12.2 经由香港往来中国内地和非洲的客商

让我们从一名在香港重庆大厦经商的坦桑尼亚商人开篇。一栋年久失修的 17 层建筑矗立在香港九龙的中心，充斥着批发业务和廉价旅店，非洲人及其他发展中国家的商人混杂其间。这位坦桑尼亚商人第一次来香港，虽然没有丝毫关系网，但是却有着二十多年的东亚的商贸经验，并且通过之前与东亚客商交谈而掌握了相当程度的背景知识，了解在这里能够获得什么。他马不停蹄地开始在六家手机店里询价，各种手机包括二手机、全新中国制造的手机、中国制造的仿品、"14天机"（由欧洲和韩国制造，被原持有人在14天试用期内因各种原因不满意而退货后运到香港继续销售的手机）。随后开始打电话咨询他的投资人，并记录购买批发手机的买家以及潜在客户，在接下来的三天里他还会拨打许多像这样的电话。他同时也跟重庆大厦里的各个手机店主砍价，因为手机没有价格标签，需要更为全面地了解，谨慎以待。他抵达这儿70个小时之后，就又启程去香港机场，在32千克的行李限重的条件下带上了860部原装的和仿版的手机回国，将这些商品提高价格后再卖出。他行李里的那100部仿造的手机足以在香港机场被检查人员没收，并对他提起控诉。但他相信这样的事情不会发生，所以他毫不犹豫地前行。

在重庆大厦，像他这样的商人不计其数，从世界各地来的都有。这栋建筑中大约80%的商人都是来自于撒哈拉以南的非洲。他们购买各类商品（手机、电脑、服装、电子配件、建筑瓷砖），把货物装在行李箱里带走、进行空运或者通过集装箱走海上运输。有的商人也把珍宝——"宝石"从非洲带到中国，但大部分方向与此相反，商人们从中国把制成品运回非洲。笔者计算过各个撒哈拉以南非洲国家从事此业的商人数量，估计现在在撒哈拉以南的非洲地区所用的手机中，有20%来自于重庆大厦，许多都是从中国购买然后储存在重庆大厦或周边，再通过航班运回非洲（Mathews，2011；Shadbolt，2009）。非洲商人尤其是那些购买手机和电脑的都从重庆大厦购物，他们认为，这样比起从中国内地买电子产品更有安全保障。许多其他商人不仅买手机，也购买服装、电子配件、建筑材料以及其他产品，他们会在香港取得中国签证之后到中国内地的广东购买。

这类商人都是什么人？大约90%是男性。我们也见过来自不同非洲国家的极少数女性商人，主要从事服装行业。这些商人被视为他们本国的上流阶层的成员，这仅仅是因为一个简单的事实，即他们能够拿出钱来飞往半个世界之遥的中国，这是大部分他们同胞们所不敢想的。许多商人声称自己拥有强大的社会关系——"我叔叔是加纳的监狱总长"，有一位这样说道，还有许多相似的言论——其中有些人无疑在说谎，另一些人所言可能是事实。笔者有时会为所遇到的商人优秀的教育背景而感到吃惊。例如，有一天早上笔者与重庆大厦的一位坦桑尼亚商人和一位肯尼亚商人共进早餐，发现前者有一个农学硕士学位，在中国购买农具，后者拥有一个化学硕士学位，正在考察中国和印度的医药，三个人中笔者在专业知识方面受到的教育最少。

当然，也有许多没有出众的教育背景，有些商人对世界的无知让人惊讶，举一个例子：一位在中国广州的尼日利亚商人告诉笔者，一位年轻的黑人在地铁站走近他询问"怎么去日本"，好像是只有几站路远一样（Lo，2006）。但是大体上，商人们确实比他们的非洲同胞受到过更好的教育，也更加富有，这也是为什么他们有能力也有方法离开家乡，在貌似美好的全球化的感召之下，飞跃半个世界来追求财富。

贸易的利润无疑是巨大的，贸易会带来巨额财富，但也充满风险。这些风险包括在香港和中国内地被骗的风险，货币币值波动的风险（所有商人在中国和本国之间以美元进行交易，非洲各国美元比率往往剧烈波动），中国内地和香港海关的风险（仿制品会被没收），还有来自于客商们本国海关的风险，贿赂和不确定性成为规则，以及对本国市场误判的风险。据经验丰富的商人估计，第一次到香港和中国内地的非洲商人中只有不到一半的人能获得足够的利润然后来第二次，许多人因为失策或上当受骗而用尽了投资者的钱后羞愧地回国。在 Rojas（2009）的描述中，对于年轻的尼日利亚伊博商人来说，在香港和中国内地初次贸易的成功就意味着"学艺有成"，成为羽翼丰满的成年人，能够帮助家庭成员；但是令他们惋惜和懊恼的是，许多人都不曾达到这一境界。

像上述的坦桑尼亚人那样的商人们，去除机票和其他开支之后一般每一趟旅行会有400美元利润。然而，那些十分成功并足以支撑其返程票的商人，由于薄利可赚，可能仍会持续多年奔波于中非之间。有的商人留在中国内地——一般而言，要么是那些最成功的人，持有长期的中国签证，在非洲商人和中国工厂之间当中间人，要么就是那些不成功者，在法律的缝隙中逾期逗留、勉强度日。其他人——尤其是留在香港的人，只是在14天或30天自由入境的签证限期内短期停留，但是他们会一年有几个甚至几十个这样的旅程。

中非之间这样的贸易出现的时间不长。更为老练的商人告诉笔者，他们20世纪90年代的时候在雅加达或其他亚洲地区购买货物，直到20世纪90年代末才来到中国南方（MacGaffey, et al, 2000; Stoller, 2002）。中国已成为世界上众多商品的来源国，尤其是那些最受发展中国家欢迎的廉价商品。但是，除此之外，人们会问，为什么非洲不多生产些他们自己的日常用品呢？为什么非洲商人需要到中国来买这么多商品？有的商品，如移动电话或电子产品，在中国买尚能理解，因为这些并非在全球范围内生产制造，但是为什么要买的商品类别如此齐全，从服装到家具都有呢？

这些问题的答案涉及面很广，有的谴责殖民主义以及非洲生产力低下的后遗症，"刚果什么也生产不了，就因为你们这些白人对我们所做过的事。"一位商人告诉笔者。有的谴责非洲目前的腐败，"如果你尝试生产什么的话，我们国家的政府会想窃取你的成果……那样划不来。"一位西非商人说。正如一位尼日利亚商人所坚持的（Mathews，2011），"在尼日利亚生产商品花的钱比进口更多。在尼日利亚，你必须买柴油发电机，花费太大了——为什么要浪费时间和金钱呢？去海外买更方便，中国能在几个星期内完成你的订单。这么做是有些疯狂，但它更便宜"。

几乎笔者所访问的所有非洲商人都认为，他们从外国带回商品，尽管许多商品可能是有瑕疵的，但他们这么做有益于国家而不是有害于国家。正如一名肯尼亚商人所言，"肯尼亚人现在有手机是因为我们把手机带回去给他们；没有我们，他们就没法再用手机了"。即使那些商品是仿制品，即使商品容易损坏，那也仍然是从国外的世界带回来的商品，价格也能够承受得起。一位肯尼亚商人坚称，"非洲做零售的买家知道它们是假货，但是又买不起更贵的东西。因此这是一个双赢局面：我们赢是因为赚到了钱，他们赢是因为我们带给他们需要的东西"。

这些商人是否确实有益于社会？这是一个开放的问题。这些商人的货物往往未经申报、未经纳税就进入本国市场，逃避了他们社会所急需的税收。此外，许多商品，尤其是那些仿制品，都不经用。"两周以后听筒就坏了，你得花5美元修理，再过两周以后话筒就坏了，你得再花10美元修理，一个月之后电池就不行了，你得花15美元……实质上你花了买两次手机的钱。"一位中非立法委员这样告诉笔者。为了以正品手机的价格出售山寨机，零售商们必须知道正品手机是什么样的、价值几何，但是还得假装足够无知，不去说破正品手机和山寨机的区别，尽管这一差别很大。比如，由于中国内地所用的材料的缘故，山寨机一般比正品机要轻40%。在众多非洲消费者中，虽然具有上述辨别能力的人并不多见，但仍有部分消费者就是因为其低于正品的低廉价格而在明知是山寨手机的情况下仍然选择购买。

总的来说，我们最常听商人说到的是，他们通过引进世界其他地方的商品而对家乡社会有所贡献。这并不奇怪，很少会有商人诋毁他们自己的谋生之道不合道德标准，但是和我们谈话的其他人却严厉批判这些商人。然而，当这些商人强调自己行为符合道德准则的时候态度坚定得惊人。

这些在中国的非洲商人的主要竞争对手是在非洲的中国商人和中国企业，这两个群体为成为贸易中间人而相互竞争。一位东非商人对笔者讲述了他如何派遣三艘船从深圳运货到非洲，而与他交易的那家中国制造厂家也派去了他们自己的代表，这种做法实际上抢走了他的生意；他们会打压价格，商人担心自己丢饭碗。越来越多的中国人出现在非洲——并非指中国政府层面，而是那些像非洲商人一样常常在法律边缘行走的中国微小企业——非洲人在中国就越来越没有必要，也愈发无利可赚。但是就现在而言，这些非洲商人仍在坚守。

12.3 重庆大厦的文化全景

香港重庆大厦在拉近中国内地和外部世界方面扮演了独特的桥梁作用。实质上，重庆大厦对于发展中国家的作用与香港对全球的作用是一样的，即都是作为中国商品集散地。重庆大厦的存在具有三个原因，最重要的原因是中国作为世界上的制造业大国具有吸引力，提供了低端的产品。同时，香港签证政策放宽，这符合香港作为世界上最自由经济体的美誉（路透社，2011），也利于香港实现成为旅游中心的目标。再一个就是由于其复杂的历史，这栋大楼的租金便宜（Mathews，2011），这栋大厦没有统一的权属，几十年来都有着"香港最低价的地方"这一名声，同时也是众所周知的靠数量而非高价来盈利的地方，这就使得在这栋建筑内做贸易相对划算，吸引了众多发展中国家的商人。

许多商人通常会来重庆大厦，而非直接到中国内地，这是因为到香港的航班更多，而且在香港尤其是在重庆大厦也更容易获得中国的签证，这与在他们本国相比难度降低很多。尽管从 1997 年 7 月 1 日起香港就成为了中国的一部分，但在很多方面仍然有别于中国内地，保持了独立的移民和法律体系（Mathews, et al, 2008），其中包括香港可以提供部分发展中国家国籍的公民以免签入境的许可（在各个国家中，尼日利亚人和巴基斯坦人需要提前办理签证）。

商人来到重庆大厦而不是直接去中国也与语言有关，同时也因为像手机等商品如果在重庆大厦购买会被认为比在中国内地买更加可信。实际上，从重庆大厦和从中国内地买到的通常都是中国制造的产品。但是重庆大厦的商人，尤其是在香港长期居住的巴基斯坦商人，用英语跟客户做生意，并提供一定限度的保证，而在中国内地的商人只说汉语，不作丝毫保障。因此商人们认为，在中国内地比在香港更易上当受骗——虽然欺诈也在重庆大厦时有发生，但是商人们坚持认为语言障碍、缺乏可信的契约使他们在中国内地更易被骗。当然非洲人也欺骗巴基斯坦和中国商人——一个经常提到的骗局是，重庆大厦的手机店收到一位非洲长期客户的一笔大订单，但是随后这位客户就带着订单消失了，此后他就待在遥远的非洲，再也无法联系到。

重庆大厦的文化混杂程度相当惊人。这里的多数商人来自撒哈拉以南的非洲地区，大部分店主则来自南亚——在香港长期居住的巴基斯坦人和印度人，还有那些几代家庭都在香港的人，或者是每 42 天就通过航班往返于香港和加尔各答的临时印度工人，甚至还有来碰运气的避难者。重庆大厦本有一些香港业主，但现在中国内地来的商家越来越多，他们所经营的店铺与内地的工厂相联系，试图与南亚的中间商低价竞争，尽管不太成功。此外也有数量惊人的其他民族的人，既有声称在本国受到政治、宗教或种族迫害的避难者，也有游客，停留在这栋建筑中 90 家旅社当中的某家。在这些店里翻阅顾客登记信息，共可查到有 129 种不同国籍，这恐怕就使得重庆大厦成为世界上全球化最显著的地方。在这栋建筑中几乎所有的互动背后都交织着不同的文化和民族背景。

来看一下发生在重庆大厦狭小的电梯间中的这种互动：一位中国旅店经理正告诉一位尼日利亚商人和他的菲律宾女友不要住在印度宾馆里，因为"印度宾馆脏乱差"；一位美国人则向那位尼日利亚人示意那个中国人在说谎，印度宾馆很不错。像这样的交流互动每天都在重庆大厦上演，跨文化互动基本上无法避免。

许多在重庆大厦上演的情节是非法的——很多商品是山寨货，许多企业没有注册，许多工人以旅游者或避难者的身份来到香港，以他们的身份来说是不被允许在香港打工的。然而，香港特区政府似乎对这种违法行为睁一只眼闭一只眼。就非法劳工而言，这主要是因为他们很难被抓到。当警察甚至是便衣警察（很容易辨认，因为很少有香港人到这栋建筑）走入重庆大厦的时候，马上就会有人给朋友打电话，非法工人就从柜台消失了，假装是客户或旁观者，全无受到检控之忧。

南亚人能够轻易地雇佣到非法劳工，因为他们可以说，"他不是非法工作。他是我的哥哥，来这儿看我，就是搭一把手而已"。许多南亚工人都是香港合法居民，他们与非法劳工能够轻易融合。非洲人则不行，因为众多非洲人中只有极少数人有香港合法居留权。有的非洲人在重庆大厦宾馆的二层工作，因为警察离开重庆大厦拥挤的电梯要花5到10分钟，这时候非洲工人得到通风报信，然后漫步离开宾馆装成顾客或过路人。在重庆大厦，华人店主也或多或少地避免雇佣非法劳工。一位华人店主说："我想雇佣一个巴基斯坦人或非洲人工作，但是他既然不是中国人，那我就不能说他是我亲戚。所以这太危险了。"当然在香港地区也可以看到许多非法的中国内地劳工，但通常不是在重庆大厦内，因为相比其他地方，重庆大厦更像是位立于香港中心区中的发展中国家（第三世界）的一座小岛。

正如之前所提及的，在重庆大厦里非洲商人不论在什么时候都占有半数以上的人口比例，这也确立了非洲人在重庆大厦里的数量优势。通常，在底楼和一楼很少见到非洲店主，大部分非洲店主都与中国香港人结婚了，并且获得了香港居留权。还有几家没有营业许可证的非洲餐馆开在大厦楼上，这些餐馆大部分都在路口装了摄像头，在对顾客进行检查之后才让那些顾客进店，这样做是因为部分的食客是没有合法权利待在香港的。这栋建筑中大概容纳了一百多个在签证期限过后逾期滞留的非洲人，但是除了这部分人之外，在重庆大厦和香港，最庞大的长期居留的群体由避难者构成，他们都是因为被政治、种族或者宗教迫害逃离至此；现在香港大概有700多名非裔避难者。

在香港，这些寻求庇护者可以向联合国难民事务高级专员发文要求（香港不是这一组织的签约成员），或者向反酷刑公约组织申请（香港是其签约成员）。经过移民当局收押几周之后，这些避难者就被允许在港自由地生活，每个月领取大约价值2100港元的实物作为微薄的津贴，他们也不被允许打工。靠那笔钱生活几乎是不可能的事，因此这些避难者大都被迫去工作了。有些人能够积攒起足够的钱把买入的货物运回非洲，让家乡的同伴出售后再回返给他们利润。然而，这很危险，因为其同伴经常会把利润私吞。留在家乡的非洲人往往认为待在香港的人肯定是非常富有的，因此他们毫无顾忌地扒窃本该属于避难者通过创业得来的利益，而这些避难者们在海外仅仅是勉强维生。

但有少数的避难者确实过得很好。笔者了解到一位中非人在香港地区外围租下了不错的公寓，每天晚上都用电话从凌晨工作到四点钟，整理他的非洲同胞和客户的订单；无论如何，他没受骗，而且能够让自己和家乡的企业家伙伴过上好生活。另一个曾经是避难者的人与一位香港女士结婚了，并得以留在香港开创事业。还有那些来自索马里的避难者，他们通常可以在美国获得难民身份，因此他们只需在香港待上几年之后就可以离开。但对于大多数非洲避难者而言，他们生活在"地狱"的边缘，等着难民身份的确认以及可能永远不会到来的爱情，他们仅仅比无家可归者过得勉强好一点儿而已。

在重庆大厦，华人店主会告诉笔者，他们现在觉得很孤单："二十年前，在一层大多数都是中国人，但是现在只有我们几个留下来，其他的都被印度人和巴基斯坦人取而代之了。"新一波的中国内地商人近来涌入重庆大厦，但迄今为止他们大部分人都失败了。一部分是由于他们不会说英语，再就是他们对中国以外的世界文化一无所知。然而，这些中国商人可能成为将来进入重庆大厦的新力量。正如重庆大厦的一位巴基斯坦商人所说，"在中国人和非洲人之中，可能再过几年就没有巴基斯坦人的位置了"。这样的事情虽然还没发生，但是可能会一点一点地发生。有一次笔者见到一位中国内地的女性试图兜售钱包和腰带，除了普通话之外，一句英语或其他别的语言都不会，显然她和众多新迁移来的商人一样进入到一个未知的新领域，然而她成功了——不到三十分钟，非洲人和南亚人就排起了一条队来买她的钱包，感激其低廉的价格。从中国内地新来开店的手机商人也是如此，他们与非洲商人的谈判可能是无言的，仅仅在计算器上按下数字就完成了交易。

在重庆大厦，除了14天手机主要来自欧洲、有些食品是从印度和巴基斯坦引入之外，几乎所有销售的商品都是中国制造，正如前面提到的，其中很大一部分是山寨货。许多非洲商人告诉我们，他们对中国商品非常不屑，他们担心假货，以及低质量的产品占领撒哈拉以南的非洲市场。很明显，这样的情况并不是因为所有中国制造的产品质量都不好（Midler，2009），而是商人们为发展中国家顾客所购买的货物不论是正品还是山寨品都是低质量的，因为其顾客只能买得起这些。但也正因如此，糟糕的声誉才被扩展到了所有的中国商品。

虽然如此，商人还是愿意去中国，"大商家去中国内地。我们小商家在香港。中国内地做大规模的买卖更适合大商家，而非我们小商家。"一位坦桑尼亚商人这样说（Mathews，2011）。这种言论在重庆大厦反复出现。在中国，粗心大意的人会失去一切，但是老练、机敏、幸运的人则会得到发财之机。

12.4　前往中国内地的客商

在重庆大厦，笔者多次听到有关在中国内地做生意的商人们的艰辛故事。这些故事一方面是他们为自己做辩护，用来解释他们为什么选择在重庆大厦做生意而不是跨越边境来寻求财富，但是另一方面也反映出在中国开展低端全球化业务的困难程度。一位经验丰富的西非商人说道（Mathews，2011）："中国内地人的问题在于，在付款之前他们会答应一切。但是一旦他们拿到了你的钱，你就必须跟着他们的想法行事。他们会给你他们所想要给你的东西。虽然你们之间有了一份契约，但这对他们来说什么也不是，就像一张厕纸……这是我与中国人打交道以来所遇到的最难的问题。"

一位乌干达服装商人讲述了她的中国供应商,"当你给他们一个风格让他们按照这个色彩和样式制衣,他们可能不会按你的要求来。如果他们没有你需要的样本,他们就会拿另一件来放上去。如果你要 7 件货品,他们可能只给你 2 件,然后给 5 件其他样式的货品。他们总是做这样的事!在付款之前你总是得检查一下"。

某些聪明的非洲商人在中国内地能够克服这些问题。有一位商人说,当他购买的商品要装进集装箱时,会对整个过程拍照,然后由中国内地公司做成 CD,非洲商人持有其中一份,公司保留一份,这样双方都有了货物的准确档案。另一位非洲商人告诉笔者,有一次他发现自己因为不是中国本国人而被收取了额外费用,他并没有选择与中国的供应商对质,而是拿出自己节省下来的钱雇佣了一个新加坡籍的华人来当调解人。这些商人都足够老练,能跨越他们在中国内地所遇到的障碍。

有许多非洲商人利用他们的家庭关系在中国内地做生意,在中国订购产品,运送给他们的亲戚,然后在非洲出售。有许多来自于尼日利亚等国的商人,他们会在年轻的时候当学徒,在带着资金来中国之前学习经商的技巧。我们访谈了一位商人,来自尼日利亚,从事服装行业,这位商人自从 13 岁以来花了 9 年时间在拉各斯的一家当地服装店做学徒。期间,他学到了销售技巧和怎样识别服装市场的细微差别。在学徒生涯结束后,他在 2008 年买了一张到广州的单程票。他没有剩下足够的钱来开店或囤货,因此他与许多像他这样的人进行了交流,并在广州的一家加纳人开的物流商店找到了工作,他在那儿干活,准备海上运输的大宗货物。他工作了两年,通过努力积攒下了足够的钱,能够在广州和拉各斯开店,他姐姐一家在拉各斯把货物卖给当地批发商和零售商。他现在与一位中国当地的姑娘结婚了,夫妻二人都在商店中卖衣服,为短期逗留的商人提供咨询服务。他成了非洲人在广州获得成功的故事主角。

像他这样被本土化了的非洲商人通常称呼自己为顾问,通过他们自身的成功经历和在中国内地市场建立的好名声,他们能够吸引到广泛的客户基础。许多新来中国的商人都会付钱给这些本土化的非洲商人,让他们做自己的向导,帮助自己在中国各大城市购买商品。这些本土化的非洲商人通常在中国有足够长时间的生活和贸易经历,因此他们知晓如何用普通话交流、到哪里去找便宜的商品、如何与中国批发商议价。在中国内地各个制造行业中心里,广州被视为各类商品的主要批发市场,义乌作为打火机、太阳镜等小商品的出口中心而为人所知,顺德则是商人们购买家具的好地方,佛山则以低价照明产品闻名,武汉的建筑材料出名,而温州就是一个买鞋的好地方。

为了在中国内地获取成功,一个商人在中国和他的母国之间来回穿梭。但是在这众多路径之中,最成功的当属留居中国。在香港,如果一个商人能投资 20 万美元,或者能与香港人缔结婚姻,这位商人才能够留下,这些条件对大部分非洲人而言是无法实现的。在中国内地,情况则更加简单和含混。一个商人只要有几百美元在手就能开始经商，同样也会因为被欺骗而一无所有，或者因签证问题而被拘留。

由于不断变换的政策，在中国要想拿到签证变得困难起来。举例而言，2008年奥运会期间在北京就无法获得签证，而2007年或2009年在北京签证则相对容易。这一政策的波动性使非洲商人获得签证变得更加复杂化了，而且这些变动并非都是公开发布的，而在很大程度与申请人的国籍有关。在2010年8月，广州亚运会开始前的两个月，笔者陪同一位尼日利亚商人到签证办理中心去续签，他的签证大约一个月就要到期了，但是却被受理人告知只有喀麦隆或肯尼亚护照才能续签，尼日利亚护照不行。有些商人相信，他们的签证不被续签是由于过多黑人的集聚对城市造成了"不良影响"。

许多非洲商人到中国内地来的时候持有一个月的旅游签证或三个月的商务签证。他们中有些人可以在规定的期限内成功下得订单、购买货物、安排运输货物，但也有另一些人无法在限期内完成。对短期逗留的商人而言，时间总是不够用的，因为他们必须在一定时间内购买足够量的货物来保证获利，或是需要更多时间来等中国工厂制作完成他们订购的商品。

非洲商人和劳工在广州有时会选择逾期滞留的方式来继续完成业务。为了避免被中国警方抓到，他们会在警察进行突击检查的时候远离贸易场所或是躲在公寓里。有的商人在贸易市场中开店，他们贿赂市场的保安，让他们在警察到市场来的时候予以提醒。当一名非法的非洲移民被驱逐出境，他的指纹也会被采样记录，并会被禁止再次到中国内地来。

有些中国制造商会推迟生产非洲买家订购的商品，因此当卖家的签证到期时，制造商就交付一些劣质商品来充数，甚至直接消失，而非法移民的商人则处于孤立无援的状态。尽管他们满腹牢骚，但是巨大的潜在经济利益使得他们甘冒风险。当不再值得冒险的时候，他们大多数会离开。自2009年以来，中国内地劳动力价格上涨，原材料如棉花等价格一直在增加。同时人民币的美元汇率出现下滑。这些因素极大地降低了非洲商人所能赚得的利润。有的非洲商人已经开始返回自己的国家，另一些人则转而往泰国、越南以及马来西亚这些劳动力和原材料价格更低的地方寻求价格更低廉的产品。

了解中国文化对于非洲商人来说是十分困难的事，这在很大程度上是因为语言障碍。不像在重庆大厦，大部分人都讲英语，极少数中国商人会讲外语，他们的语言对大部分非洲客商而言是陌生的。因此，许多商人依赖计算器和打手势，要不然就雇佣翻译。广州的天秀大厦是中国商人与非洲和中东客商进行贸易的中心，在天秀大厦周边，街头小贩们兜售阿拉伯语—中文互译字典或法语—中文互译字典，许多商人都在努力学习。如果缺少普通话方面的知识，商人们就很容易受骗，中国商家能够当着非洲买家的面而与其他人肆无忌惮地讨论行骗，而非裔客商们对此一头雾水。

许多在中国的非洲男性商人希望能与中国姑娘相爱，比如那些翻译人员或者他们偶尔遇到的女店主。与中国人结婚一般只提供6个月的签证，但是会使得他们留居中国在法律上更具优势。在广州进行实地调查期间，笔者担任翻译和研究者的角色时就遇到了大量非洲客商向笔者求婚。同时，因为笔者的研究行为，还被怀疑是中国的政府人员，不过这一疑虑旋即被笔者白皮肤的美国男友所打消，而且这还提高了笔者在非洲人眼里的可信度。笔者了解到，在重庆大厦，有一位也门商人渐渐喜欢上了他所雇佣的中国秘书，并试图使她成为自己的第二个妻子。笔者在广州见到了这位女性，她显然也深爱这位也门商人，但是她不知道她会成为这位也门商人的第二个而不是他第一个妻子（这位商人的第一个妻子没有随他前来中国）。

虽然在许多非洲人看来，非洲商人与中国女性缔结婚姻能体现非洲商人的声望，然而在中国社会，这种跨文化婚姻是耻辱的象征。中国女性如果与非洲人结婚或恋爱，那她们在社会上是边缘化的，有人还成立了她们自己专属的互助团体。这些女性，当得知娄婧，一位上海出生长大的中非混血姑娘，在参加歌唱比赛的时候受到了中国观众激烈的种族评判这一事件时都十分震惊（Chinamack，2009）。在听闻过这些事件后，与中国姑娘结婚的非洲商人说，他们会将妻儿带回他们非洲本国。一位非洲商人请笔者帮忙让妻子在香港生产，这样小孩"就能够成为中国香港人并且在一个公平的社会环境中长大"。

除了浪漫的爱情，非洲商人们很少会喜欢中国文化。在中国的非洲人一般都对他们到访之地的社会文化毫无兴趣，他们只是为了赚钱而来（这一情况在香港发生概率略小些）。许多人对中国极端轻蔑，"他们会因歧视非洲人而下地狱！"一位刚果商人说道。但是也有一小部分人通过他们自己在中国的经历而对中国抱有积极正面的态度。一位坦桑尼亚商人会定期住在一位中国工厂老板家里。"他是你的朋友吗？"笔者问道。他回答说："嗯，不是，他实际上像是我的父亲。"他与中国老板一同进餐，享受这一学习中国文化的机会。另一个例子是一位尼日利亚商人，他说："我称自己为黑皮肤的中国人——我是中国的一部分！我不介意未来二十年都在中国生活。"（Mathews，2011）

在这一群体的顶层，则是为数不多的几位真正适应二元文化的非洲商人。笔者在广州拜访了一位富有的中非经纪人，他带着有贸易需要的非洲商人寻找各大中国工厂和制造商，并以此谋生。观察他工作的情景可以看到，他与中国工厂主管用普通话开玩笑，能和与非洲同胞们用斯瓦希里语交流一样地道。他是真正的二元文化的适应者。在像他这样的人身上，低端全球化超越了单纯的经济层面，成为文化的全球化。但是在笔者所知道的商人中他只是一个不同寻常的例外，低端全球化，对于笔者所知道的非洲商人而言，仍然仅仅由金钱所主导。

12.5 结论

在本章我们讨论了"具有中国特色的迁移"，不同于中国人迁移至世界各地，而是关注其他国家的人迁来中国,尤其是那些正在进行我们称之为"低端全球化"的非洲商人。我们首先讨论低端全球化发生的背景:这些商人是什么人,他们如何谋生,贸易中有何风险和回报。随后我们探究了香港重庆大厦所充当的交易门户的角色,在安全和英语语言方面,重庆大厦提供了一个进入中国内地的安全关口。事实上,低端全球化的风险和回报并存。之后我们探索了商人们在中国南部的经济和文化经历。商人们如果想要获得成功,就必须在商务实践中做到精明世故;许多人或以合法方式或以非法途径成功地留在了中国。

不同于高端全球化,这里许多活动能够通过计算机和电话联系而远程开展,低端全球化一般需要参与者本人在场来完成交易以防止自己受骗。这就是为什么在中国内地和香港货物集散地的重庆大厦里有那么多的非洲人。这种就是在低端全球化背景下的"中国特色的迁移",这种类型迁移不是在社会科学文献中出现的传统意义上的迁移,即大规模永久性的过程,通过初代移民定居在一片新的土地,二代移民在新地方成长,在新旧交替中,第三代移民随着年龄的增长或多或少地被同化。这种类型的临时性迁移活动是在当前航空运输能力的支持下,以及更加便捷的移动电话通信技术支撑下实现的。正如大部分商人践行的那样,这类迁移形式的独特性在于其临时性;当此类迁移持久时间拉长时,往往就会突破法律的限制。再者,这一"具有中国特色的迁移"的独特形式,既发生于中国人迁往非洲及其他各地,也发生于其他发展中国家的商人迁移至中国,这是在世界范围内具有新意的迁移类型(当然,早期的商人,从丝绸之路上的贸易商到航海家,都经历了这类的临时性迁移。但是他们的运动持续多年,而非像如今这样只有几天)。作为世界上新兴的制造业大国,中国已经成为此类移民的输入国和输出国。

大部分商人在文化层面对于了解中国不感兴趣,但也有极少的例外。大部分人对普通话知之甚少或一无所知,对于欣赏中国文化传统毫不在乎,甚至对中国女性的爱情追求看上去也隐含着极度的现实意义。作者听到过中非两国的领事馆探讨彼此国家文化,但我们所了解的大部分非洲商人对此并不感兴趣。他们的兴趣在于经济利益,把一系列的廉价商品从中国带回到被全球化所忽视的非洲大陆(Allen, et al, 1995; Ferguson, 2007),他们把全球化的果实带给了本民族,让他们享受到全球化的成果。我们认为,这是中国对当今世界的巨大贡献,这在全球化的发展史上具有重大意义。

参考文献

Alden Chris. 2007. China in Africa[M]. London: Zed Books.

Allen John, Chris Hamnett. 1995. A Shrinking World? Global Unevenness and Inequality[M]. Oxford: Oxford University Press.

Asche Helmut, Margot Schüller. 2008. China's Engagement in Africa: Opportunities and Risks for Development[R]. Eschborn: Gesellschaft für Technische Zusammenarbeit.

Bodomo Adams. 2010. The African Trading Community in Guangzhou: An Emerging Bridge for Africa-China Relations[J]. China Quarterly, (203): 693-707.

Branigan Tania. 2009. Africans Protest in China after Nigerian Dies in Immigration Raid[N]. The Guardian, 2009-06-16.

Chinasmack. 2009. Shanghai "Black Girl" Lou Jing Abused by Racist Netizens[EB/OL].2009-09-01.http://www.chinasmack.com/2009/stories/shanghai-black-girl-lou-jing-racist-chinesenetizens.html.

Ferguson James. 2007. Globalizing Africa? Observations from an Inconvenient Continent[M]// James Ferguson .Global Shadows: Africa in the Neoliberal World Order. Durham. NC:Duke University Press.

Ghosh Palash R. 2010. African Immigrants Gravitating to China[N]. International Business Times,2010-08-16.

Hou Jing Rong. 2010. The French in Shanghai: A Study of Cosmopolitan Culture Under the Predominance of Anglo-American Globalization[D] . Hong Kong :The Chinese University of Hong Kong.

Knowles Caroline, Douglas Harper. 2009. Hong Kong: Migrant Lives, Landscapes, and Journeys[M]. Chicago: University of Chicago Press.

Le Bail, Hélène. 2009. Foreign Migration to China's City Markets: The Case of African Merchants[R].Paris: Centre Asie,IFRI.http://www.ifri.org/files/centre_asie/AV19_LeBail_GB.pdf.

Li Zhigang, Desheng Xue, Michael Lyons, et al. 2008. The African Enclave of Guangzhou: A Case Study of Xiaobeilu[J].Acta Geographica Sinica ,63(2): 207-218.

Lin Yi-Chieh Jessica. 2011. Fake Stuff: China and the Rise of Counterfeit Goods[M]. New York ; London: Routledge.

Lo Christian. 2006. Making it at the Chung-king Mansions: Stories from the Bottom End of Globalization[D]. Trondheim :Norwegian University of Science and Technology.

MacGaffey, Janet, Remy Bazenguissa-Ganga. 2000. Congo‐Paris: Transnational Traders on the Margins of the Law[M]. Bloomington: Indiana University Press.

Mathews, Gordon. 2011. Ghetto at the Center of the World: Chungking Mansions,Hong Kong[M]. Chicago: University of Chicago Press.

Mathews Gordon, Eric Kit-wai Ma, Tai-lok Lui. 2008. Hong Kong, China: Learning to Belong to a Nation[M]. London: Routledge.

Midler Paul. 2009. Poorly Made in China: An Insider's Account of the Tactics behind China's Production Game[M]. Hoboken, N J: Wiley.

Osnos Evan. 2009. The Promised Land: Guangzhou's Canaan market and the rise of an African merchant class[J].The New Yorker, 9:50-55.

Park Yoon Jung ,Tu Huynh. 2010. African and Asian Studies special issue[J].China in Africa,

9(3).

Reuters. 2011. Hong Kong ranks world's freest economy for 17th year[EB/OL]. 2011-01-12.http://www.reuters.com/article/2011/01/12/us-hongkong-economy-rankingidUSTRE70B1IG20110112.

Ribeiro Gustavo Lins. 2006. Economic Globalization from Below[J]. Etnográfica ,10 (2):233–249.

Rojas, Jose. 2009. "I'm in Hong Kong: I've Graduated" : The Igbo Apprenticeship System and Hong Kong's Role in Informal Education[C]. The American Anthropological Association Annual Meeting, Philadelphia, Pa.

Rotberg Robert. 2008. China into Africa: Trade, Aid, and Influence[M]. Washington D C: Brookings Institution Press.

Sautman Barry. 1994. Anti-Black Racism in Post-Mao China[J]. The China Quarterly, 138: 80–104.

Shadbolt Peter. 2009. Where Africa goes to buy its mobile phones[N] .Financial Times,2009-01-31.

Stoller Paul. 2002. Money Has No Smell: The Africanization of New York City[M]. Chicago: University of Chicago Press.

Waldron. 2008. China in Africa[M]. Washington D C: Jamestown Foundation.

Yang Yang. 2011. African traders in Guangzhou[D]. Hong Kong: The Chinese University of Hong Kong.

Zhai Ivan, Fiona Tam. 2009. Africans Protest in Guangzhou After Nigeria Feared Killed Fleeing Visa Check[N]. South China Morning Post, 2009-07-16.

13 香港、广州加纳社区的兴起

Adams Bodomo

13.1 引言

与欧美等世界其他地方相比，中国的黑人社区的建立是一个相对较新的现象。虽然从20世纪60年代以来，就有来自非洲的学生或官方代表在中国短期或长期居留，但是自从20世纪90年代之后，中国的非洲社区就主要由商人构成。目前，在香港、广州、义乌、北京、上海等地都有成型的非洲社区。已经有比较多的学术研究是围绕非洲社区进行的（Bertoncello，et al，2007；Bodomo，2003，2007，2010，2012）。这些研究主要是聚焦于"黑人社区"这一广义的概念。虽然这一概念有利于理解非洲人在中国的状况，但是在本章中，笔者的主张是，如果我们想得到非洲社区组织机构的更深入的了解，包括了解其特定的文化特征，我们需要转向研究特定的黑人社区的子群体，例如来自不同国家的群体的社区、区域性组织机构、俱乐部以及商务会所。为此，笔者将从一般性研究转为具体的分析，描述在香港和广州的加纳人社区。这些社区是由西非的加纳公民及其配偶和友人所组成的。田野调查的问卷结果和访谈表明，在香港的社区有大约100位常驻成员，而广州的常驻者大约有50名。他们有定期会见和小组活动，如去教堂做礼拜，去医院探望彼此，参加新生儿庆生宴、生日聚会和葬礼，以及在每年3月6日碰面共同庆祝加纳国庆节。笔者认为，聚焦于中国加纳人社区以及类似的国家社区，能够更好地理解一般非洲人在中国的存在，以及这一存在在非洲—中国关系的发展中起着何种作用。

在本章中，笔者首先概述了对两个社区进行研究所用的方法，随后在第二、三部分以统计数据和访谈提纲的形式详述研究发现。在第四部分，我们从研究中得到一些启示，从而支持我们的论点，对特定社区的研究会给中国的黑人社区研究带来更深层次的见解。第五部分总结全文，探索中国的黑人社区如何能成为促进非洲—中国关系发展的一大资源。

13.2 香港的加纳人社区

13.2.1 调查与方法

鉴于香港是中国最早与外界联系的地区之一，虽然广州的加纳人社区现象看起来比香港的更加明显，但加纳人和其他非洲人在香港的历史比在广州的要长。在香港，加纳人社区和其他非洲人社区一样，在尖沙咀弥敦道的重庆大厦周边更为多见，但是这种社区正逐渐分散到新界的屯门等地。

在研究方法上，问卷研究聚焦于香港一个特定的民族社区，即加纳人社区。这是一个由加纳公民和他们的配偶及朋友在不断相互作用下形成的社区。与其他非洲国家的人相同，他们当中许多人来香港做生意，并且许多人实际上已在香港生活多年。问卷调查主要是在尖沙咀弥敦道36—44号重庆大厦的一层和二层以及附近地区进行，调查时间为2009年5月，此后到2013年期间不断更新。

重庆大厦是一栋低租金的兼具宾馆、商铺、餐馆功能的建筑。第一层和第二层是各类商业活动中心，经营服装、手机和其他电子设备、汇兑等，顾客来自非洲、西亚、南亚。因此，重庆大厦实质上是一个汇聚了不同文化背景的人的国际性场所。在强调重庆大厦的同时，我们并不排除其他外国人社区的存在。在逐渐全球化的世界，拥有不同文化的人在一起生活所组成的移民社区在世界大都市区实属典型。

在大厦的一层，有一家历史悠久的"嘻哈商店"——加纳人这样称呼——销售嘻哈风格服装的店铺，这是香港最显著的加纳人场所之一。沿着主廊尽头右转，很容易就能发现这家店。由于现任和前任店主都是在香港生活的加纳人，这里也是加纳人在重庆大厦流连的场所。所以，一个人在那儿总能认识一两个加纳人，并且在不忙的时候也不难发现三四个加纳人站在商店外闲聊的场景。

除了综合性的问卷调查结果，本研究还设计了对社区成员的深度访谈，其中两个被提取出来。这两个人，一位是45岁的男性，一位是30多岁的女性，在访谈中他们在社区的各个方面都很有代表性。J先生在香港长期居住，目前已经与一位中国人结婚并育有两个孩子。他的粤语说得很流利，曾拥有一家嘻哈商店，并且在各个方面都似乎是加纳人的社区典范。另一方面，C女士在接受访谈时已在这里生活了4年，她是一位发型师，仍然在这个社会中寻求立足，并因此对这个社会已颇有疑虑。

13.2.2 问卷调查的结果

调查研究的结果由定性数据和定量数据组成，主要是从33份访谈问卷中得到的图表数据和从两个社区的成员那儿获取的2份深度访谈。

（1）香港加纳人的年龄、性别和教育水平

调查表明，33名受访者中，有25人在25—34岁之间，16人在25—30岁之间（见图13-1）。因此，这一群体的多数是年轻人群。在教育方面，其中许多人受过中等教育或更高层次的教育，在33名受访者中，20人受到了中等教育，12人受到了高等教育（见图13-2）。

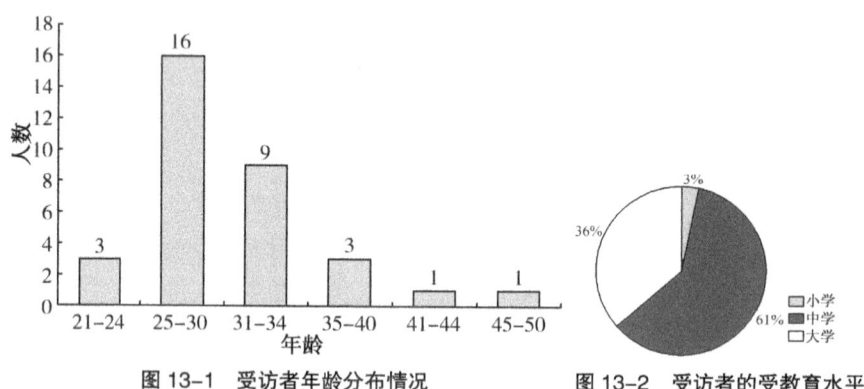

图13-1 受访者年龄分布情况　　图13-2 受访者的受教育水平

（2）非洲商人的社区状况

对非洲社区的一些分析常常过分强调这是一个相当大的"难民"社区，但这并非事实。相反地，大部分受访者认为自己是企业家或商人，在33名受访者中，9人认为自己是企业家，8人认为自己是商人（见图13-3）。

有许多受访者提及他们来香港是出于商业目的。研究发现，他们当中的大多数人（33人中的20人）到香港来主要是由于商业缘故，有的人（33人中有11人）同时在香港生活，也有受访者在香港是因为度假、探望亲友、读书，或由

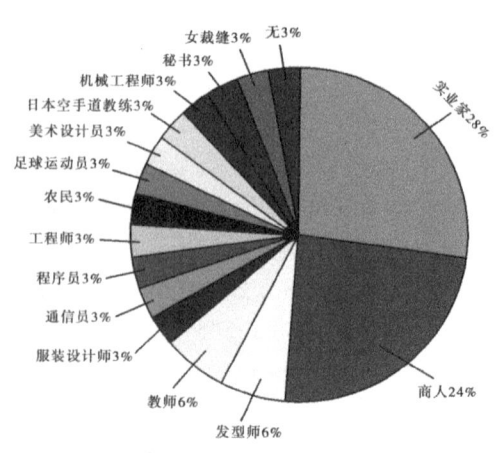

图13-3 受访者职业

于一些其他未说明的原因（见图13-4）。因此，尽管这些原因可能被归为因他们是难民而不希望这样确认自己的身份，但这并非事实，所以说倾向于强调香港黑人社区都是难民的观点有些夸大了。

在停留时间方面，许多人是长期居民，与我们在第三部分讲的广州的情况相反。研究发现，其中有部分人（33人中有13人）仅仅在这里停留很短的时间（一个月甚至更短）。大部分人停留时间更长些，其中有5人在这里待了1—3年，6人在这里生活了3—5年。此外，一名受访者已经在香港生活了20年之久（更多细节可见图13-5）。

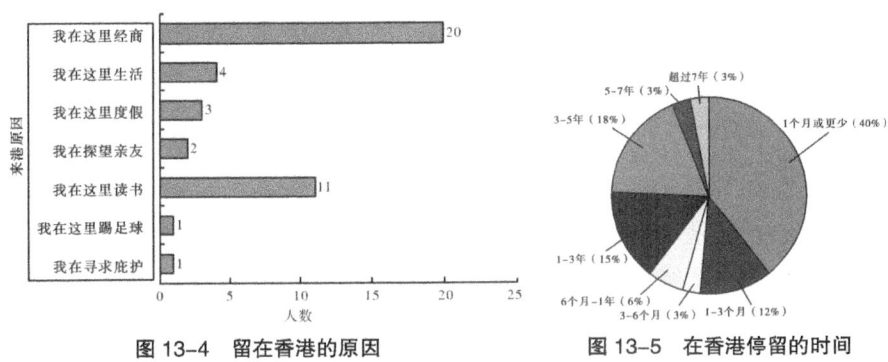

图13-4　留在香港的原因　　　　　图13-5　在香港停留的时间

（3）语言问题

加纳的主要通用语是英语和多威语（Twi），它们在这个社区中被广泛使用，表明它确实具有加纳特性。在33名受访者中，15人的本族语言是多威语，可见多威语是社区成员最为普遍的语言。多威语是阿坎语的一种，是加纳最常用的语言。有些受访者拥有一种以上的母语（见图13-6）。其他在社区中使用的语言包括英语，它是加纳的官方语言，所有的受访者都能说英语。此外，根据受访者的看法，汉语和粤语被视为不同的语言（见图13-7）。

调查表明，黑人社区的商人们对于所在国的语言并不十分精通（尽管在中国教育机构读书的加纳学生的情况并非如此）。受访者回答了两个问题，分6个等级评估了他们的语言熟练度："极好"、"好"、"一般"、"差强人意"、"差"、

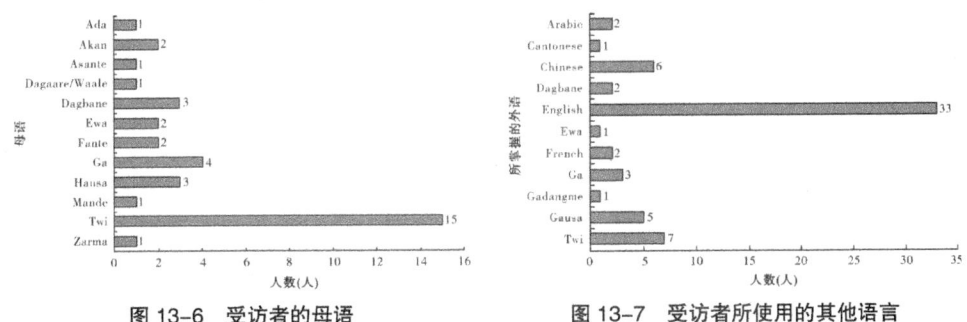

图13-6　受访者的母语　　　　　图13-7　受访者所使用的其他语言

"无"。在汉语方面，33名受访者中有15人认为他们说汉语的技能不好，只有两人认为他们能够把汉语说得很好。在英语方面，几乎所有受访者（33人中有28人）认为他们英语熟练度极好或不错。其他详情见图13-8、图13-9。

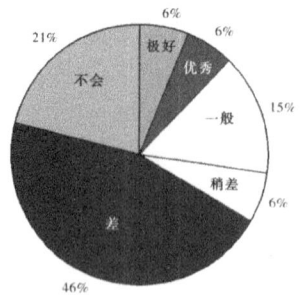

图13-8　受访者的汉语水平

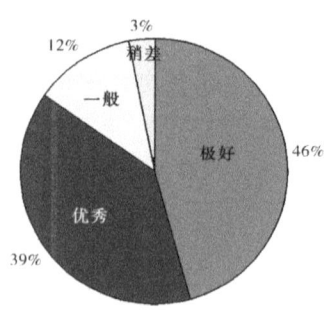

图13-9　受访者的英语熟练度

英语被认为是重庆大厦及其附近的公用语言。33名受访者中有31名认为英语是在上述区域中最常用的语言。除了英语之外，33人中有23人认为粤语或汉语是最常用的语言（有的受访者仅仅是不清楚在香港所说的汉语是粤语，而是把所有中国的语言称作汉语，因此粤语和汉语在统计数据中分为不同的类别）。其他详情见表13-1、表13-2。

表13-1　英语是否是重庆大厦常见的语言

意见	受访者数量
是	31
否	2

表13-2　重庆大厦和附近地区第二常用的语言

语言	受访者数量
粤语	17
汉语	6
不清楚	4
法语	2
阿坎语（Akan）	7
豪萨语（Hause）	1
约鲁巴语（Yoruba）	1

鉴于汉语熟练程度不高，大多数社区成员都遇到过不同程度的沟通障碍（见图13-10）。正如Bodomo（2010，2012）所讨论过的，非洲旅客有许多策略来应对这样的沟通障碍，包括雇用双语店员，以及使用"计算器语"——用计算器把非常简单的英语和汉语混杂在一起。

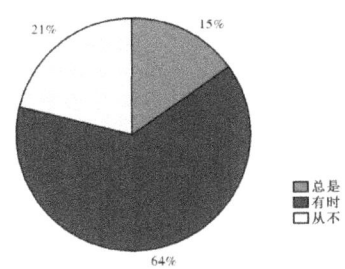

图 13-10　在重庆大厦或香港遇到沟通障碍的频率

（4）身份认同和社会关系

身份问题对于移民群体而言非常重要。如果我们问在北美的黑人社区成员，他们把自己视为非洲人还是美国人，或者二者兼有，会得到不同的答案。这是因为，我们正面对一个成熟的移民社区。然而中国的情况则不同，这个问题因此也非常关键。在美国和其他地区，获取永久居留权甚至公民身份的意图是相当明确的。不同的是，在中国的非洲人大部分表明他们并不认为自己是中国人或当地人。研究表明，在很大程度上他们当中许多人也不认为自己是香港的当地人（见图 13-11）。问卷的许多部分都打算调查受访者是否认为他们与香港当地人不同，以及他们如何感知到这一不同。结果表明，他们的观点是分化的。详情见图 13-12。

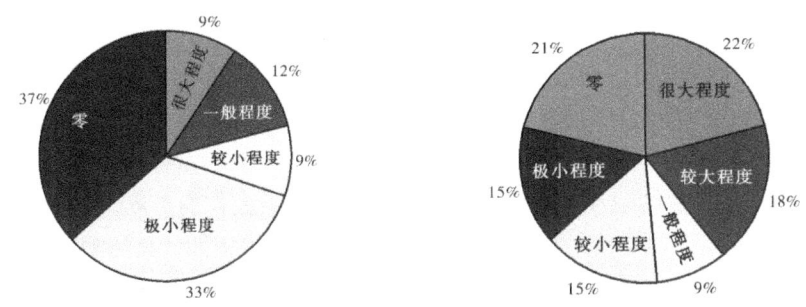

图 13-11　认为自己是香港当地人的程度　　图 13-12　在何种程度上你认为自己和香港当地人不同

与身份观念相关的是社会关系问题。除了在所在社区有配偶的人之外，大多数社区成员在商务圈之外与所在的中国社区缺少社会联系。我们调查了在何种程度上受访者认为他们自己在商务圈之外与当地香港社区相联系，结果表明他们当中很少人认为在商务伙伴之外与社区有其他联系（见图 13-13）。

此外，为了探究加纳群体所感受到的融合程度以及归属感，我们了解了他们如何看待加纳和中国生活方式的相似和差异。他们当中大多认为，在香港的生活与以前在加纳的生活相当不同，33 名受访者中有 12 人认为差异巨大，且 33 人中有 9 人认为差异大（见图 13-14）。

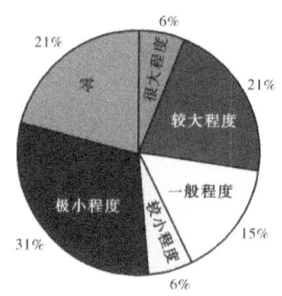
图 13-13　在何种程度上你认为在重庆大厦或商贸区域之外和香港本地社区有联系

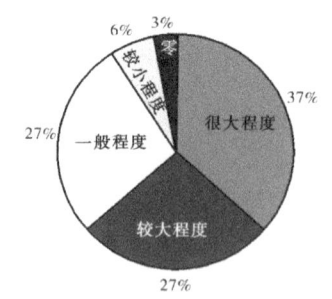
图 13-14　在重庆大厦或香港的生活与本国或出生地不同的程度

（5）饮食

这方面的问卷调查旨在了解受访者的日常饮食和饮食习惯，从而探究文化适应进程。虽然香港的加纳人非常重视他们的本土菜肴如fufu、banku、tuozaafi以及joll of rice，但他们也基本乐意尝试中国食物。

调查发现，确实有许多受访者吃中式菜肴。33名受访者中有17名有时吃中国菜，其他人选择更经常吃加纳菜（更多细节见图13-15）。

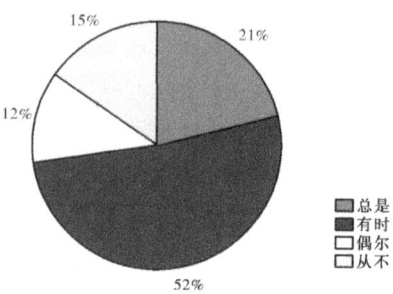
图 13-15　吃中国食品的频率

此外，调查结果表明，33名受访者中有10名总是吃加纳菜，33人中有19人有时吃加纳菜。

（6）对香港生活的总体印象

一般来说，即便是在香港的加纳人在商务圈之外与香港缺少深入联系，受访者仍然认为重庆大厦或者香港是一个好地方。他们也认为生活在香港更安全。大多数人认为，香港是经商的绝佳之所。但是，当提到与香港人在商务圈之外的社会联系时，受访者们持有批判态度。他们目睹了人们在香港如何相处，与加纳国内相比较，二者之间差异巨大。在他们看来香港人在人际关系方面是断裂的。

根据问卷调查和对社区成员的深度访谈，我们建立了香港加纳人社区的基本轮廓。现在我们接着来看一下广州的加纳人社区，并试着了解其轮廓。

13.3　广州的加纳人社区

13.3.1　简介

与香港的加纳人社区相比，广州加纳人社区在很大程度上是建立在一个从事贸易和运输的核心人群之上的。广州的加纳人社区，以及这里的其他非洲人社区，均较香港更新。大体上，广州加纳人集中分布在三元里、广园西路以及天秀大厦。

从方法论的角度而言，这是一份综合性调查报告，调查地点是广州小北路一带的加纳人社区，调查时间在 2008 年 5 月到 2009 年 7 月。主要的调查报告在 2009 到 2013 年期间不断完善，特别是定性部分。本研究是以问卷调查和深度访谈的形式进行。

调查地是小北路区域，在第二次调查期间也调查了其附近市场（例如迦南外贸服装批发中心，简称迦南商场）。在小北路地区，有许多商场和非洲人住宿的旅馆。商场包括金山象商贸城、越洋商贸城，以及隔着环市中路与天秀大厦相对的泓汇商贸城。在这些商场的建筑之内，也分别有金山象宾馆、新登峰宾馆、登峰宾馆、天秀宾馆。除了小北路地区之外，有一些附近的商场也有非洲人，如建安外贸服装批发中心和天恩外贸大厦（由"旧天恩"和"新天恩"组成）。

13.3.2 研究发现

与香港相比，在广州只有少量的加纳定居者，我们集中访问了这些人，所以相比于在香港访谈 33 人，我们只访谈了 13 人。对广州的归纳概括可能没有香港的充实，但确实能在各个方面捕捉该社区的轮廓，比如年龄和性别等方面特征。

（1）年龄、性别和教育水平

在 13 名受访者中，大多数（13 人中的 9 人）在 25 岁到 30 岁之间（见表 13-3）。再次，正如香港的案例一样，80% 以上的人口为男性，只有 20% 的女性。大多数受访者（92%）完成了中学教育，其中还有些完成了大学教育（见图 13-16）。

表 13-3 受访者的年龄

年龄组	受访者数量
25—30	9
31—34	3
35—40	1

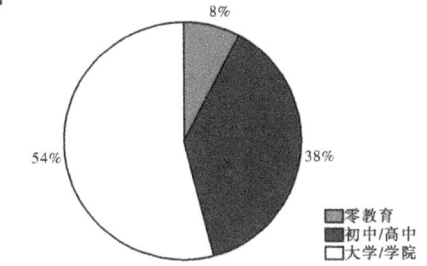

图 13-16 受访者的受教育水平

（2）非洲商人组成的社区

正如香港的情况一样，我们发现了一个以贸易为特征的社区。大多数受访者（92%）认为自己是企业家或者商人（见图 13-17），有 1 个人说她的职业是教育服务职员。

同样，许多受访者指出商贸是他们到广州来的原因。研究发现几乎所有的人（13 人中有 12 人）在这里是为了经商（见表 13-4）。然而，在广州的加纳人社区生活的历史远较香港的短。调查表明，其中只有 3 人在这里待了 1—3 年（见图 13-18），这显然与中国内地和香港的相关政策有关。在香港居住有一个清晰的途径，而内地相关政策却模糊不清。例如，广州的加纳人抱怨在他们的签证续签问题方面经常遇到行政阻碍。

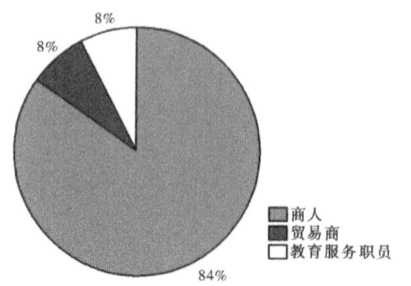

图 13-17　受访者的职业

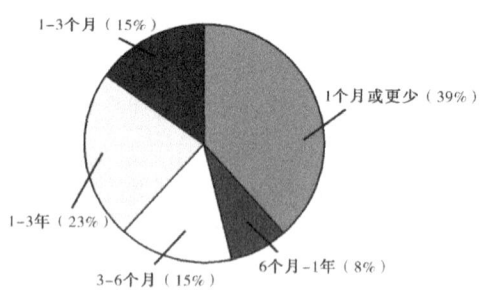

图 13-18　在广州停留的时间

表 13-4　留在广州的原因

原因	受访者数量
我在这里经商	12
我在这里生活	3
我在这里度假	1

（3）语言问题

在语言上，广州的加纳人社区与香港的截然不同。在广州，调研发现最重要的非洲土语是豪萨语（Hausa）而不是多威语（Twi）。两个原因可以解释这一点。第一，可能是大多数受访者来自于加纳的北方地区，或者来自加纳南部的移民区域，豪萨语是当地通用语；第二，可能是有部分尼日利亚人在广州逗留期间称自己为加纳人。

受访者们总共有 4 种本族语言。豪萨语是最受欢迎的语言，有 7 名受访者说这一语言（见表 13-5）。非常有意思的是，因为伊博语和曼德语不是加纳的土语，因此可能有一些非洲人（主要是尼日利亚人）对问卷调查人员（大多是中国的研究助理）称自己为加纳人，虽然他们可能不是来自加纳。

除了本族语言之外，最常说的语言是英语。13 人中有 11 名受访者说英语（见表 13-6）。正如香港的情况，这里社区的成员对所在国家的语言并不熟悉。

表 13-5　受访者的本族语言

本族语言	受访者数量
豪萨语（Hausa）	7
多威语（Twi）	4
伊博语（Igbo）	1
曼德语（Mande）	1

表 13-6　加纳人社区所用的其他语言

所用的其他语言	受访者数量
英语	11
豪萨语（Hausa）	2
法语	2
约鲁巴语（Yoruba）	1
马来语	1
佛兰芒语（Flemish）	1
达格班语（Dagbane）	1
阿拉伯语	1

许多受访者（46%）不说汉语，3名受访者（23%）中文说得不好，3名说得差强人意，没有人认为自己的汉语说得好（见图13-19）。在英语方面，8位受访者（62%）称他们英语很好（见图13-20）。所有的受访者都重视英语，认为它不仅是最重要的语言，同时也在中国十分有用（见表13-7）。再次，不同于香港的案例，他们很重视豪萨语或其他社区语言。

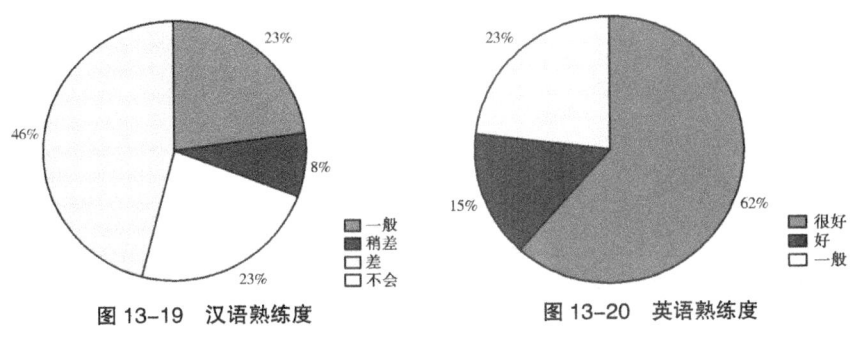

图13-19　汉语熟练度　　　　　图13-20　英语熟练度

表13-7　英语是否是在广州的通用语言

观点	受访者数量
是	13
否	0

鉴于对汉语的熟练度不高，社区中大多数成员都遇到过不同程度的沟通问题（见图13-21），其中5人称他们总是遇到沟通障碍。

（4）身份认同和社会联系

与香港类似，广州的加纳人感觉不到他们在广州和中国的认同感和归属感。他们当中有9人（69%）认为自己不是广州当地人（见图13-22）。6名受访者（46%）认为他们与广州人非常不一样（见图13-23）。正如在本章第二部分所提到的，如果我们想在北美的黑人社区做同样的调研，我们将会得到一个非常不同的回答，因为许多黑人社区的成员能够很容易就得到美国国籍，并因此会有更多归属感。

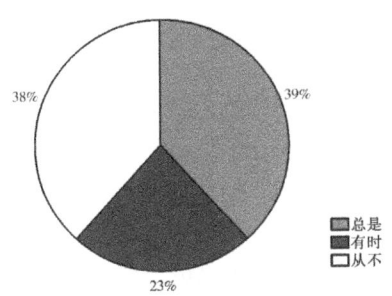 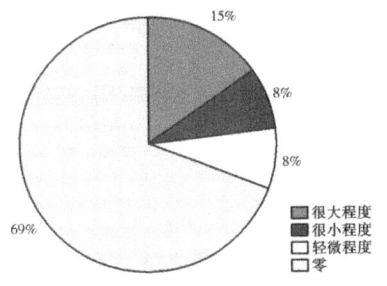

图13-21　在广州遇到沟通问题的频率　　　图13-22　认同自己为广州当地人的程度

的确，在社会关系方面，调查表明其中有10人（76%）认为他们与广州本地社区没有社会联系（见图13-24）。与此相关的统计数据表明，这里的生活与在加纳家乡十分不同。其中有5人（39%）认为差别巨大，其中有2人（15%）认为差别很大。有意思的是，1名受访者（8%）认为没有区别（见图13-25）。

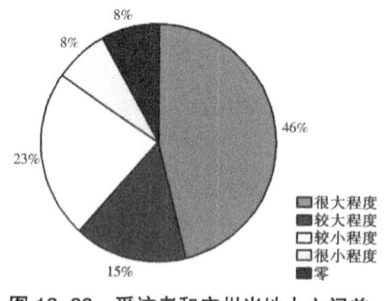

图13-23 受访者和广州当地人之间差异的程度

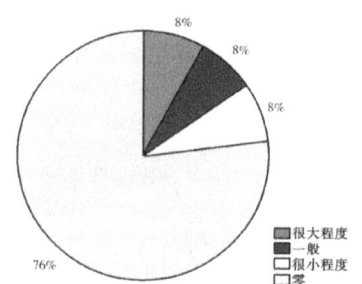

图13-24 在何种程度上受访者认为他们与广州地方社会有联系

（5）饮食

与香港的案例研究相同，这部分问卷调查旨在了解受访者的日常饮食和饮食习惯，从而探究文化适应进程。虽然远在广州的加纳人十分重视他们的本土菜肴如fufu、banku以及jollof rice，但他们大体上也很愿意尝试中国饮食。调查表明，其中11人有时吃中国菜（见图13-26），但他们大多数人仍然到各个散布在小北路和其他地方、由加纳人或非洲人开的餐馆吃加纳食品。其中，有7人有时吃来自于其本国或家乡的食品，有4人总是吃来自于其本国或家乡的食品，有2人经常这么做。

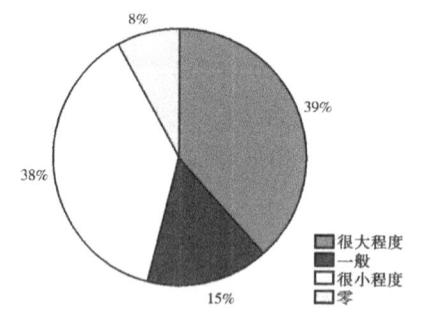

图13-25 生活在广州与来源国家不同的程度

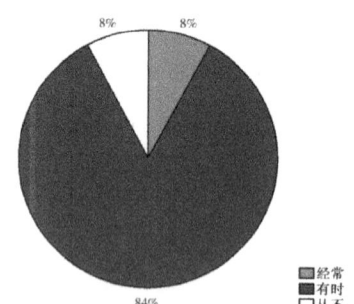

图13-26 吃中国菜的频率

13.3.3 定性资料

除了这些定量数据之外，我们也充分访谈了许多社区成员，就其中两份进行简单的总结。一份是A先生，一位50多岁的广州加纳社区的社区领袖（已于2011年逝世），另一位是 Queen F，一位 40 多岁的天秀大厦的店主。这两人代表了或者说曾经代表了社区的不同方面。虽然他们都不会说汉语，A 先生是位喜欢亲自实践的人，经常作为社区成员的代表出面干预涉及社区成员利益的问题，与广州的官员谈判磋商。另一方面，F 女士是大多数普通店主的缩影，体现了他们作为商人的生活。他们均很好地与自己的社区联系在一起。

我们已经展现了香港和广州的加纳人社区的景象，现在我们来看一下本研究的一些启示。

13.4 理解在中国的非洲人：对加纳人社区的见解

13.4.1 从一般到具体

自 20 世纪初，对于中国新出现的黑人商贸社区已经有了大量研究（Bertoncello, et al, 2007; Bodomo, 2003, 2005, 2007, 2008, 2009, 2010, 2012; Bodomo, et al, 2010, 2012; Bodomo, et al, 2012; 李志刚, 等, 2009, 2012; 等等）。这些研究（包括笔者本人）大都聚焦于了解"黑人社区"的一般性状况。我们在本次研究试图理解和回答非洲人在中国的重要问题，比如他们主要代表什么性别和年龄组，来源国是哪里，他们为什么来中国，以及他们是如何被中国所接纳的。

仍有许多问题悬而未决，或者至少是需要更加深入的回答。这包括对所有变量的更具体的答案，比如我们提到过的年龄、性别、国籍。更重要的是，我们需要对在中国的非洲人社会网络和社会关系做出更深入的研究，包括对组内相似性和差异型的研究，比如不同国籍的人如何发展其社区，与中国东道主协商及其移民身份的问题，等等。

本章已经证明了笔者的观点，即需要从对这一现象的一般概括性研究转向研究更具体的非洲人亚群体，比如不同的国籍、不同的商贸亚群体，以及不同的职业（例如特定商品的贸易商、音乐家、发型师等）。

这里笔者再总结一下聚焦加纳人社区所得到的启示。笔者对中国的加纳人研究基于四个主要视角：（1）关于年龄、性别和教育水平的详细信息；（2）语言问题；（3）身份认同和社会关系；（4）饮食文化。通过了解这些类别，就可以超越一般性的中国黑人社区研究，获得更加深入的认识。

在这四个方面中，年龄、性别、教育水平和饮食文化问题似乎类似于先前 Bodomo（2007，2009，2010，2012）所做的研究发现。结果表明，在年龄、性别、教育水平方面，一般性的黑人群体与特殊的加纳人研究中的差异不大。不论国籍，到中国的男性相比于女性有高达 80% 的数量优势，这通常是一个风华正茂的年轻人群，尤其是处在 25 岁到 35 岁年龄的群体构成了在中国的非洲人主体。再者，在食物消费方式上，不同的国籍没有明显的行为差异。虽然他们可能乐于尝试中国菜以及在中国吃其他外国食品,但大多数非洲人非常重视他们的本国食物,他们设法获得本国食品,或是在自己家里,或者在各种提供本国菜式的餐厅。

13.4.2 语言特征和社会关系

在语言问题和身份与社会关系问题上,我们得以进一步洞悉在中国的不同群体状况。在前面的定量和定性研究中,我们仅对非洲人如何在中国交流以及他们所使用的语言建立了认识。然而,聚焦于一个国家,我们得以为香港和广州的加纳人社区构建更清晰的语言轮廓,这是其他方法无法达到的。例如,我们对社区成员的语言选择的了解更明晰了。在香港的加纳居民之中,多威语是加纳人之间交流所选用的语言,有趣的是,在广州所选用的语言是豪萨语,而多威语这个最通用的加纳语言并不显著。当然,英语作为加纳的官方语言仍然扮演着重要的角色。

我们了解到的黑人社区的最有趣的和最富有洞见的特征在于中国的加纳人的社会网络和社会关系,这是早期的研究所未发现的。加纳人彼此之间关系密切,尤其是在广州,他们需要彼此帮助来处理经常遇到的移民问题。香港和广州的加纳人都非常亲密,致力于家庭和文化方面的问题,比如在疾病时为彼此提供支持。他们参加聚会,如订婚、婚礼、葬礼、祈祷、庆生以及"新生儿庆生宴"(加纳用的术语意为当小孩诞生被介绍给社区的人时家庭成员和密切朋友的聚会)。自然,加纳人同样在国家独立纪念日会面,在3月6日和亲人朋友一起庆祝。除此之外,还有其他群体内部网络和社会联系,如俱乐部(校友俱乐部就是这样引进加纳的)、宗教和少数民族。只有对在中国的非洲人中的一个特定的民族和区域群体进行深度调查,才能够让我们得到更具洞察力的发现。要深入理解中国的黑人社区,可谓任重道远。

13.4.3 竞争与超越

除了定量数据之外,我们获得的其他有趣的信息来自于对加纳人的访谈,以及来自于作为社区的参与观察者所带来的信息,例如关于竞争和超越方面。在香港的非洲社区间的确存在部分的竞争,良性或恶性的。不同的族裔社区之间常常相互切磋。如果一个民族找到了广阔的商机,并且开始获得成功的话,那么其他的民族也会试图去分一杯羹。各民族甚至发现需要团结起来以便胜过其他民族。在商贸网络方面以及诸如建立一个足球队这样的平凡事务方面,均是如此。非洲族裔之间的足球赛竞争十分激烈,尤其是在广州。

13.5 结论

本研究主要由对香港的33位加纳人的问卷调查和2份社区主要成员的深度访谈、广州的13位加纳人的问卷调查和2份社区成员深度访谈构成。正如在第四部分中所讨论的,我们要更加深入地了解族裔社区的语言特征、各国居民的社会关系,就要超越对黑人社区的总体研究。在结尾部分,我们利用本研究展现了加纳人对于改善加纳—中国关系所扮演的角色,并建议加纳政府和中国政府采取措施,利用加纳社区资源以促进加纳—中国关系和整体的中非关系。

在最初的对广州黑人的综合调查(Bodomo,2010,2012)中,我们展示了一个理论框架,认为中国的黑人社区承担着来源国和居住国桥梁的作用。广州的非洲人尽管有移民怨言(Immigration Blues)、缺少来源国和东道国政府提供的援助,但却是在中非交流间承担了重要语言、文化和经济桥梁作用的主体。

对加纳人的案例研究也强调了这一桥梁理论。香港和广州的加纳人并没有明确的想要扮演加纳和中国建立和改善关系的桥梁和接触点的角色。他们在与中国人的互动过程中逐渐了解了彼此的状况。同样,那些到中国的加纳人逐步透过居住在中国的加纳同胞们以了解中国。

鉴于加纳人所承担的重要角色,加纳政府和中国政府双方都应注意这个社区成员,促进和改善他们在中国的生活。虽然在香港和广州的加纳人和其他非洲人不把自己描述成需要政府帮助的、被动的、无助的公民(其中有些人的确取得了富有和成功),但他们确实需要来源国政府的介入以减轻他们的移民问题以及在中国逗留期间所遇到的困境。同样的,香港特区政府和广州市政府应当利用加纳人等非洲人的存在,以此促进城市在各个方面的国际化。

参考文献

Bertoncello Brigitte , Sylvie Bredeloup. 2007. The emergence of new African "Trading posts" in Hong Kong and Guangzhou[J]. China Perspectives, (1): 94 –105.

Bodomo A B.2012. Africans in China[M]. New York :Cambria Press.

Bodomo A B. 2010. The African trading community in Guangzhou: an emerging bridge for Africa–China relations[J]. The China Quarterly, 203 :693 –707.

Bodomo A B. 2009. Africa–China Relations in an Era of Globalization: the Role of African trading communities in China [J]. West Asia and Africa ,8: 62–67.

Bodomo A B. 2008. An Emerging African–Chinese Community in Hong Kong: The Case of Tsim Sha Tsui's Chungking Mansions[M]//Kiran Kamal Prasad, Jean–Pierre Angenot. TADIA: The African Diaspora in Asia, Explorations on a Less Known Fact .Bangalore: Jana Jagrati Prakashana.

Bodomo A B. 2007. An Emerging African–Chinese Community in Hong Kong: The Case of Tsim Sha Tsui's Chungking Mansions[C]//Kwesi Kwaa Prah. Afro–Chinese Relations: Past, Present and Future. The Centre for Advanced Studies in African Societies, Cape Town, South Africa.

Bodomo A B. 2005. Some cultural and linguistics parallels between Africa and China: the case of some West African and some southern Chinese. (Unpublished paper)

Bodomo A B. 2003. Introducing an African Community in Asia: Hong Kong's Chungking

Mansions[R]. The African Diaspora in Asia (TADIA).

Bodomo A B, Grace Ma. 2010. From Guangzhou to Yiwu: Emerging facets of the African diaspora in China[J]. International Journal of African Rennaissance Studies ,5(2):283-289.

Bodomo Adams B,Ma Grace. 2012. We are what we eat: Food in the process of community formation and identity shaping among Africans in Guangzhou and Yiwu[J]. African Diasporas, 5(1):3-26.

Bodomo A, R Silva. 2012. Language matters: The role of linguistic identity in the growth of the Lusophone African community in Macau[J].African Studies , 71(1):71-90.

Li Zhigang, Laurence Ma , Desheng Xue. 2009. An African enclave in China: The making of a new transnational urban space[J]. Eurasian Geography and Economics,50(6):699-719.

Rashidi Runoko , Van Sertima Ivan. 1995. The African Presence in Early Asia[M]. New Brunswick: Transaction Press.

Wyatt Don J. 2010. The Blacks of Premodern China[M]. Philadelphia : University of Pennsylvania Press.

14 广州中非跨国婚恋中的社会认同研究

周阳　李志刚

14.1 引言

当中国人还抱持着非洲离我们遥不可及、那里充满了异域风情的想象时，突然发现非洲裔人士和广州警察发生冲突的新闻就发生在身边。人们突然发现，原来广州竟然有上万的非洲人过境或者居留。震惊的同时，不少中国人也愤怒了，这些非洲人明明是来中国赚钱的，但是却娶了"中国太太"，还有了"混血小孩"，他们怎么可以在中国"闹事"？如果没有中国的帮助，他们怎么能发展？他们真是"没良心"。

作为一个改革开放近三十年的国家，作为一个有13亿人口的大国，中国对不同语言、不同文化、不同历史的"外国"以及"外国人"还是知之甚少。经济的开放，更重要的是思想文化的开放，以及海纳百川的勇气。在跨国经济如此频繁的全球化框架下，中国无法规避海量的国内外流动人群以及因为流动而产生的矛盾，除了直面困难，别无他法。

特别是近几年，在快速发展的过程中，中国面临国内外经济、政治、文化方方面面的压力。因此国家不得不将大量精力聚焦在国内外矛盾冲突较为显著的问题上，而无暇关注改革开放以来，由于法律制度不完善，大批外国人进入中国谋求发展所产生的种种社会矛盾。更重要的是，随着政治和经济的发展，中国在世界格局中的位置逐渐发生了改变，中国逐渐成为一个拥有广阔发展前景、有能力提供各类商业机会和就业岗位的输入人才的国家。在北京、上海、广州、深圳等大中型城市中，常常可以看到外国人的身影，每个城市都会根据具体情况调整管理外国人的相关政策。但是广州这个作为改革开放的先锋城市，作为世界看中国的窗口，近几年却不得不面临着管理外国人的种种困境。国内外大量媒体开始对非洲裔人士在中国的学习、工作、生活进行报道。但是广州非洲裔人士真如媒体所描述的像洪水猛兽般可怕吗？这些非洲裔人士的"江湖"到底如何？

14.2 跨国婚恋与社会认同

迄今为止，国内外学者主要聚焦于中非关系研究，中非长期的经济、政治往来（李安山，等，2009；Wyatt，2010）。亚洲对整个世界经济政治方面产生影响（Nederveen，2010），特别是中国、印度、中东等作为亚洲的实力国家或者地区，对欧洲中心主义产生影响（Goldenstein，2006）。在中非政治经济交往过程中，中国官方通过在非洲建立经济"特区"达到"双赢"目的（Deborah，2011）。除官方经济投资外，中国有数百家公司在非洲进行贸易往来，其中近500家企业与当地非洲企业共同经营（Felix，2011），这些中国企业或者私人作坊的贸易活动，对非洲撒哈拉地区产生了不小的影响（Kaplinsky，et al，2007）。由此引发人们对非洲的发展历程进行思考（李安山，2013）以及站在非洲发展角度，审视中国与非洲之间的贸易关系的利弊（Dobler，2008）。中国与非洲的关系不仅仅是合作，还有竞争，期间不可避免会产生各类冲突，当中国人在非洲谋求发展时不可避免地会遭遇困境（Dobler，2008）。与中国老一代移民在非洲的发展历史（李安山，2000）不同的是，新移民在非洲遭遇了更多更复杂的问题（李鹏涛，2010），这也引起中国政府对如何管理中国移民进行思考（Sheng，et al，2012）。现阶段尽管中国与非洲有大量的商贸往来，但实质上迪拜在非洲商贸运输方面还是比中国更具优势（Dobler，2008）。中国除了对非洲提供政府援助外，还出现了各种类型的民间援助，被西方称为"对外援助的私有化"（赖钰麟，2013）。也正是由于中国在非洲发展中一直扮演着重要的角色，有西方学者评价中国在非洲的投资策略是一种"新殖民主义"或者"新帝国主义"，他们认为中国在非洲发展的首要目的是掠夺当地资源（Michael，2011）。除了西方学者和一些媒体的负面评价外，非洲地区某些领导也表现出对中非关系发展的质疑，甚至一些非洲政党以反对"中国人"为手段进行总统选举（Chris，2007）。另外在文化方面，也有大量关于在非洲的孔子学院的研究（钟英华，2009；徐丽华，2012；沈甘露，2014）。

近几年，不少学者逐渐将眼光从在非洲的中非关系转移到在中国的中非关系研究上，关注非洲裔人士在中国的生活经历以及他们在中国不同城市的生存发展。虽然部分非洲裔人士在广州的商业发展和个人生活不尽如人意（Porzucki, 2012），但是他们努力在当地发展各自事业，成为中非关系的重要桥梁（Bodomo, 2010b）。非洲裔人士移民行为有其内在机制，这种移民行为对其自身和社会环境都具影响力（梁玉成，2010）。非洲裔人士通过不断调整适应性，在某些特定区域工作和居留下来，形成特有的族裔经济和族裔飞地（Zhang, 2008；Li, et al, 2012）。更重要的是，随着非洲裔人士不断聚集在广州的某些特定区域内，其富有特色的社区对当地城市格局产生了重要影响（Lyons, et al, 2010）。但是非洲裔人士需要面对新的困境，那就是在广州无法获得如中国公民一样的正式社会支持，而且要承受与自己祖国社会支持断裂和弱化的危机，并且要学习如何在新环境下构建新的社会支持网络（许涛，2009）。对于尼日利亚人来说，中国比起欧洲和北美不是其首选迁移目的地，但也成为其重要迁移国家（Haugen, 2012），特别是广州和香港这样的城市作为经济前哨，拥有吸引非洲人士的强大魅力（Bertoncello, et al, 2007）。由于不同的经济政策和投资理念（Bodomo, et al, 2010），中国不同城市吸引了不同数量和不同职业的非洲裔人士和其他外国人在当地生活（Bodomo, 2012），但是"三非"问题不断涌现，不少学者对中国管理政策提出建议，中国政府也开始着力关注出入境管理法案（Hélène, 2009；余彬，2013）。许多来中国谋生的非洲人都有信仰宗教的传统，不论是伊斯兰教、天主教、基督教还是非洲本土宗教与其他宗教结合而生的信仰，在广州都能找到其归属的团体，特别是广州回教具有悠久的历史（李兴华，2011），几个重要的清真寺其自身的历史积淀和周边环境吸引了大量非洲裔人士生活于此（何韶颖，2009）。

除学术研究之外，还有大量社会新闻媒体关注中国国内的非洲人问题。比如，凤凰网、《光明日报》和21CN聚焦在中国的非洲人的日常生活和贸易往来（2012）；美国之音报道过大批非洲人生活在中国南方城市（2009）；德国之声报道过一篇新闻——《非洲人在广州：打工新移民》（2010）；《南都周刊》关注非洲移民对广州城市的考验（2009）；新浪、铁血社区网（2004）和《南方都市报》（2007）关注非洲人在中国的贩毒问题；CNTV报道关于非洲男性殴斗事件（2012）；法新社报道中国考虑制定移民法控制外国人（2010）；香港《南华早报》等则在近期报道了中非婚姻问题（2014）。

尽管现阶段已经有大量学者研究或者媒体报道了中非政治、经济、文化关系，但其并未充分意识到在跨国经济贸易和文化交融的环境下，已经催生出大量跨界、跨国婚姻，这种类型的婚姻家庭已经显示出对社会发展的影响力，这种影响力涉及文化融合、文化冲突、家庭建构、社会心理、城市规划等方面。尽管国内学者一直关注中国边界地区的跨国婚姻，但是对海外或者中国国内的各种中外婚姻研究不足，极少涉及中非婚姻研究。国内对跨界婚姻与国际婚姻的研究，主要集中在西南地区跨国婚姻以及中韩与中日国际婚姻研究。在西南地区跨国婚姻研究中，中越边境自古以来就有长期的生活互动，基于地缘、血缘、族员等因素产生了跨国婚姻建立的基础（罗柳宁，等，2009），中越边境跨国婚姻有一套完善的婚嫁风俗制度，这种婚姻与制度调整了当地社会性别失衡的问题，但同时又破坏了国家设立的边境秩序（李开元，2012），另外在中越婚姻中外籍女子及其子女由于被当地社会以及中国法律所排斥，他们在不同程度上表现出身份认同方面的焦虑（周建新，2008）。西南边境跨国婚姻中的子女一方面认同自己中国人身份，但是也为外籍母亲无法加入中国国籍而惋惜，在政治意识方面他们表现得较为冷漠和迷茫（龙耀，等，2007）。在国际婚姻研究方面，中韩跨国婚姻由于语言相通，种族同源，中国朝鲜族女性与韩国男性的跨国婚姻中容易产生文化认同，但是也由于存在文化差异而导致跨国婚姻遭遇挫折（全信子，2006），从其婚姻动机、交往途径、婚姻现状看都具有"交换"性质（全信子，2007）。在中韩国际婚姻中，儿童可能会由于家庭、社会、个人等因素无法正常适应社会而产生危机（柳承烨，等，2008）。另外，除了中韩婚姻外，由于中日两国各方面的广泛交流，其国际婚姻比例也在不断攀升。但是由于价值观不同，中日婚姻出现了各种问题和现象（高莉，2008），特别是国际婚姻中的移民女性因为家庭暴力或者恐怖事件处于恶劣的生活环境中，她们的身心都遭受了不同程度的伤害（尹靖水，等，2012）。

相对于国内对跨国婚姻研究的数量，国外的研究著述明显较多。有相关研究表明婚姻普遍寻求"门当户对"，但是不发达地区女性与发达地区男性的结合层出不穷，那些不选择"门当户对"的婚姻背后都有值得推敲的深层动因（Jones，et al，2008）。由于跨国婚姻大多数为地位较低的女性与地位较高的男性的结合，"国际婚姻市场"中女性处于相对弱势的地位（Nakamatsu，2002），她们将如何在这种境遇中找寻自身发展的出路（Nakamatsu，2002）便成为国际婚姻中一个重要议题。国际婚姻不仅仅是不发达地区女性通过各种方式嫁给发达地区男性，同样也存在不发达地区男性与发达地区女性的结合，这些男性通过各类方式最终也达到自己的"理想生活"（Fleischer，2008）。另外相当多的研究集中在亚洲地区女性通过国际婚姻达到移民的"梦想"这方面（Yang，et al，2010），特别是菲律宾、越南新娘在亚洲其他国家如中国、日本、韩国婚姻家庭关系方面引发争论（Su，2009；Duong，et al，2007；Chen，2010）以及国际婚姻中女性成为重要劳动力的讨论（Lan，2008）。还有日本、韩国（Lee，et al，2006）等发达地区人士的跨国婚姻，以及日本人与非洲人的婚姻存在的基础和各种家庭矛盾（Piper，1997；Schans，2009；Kelsky，2001；Nakamatsu，2002），等等。

与其他城市相比，广州非洲裔人士数量较多且居住相对密集，因此吸引了各媒体对非洲裔人士的经济、文化、社会生活进行解读，但对中非婚姻形成的深层次因素和家庭面对的各类压力几乎没有相关文献。本章期望通过对中非跨国婚姻家庭的分析，引发更多研究者对此类婚姻的思考。尤其在教育混血儿童问题上，揭示跨国家庭、中国教育，以及中国社会需要面对巨大的挑战。

14.3 研究设计

本研究基于 2012—2014 在广州、义乌、金华等地的田野调查，对非洲裔人士在中国生活、学习和工作发展等进行分析。本章为该研究中的一部分，特别关注在广州的中非婚姻家庭关系，以及混血儿童教育和身心发展问题。大部分被访的中非婚姻和家庭由国内移民和跨国移民组成，每一位家庭成员都存在对广州社会、文化、地域认同方面的困惑。尤其是中非儿童面对家庭引导和学校教育时，面临着克服自卑感并建立自我身份认同的挑战。这类家庭虽然不能融入广州主流社会，但是通过小社群交际学习到如何应对广州本地的社会压力并协调家庭内部与外部矛盾，使自身保持协调性和完整性。

田野调查过程主要采用的是参与观察、半结构式访谈、深度访谈。首先，参与观察方面，选择住宿在广州最有名气的非洲人聚集点"巧克力城"的宝汉直街内，直观地感受非洲人日常生活、交往方式、文化传统，结交非洲被访者，走访并观察非洲人或者中非夫妇开设的餐厅、店铺，以及学校、教堂、民政部门、法院、非政府组织等地，通过各类渠道多样化地了解非洲人的日常生活，得到关于中非家庭婚姻关系文化差异和行为方式差异的第一手感性资料。

通过半结构式访谈采访了 20 对中非夫妇、40 位与非洲人有亲密接触的中国人，以及 10 位非洲裔人士，不仅了解到他们的个人背景、社会网络关系，还了解到广州社会对中非家庭施加的社会舆论压力以及他们不断削弱的主流社会归属感。为抵御主流社会或者更大群体施加的压力，中非家庭通过组建各类小社群，积极参与社群内部活动，达到群体成员之间的相互认同和相互尊重。小群体内部凝聚力不断增强，使得中非家庭感受到较强的归属感和安全感，从而在边缘环境下得以喘息。

另外，通过在中非婚姻家庭借宿或者在中非夫妇工作地点进行深度采访，了解中非家庭内部成员之间的关系以及家族成员、朋友之间的互动，中非婚姻中遇到的困惑，对孩子教育的担忧。此外，通过与中国女性、中非夫妇一起去非洲人聚集的教堂观察宗教仪式，了解中非家庭成员和其他教友之间的关系；参观混血儿童的学校，观察混血儿童与中国儿童互动以及访问授课老师；特别是在 2 间非洲人开设的教堂中长期观察，通过接触不同背景的非洲教民，了解他们在家乡的生活状况，以及来到广州后的发展或者落魄。另外通过走访执法管理部门，多方了解管理意见和管理中的困难。

由于采访的核心内容涉及中非婚姻家庭私密事务，所以在进入田野调查期间承受了巨大挑战。不少中非家庭不愿意吸引他人关注，一方面他们所组建的家庭可能存在道德方面的争论；另一方面他们一直保持高度警惕性，试图通过特定的社会交往来限制被更多他人关注的可能性。在这种不信任且高防御的环境下，初期调查遇到相当大的阻力，但是随着与被访者家庭建立良好的信任，调查研究最终走上正轨。

社会认同是"个体知晓他/她归属特定的社会群体，而且他/她所获得的群体资格（Group Membership）会赋予其某种情感和价值意义"。在这里，社会群体是指"两个或更多个体，这些人有共享的社会认同，换句话说，他们感知到他们这些人属于同一个社会范畴"。可见，社会认同和群体不可分割。之所以这样说，是因为某人对于"我是谁"的概念或定义（即某人的认同感）在很大程度上是由自我描述构成的，而自我描述是与某人所归属的群体的特质联系在一起的（迈克尔，等，2011）。从社会学的社会互构论视角界定社会认同，可将社会认同解释为个人和群体对其身份和社会角色的自我认定和他者认可（郑杭生，2010），或者可以理解为社会认同是以利益为基点，以文化为纽带，以组织为归属，在多种社会关系网络中，个人和群体对其社会身份和社会角色的自我认定和他者认可。另外，方文教授为明确阐释群体资格在社会认同中的核心价值，他解析社会认同是行动者对其群体资格或范畴资格（Membership）积极的认知评价、情感体验和价值承诺。

总体来说，社会认同可以理解为个体对其作为群体成员身份的自我定义。个体可以体认到从属于某一特定社会群体的感情和价值意义。个体和与自己拥有相似认同的"他人"相互链接形成某特质群体，同时也划分出与自身群体特质相异的其他群体或成员。也就是说，社会认同不仅指涉内群体的相似性，还指涉外群体与涉内群体的差异性。同时，"社会认同理论强调社会认同与个人认同之间的联系，实际上认同本身就是社会建构在每一个个体身上的，是对每一个社会位置的调节。正是因为从属于不同社会群体，个体才需要一个社会身份以此确定自己在社会上的特殊位置"（王莹，2008），换句话说，个体通过把握社会身份并扮演在社会交往中的社会角色，以此获得他人认可，满足自我认同和社会认同的双重需求。

本章对中非婚姻家庭的社会认同进行深度讨论的主要原因在于，被访的中国女性大部分是外地打工者，不具备广州户籍，所以其社会生活与社会保障无法得到与广州市民同等的待遇，但是她们又不愿意放弃广州便捷和多元化的生活回到家乡，最终造成"双重边缘人"的身份。尤其是针对混血儿童就学问题，由于户籍制度限制其子女在广州就学的可能性，这些女性更明显地感受到广州社会对其发展的制约与排斥。由此，被访的中国女性难以建立对广州社会的认同与归属感。被访的非洲男性，其外国人身份本身就是一个外来者符号的彰显，他们中多数人在中国居留时间不超过半年，对广州社会没有深层次的了解，对当地社会也没有认同感。那些居留时间超过一年并多次延签的非洲裔人士对广州社会相较于其他非洲裔人士有更深更广的了解，但是作为异文化群体，他们的社会认同还需要很长时间来建立。而混血儿童的特殊身份，加之广州社会的负面评论，让他们对自己的身份认同产生极大困惑，更无法与当地社会建立认同感与归属感。由此可见，中非家庭中每一位成员虽然都能享受广州的便捷生活，但是本质上他们并未建立起对当地的社会认同。

就如被访的中非家庭，虽然被广州主流社会所排斥，但是他们之所以能安然处之，还在于通过找寻其他中非家庭组建中非家庭联合的小群体，或者通过其他途径例如同乡会，形成不同于广州主流社会的社会群体。通过建立对该群体的社会认同，把握在该群体中的社会角色，积极建构自我认同，以抵抗广州主流社会和其他更大的群体施加的社会认同压力。这一话题将在后面进一步详细阐释。

14.4 广州中非婚姻中的社会认同

14.4.1 基本情况

根据相关文献显示，"2007 年，约 5 万外国人长期（一年以上）居住在广东省，并且还有来自 115 个国家的超过 450 000 名短期居留的外国人。大多数外国人选择居留在两个最大最繁荣的城市——广州和深圳。估计，目前居住在广州的非洲人有 2 万左右，大多数由于不断增长的商业机会导致"（余彬，2013）。另外根据香港岭南大学 Castillo Rocas 2013 年的网文，推测非洲裔人士在广州人数可能的答案是常驻群体大约 1 万—2 万，短期居住的则是 20 万—30 万。而最新的确切的官方数据来自于 2014 年 10 月 30 日广州市召开的埃博拉防控视频会议。广州市副市长谢晓丹回应，"根据最新统计，截至 10 月 25 日，广州市居住外国人士 11.8 万，其中，常住人口（半年以上）4.7 万，临时来穗 7.1 万。非洲国家人士大约占 14%，也就是 1.6 万左右，常住人口 4092 人，临时来穗 11933 人"。

通过田野走访了解到，广州非洲裔主要聚集在小北、三元里、荔湾、同德围、南海金沙洲、番禺、东圃以及佛山黄岐和高明等地。这里要么有商贸批发集散市场，要么有比较好的写字楼以方便工作使用，要么周边拥有比较完善的生活配套设施和便捷的交通运输。他们中绝大多数人到中国的目的是进行商贸交易，即使其中不少人的入境身份是"留学生"，但他们最终还是想通过学习汉语以及商科课程，强化已经或未来将要参与的商业贸易活动。

曾经在香港大学任教的 Bodomo 教授与他的团队通过对广州 20—40 岁的非洲男性进行调查，揭示了这一年龄层处于成家立业的重要阶段，除了少数已经拥有家庭的非洲裔人士外，大部分未婚的非洲裔人士需要寻找朋友或者伴侣缓解在陌生环境的压力。然而"广州的非洲人中只有 20% 左右的非洲女性，其中还包括陪同丈夫到中国做生意的家庭妇女"（Bodomo，2012）。基于以上原因，再加上宗教信仰不同，降低了非洲裔人士之间相互寻找到合适伴侣的概率。但有意思的是，越来越多的非洲裔人士和中国人组成了家庭并养育了儿女，这样的跨国婚姻缘何而生，又何去何从？这些将成为本章的关注重点。

根据中国《婚姻法》对涉外婚姻的规定，被访的部分中非家庭从法律角度解析属于同居关系（一方或者两方已经拥有婚姻）或者事实婚姻（未履行法律手续领取结婚证），但是考虑到现实情况，在文中一概称之为"夫妇"，并为了保护他们的隐私而隐去他们的真实姓名和实际居住地点。在 20 对被访的中非夫妇中，丈夫全部来自非洲，妻子都为中国女性。这些夫妇中五分之三的非洲裔男性信仰伊斯兰教，他们主要来自马里、塞内加尔、几内亚、尼日尔、尼日利亚、乌干达；其余非洲裔男性信仰基督教、天主教，主要来自于尼日利亚、喀麦隆、加纳、南非、坦桑尼亚、刚果、科特迪瓦。其中3户家庭分别拥有2个孩子，1户家庭拥有3个孩子，孩子年龄从刚出生不久到13岁不等。只有一个孩子或还没生育的家庭都表示正在考虑是否养育2个孩子；只有3户家庭，妻子坚决表示不会再要第二个孩子。这些中国女性主要来自于广州、深圳、佛山、湛江、海南、潮汕地区、广西、湖南、江西、山东、河北、辽宁等地（表14-1）。

被访的中非家庭中的女性，2位为广州本地人，其他人来自于各地区乡镇，有经济上的压力或者有特殊的家庭情况，例如父母离异，兄弟姊妹多，家庭关系疏离，家人早逝等。3位女性的原生家庭不论在经济状况上还是亲属关系方面都比较稳定。

从职业角度分析，被访的中国女性作为移民或者本地人在广州从事的职业是商人、服务人员（服饰店、家具店、建材店、食品店、美甲店、餐厅、药店、发廊、酒吧、歌厅）、中型或小型外贸公司职员和翻译、布道者、家庭主妇。她们中少数受过高等教育，多数为初高中或专科毕业，这使得她们在城市竞争中很难拥有较高水准的职业。

表14-1 被访谈者详细信息表

姓名	籍贯	学历	工作	宗教	配偶	籍贯	学历	工作	宗教	孩子数量
宁姐	广州	大学	牧师+商人	基督教	赛图	尼日利亚	不详	牧师+商人	天主教转基督教	3，丽丽、降降、小米
云姐	广州	中专	服务员	基督教	吉米	尼日利亚	初中	商人+教师	伊斯兰教	0
芳姐	深圳	大学肄业	服务员	无	穆勒	加纳	高中	商人	基督教	0
团姐	潮汕	中专	商人	佛教	阿布拉	马里	高中	商人	伊斯兰教	1，小乖
胖姐	潮汕	中专	商人	无	埃里克	马里	大学	商人	伊斯兰教	1，米娜
玲姐	南海	高中	服务员	无	乔伊斯	塞内加尔	大学	商人	伊斯兰教	0
小青	湛江	高中	服务员	天主教	亚当斯	加纳	大学在读	商人	天主教	0
小曼	佛山	中专	服务员	天主教	伊万	喀麦隆	中学	商人	天主教	0
双姐	湖南	高中	商人转家庭主妇	伊斯兰教	鲍曼	尼日利亚	高中	商人	伊斯兰教	2，米勒、彼得
红姐	湖南	大学	翻译	无	凯文	几内亚	大学	商人	伊斯兰教	1，继子马克
静姐	湖南	大专	服务员转家庭主妇	无	罗杰	乌干达	未接受正规教育	商人	伊斯兰教	筹备怀孕中
华姐	湖南	初中	服务员	伊斯兰教	克里木	刚果	语言预科	商人	天主教	0

续表

姓名	籍贯	学历	工作	宗教	配偶	籍贯	学历	工作	宗教	孩子数量
萱姐	广西	初中	商人	无	乌伦	尼日利亚	未接受正规教育	商人	伊斯兰教	1,迈克
莲姐	广西	初中	服务员转商人	佛教	艾迪	科特迪瓦	高中	商人	基督教	0
燕姐	广西	高中	服务员	天主教	威廉	南非	大学	商人	基督教	怀孕中
亮姐	江西	大专	商人转家庭主妇	伊斯兰教	亚伦	尼日利亚	小学	商人	伊斯兰教	1
小苗	江西	高中肄业	服务员	基督教	哈利	坦桑尼亚	成人教育	商人	基督教	0
兰姐	河北	大学	商人转服务员	天主教	扎克	尼日利亚	初中肄业	商人	伊斯兰教转基督教	0
小林	辽宁	中专	服务员转家庭主妇	无	索伦	尼日尔	成人教育	商人	伊斯兰教	2,小朵、小刚
楠姐	山东	大专	商人转服务员	无	基尼	尼日利亚	职业教育	商人	伊斯兰教	2,亚瑟、乔

从总体分析，无论是经济收入还是职业选择，她们都处于中等或者偏下水平的社会经济地位。

通过访谈了解到，大部分女性被媒体宣传的城市生活所吸引，带着"梦想"远离家乡只身闯荡广州。现实中广州高昂的房价和日常消费让她们饱受冲击，只得抱着"既然出来了就不要轻易回去"的想法在广州的边缘社会关系网络中努力挣扎。实际上由于"先赋身份"并不是广州人，她们对迁入地——广州缺乏"根基性认同"，但是又没有勇气放弃城市里便利且多元的文化生活去面对乡镇生活的单一化。一方面享受着城市生活的便利，却又无法真正被广州社会所接纳；另一方面因为个人经历对原生家庭有强烈的排斥感，对原住地文化无法认同。她们很多时候不得不"在夹缝中生存"，不得不努力地将自己"做成"广州人的样子，不得不成为一种"双重边缘人"。她们被广州社会所排斥最明显的例证就是户籍制度，"中国的户籍制度决定了中国的公民权利实现具有'属地化'特征，即获取义务教育、生存救助等公共产品的权利是以地方户籍身份为凭证"（蔡禾等，2007）。广州的地方户籍制度更偏向接纳高学历的稀缺人才，这些低学历的移民女性即使在广州生活了数十年还是无法获得广州户口，无论是生存救助还是公共权益都得不到补偿，徘徊在广州主流社会之外。这也造成她们对广州"地域认同"或者"文化认同"上的困难。以下即为例证。

团姐，潮汕人，与丈夫阿布拉两地分居中。"我在广州都十年了，那时候毕业别人说广州好赚钱，我两个姐姐就带着我一起来了（广州）。就是从这个商贸城换到另外的商贸城卖服装啰,现在还是没有(广州)户口,不像你们大学生都是有的(广州户口)。前几年(2007—2008)赚钱真的很好赚,这边(小北)都是老外,每天都是不止十几万的现金过手。现在很不景气,店铺费用好高,都是3000元(一个月)以上啦,我都是租房子,买不起的。——虽然我是潮汕那边的,但是我白话说得很好,他们(广州人)几乎听不出来差异,我普通话也是做生意时候慢慢学的,英语也是以前上学学过,后来做生意慢慢学。我的户口还在老家,(在广州)看病什么都自己掏钱,蛮贵的,社保什么的我也不想交,以后调来调去的好麻烦。我女儿以前在那个白云(区)的幼儿园还挺好的,很多像她这样的(混血儿童),还有不少非洲小孩,她玩得很开心。那边不需要(本地)户口什么的,因为是慈善(机构开办)的幼儿园,所以收费都还可以啦,现在马上上小学没(广州)户口好麻烦的——赞助费一万块才能上好一点的学校(广州市公立学校)。我现在就希望我宝贝能上一个好的学校,我赚钱再辛苦也没关系。——我不是广州人,就算有户口我还是觉得自己是潮汕那边的,很多东西还是有差别啦,我就是觉得这边好赚钱,回家也干不了什么,而且都这么多年了,习惯了,懒得换地方。"

在漂泊无依的几年里,这些被访女性大部分都处在物质基础积累的阶段,没有时间与广州主流文化亲密接触,也难以结交到工作以外的人,与她们保持交集的中国人主要是同事、同学和朋友。尽管在工作的领域中拓展了商业关系,却抑制了私人关系网的拓展,再加上"双重边缘人"身份,他们始终无所依靠,日复一日寂寞的外贸交易环境增加了她们寻找外籍人士成为伴侣的概率。

对于大部分非洲裔人士来说,他们在广州的地位究竟是什么并不重要,因为他们只是为了赚钱才来到中国,而身份是什么与赚钱关系并不大。但是与中国人结婚的部分非洲裔人士,会抱着自身长远发展的目的在广州生活,他们希望通过进入中国社会打开新的生活局面。例如,访问表明,短期来中国的非洲裔人士并没有想要获得中国国籍的意向,而趋向于自己国家的身份认同,因此可以感受到他们身上强烈的异域文化特色以及价值观;那些在中国停留并续签超过1年以上的非洲裔人士,虽然在语言、生活习惯等文化方面好像对中国社会显示出某种成功的"理解",其本质是基于自身文化基础用相对化方式理解中国文化。在社会生活中,广州相关语言培训机构和服务机构所提供的服务也不够完备,非洲裔人士对本地社会的参与了解迟迟无法推进。而那些在中国停留3年以上并且有中国妻子的非洲裔人士,在很大程度属于清楚地感受到自己"中国化"倾向、知道自己需要融入中国生活的人,因此他们开始更多地注重自己跟中国人生活习惯、价值观和思维方式上的差异,努力融入当地生活。比如:

双姐来自湖南农村,丈夫鲍曼来自尼日利亚,结婚三年,生育两个儿子。"我父母离婚,母亲改嫁后经常被打,中学毕业我就出来工作了,把钱寄回家,她(母亲)就不会被打。那时候花钱很开心,会买了一些自己喜欢的东西。来广州后我妈来看过我一次,就在那个你现在待的地方(宝汉直街),我租了一间房间,两人挤在一张一米二的床上，我现在还记得。那个时候每天都很忙，从早晨进店铺到晚上12点以后，生意很好，但是好累，我就换去别家公司啦，也是一样做外贸。我们这个行业转行挺难的，反正我有经验就做着，其实挺无聊的，因为我都没时间和男生约会，人家介绍过男生，见了几次，因为时间老是约不到，人家（中国男生）就不追了。后来跳槽进了他（鲍曼）开的这一家店铺，有一个非洲男同事追我追好紧，我们又经常一起办事，所以就在拍拖，但是那个男生发展不太好回（非洲）去了。他（鲍曼）就开始追我，因为交往过外国人就没觉得什么，后来就结婚了。"

　　萱姐，46岁，广西人。小弟曾坐过牢，大弟帮助父母在农村种田，全家依靠她在广州的小商铺养家。36岁时因为无法生育和前夫结束了婚姻关系，38岁时通过商贸关系认识了尼日利亚人乌伦并生育儿子迈克。乌伦在家乡已经拥有家庭，萱姐对此讳莫如深。后来大弟到广州和萱姐一起经营外贸公司，最后因为两人对外贸服务理念不同而分道扬镳。"我很早就来广州了，从店员做起，赚的钱都寄给家里了。后来我和乌伦认识也是因为有生意上的往来，那段时间（离婚后）情绪不怎么好，现在想开了，中国男人都差不多那样吧。认识他（乌伦）时间也不短，他对我挺殷勤的，然后我也觉得孤单，就在一起了（同居）。后来让大弟上来（广州）帮我一起开公司，2009年吧大概，他（大弟）和乌伦弄不到一起，老说我是非洲人老婆就偏向非洲人。他们（乌伦以及尼日利亚好友）也可怜，一年来这里（广州）一个月吧，有时候运气不好就做不到单，他（乌伦）回去非洲也很丢人的，两手空空怎么回去，我们农村人是知道这些（感受）的。——他（乌伦）在非洲给我打过电话，平时不怎么管我，和他（乌伦）一起感觉开心，所以我就想着哪怕是一般朋友有个事情也会帮忙的，何况是我啊，对吧。——他（乌伦）不怎么会说汉语，白话会一点点，因为待（在广州）的时间好短，平时都去采购了，我们都没有（一起）出去玩过，哦，去过一次白云公园，没时间，都在忙生意。他（乌伦）觉得这边有些习惯很束缚，我喜欢他自由自在的（样子）。"

　　萱姐大弟："我在农村读过高中，家里条件不好就不读了，后来和我姐在广州做公司，她（萱姐）现在就像非洲和我们不一样的感觉，老站在他们（尼日利亚人）那边感觉公司很亏，（大弟和萱姐）经常吵架就散伙了，我现在自己开一个店铺做外贸。——我姐她有点记恨我，我也知道她带我出来不容易，但是她（萱姐）给那人（乌伦）佘货，现在好了，（乌伦）还有三四笔款没缴上，我姐（萱姐）脑子迷糊了，还给那些人（乌伦及其尼日利亚朋友）提供供应商信息、物流什么的。给他们这些信息你说我们外贸公司还做不做了，好几次那个人从我们这里出货（货物运输去非洲）都几乎是赔本做给他。我们还要养公司里的人呀，这样都不赚钱还开什么。那个男的（乌伦）会骗，把我姐哄得晕了，你想一年到广州个把月吧，吃喝拉撒都是我姐包了，还带朋友去家里吃住，她（萱姐）老请假回家做饭。说难听点就是靠着我姐，不然他（乌伦）能赚什么。我姐病了，你看他（乌伦）出过钱嘛（皱眉），也从来不管迈克（萱姐和乌伦的非婚生子），你说以后这个孩子怎么办，我现在也有家庭了，我姐这样子，不知道这个孩子（以后）怎么办。"

14.4.2 家庭生活与社会认同

"移民现象是指个人或群体持续进行的跨越地域的运动，也就是通常所说的人口的地域流动。移民现象通常分为两大类：外部移民（跨越国界的移民）和内部移民（在某一国家范围内不同地区之间的移民），在中国也被称为流动人口"（李春玲，2007）。这些被访的中国女性除了两人为广州本地人，其他都是外地到广州的务工者。这些外地女性与非洲裔人士结合形成了内部移民和外部移民组成的移民家庭，这样的家庭势必面临着这样一些挑战：在适应不同地域过程中，家庭中每一个成员如何调整彼此之间的关系以维护家庭的凝聚力？这样的移民家庭对混血的未成年人的适应性产生怎样的影响？

胖姐，潮汕人，先生埃里克来自马里，受过高等教育，在中国生活近十年，他说自己越来越适应中国人含蓄的待人接物的方式。"非洲客户看到我女儿会给一些钱，因为他们喜欢我女儿，她（胖姐）老反对孩子随便拿别人的钱，有一个非洲朋友很生气，觉得她（胖姐）看不起他，我会给他（非洲朋友）解释我们想要培养孩子待人处事的态度，不希望过于骄纵孩子。那我也一再告诉她（胖姐）不要太在乎一些细节，我们以后会把钱用其他方式给人家的，就是文化不一样。"（以上为翻译）

双姐来自湖南农村，丈夫鲍曼来自尼日利亚，结婚三年，生育两个儿子。鲍曼："我刚到广州经营一个小的餐厅吧台，买了吧台赚得一笔钱之后在小北开设了服饰店。两年前在金沙洲某高档小区买了这个房子，大概200万左右。——我老婆（双姐）是在家带孩子。——我不想她出去工作，我们伊斯兰教不希望女人抛头露面，她在家照顾孩子，把房子打扫好就行了，我也不让她受累。"（以上为翻译）。双姐："——现在我也不工作了，在外边会带头纱，回家带孩子就不用带。——我知道一些规矩（伊斯兰教），过节的时候去过清真寺，但是我也不是说全信，毕竟我们老家信佛的多，我也是为了他（鲍曼）才这样的。——还是很想去上班，在家时间长了很烦，孩子不听话，你看吵得（起身去看孩子），他（鲍曼）也不管，整天都在外边，回家都半夜了，说不上话，不知道他在做什么，问多了就发脾气。我想送他们（两个儿子）去幼儿园老师会教一些，但是他（鲍曼）觉得我浪费钱，要我在家教。——吵过架也打过架，一说到我出去上班就很烦，我不是开了一个卖食品的档口就在小区里，前段时间关了，亏本了，他又天天骂我，哪有刚开店就赚钱的，还是需要建立一些客户的。我老乡也帮不上忙，还没开几天就关了，几十万就丢了。因为这个我们吵架他还打我——有时候真的后悔，要不是有孩子（眼睛里有泪水）。"

从以上的例子可以看出，当中非婚姻中双方能够信赖对方并且理智地处理矛盾，会使得跨国婚姻持久且生活水平不断提升。但是当双方语言沟通不畅，文化背景差异较大，自身受教育程度不高，经济压力增大时，家庭所建立起的信任便开始土崩瓦解。

一部分非洲裔穆斯林男性谈道，在他们宗教传统中，大部分话语权仍然掌握在男性手中，父亲、儿子的地位高于母亲、妻子和女儿。特别是在夫妻关系中，丈夫往往可以代替妻子做决策甚至可以代言。他们一般认为母亲在家陪伴年幼孩子成长非常重要，穆斯林妇女必须对子女教育拥有强烈的责任心，如果孩子出了问题，母亲应该感到是自己的失败，这也是整个家庭的耻辱。父亲的职责主要是在外劳碌养家而不是关注子女教育。但是现阶段中国女性在各种文化影响下比较倾向接受良好教育，无论职业贵贱，需要在经济上相对独立。所以当中国妻子把外出工作当作是缓解家庭经济压力时，在部分非洲裔丈夫看来，妻子外出工作是对男性能力的挑战和不信任，也是妻子对在家里照顾孩子责任的推卸。所以势必会造成中非家庭隐患，这一矛盾在遇到经济压力时异常突出。

胖姐："我做外贸和物流十几年啦，他（埃里克）在广州生活10年了，我们各自都有不少非洲客户。那我哥哥的孩子长大了，我妈妈就从老家过来帮助我照顾米娜（胖姐和埃里克的女儿），现在米娜在幼儿园上学，离我这里好近，我中途可以接她下课来的，现在就可以放心工作了。他那边是一个公司来的，可以帮客户采购货物，我们也提供物流，而且这两年我们也销售不少服饰。——哪有结婚不遇到困难的，但是我真的没想过离婚什么的，我当初第一次见到他就觉得死了死了，就是这个人了，我有点外貌协会（哈哈哈）。他（埃里克）以前很时髦的，你知道他穿得很嘻哈，现在有了孩子就不再那样穿。而且不知道是不是（埃里克）年龄大了受周边朋友影响，越来越保守。他倒是不会像其他穆斯林那样要求我，也让我自己继续开档口，孩子上幼儿园他也同意，因为他毕竟以前在他们那边大学做过交换生，眼界还是可以的，这样我们都可以赚钱。但是他怎么都不让孩子参加特长班，比如模特班或者舞蹈班，他说这种不符合伊斯兰教要求。我在店铺都要穿得比较注意，不能露腿，不能低胸，衣服袖子也要长一点啦。以前谈恋爱的时候都不会这样要求，所以老了（哈哈）。——当初我父母肯定都很难接受他的，但是他们（父母）还是很开明的，觉得他（埃里克）人品还可以，又比较孝顺他们（父母），慢慢地也就接受了。他这一点（孝顺）我也很喜欢，过年过节呀都会给家里寄送东西呀，他很害羞，会说中文但是不常说。——我们在家说的（语言）很杂啦，普通话、粤语、潮州话、英语、法语，反正孩子能多学一点总是好的。——最近我也会烦，他（埃里克）上次又跟我说入教（伊斯兰教）的事情，你知道的，我们潮汕那边超级信佛的，我爸妈都没逼我信。他说：'我都跟你说了十年了，你怎么还不信呢，我朋友都经常问我你怎么不信。'但是我觉得现在还是没有那个意图，只能就是这样了，反正一说这个我就给他讲，如果不是从心里相信又干吗做那个姿态，他就不说了。——除了这个其他方面还好，我朋友都蛮喜欢他的，觉得他是非洲人里难得遇到的好男人（呵呵）。我不敢说我认识的百分之百的人觉得他不错，至少我的发小除了一个人都觉得不错。"

由以上的例子可见，当中国女性和非洲裔男性组建家庭，如果这种移民家庭获取资源、收集信息、拓展人脉、互相协助的能力较强，势必会促进家庭和谐，并且他们援助国内或者国外亲属和与之交换信息的能力都可能加强。但是如果能力欠佳，家庭内部矛盾会异常激烈，甚至会出现暴力行为，家庭外部的社会网络也会削弱。移民家庭在适应异文化环境时，如果内部成员善于沟通并分享各自原住地文化方面的认识，以及相互理解在新住地遇到的归属困惑，那么双方会适度调整，容易促进家庭稳定。反之，将会造成婚姻最终解体。移民家庭内部关系结构并不是"单一固化"的状态，而处在"解体和重组"的动态过程中。

14.4.3　儿童教育与社会认同

在中非儿童教育方面，大部分中国母亲存在未知感或者挫败感。这些混血孩子的母亲大部分是"外地人"，只有一位母亲是广州本地人。首先，作为"外地人"，其自身对广州存在文化、地域适应的距离和过程；其次，因其自身所处环境，她们期望孩子通过良好教育提升社会地位，然而作为外国丈夫无法理解户籍制度以及国内教育体系内存在的巨大差异，常常无法支持中国妻子在孩子教育方面的决定，部分非洲裔丈夫也不愿意支持昂贵的教育花销；再次，现阶段没有机构可以为混血儿童教育提供参考，孩子强烈的自卑感或者对自我身份的不认同感使中国母亲相当自责。这些内外因素最终导致中国妻子在教育混血儿童时手足无措。甚至有一些母亲由于过分担忧社会和学校存在歧视的现状，最后不论是幼儿园还是小学教育都放弃了中国教育，选择在家接受教会学校的网络教育课程。这种过度保护，在很大程度上抑制了混血儿童本地化以及社会化进程，未来当他们进入中国社会时会遇到更多的文化认同、身份认同方面的困惑。

团姐，潮汕人，36岁，经营服装，和丈夫阿布拉处于分居状态。"我去找过这附近好一点的学校，没有广州户口就要缴一万赞助费。她（团姐女儿小乖）现在还小，上个小学也不用这么贵，等看看中学再找好一点的学校。我现在做生意好忙的，我爸因为我和他（非洲丈夫阿拉布）在一起，很多年都不怎么和我说话，我也不好意思让我妈来帮忙。就让小乖先上这个民办的吧，离我档口近，5点半关了档口就可以接她咯，挺方便的。那个学校老师可以看学生在学校做完作业再回家，不懂的问题老师都给回答，我就不用看着她（小乖）回家做作业了（咯咯）。不过就是多缴几百块钱，我也觉得挺好的。她（小乖）这学期数学成绩明显好了，之前我不是给你说担心她偏科，今年数学老师就说她（小乖）很爱问问题。我去和她班主任聊天，那老师人不错，对我女儿很照顾，过年啊过节我也会去谢谢一下啦。他（阿布拉）半年能来广州看看吧，基本都是在香港，老让我们母女过去，这次让我们去北京玩三天，我看档口怎么过去，不要赚钱养家吗？自己（阿布拉）不会过来广州看我们嘛。我都不和他要钱，他要是愿意给小乖出一点学费我就拿着，但是我从来不开口要他的钱，爱给不给对吧，我有手有脚自己赚钱够花了。他让我不要带小乖去跳芭蕾舞，他是穆斯林你知道的，我就给他说我掏的钱，让他收声。反正他很少看我们，女儿都是我管的,不过她(女儿小乖)是很想她爸爸啦。"

萱姐,38岁产下混血儿子迈克。"我是担心孩子在普通学校被人欺负,之前有人在路上指指点点的,他(迈克)很气愤。那我也没那么多钱让他去国际学校,太贵了。朋友介绍说既然迈克(非婚生子)喜欢足球就去足球学校,那就送他过去。那边学校可以包吃住的——孩子上一些课,然后下午训练的样子。他很开心,认识很多朋友,因为他踢得好,教练也喜欢他。——是呀,现在不怎么敢让他去踢了,他有癫痫嘛,怕突然出事情,他在那边没人照顾的话生活不规律,我也是担心。——我弟因为这事(和乌伦同居关系并长期余货给乌伦)老和我吵架,我们(萱姐和大弟)现在也不怎么来往了,我之前知道我有病(乳腺癌),现在身体也不好,我不想去治疗了,钱留给迈克(萱姐和乌伦的非婚生子)。只要他(迈克)开心做什么都行。"

宁姐,33岁,神职人员,有3个混血孩子。"你不觉得那些正规的学校也不一定好嘛,也有新闻说学校里出事的,而且现在网络资源比较丰富,让他们接受网络教会课程挺好的。我们(宁姐和尼日利亚丈夫)都信仰基督教的,所以这样能比较早培养孩子(融入教会)。——而且他爸爸在家说英语,他们说不定以后能去美国(呵呵)留学什么的。我带他们去教会,教友都很善良,很爱他们,会照顾他们,我觉得很好。——我们都结婚这么多年了,我先生是尼日利亚人,比我(年龄)大不少,我觉得他对我很好,并且引导我变得积极了,我和父亲关系(也因为他)缓和了。"

从以上案例可以看到,一部分家长带着矛盾心情最终选择让孩子面对社会中存在的歧视现象,进而进入主流社会,但是还是有一部分家长因为自身恐慌而选择让孩子与当地社会保持距离,在某种程度上对混血儿童认识主流社会、进入主流社会并形成社会认同制造屏障。

在社会认同心理过程中,青少年需要经历三个阶段。首先,青少年在自我发展阶段,即通过与主流社会中的人或者其他少数民族人群的接触后,在对比中认识到各种文化的差异。如果在这个接触人群的阶段,混血儿童受到某种程度的隔离,即接触的是相对单一的社会环境和单一的群体,他们未必能明显感受到文化差异,也不容易体察群体间的差异。其次,在认同建立阶段,即未成年人通过与其他群体成员的族群比较建立起他们自己的群体认同,如果混血儿童因为第一阶段受到阻隔,未能广泛接触其他群体,或者无须过多比较即建立起对某一团体的认同,如宗教团体认同,他们的确可以从该群体中获得相应的自信和支持。但是如果他们未来选择进入主流社会,就会因为曾经没有广泛接触不同群体,突然感受到极大的冲击,某种程度上会产生对已经塑造的认同的困惑。另外,如果没有得到较好的引导来很好地消化这些负面因素,他们有可能出现暴力行为以舒缓自身压力。特别是少数混血孩子没有中国同龄玩伴,对中国人的成长环境了解不深,表面上会说流利的汉语,但是行为方式和社会或群体认同又不同于本地人,他们未来在进入主流社会时会遭遇意想不到的困难。当然混血儿童可以通过在父母工作的地方、生活的街区和其他中国人或者非洲人进行互动,但是在这种复杂的社会环境下,需要父母和社会对孩子进行良好的引导,避免因歧视导致孩子产生自我认同困惑。再次,在外在分类阶段,这个阶段对青少年族群意识形成非常重要。他们通过对比确认自己和外在的差别,不仅划分自己的族群,而且将会对其他人进行归类。访问过程中,已经发现有混血未成年人由于前两个因素的限制,表现出无法融入广州社会的倾向,并且因为受到歧视产生强烈自卑,对自己的身份异常困惑,甚至表现出对当地社会认同的排斥。比如:

迈克:"我恨自己的黑皮肤,我为什么不像妈妈(萱姐的肤色)一样。他们(萱姐和乌伦)为什么要在一起,大家都看不起我。他们(其他中国人)根本就不了解我,我足球踢得非常好,我说很棒的中文,我不是中国人嘛?!为什么看不起我,就因为我是这样吗(皮肤颜色)?——我没去过非洲,我干吗要去——我不想去,那里人也不会觉得我是非洲人——他(乌伦)是会给我买一点东西,但是那又怎样,我更喜欢(足球)教练,他很严格,但是他会关心我。我在那里(球队)有很多朋友——我妈老是担心我踢球,但是我喜欢我的球队(的朋友),他们不像其他人(中国人)那样指着我说'鬼佬',我很讨厌他们(的行为),有时候真的想过去打他们。"

萱姐:"是呀——好难和他(迈克)讲清楚的(非婚生子身份),其实我很珍惜这个孩子,你知道我离过婚,那时候农村你生不出孩子,就抬不起头。我都是高龄产妇才生的(迈克),我很感激,因为我很喜欢孩子,——其实我早就看开了,觉得中国男人根本靠不住,非洲人还能让你觉得生活挺快乐的。你不觉得他们(非洲人)没什么负担嘛,有钱就去玩呀找开心,也不想着买房子买车,没钱也会去享受。中国人买房买车娶老婆一堆压力有什么好,死了还有什么。就是那些人(其他中国人)老是指指点点的,我们每个人的生活不一样,干吗一定要觉得我们就是怎样贪钱呢,这么多年了见多了就习惯了,只能和孩子一起骂一骂,然后就算了。"

但是,这些非洲裔父亲长期不在中国或者工作繁忙无暇照顾,在中国主流文化中成长的混血儿童,如果能得到母亲或者母亲家人的良好引导,还是能正确地识别个人身份并为此而感到有归属感。比如:

胖姐的女儿米娜因为被同学称为"小黑妹"而抵触去学校,胖姐在档口对米娜说:"宝贝,你爱不爱爸爸和妈妈?"米娜点头。胖姐:"如果你爱,就说你知道自己身体里有爸爸的血液对不对,所以你就是这样的肤色,就是'小黑妹'。当然了,那些同学这样说你是不礼貌的,但是你可以和他们讲道理。从这件事情上我们是不是也可以看到,以后看一个人不能只看别人的外表,要看他们的内心怎样。就像你同学不知道你是什么样的人,所以就从外表判断你对不对?"米娜不说话,拉扯胖姐衣服。胖姐:"所以你要努力和同学多交往,让他们知道原来你是这么热心的女生,他们会喜欢你的。""我们在家慢慢都有叫她(米娜)'小黑妹',让她好受一点,觉得这个词不是一个很贬义的意思,我后来也有和她老师聊天的,好很多。"

实际上可以看出,中非跨国婚姻中的中国女性在家庭中付出巨大。首先作为外地人,她们要面对自己对广州文化以及地域认同的困惑;还要支持丈夫的事业,为其提供各种便利的社会资源，维护家庭关系；最重要的是，她们还肩负着教育混血儿童的重任。当然，在这样的跨国婚姻中，有一部分非洲裔男性还是在努力维护自己的家庭，他们作为移民也在异文化中不断求生。他们不能完全执着于他们自身的文化，否则就会遭到移居国——中国社会的疏远。但是他们也无法放弃自己的文化价值，否则就会被自己的文化拒绝和疏远。他们也在"异文化"中艰难地平衡着自己的生存处境，尤其是他们要面对中国媒体对中非婚姻负面的报道，不得不迫使自己比其他非洲裔男性表现得更好，以维护家庭的稳定，抵抗中国女性原生家庭和外部社会施加的压力和歧视。当然，不是所有的非洲裔丈夫都会对家庭负责，在被访的 20 户家庭中，一半以上处于夫妻长期（每年 6 个月及以上）分居，或者即将离异的状态，或者已经分手但是表面维持家庭状态。有 6 对中非夫妇的家庭，丈夫是不承担妻子或者孩子的任何赡养费用，甚至有 2 对夫妇在本人结束访谈后结束了婚姻或者同居关系。

14.5　结论

从以上论述可以看到，中非家庭中的成员都不可避免地需要面对广州文化或者社会认同的问题，而社会认同关系到中非家庭如何面对社会外部压力，如何化解家庭内部矛盾以维护长久关系的问题。"社会认同的内在动机在于提高自尊，降低无常感或提高认知安全，满足归属感与个性的需要"（Brewer，1991）。当人们认同一个社群时，会觉得自己属于那个社群。社群的成员越多，便觉得同道的人越多，归属感相对也越强。所以中非家庭的内部成员除了拥有获取资源、收集信息、拓展人脉、互相协助的能力外，还通过家庭外部建立网络，形成某种群体，获得该群体的社会认同以此提高自尊感，降低无常感。"社会认同最初源于群体成员身份，个人总是争取积极的社会认同，在内群体和相关的外群体的比较中获得的。如果没有获得满意的社会认同，个体就会离开他们的群体或想办法实现积极区分"（张莹瑞，等，2006）。

这里的积极区分，即作为社会认同过程中的重要一环与其他环节如社会分类、社会比较紧密相连。"社会认同理论的一个重要假设就是，所有行为不论是人际的还是群际的，都是由自我激励这一基本需要所激发的。在社会认同水平上的自我尊重是以群体成员关系为中介的，个体为了满足自尊的需要而突出某方面的特长。在群体中个体自我激励的动机会使个体在群体比较的相关维度上表现得比其他成员更出色"（张莹瑞，等，2006）。从这一解释也可以看到社会认同具有一种强烈的选择性和策略性，也就是说，"当弱势社会成员感觉到所属社群在声望和权势上都比不上其他社群时，为了维护自尊，会采用多种应对方法，其中包括模仿强势群体以图自强，辨认一些所属群体比强势群体优胜的地方，或离弃所属群体，改为认同强势群体"（雷开春，2011）。就如被访的中非家庭成员，大部分属于移民，无法被广州主流社会接纳，经过多次碰壁之后，中非家庭往往得不到满意的认同，选择放弃融入广州主流社会，而更倾向于同其他中非家庭、宗教团体或者同乡群体一起社交，形成特定社群。在新的群体中，他们常常通过参加宗教活动、家庭联谊或者集体郊游的方式，增加特殊社群成员之间的互动，并积极区分与主流社会群体之间的不同，在自己所属群体中获得新的社会认同。这种具有选择性和策略性的社会认同使得社群中不论是"双重边缘人"、跨国移民，还是混血儿童都能找到"同道人"。在小社群范围内成员之间相互尊重、积极认同，成员个人的自我评价也会得到提升，在这样的社群中能够获得满意的群体认同、社会认同、文化认同，归属感也越强。由此形成的小社群便拥有了较强的自尊感、凝聚力和互助力，以此对抗主流社会和更大群体对其施加的压力，也保持了中非家庭的完整性。调查中也发现，当某些中非家庭的物质条件逐步改善并提高后，他们相较于其他的中非家庭社会地位就高一些，通过获取当地户籍和长期的家庭团聚签证来巩固家庭的稳定，并试图向更高的社会阶层流动，这样便增加了他们进入主流社会并且摆脱小群体的可能性。

现阶段在广州的中非家庭面临着巨大的社会压力，即使某些家庭成员通过不懈努力极大地改善了生活环境，家庭生活较为和谐，还是无法摆脱主流社会的负面评论。而一些因为签证问题不能与中国妻子儿女团聚的非洲裔人士更成为人们指责的对象。这些问题的出现，一方面提醒人们应该更加慎重地面对婚姻选择；另一方面我们也需要思考《中华人民共和国出境入境管理法》是否能够更好地促进跨国婚姻家庭的团聚，解决长久分离的问题。《中华人民共和国婚姻法》是否能保护跨国婚姻中双方利益并保证孩子的健康成长。

参考文献
蔡禾，王进. 2007."农民工"永久迁移意愿研究[J]. 社会学研究, (6):86–113.
高莉. 2008. 多元化价值观取向下的中日国际婚姻研究[J]. 河南工业大学学报：社会科学版, 4(2):69–70.
广田康生【日】. 2005. 移民和城市[M]. 北京：商务印书馆.
何韶颖. 2009. 广州怀圣清真寺及其周边街区城市形态解读[J]. 四川建筑科学研究, 35(4):226–230.
姜磊. 2010. 都市里的移民创业者：城际移民迁移创业过程中的社会资本研究[M]. 北京：社会科学文献出版社.
刘国福，刘宗坤. 2013. 出入境管理法与国际移民[M]. 北京：法律出版社.
马莉. 2011. 美国穆斯林移民——文化传统与社会适应[M]. 北京：中央民族大学出版社.
赖钰麟. 2013. 民间组织从事对外援助：以中国扶贫基金会援助非洲为例[J]. 国际论坛, (1):36–42.
雷开春. 2011. 城市新移民的社会认同：感性依恋与理性策略[M]. 上海：上海社会科学院出版社.

李安山 .2013a. 非洲梦：探索现代化之路 [M]. 南京：江苏人民出版社 .

李安山 .2013b. 世界现代化历程：非洲卷 [M]. 南京：江苏人民出版社 .

李安山，潘华琼 .2012. 中国非洲研究评论（2011）[M]. 北京：北京大学出版社 .

李安山 .2000. 非洲华侨华人史 [M]. 北京：中国华侨出版社 .

李安山，安春英，李忠人 .2009. 中非关系与当代世界 [C]. 中国非洲史研究会 2008 年山西太原国际研讨会论文集 .

李开元 .2012. 中越边境跨国婚姻制度与功能研究 [D]. 南宁：广西民族大学 .

李春玲 .2007. 城乡移民与社会流动 [J]. 江苏社会科学，2: 88–94.

李明欢 .2000. 20 世纪西方国际移民理论 [J]. 厦门大学学报：哲学社会科学版，(4):12–18.

李明欢 .2009. 国际移民的定义与类别——兼论中国移民问题 [J]. 华侨华人历史研究，(2): 1–10.

李鹏涛 .2010. 中非关系的发展与非洲中国新移民 [J]. 华侨华人历史研究，(4): 24–30.

李文刚 .2010. 非洲伊斯兰教的现状与发展趋势 [J]. 西亚非洲 ,5: 5.

李兴华 .2011. 广州伊斯兰教研究 (上)[J]. 回族研究，(1):69–85.

李志刚，杜枫 .2012. "跨国商贸主义"下的城市新社会空间生产——对广州非裔经济区的实证 [J]. 城市规划 ,36(8):25–31.

梁玉成 .2013. 在广州的非洲裔移民行为的因果机制——累积因果视野下的移民行为研究 [J]. 社会学研究，(1):134–159.

刘国福，刘宗坤 .2013. 出入境管理法与国际移民 [M]. 北京：法律出版社 .

柳承烨，权容玉 .2008. 影响韩国跨国婚姻家庭儿童心理社会适应的危机因素 [J]. 现代商业，(27): 283–284.

龙耀，李娟 .2008. 西南边境跨国婚姻子女的国家认同——以广西大新县隘江村为例 [J]. 民族研究，(6): 50–59.

罗柳宁，吴俊杰 .2009. 中越边境跨国婚姻研究现状及研究设想 [J]. 东南亚纵横，(1): 25–28.

马艳 .2013. 从义乌穆斯林群体看跨国文化圈的共同体认同模式 [J]. 北方民族大学学报：哲学社会科学版，(2): 116–123.

迈克尔 A 豪格，多米尼克·阿布拉姆斯 .2011. 社会认同过程 [M]. 北京：中国人民大学出版社 .

全信子 .2006. 中韩国际婚姻中的文化因素 [J]. 当代亚太，(3): 58–63.

全信子 .2008. 关于朝鲜族女性涉外婚姻基本模式的探讨——以嫁到韩国的朝鲜族女性为个案研究 [J]. 东疆学刊，24(4): 99–105.

沈甘露 .2014. 非洲孔子学院中国文化活动推广调查报告 [D]. 上海：上海外国语大学 .

王莹 .2008. 身份认同与身份建构研究评析 [J]. 河南师范大学学报：哲学社会科学版，1:50–53.

温国砫 .2012. 非洲商人在广州的社会融合度及其影响研究——基于移民适应理论的视角 [J]. 社会学，(1): 59–64.

徐丽华 .2012. 非洲孔子学院：检视，问题与对策 [J]. 浙江师范大学学报：社会科学版，37(6): 52–56.

许育红 ."领事婚姻登记"若干问题的实证研究——兼析《涉外民事关系法律适用法》有关规定 [J]. 中国法律，（2）：39–45.

尹靖水，中嶋和夫，全信子. 2012. 东亚国际婚姻移民女性遭受虐待的心理状况比较研究[J]. 沈阳师范大学学报：社会科学版, 36(6):127-131.

余彬.2013. 出入境管理法和国际移民[M]. 北京：法律出版社.

许涛. 2009. 广州地区非洲人社会支持的弱化、断裂与重构[J]. 南方人口, 24(4):34-44.

钟英华. 2009. 非洲孔子学院建设中的几个基本问题[J]. 云南师范大学学报：对外汉语教学与研究版, 7(1):37-40.

张莹瑞，佐斌. 2006. 社会认同理论及其发展[J]. 心理科学进展, 14(3):475-480.

郑杭生.2010. 社会互构论：世界眼光下的中国特色社会学理论的新探索[M]. 北京：中国人民大学出版社.

周建新. 2008. 中越边境跨国婚姻中女性及其子女的身份困境——以广西大新县壮村个案为例[J]. 思想战线, 34(4):1-8.

Bertoncello Brigitte , Sylvie Bredeloup.2007.The emergence of new African "trading posts" in Hong Kong and Guangzhou[J]. China perspectives, 1: 94-105

Bodomo Adams. 2009. The African Presence in Contemporary China[J]. The China Monitor, 36: 4-7.

Bodomo Adams. 2010a. From Guangzhou to Yiwu: Emerging facets of the African Diaspora in China[J].International Journal of African Renaissance Studies ,5(2): 283-289.

Bodomo Adams. 2010b. The African Trading Community in Guangzhou: An Emerging Bridge for Africa - China Relations[J]. The China Quarterly, 203: 893-707.

Bodomo Adams. 2010c. Ghanaian Communities in Hong Kong and Guangzhou[C]. Annual Conference of the African Studies Association, San Francisco, USA.

Bodomo Adams. 2012. Africans in China [M]. New York :Cambria Press.

Bodomo Adams,Grace Ma. 2010. From Guangzhou to Yiwu: Emerging facets of the African Diaspora in China[J] . International Journal of African Renaissance Studies, 5(2): 283-289.

Brewer M B. 1991. The Social Self: On being the same and Different at the Same Time[J]. Personality and Social Psychology Bulletin, 17: 475-482.

Chen C. 2010. Why Chinese men are Marrying Vietnamese Women[J]. Southern Weekly, 5:25.

Chris McGreal. 2007. Thanks China, now go home: buy - up of Zambia revives old colonial fears[N]. The Guardian, 2007-02-05.http://www.guardian.co.uk/world/2007/feb/05/china.chrismcgreal.

Deborah Brautigam. 2011. African Shenzhen: China's special economic zones in Africa[J]. Journal of Modern African Studies, 49(1) : 27-54.

Dobler Gregor. 2007. Old ties or new shackles? China in Namibia[C] //H Melber . Transitions in Namibia: which changes for whom? Uppsala: Nordic Africa Institute.

Dobler Gregor. 2008a. Solidarity, xenophobia and the regulation of Chinese businesses in Oshikango, Namibia[M] // C Alden, D Large ,R Soares de Oliveira . China Returns to Africa. London:Christopher Hurst.

Dobler Gregor. 2008b. Oshikango: the dynamics of growth and regulation in a Namibian boom town[J]. Journal of Southern African Studies, 35(1):115-131.

Dobler Gergor. 2008c. South-South business relations in practice: Chinese merchants in Oshikango, Namibia[EB/OL]. http://www.eldis.org/vfile/upload/1/document/0708/doc22353.pdf.

Duong Le Bach, Belanger D, Hong Khuat Thu. 2005. Transnational migration, marriage and trafficking at the China-Vietnam border[C]. Trends and Perspectives, Singapore.

Felix M Edoho.Globalization and Marginalization of Africa: Contextualization of China - Africa Relations[J].Africa Today ,58, (1): 108.

Fleischer A. 2008. Marriage over Space and Time among Male Migrants from Cameroon to Germany[R]. Max Planck Institute for Demographic Research (MPIDR) Working Paper.

Gerson Michael.2011. China's African investments: Who benefits? [N]. Washington Post, 2011-03-29.

Gordon Mathews, Yang Yang. 2012. How Africans Pursue Low-End Globalization in Hong Kong and Mainland China[J] . Journal of Current Chinese Affairs, 41(2): 95-120.

Gordon Mathews, Gustavo Ribeiro , Carlos Alba Vega. 2012. Globalization from Below: The world's other economy[M]. London: Routledge.

Haugen Heidi Østbø. 2011. Chinese Exports to Africa: Competition, Complementarity and Cooperation between Micro-Level Actors[J]. Forum for Development Studies ,38:157-176.

Haugen Heidi Østbø. 2012. Nigerians in China: A Second State of Immobility[J]. International Migration, 50(2):65-80.

Jones G, Hsiu-hua Shen. 2008. International Marriage in East and Southeast Asia:Trends and Research Emphases[J]. Citizenship Studies, 12(1):9-25.

Kaplinsky Raphael, Dorothy McCormick , Mike Morris. 2007. The impact of China on Sub-Saharan Africa[R]. Institute of development study.

Keshodka Akbar. 2010. Who needs China when you have Dubai? [C] . Linking transnational social and economic networks between the Arabian Gulf and Zanzibar.

Kelsky K.2001. Women on the Verge: Japanese Women, Western Dreams[M]. Durham: Duke University Press.

Lan Pei-Chia. 2008. New global politics of reproductive Labor: Gendered labor and marriage migration[J]. Sociology Compass, 2(6): 1801-1815.

Le Bail Hélène. 2009. Foreign Migration to China's City-Markets: the Case of African Merchants[J]. Asie Visions ,19: 1-22.

Lee Yean-Ju, Dong-Hoon Seol, Sung-Nam Cho. 2006. Internation Marriages in South Korea[J]. Journal of population research, 23(2): 165-182.

Li Minghuan. 2009. Making a Living at the Interface of Legality and Illegality: Chinese Migrant Workers in Israel[J]. International Migration, 50(2): 81-98.

Li Zhigang, Laurence Ma, Desheng Xue. 2009. An African Enclave in China: The Making of a New Transnational Urban Space[J]. Eurasian Geography and Economics ,50(6): 699-719.

Li Zhigang, Michael Lyons, Alison Brown. 2012. China's "Chocolate City" : An Ethnic Enclave in a Changing Landscape[J]. African Diaspora, 5: 51-72.

Lyons Michal, Alison Brown. 2010. Has Mercantilism Reduced Urban Poverty in SSA? Perception of Boom, Bust, and the China‐Africa Trade in Lomé and Bamako[J]. World Development, 38(5): 771-782.

Lyons Michael, Alison Brown, Zhigang Li. 2012. In the Dragon's Den: African Traders in Guangzhou[J].Journal of Ethnic and Migration Studies, 38(5): 869-888.

Morais Isabel. 2009. "China Wahala": the Tribulations of Nigerian "Bushfallers" in a Chinese Territory[J].Transtexts Transcultures ,(5):1-22.

Nederveen, Pieterse Jan. 2010. Oriental Globalization: Past and Present. Encounters an international journal for the study of culture and society[EB/OL].http://www.jannederveenpieterse.com/pdf/NP%20Orient%20Glob%20PP.pdf.

Nakamatsu T. 2002. Marriage, Migration and the international marriage business in Japan[D]. Perth :Murdoch University.

Nakamatsu T. 2005. Complex power and diverse responses: Transnational marriage migration and women's agency[M]//Lyn Park. Agency of Women in Asia . Singapore: Times Academic Press.

Piper N. 1997. International Marriage in Japan: "race" and "gender" perspectives[J]. Gender Place and Culture, 4(3):321-338.

Piper N. 1999. Labor migration, trafficking and international marriage: female cross-border movements into Japan[J]. Asian Journal of Women's Studies, 5(2):1-13

Porzucki Nina. 2012. In Southern China, A Thriving African Neighborhood[EB/OL]. 2012-04-26. http://www.npr.org/2012/04/27/151300553/in-southern-china-a-thriving-african-neighborhood.

Schans Djamila. 2009. Lost in translation? Marriages between African immigrants and Japanese women[C]. The IMISCOE conference on Interethnic Relations: Multidisciplinary Approaches, Lisbon, Portugal.

Schans Djamila. 2012. "Entangled in Tokyo": Exploring diverse pathways of labor market incorporation of African immigrants in Japan[J]. African Diaspora, 5: 73-89.

Sheng Lin, Trent Bax. 2012. Changes in Irregular Emigration: A Field Report from Fuzhou[J]. International Migration, 50(2): 99-112.

Su Lianling. 2009. Cross-border marriage migration of Vietnamese women to China[D]. Harbin :Harbin Normal university.

Wyatt Don J. 2010. The Blacks of Premodern China (Encounters with Asia) [M]. Philadelphia, PA:University of Pennsylvania Press.

Yang Wen-shan,Melody Chia-Wen Lu. 2010. Asian Cross-border Marriage Migration[M]. Amsterdam: Amsterdam University Press.

Zhang Li. 2008. Ethnic congregation in a globalizing city: The case of Guangzhou, China[J]. Cities, 25: 383-395.

Zhou M, Logan J. 1991. In and out of Chinatown: Residential mobility and segregation of New York's Chinese[J] .Social Forces, 70(2): 387-407.

15 非洲商人迁移广州的行为特征分析[①]

许涛

15.1 引言

全球化自2000年以来加速发展，对整个世界产生了巨大的影响，其中对经济和人口的迁移也产生了重要的影响。全球化不仅增大了全球贸易总量，而且也带来了国际人口的流动。国际人口的流动不仅有短期的留学、经商等类型，也有以移民为目的的类型，还有空中飞人的类型。非洲的工业基础薄弱，导致其对日用品的进口需求异常大，而中国生产的日用品在寻找销售市场，二者在全球化的紧密联系下得到了完美的互补。大量的非洲商人汇聚中国广州采购日用品，而非洲商人完善的迁移链条则让这种迁移持续不断。非洲商人大量涌入广州正是在全球化背景下国际市场日益紧密联系的重要表现。

有关国际人口的迁移研究主要聚焦在迁移的动因、迁移的过程和迁移后对移入地社会的适应。有关国际人口的迁移动因研究自列文斯坦提出推拉理论之后，已经形成了经济学和政治—历史的两大分析范式，经济学的分析范式之下又形成了新古典经济学的解释、新经济移民的解释、多元劳动力市场的解释等流派，而政治—历史的分析范式则主要形成了世界体系理论的解释（Sjaastad，1962；Todaro，1969；Stark，et al，1991；Piore，1970；

Portes, et al, 1985）。有关迁移的过程则主要形成了移民网络说、累计因果说和移民系统等理论解释迁移过程的持续（Massey, 1998）。而迁移后的社会适应则主要从迁移人口和移入地居民之间的关系为视角形成了同化论、多元主义理论和多项分层同化理论等解释（Park, et al, 1921; Milton, 1964; Glazer, et al, 1970; Greeley, 1971; Portes, 1995）。尽管这些解释形成了比较完善的解释体系，但是这些解释都是宏观上的探讨，其优势在于能够把握分析的方向，但缺陷在于容易忽视细节，而细节很有可能是某些国际迁移人口与其他迁移人口的差别所在，也是其独特之处。因此，在宏观分析的同时，从微观层面来分析其迁移的前期、中期和后期特征有助于我们发现其独特性。

目前非洲人口大量涌入中国广州、义乌等地，已经成为了比较显著的现象，但有关他们的研究仍然比较欠缺。有关他们迁移行为的决定、迁移过程呈何种特点，以及迁移中国后又有何种特点的研究都有助于我们从微观层面来剖析这些群体的迁移特征，从而发现其独特之处。本章正是通过对广州的实地研究获得的个案资料分析来探索其迁移行为的前期特点、迁移过程特点和迁移之后的行为特征。

15.2 迁移前期特征

（1）迁移目的地的确定——理性选择

涌入中国广州的非洲商人大致上分为两种类型：一类是原本在他国做生意的非洲商人转移到中国做生意，另外一类则是原本并不从事贸易的非洲人进入中国做生意。为什么原本在他国的非洲商人会转移至中国广州？为什么原本并不从事商贸的非洲人也会向中国广州迁移呢？事实上，他们的行为都是"理性计算"的结果。

所谓"理性"，简而言之，就是人类选择与调节自我行为的能力，其中包括对目的性行动的选择和确认。理性是人类超出动物而独具的一种认识和思维能力，正是这种能力的存在，不仅使我们能够调整达到目的的手段，而且使我们能够建立起价值体系，对目的本身做出判断和取舍。古典经济学中对"经济人"的理性假定是"以尽可能小的代价换取尽可能大的利益"，如亚当·斯密就认为人的理性在于他在各项利益的比较中选择自我的最大利益，以最小的牺牲满足自己的最大需要。社会学的理性主要是强调一种目的性的、有意图的行动。其基本假设的出发点是"理性人"，而不是帕森斯社会行动理论的"社会人"和韦伯科层理论的"组织人"的假设，更不同于经济学中"经济人"的假设。"理性人"的假设的基本内涵是指"对于行动者而言，不同的行动会产生不同的效益，而行动者的行动原则就是为了最大限度地获取效益"，而这种"效益"并不只是局限于狭窄的经济领域中，它还包括政治的、社会的、文化的、情感的等众多内容。有学者根据其内容差异，将理性划分为三个层次：生存理性选择、经济理性选择和社会理性选择，其中生存理性选择是最基础的层次，只有当生存理性选择得到充分实现后，经济理性选择和社会理性选择才会得以产生（文军，2001）。

就前者来讲，他们主要是国际商人，曾经在日本、中国台湾、中国香港、欧洲和美洲等地采购商品运回非洲销售。他们对市场嗅觉非常灵敏，而且具有在多种文化环境中生存和贸易的经验。由于多年的经商，他们一般都具有一定的经济实力。最早到广州做生意的商人主要是从香港等地转移而来，这批人原来主要在香港做生意，通过香港这个窗口而了解了有关中国内地和广州的情况，并开始尝试性地在广州开展生意，很快他们就发现在广州能采购到比香港更加物美价廉的商品，能给他们带来更多的利润，从而逐步将生意转移到了广州。这一行为逐步被其他国家经商的非洲商人所效仿，并最终形成了庞大的非洲"军团"。他们将其贸易目的地转移至中国广州是基于其能够在贸易中获取更多的经济利益，他们的行为是其经过理性比较后的主动行为。只要这种比较利益存在，他们就会持续不断地向中国广州转移，一旦这种比较效益减少，这种转移也会逐步式微，甚至终止。

后者与前者不同，其中很大一部分人本身并不是专业的贸易商人，他们绝大部分只是到广州来碰运气"淘金"的。在他们来中国之前，很多到中国做生意的商人赚到钱回到他们的国家后，开始向周围的人讲述广州的情况以及他们在广州赚钱的传奇故事，周围的人受到这种消息的刺激后，开始跃跃欲试。其中很多人通过各种途径申请到中国的旅游签证后，在亲戚朋友的帮助下，购买了飞往中国的机票后就来广州淘金了。

这部分人不像那些国际商人那么有经济实力，也没太多的经商技巧，同那些理性计算的非洲国际商人相比较，表面上他们似乎显得有些盲目，但事实并不尽然，他们同样有着自己的道理。

非洲很多地区较为落后，长期遭受政局不稳、贫困、疾病等困扰，不仅生存条件艰苦，发展更是困难重重。在这种条件下，如果不向外谋求出路，基本的生存也许都是一个问题，成家立业则更遥不可及。尽管来中国"淘金"隐藏着巨大的风险，但一旦成功，则立即可以出人头地、光耀门楣、功成名就。基于二者的比较效应，从理性的角度考虑，他们愿意来中国"淘金"。这种看似非理性的选择正是理性考虑的结果。只不过这种理性和前者的理性计算稍有差异而已。前者的行为是经济理性计算的结果，后者很大程度上是生存理性和经济理性结合的产物，但都是理性计算的结果。

生存对于那些国际身份的非洲商人来说根本就不是一个问题，他们到中国来做生意是出于生意发展的需要，因为在中国可以采购到更加质优价廉的商品，对他们的生意发展更有利，可以获取更多的经济效益。后者稍有不同，对于他们来讲，如果能够通过做生意出人头地固然很好，即使不能赚到大钱，在中国能够谋生也不错。因为，相比较起非洲国内的生活条件和环境，中国更加舒适，也更安全。

> 我之前一直在香港做生意，1997年香港回归后，我就过来广州看了看市场，发现这里的商品非常丰富，而且价格低廉，利润更高，这让我非常地惊喜，我

果断地将公司搬到了广州并将生意都转移了过来。我现在很庆幸当时的决定，以前正是因为欧美的商品价格相对较高才转移来香港的，但后来东南亚等地的商品采购价格越来越高，也逐步失去了竞争力，在这个过程中中国内地成为非常理想的商贸中心。我之前的决定具有前瞻性，这使得我现在的生意非常稳定且越来越大。（Richard，尼日利亚人，43岁，男性，高中文化程度，已婚，主要从事服装、皮包和鞋子等生意，在瑶台的写字楼有公司。）

（2）迁移的决定——信息重于关系本身

格兰诺维特于1973年在《美国社会学杂志》上发表了《弱关系的强度》，指出弱关系充当信息桥的判断是其提出"弱关系力量"的核心依据。格拉诺维特于1974年出版了《谋职》一书，对于其弱关系假设进行了检验。格兰诺维特对波士顿郊外牛顿镇的300名白领就业者谋职的情况进行了调查，他发现，美国的白领就业者更经常地通过弱关系而非强关系获得工作信息。格兰诺维特的进一步分析发现，在所有通过社会关系获得信息的被调查者中，通过弱关系（如相识）得到信息的人往往流动到地位较高、收入较丰的职位；而通过强关系（如朋友、亲属）获得信息的人，向上流动的机会、幅度就减少了（Granovettor，1973）。边燕杰（1997）对中国城市劳动力市场的研究表明，人们更经常地利用强关系（密切关系）而非弱关系去获得一份理想的工作。使用间接关系的人比使用直接关系的人更容易找到较理想的工作。由此，产生了社会关系的强弱之争，之所以会产生完全不同的结论，最终的解释是宏观制度背景和文化的差异。

众多的移民学文献揭示了在移民过程中以及移民后的生活中，亲戚朋友们为他们提供着广泛的社会支持，包括情感的、物质的以及信息的支持，有着广泛社会支持的人更容易适应移入国的生活，而有着广泛海外背景和支持的人也越倾向于实施移民行为。换句话说，亲缘、血缘、地缘等网络对移民的决定、移民的实施以及移民后的社会适应起着至关重要的作用，但就移民的整个过程来看，并没有相关研究对移民过程中的强弱关系的作用加以明确区分，只在一般意义上阐明移民过程中的社会支持起着重要作用。

根据移民的过程和阶段，非洲商人到中国经商这一过程可区分为三个阶段，即决定阶段、进行阶段和适应阶段。由于现代交通的便捷性，进行阶段这个过程十分短，时间已经大大缩短至几天甚至一天，相比较起来，迁移的决定过程和到中国之后的适应过程更有意义。

决定指非洲人到中国来经商这一行为的决定过程。前文已经指出，到中国来经商的非洲人主要由两个群体组成，一类是具有国际身份的商人，另一类则是碰运气的"淘金者"。对于前者来讲，对于在中国是否有朋友、是否有亲戚并不在他们考虑的范围之内，因为他们自身有足够的经济能力支撑他们在中国内地做生意，他们最关注的则是有关中国内地的商贸信息情况。通过这些信息，他们可以比较和计算出他们是否应该将他们的生意转移至中国。这些信息的获取有多种途径，既可以通过网络获取，也可以通过相关的宣传资料获取，还可以通过他们的朋友或同行获取。前两种途径虽然容易，但是信息的可信度和精确度不能保证，而通过行业内同行获取的信息可信度和精确度则更高，但缺陷在于这类信息的获取不如前两者容易。对于后者来讲，他们本身在国内的境况并不如意，才会产生到中国"淘金"的想法，他们中在中国有亲戚或朋友的人更少。因此，有没有亲戚或朋友在中国完全不在他们的考虑范围之内，他们看重的是在中国能不能"淘到金"，他们关注的也是有关中国的各种信息以及经商情况，并通过理性的比较和计算最终做出是否到中国的决定。他们的计算和比较稍微与前者不同，对于他们来讲，只要在中国能赚到比在国内更多的钱，在中国能生活得更好，他们就愿意尝试，他们的计算标准是生存法则；而前者不仅要计算能否赚到钱，而且还要考虑是否比现在赚取到更多的钱，换句话说，他们的计算标准是发展原则，不仅仅限于生存。但他们也有共同点，即他们都需要获取到有关中国的商贸信息。

一般来讲，他们先通过相关网络和媒体的宣传得知中国内地的商贸资料，然后通过各种关系来验证这些信息的真实性。尽管并不是每个人都有亲戚或亲密朋友这类强关系在中国，但他们仍然能通过同乡、朋友或同行等这类弱关系来验证这些信息。一旦这些信息得到确定，他们会结合自身的情况进行理性的计算，并最终做出到中国来经商的决定。

在这个决定过程中，信息是最重要的，甚至重于关系网络本身。每个想到中国来的非洲人都需要根据信息来进行计算并做出最终的决定，信息至关重要，不可缺少。尽管亲戚或朋友能提供各种帮助，但对于他们的决定来讲，并不是缺一不可的，有亲戚、朋友等资源利用使他们的决定更加从容，没有这类资源利用也不会影响他们的决定。因此，在决定环节，信息等弱关系资源比强关系资源更重要。

信息支持是属于弱关系的范畴，情感以及实际的社会支持属于强关系的范畴。中国是一个关系社会，有着浓厚的关系传统，强关系起重大作用并不是什么惊人的背离。非洲商人在迁移的决定中信息也即弱关系起着重要的作用，是否掌握信息是他们决定是否来中国的重要因素，而是否存在着亲戚朋友等强关系资源并不是一个不可或缺的条件。几乎每一个到广州做生意的人，在来广州之前都通过各种途径掌握了各种有关广州的信息，但来到广州的非洲商人很多在广州并没有可以利用的强关系。由此表明，是否掌握信息是必要条件，而是否有强关系则不是一个必要条件。故此，我们说在移民的决定过程中，弱关系的作用更加重要。

15.3 迁移的过程特征

Ronald 和 Robert 在现代劳动经济学中提出了链式迁徙、连锁性迁徙的概念，他们认为链式迁移是一种建立家庭重组意识的外国移民机制。一个移民过程一般都依赖于早期少量的先行者，他们最先在他乡安身立命，然后会把消息传回家乡，刺激家乡乡亲进一步的移民（Ehrenberg, et al, 2008）。

在我们的调查过程中，众多的非洲商人强调，在他们来广州以前，曾从他们的同乡、朋友或生意伙伴中听到了很多有关中国、有关广州的消息，而且其中很多人的朋友曾到广州做过生意。他们的朋友不仅给他们提供了有关广州的地理、交通、管理等方面的信息，而且还给他们描述了广州的经贸状况，分析了经贸前景，对他们影响甚大。这批早先来广州做生意的人扮演着移民中的"先头部队"的角色，给后续的非洲人提供各类信息，而后续进入中国的非洲人则沿着大致相同的路径和方式进入中国广州，这是一个典型的前人带后人的人口迁徙链条。

这个迁移过程具有鲜明的链式特点，即前批人口给后续人口提供了迁移前的信息、迁移后生活和生意上的帮助，后续人口模仿前批人口的方式和过程到广州做生意，甚至长期定居。深入剖析这个迁移链条，可以发现如下特征：

（1）信息的传递。第一批非洲商人尝试性地在广州做生意取得成功后，很快将这个消息传递给国内的亲人和朋友，并详尽地描述了广州的经贸活动特点以及在广州商贸的优势。国内的亲戚朋友得到这个消息后，开始将目前的生活境况、生意状况同广州情况进行比对，在得出"广州经商将会得到更大的收益"的结论后，来广州经商的想法开始萌动。

（2）汇款的刺激。第一批移民在广州经商赚到钱后，相当一部分金钱通过汇款的方式转移到了国内的亲人手中。源源不断的海外汇款不仅拉大了邻居、朋友与他们家庭的经济差距，也让他们的邻居和朋友羡慕不已，甚至产生巨大的心理落差，这种经济上的差距和心理上的落差让他们产生一定的相对剥夺感，来广州经商的冲动更强烈。

（3）迁移行为的发动。受到刺激的亲人和朋友开始密切地联系已经迁移或移民的那些人，开始向他们寻求信息、经济等方面的帮助。在得到先行者的帮助后，他们开始筹集经费，通过各种途径取得来中国的签证和机票，并踏入陌生的中国广州。

（4）先行者的帮助。进入新环境后，他们在中国的亲戚、朋友或生意伙伴一如此前承诺的那样为他们提供了各方面的帮助。在生活上，他们的亲戚、朋友或生意伙伴给他们提供有关衣、食、住、行等各方面的信息和直接的帮助；在生意上，也会提供必要的信息给他们，这些信息或是免费的或是有偿的，但不论是有偿或无偿的，都对他们顺利开展生意提供了必要的帮助。经过一段时间的适应后，这部分刚到广州的生意人凭借自己的努力和朋友的帮助生意很快走上了正轨，并成为中非贸易环节中的一环。

（5）迁移过程的复制。那批得到帮助而迁移的非洲商人，同样借助电话、网络或其他方式对国内他们的亲人和朋友传递着有关广州的信息，并将赚取的利润寄回国内，这些信息和寄回国内的汇款同样刺激着那些对广州充满着无限希望的其他人。其他人经过一段时间的准备后也通过同样的方式来到广州，并得到先到广州的亲戚和朋友的帮助，最终在广州生存下来。于是这个迁移和移民过程不断地被后续者重复，越来越多的非洲人进入中国，形成一个完整的链式迁移和移民链条。

15.4 迁移后的社会适应特征

早期研究者认为只要社会支持网络存在，就一定能帮助人们克服日常生活中的困难。Massey 认为社会网络对外来移民有着无可代替的重要作用，移民网络可提供各种形式的支援，如通风报信、助人钱财、代谋差事、提供住宿等（Massey, et al, 1998）。Daniella Remy（2007）通过多伦多的青年移民的适应研究，发现社会支持的状况直接影响了他们在多伦多的适应状况，其中同辈群体和朋友的友谊作用尤其重要。Harry K. Schwarzweller（1967）等的研究探讨了农村移民的家庭和家族网络以及这种网络在移民社会心理适应过程中的作用。Ayse Ciftci Uruk（2006）通过对土耳其的移民研究，发现移民的心理适应过程受到社会支持、语言熟练程度和边缘化策略的影响。此外，海外的研究发现移民从正式网络和非正式网络那里寻求社会支持，包括政府、家庭、亲戚、朋友和邻居（Meemeduma, 1992; Aroian, 1992），但更加依赖非正式网络而不是正式网络的支持（Sharlin, 1998）。

后续的研究发现，不同的关系提供不同的社会支持。韦尔曼对东约克人的研究证明，大多数关系只提供特定的支持，提供支持的种类主要与关系的性质而不是网络成员的特点相关，强关系提供情感支持、小宗服务和陪伴支持，父母和成年子女相互交换经济支持、情感支持、大宗和小宗服务，妇女倾向于提供情感支持，朋友、邻居和姐妹提供的支持大约占到所有支持数量的一半，所有这些网络成员的集合，最终给个人提供了稳定而有益的支持（Wellman, 1982; Wellman, et al, 1988; Wellman, et al, 1989, 1990）。

一些研究比较了朋友和亲属提供的社会支持的差异，例如克罗翰和安多那斯（Crohan, et al, 1989）证明，如果亲属和朋友都不提供社会支持，人们对朋友的不满胜于亲属。有些研究证明了大多数的直系亲属能够提供社会支持，并且认为朋友和亲属在提供的社会支持的质量和数量上大不相同。韦尔曼和沃特利通过第二次对东约克人的调查表明，在所有亲密的关系中，父母—成年子女的关系是最有支持性的，提供了较高水平的感情和物质支持。即使关系强度较弱的父母—成年子女关系提供的支持也几乎和最亲密的朋友关系一样多。他们还发现，朋友提供的感情和工具性支持没有父母和成人子女多，但和兄弟姐妹几乎一样，且比兄弟姐妹提供更多的陪伴性支持。许多没有亲属关系的人经常有亲密的朋友，这些朋友像亲属一样提供各种各样的支持（Wellman, et al, 1989）。

上述文献揭示了一个事实，即广泛的社会支持和网络有助于移民适应移入的社会，但不同类型的社会支持和网络所起的作用存在着差异。广州地区非洲人的社会网络和关系可划分为因血缘关系和亲缘关系而形成的家庭血缘、亲缘网络，因来自同一个国家或同来自非洲大陆的地缘关系网络，通过社会交往而形成的朋友关系网络，以及因为贸易关系而形成的业缘关系。这些网络中，那些互动频繁、关系亲密的属于强关系的范畴，反之则属于弱关系的范畴。需要指出的是，强关系并不必然指涉和限于血缘和亲缘，朋友、贸易伙伴也可以纳入强关系的范畴[②]。尽管广州地区的非洲人关系网络可划分为上述4种类型，但这并不代表每个非洲人都同时拥有这4种社会关系网络。事实上，完全拥有这4种社会关系网络的非洲商人是非常少的。同样，完全不拥有任何关系网络的非洲商人也非常少，甚至是不存在的。最普遍的情况是，他们中绝大部分的人拥有其中一些关系网络。至此，我们可用范围的大小和关系的强弱两个维度来衡量非洲商人在广州的关系网络，进而可以划分出4种网络关系类型（表15-1）：具有强关系且关系范围广，具有强关系但关系范围窄，不具有强关系但关系范围广以及不具有强关系但关系范围窄。

表15-1　网络关系类型

关系强度	关系范围	
	广	窄
强	A	B
弱	C	D

非洲商人到达广州之后，他们面临的是一个完全陌生的世界。生活上面临着生活习俗、饮食、语言甚至气候等方面的适应问题；在生意上则面临着如何搜集生意信息、如何选购物美价廉的物品等各方面的困难。这个时候，有无网络关系的运用，能在多大程度上利用关系网络对他们适应广州社会、顺利开展生意是非常重要的。

案例一：Richard，尼日利亚人，43岁，男性，高中文化程度，已婚，妻子和孩子均已经在广州，主要从事服装、皮包和鞋子等生意，在瑶台的写字楼开有公司，在广州有众多的人脉资源，目前生意非常稳定，事业如日中天。

　　我最初是在香港做生意，通过生意场上的朋友得到有关中国内地的商贸消息后，于1997年到广州考察市场，发现广州有庞大的贸易和广泛的机遇，于是就果断地将生意转移到广州了。当初来的时候主要得益于在广州的国内朋友帮助，他们不仅帮我租房子，而且也介绍生意给我。他们给了我很多的帮助，没有他们的帮助我的生意不可能这么顺利的。

　　来中国以后我发现中国是一个人情社会，于是我就努力地结识各行各业的朋友，这其中既有中国的朋友，也有来自我们国家的朋友，还有其他国家的朋友。目前他们遍布在中国的上海、浙江、北京等地方，我们经常分享生意信息，互助互利。在中国结交朋友主要是通过这样几种方式：一是生意往来，生意往来多了，就熟悉了，然后我们从生意伙伴变成朋友。另外一种方式就是通过朋友介绍，通常这个介绍人是我们共同的朋友，这样通过中间人的介绍我们慢慢地熟悉起来，然后我们之间也会形成一定的生意关系。当然除了纯粹的生意之外，我们也通过休闲活动来结交朋友，比如说我喜欢锻炼身体，也喜欢打网球，通过健身和打网球我也结交到了很多的朋友。

案例二：Sam，苏丹人，32岁，男性，高中文化程度，已婚，其妻子为江西人，并育有2个女儿。主要从事手机等电子产品的生意，来中国已经4年，能听懂中文，对中国文化比较了解。其在中国的朋友不多，但有两位知心的中国朋友和一位共患难同创业的妻子，目前事业和家庭均比较稳定。

我和我的妻子是在商贸城认识的，后来我就追求她，你要知道，一个黑色皮肤的人追求中国女孩是很困难的，但我用我的品行和人格魅力征服了她，最后她嫁给了我，我们生了2个小孩。婚后我们就搬出了小北，搬到了现在的社区。这里环境更好，社区也很安全，人也很有礼貌。因为周围都是中国人，所以也增加了我同中国人的交往机会，目前已经能用中文顺利地同别人交流。

在生活中妻子不仅给我讲述很多在中国做生意的技巧和禁忌，而且也帮助我学习中文，了解中国人的行事方式和注意事项。有了妻子的帮助，我在生活上现在非常适应了。

生意上，她也是我的好帮手，因为她是中国人，而且又有从事贸易工作的经验，有很多这方面的信息和生意上的资源。结婚之后，她将这些资源全部都转移给了我，她则辅助我做些协调工作。得益于妻子的人脉和我们的勤劳，尽管我们的生意不是很大，但也算比较稳定。

案例三：Prince，加纳人，36岁，男，高中文化程度，已婚，来广州已经2年，主要从事小五金类的生意。在义乌也有生意，有朋友在义乌。但大部分时间居住在广州。持旅游签证，已过期，目前居住在三元里附近。

我目前居住的社区里外国人不多，大概只有5—6个，非洲人只有我一个，所以很多时候还是很孤单的。因此，每天我都会打电话给我妻子，跟她叙说思恋之情或生意上的事情。所有重大的生意我都会给我妻子说，以便让她清楚我的整个生意状况，但一些细小的事情就不说了。而对我的父母，我一般只说些家庭的事情，生意上的事情我一般不同他们说，因为我觉得没什么必要。

在国内的时候，我有什么困难一般都会向家人和朋友求助。来中国后，我孤身一人，远离亲人，原来的支持瞬间都消失了，不能再向亲人求助了。但在中国我有一些本国的朋友，他们也是做生意的，我一般就向本国朋友求助，很少向中国朋友求助，因为中国朋友都是在生意的过程中交到的，属于一般的朋友，因为里面有经济利益。

像我们来中国做生意的人，一般都有些经济基础的，否则不会到中国来做生意的，当然最近两年有很多非洲人来中国淘金，他本身可能是个穷光蛋，想着到中国来碰运气的。就我个人来讲，我一般不向别人借钱，这与我个人的经济状况有关，也与我个人的性格相关。我认为，有多大能力就办多大的事情，我需要把风险降到最低，因为我需要赚钱来养活我自己和我国内的妻子，你知道做生意的，赚钱和亏本都是常态，在这个上面赚钱，在那个上面就可能亏本，如果我借一大笔钱来做生意，很有可能我会亏掉，那个时候我不仅要面临如何还款的问题，而且我已经不能养活我自己和妻子了，这个我是不能接受的。我必须稳扎稳打，宁可少赚点，也不愿担风险。我只在一种情况下向朋友借钱，如我现在没钱交房租或没有下个星期的生活费了，我就会向我的朋友借钱交房租和度日，但我很快会还钱。

目前在中国总体上还算适应，一般生活上的困难可以通过身边的朋友解决，但由于妻子不在中国，而且我在中国最亲密的朋友基本上没有，所以比较苦闷，我只能通过祷告与上帝进行沟通。

案例四：Udoka，塞内加尔人，25岁，男性，高中文化程度，未婚，主要从事牛仔服装的生意，来广州9个月，持旅游签证。由于在广州不是很适应，生意也不太好，被迫准备回国。

当初之所以会选择来广州，是因为广州是贸易中心，在广州附近有很多的工厂，因此在广州就可以购买到你想要的任何东西，而且在价格和质量上，你可以有很多的选择。本来在广州做生意是件很不错的事情，但由于受到经济危机的影响，我们的订单量少了很多，赚的钱越来越少，甚至除掉开销后没什么利润了，在广州已经很难赚到钱了。因此，我决定回国去了。

我一个人在广州有时候会感觉到很孤独，这个时候我就会去找朋友，一起聊聊天或吃东西，但我不抽烟不喝酒，他们都开玩笑说我是个怪人，但我想每个人都有自己的生活方式吧。我住在天河的一个小区内，我很满意，因为那里非常的安静，不吵闹，我是个喜欢安静的人。

在以上四个案例中，案例一的案主广泛地结交了人脉，将其社会关系网络延伸到家庭之外的其他空间，建构了血亲关系之外的强关系，因此他的人际关系网络不仅大，且其中有诸多的强关系。比如他的妻子和孩子已经在广州，成为他最有力的精神支柱，而来自家庭之外的知心朋友不仅可以给他提供至为关键的商贸信息，也提供日常的帮助。除此之外，他通过生意活动和休闲活动结交的朋友则可以给他提供常规性的支持。所以，他在广州如鱼得水，家庭和睦，事业如日中天。案例二的案主虽然在中国的关系网络不如前者那么广泛，但是他却有着一位兼顾生意助手和生活帮手的中国妻子，他的妻子不仅给他最强有力的帮助，且将她的关系资源转移给他，弥补了他自身关系网络窄小的缺陷，从而实现了资源的扩大和有效使用。案例三中，尽管案主宣称有着众多的朋友，但是这些朋友中却没有关系紧密的，因此他的关系网络是缺乏强关系的泛关系网络，这些关系资源提供一般性的支持，不能提供最核心的帮助，只能勉强维持他在中国的生活和生意。要取得事业上巨大的成功，非常困难。案例四则是一个典型的在中国不能适应的案例，这个案主性格孤僻，不善于结交朋友，既缺少本国朋友也缺少中国朋友，最终不能顺利地融入中国社会。尽管他一再宣称在中国生意做不下去是因为受到金融危机的影响，但实际情况是进入2009年之后，特别是2009年下半年中非贸易形势已经开始好转，绝大部分的非洲商人的生意并没有遭到致命打击，但是他的生意已经不能维持了，只能灰溜溜地回国。与其说他在中国的失败是因为金融危机，不如说是他在中国缺少必要的社会支持。正是他在中国的相关社会支持缺失，最终导致了他不能适应广州的生意，更不能顺利开展生意。

由此发现，社会关系网络对于非洲商人在广州的生活和工作适应是非常重要的。如果他们关系网比较广，且关系网中有强关系，最有利于他们在广州的适应；如果关系网不广，但是关系网中有较强的关系，且这种强关系来自广州本地居民，同样也利于他们在广州适应；反之，尽管关系网比较广，但其中缺少强关系，则只能对其生活和生意提供一般性的帮助，不能提供最核心的帮助，但仍然可以维持他们在广州的适应；如果关系缺乏，同时也缺少强关系，则对其在广州的适应非常不利，甚至会导致其在广州不能适应和融入。

15.5 结论

非洲商人大量迁移至中国广州这一行为并非是盲目的，而是理性计算的结果。非洲商人在迁移中国的过程中也出现了其他群体迁移的特征，即链式迁移特征，但它本身又有着自己的特点。网络关系在他们的整个迁移过程中起着重要的作用，在迁移前的决策阶段，信息等弱关系资源起着重要的作用，不论他们在广州是否有亲戚和朋友，只要有足够的有关广州的生活和经商信息，他们就决定迁移，信息的作用比关系网络本身更为重要。在迁移完成后的社会适应过程中，关系的强度和广度共同起着重要的作用。如果其关系网络资源广，且有强关系，则非常有利于他们在广州生存和开展生意，甚至如鱼得水。如果关系网络不广，但有强关系支持，也同样对其生活和生意十分有利。如果关系网络广，但缺少强关系支持，则只能提供一般性支持。如果既缺少关系且网络也没有强关系支持，则对其适应非常不利，甚至举步维艰。至此，社会支持对其社会适应的正向功能已不言而喻，但社会支持对其社会适应的运作机制如何，社会支持是否也有负向作用等仍需进一步的研究。

注释
① 本章的核心内容曾经在相关杂志公开发表。
② 学术界对关系强度的测量目前有多种方法：一是用关系亲密程度来测量关系强弱。

二是韦尔曼用关系亲密程度、交往是否主动和关系的多重性来测量关系的强弱。三是格兰诺维特（1973）认为测量关系强度的变量包括关系的时间量频度和持续时间、情感亲密度、熟识程度、相互信任以及互惠服务。如果花在关系上的时间越多、情感越紧密、相互间的信任和服务越多，这种关系就越强，反之则越弱。关于非洲地区商人，我们用亲密关系程度和互动频率来衡量强弱关系。关系十分亲密且互动频率高的我们认定为强关系，比如他们的妻子或丈夫、最好的朋友等等。那种互动频率不高、亲密程度不高的我们则认定为弱关系。

参考文献

科尔曼.1990.社会理论的基础[M].北京：社会科学文献出版社.

文军.2001.从生存理性到社会理性选择：当代中国农民外出就业动因的社会学分析[J].社会学研究,(6):19-30.

Arioan K J. 1992. Sources of social support and conflict for polish immigrants[J].Qualitative Health Research，2（2）：178-207.

Ayse Ciftci Uruk.2006.The adaptations process of Turkish individuals ling in the united states：an integrated review[D]. UMI published.

Bian yanjie.1997.Bringing strong ties back in: indirect ties, network bridges, and job searches in China[J].American Sociological Review,62:366-385.

Crohan S Antonucci.1989.Friends as a source of social support in old age[M]// Adams R, Blieszner R. Older Adult Friendship.Newbury Park, CA: Sage.

Daniella Remy.2007.MA dissertation：an exploratory study on Toronto's immigrant youth's adaptations：a focus on social support[M]. CA: Heritage Branch.

Glazer Nathan ,Moynihan Daniel P.1970. Beyond the Melting Pot: The Negroes, Puerto Ricans, Jews, Italians and Irish of New York City[M]. 2nd ed. Cambridge: MIT Press.

Granovettor M.1973.The strength of weak ties[J]. American Journal of Sociology，78(6):1360-1380.

Greeley A M , P B Sheatsley.1971.Attitudes toward racial Integration [J]. Scientific American,238(6): 42-49.

Harry K Schwarzweller ,John F Seggar.1967.Kinship involvement: a Factor in the adjustment of rural migrants [J]. Journal of Marriage & Family,29(4):662-671.

Massey Douglas S, Hugo G, Kouaouc A, et al. 1998.Worlds in Motion Understanding International Migration at the End of the Millennium [M].Oxford：Clarendon Press.

Meemeduma Pauline. 1992.Support Networks of Srilankan Women Living in the United States[M]// Furuto S M, Biswas Chung D, Murrase K, et al. Social Work Practice with Asian Americans. Newbury Park, CA：Sage.

Milton Gordon.1964.Assimilation in American Life: The Role of Race, Religion, and National Origins[M].New York: Oxford University Press.

Park R E, E W Burgess. 1921. Introduction to the Science of Society[M].2nd ed. Chicago: University of Chicago Press.

Piore M J. 1970. The Dual Labor Market, Theory and Application[M]// Barringer Rand Beer S H. The State and the Poor. Cambridge: Cambridge Mass Winthrop.

Portes A, Bach R L. 1995.Latin Journey: Cuban and Mexican Immigrants in the United States[M]. Berkeley: University of California Press.

Robert S Smith, Ronald G Ehrenberg.2008.Modern Labour Economics[M].Boston: Addison Wesley.

Ravenstein E G.1885.The laws of migration[J].Journal of the Royal Statistical Society,52(2):167–223.

Ronald G Ehrenberg, Robert S Smith.2005.Modern Labor Economics: Theory & Public Policy[M]. New York: Pearson Education.

Sharlin S A. 1998. Soviet immigrants to israel: users and non-users of social work services[J]. International Social Work, 41（4）：455–469.

Stark O, Taylor J E. 1991. Migration incentives ,migration types: the role of relative deprivation[J]. The Economic Journal, 101:1163–1178.

Sjaastad L A. 1962.The costs and returns of human migration[J]. Journal of Political Economy, 70:80–93.

Todaro M. 1969.A model of labor migration and urban unemployment in less developed countries[J]. American Economic Review, 59:138–148.

Wellman B.1982. Studying personal communities[M]//Marsden P, Lin N. Social Structure and Network Analysis. Beverly Hills, CA: Sage.

Wellman B, Carrington P, Hall A. 1988. Networks as personal communities[M]// Wellman B,Berkowitz S D. Social Structures: A Network Approach. Cambridge: Cambridge University Press.

Wellman B, Wortley S.1989.Brothers' keepers: Situating kinship relations in broader networks of social support[J].Sociological Perspectives，32(3):273–306.

Wellman B,Wortley S. 1990.Different strokes from different folks: community ties and social support[J]. American Journal of Sociology，96（3）：558–588.

图片来源

图 1-1 源自：作者自绘

图 1-2 源自：问卷整理而成，每根线代表非裔商人去过的一个城市

图 1-3 源自：作者自绘

图 2-1 源自：广州统计年鉴，2009

图 2-2 源自：作者自绘

图 4-1 源自：作者自绘

图 4-2 源自：访谈信息，作者自绘

图 4-3 源自：相关网站图片

图 4-4 源自：作者自绘

图 4-5 源自：作者拍摄

图 4-6 源自：作者自绘

图 5-1 源自：www.danwei.org..lib01.jpg

图 5-2 源自：http://www.crestock.com/uploads/blog/2009/china-propaganda/1964-Get-out-of-Africa.jpg

图 11-1 至图 11-17 源自：作者自绘

图 13-1 至图 13-26 源自：作者自绘

表格来源

表1-1 源自：作者调查，2007—2015
表2-1 源自：作者访谈，2007，2008
表3-1 源自：作者调查
表4-1 源自：作者调查
表4-2 源自：广州统计年鉴，2008
表8-1 源自：作者问卷调查
表8-2 源自：作者问卷调查
表11-1 源自：作者问卷调查
表11-2 源自：作者问卷调查
表13-1 至表13-7 源自：作者问卷调查
表14-1 源自：作者问卷调查